풍납토성 서울백제 왕궁유적 발견 20주년 기념

서울백제 수도유적 조사연구

漢城百濟 首都遺蹟 調査研究

이 형 구
李 亨 求

TAEYANG Publishing Company

儉而不陋

華而不侈

內表紙 揮毫 : 李亨求

『三國史記』百濟本紀 始祖溫祚王 15年(BC.4)條에 "新作宮室 儉而不陋 華而不侈"라 하였다. 이는 "새 궁궐을 지었는데, 검소하되 누추하지 않고 화려하지만 사치스럽지 않다"고, 백제왕궁(풍납토성)의 모습을 그리고 있다.(본서 p.123)

발 간 사 發刊辭

2017년은 저자가 서울 송파구 풍납토성(사적 제11호) 안에서 서울백제 왕궁유적을 발견(發見)한 지 20주년이 되는 해이다. 아울러 『서울 풍납토성[백제왕성] 실측조사연구』[1]가 처음 나온 지 20주년이 되는 해이기도 하다. 이 책이 나오게 된 계기는 바로 저자가 오래 전부터 서울백제의 왕궁유적을 탐구하던 중에 백제문화개발연구원으로부터 연구지원을 받아 풍납토성의 실측조사가 이루어진 것이다.

저자는 1996년 3월 선문대학교(鮮文大學校) 역사학과로 자리를 옮기고, 그 해 6월에 풍납토성의 서남쪽 외부에 현대아산병원에서 아파트를 짓기 위한 부지의 발굴조사를 끝내고 나서 풍납토성 학술조사단을 조직하였다. 이 해 여름방학을 이용해서 당시까지 한 번도 풍납토성의 제원(諸元)을 밝혀 내 보지 못했던 풍납토성 성벽의 현존 길이와 높이를 확인하기 위한 등고선을 측량하고 성의 크기를 밝히기 위해서 실측조사에 들어갔다. 동계방학을 맞이하면서도 풍납토성 실측조사는 계속되었다.

1997년 1월 1일은 저자로서는 영원히 잊을 수 없는 날이다. 신정(新正) 첫 날에도 풍납토성 조사 현장에 나와서 조사요원 들과 함께 풍납토성의 실측작업을 계속하면서 실태조사 활동을 실시하던 중. 저자는 천신만고 끝에 서울 송파구 풍납2동231-3번지 현대아파트 공사현장에서 서울백제 왕궁유적을 발견하였다. 500년 서울백제 왕궁유적이 1500여 년만에 세상에 현현(顯現)한 순간이다.

풍납토성의 측량조사에서 전체의 크기가 3,470m로 밝혀냈고, 북쪽 성벽의 가장 높은 곳의 높이는 현 지표로부터 11.1m나 된다는 사실을 확인하였다. 성벽의 저부 폭은 대체로 40~30m이고, 성벽의 가장 넓은 곳의 저부 폭은 동남측 성벽의 폭이 70m에 이르고 있다는 사실을 알게 되었다. 그리고 성벽 밖 주위에는 넓은 해자(垓子)가 둘러져 있었을 것으로 추정하였다.

이 때 조사한 기록을 1997년 8월 『서울 풍납토성[백제왕성] 실측조사연구』라고 하는 이름으로 출간하였다.

오늘과 같이 풍납토성이 보전된 것도 이로부터 시작되었다고 하여도 과언이 아니다.

1997년 1월 풍납동 현대아파트 공사현장에서 서울백제 왕궁유적을 발견하고 나서 곧

---

1 이형구, 『서울풍납토성[백제왕성]실측조사연구』, 백제문화개발연구원, 1997. [본서 제 I 부 1 참조]

바로 문화재관리국(현 문화재청)에 보고하여 아파트 공사가 중지 되고 국립문화재연구소가 구제발굴에 들어가 그 해 9월까지 계속되었다. 이 발굴에서 기원(0) 전후시기의 3중 환호(三重環濠)와 6각형 주거지를 비롯하여 백제초기의 주거지 19기, 수혈(竪穴)유구 40여기, 토기 가마터, 풍납리식 무문토기, 연질 타날문토기, 적갈색 연질토기, 회색 연질토기가 출토되었다. 그리고 2~3세기경의 경질 무문토기, 회색 경질토기 등과 기와, 전돌, 주춧돌 받침대, 불탄 기둥과 서까래가 출토되었다. 이 때 일반 집터로는 보기 힘든 큰 건물, 집회장이나 관청과 같은 고급건물들이 있었음을 보여주고 있다. 이 발굴은 저자가 풍납토성을 백제왕성이라고 고증한 주장을 사실화시킨 발굴이다.

그리고 1999년 국립문화재연구소가 풍납토성의 동벽을 절개하여 발굴조사하면서 실측한 폭이 43m, 높이 11m, 둘레 3.5㎞의 수치가 나왔는데, 이 수치는 저자가 실측 조사한 풍납토성의 실제 제원과 거의 동일한 수치이다.

1997년 풍납토성 내 서울백제 왕궁유적 발견 이후, 동양고고학연구소(대표: 이형구)가 2000년 5월 8일 "풍납토성[백제왕성] 보존을 위한 학술회의"를 개최하고, 토의 내용을 7개항으로 건의서를 작성하여 김대중(金大中) 대통령에게 제출하였다. 이 건의서가 제출된 1주 후인 2000년 5월 16일, 김대중 대통령은 국무회의에서 풍납토성과 풍납토성 내의 백제유적을 보존하기 위한 '대통령령(大統領令)'을 특별제정하였다.

2003년 6월 20일에는 동양고고학연구소가 서울역사박물관 대강당에서 "「한강유역 백제전기 수도유적 보존문제」 제기(提起) 20주년 기념-서울 풍납동 백제왕성 연구 국제학술 세미나-『서울 풍납동 백제왕성의 발견과 보존』"이라고 하는 긴 주제를 가지고 학술회의를 개최하였다.

2007년 6월 8일에는 동양고고학연구소가 풍납토성 내 서울백제 왕경유적 발견 10주년을 맞이하여 이를 기념하기 위해서 "서울 풍납동 백제왕성의 발견과 보존"문제를 중점적으로 다룬 "풍납토성 내 서울백제 왕경유적 발견 10주년 기념 국제학술세미나"를 서울역사박물관 대강당에서 개최하려고 하였으나, 풍납동 주민 300여 명이 세미나 개최사실을 미리 알고 경희궁(慶熙宮) 내에 있는 서울역사박물관에 몰려 와 농성하는 바람에 발표자나 청중이 강당에 진입할 수 없는 사태가 벌어졌다. 장소 사용이 어렵게 되어 부득이 인근 중구 태평로에 있는 Press center의 19층 '국제기자Club'이라고 하는 연회식(宴會式)

회의장을 거금을 주고 긴급 임대하여 국외에서 온 발표자나 국내발표자 그리고 내빈들을 모시고 졸지에 '연회식'으로 국제학술회의를 개최할 수밖에 없었다. 지금 생각해도 참으로 난감한 순간이였다.

2013년 10월 25일(금)에는 선문대학교 고고연구소와 동양고고학연구소가 한성백제박물관 대강당에서 풍납토성이 국가사적으로 지정된 지 50주년을 맞아 이를 기념하기 위하여 풍납토성과 서울백제 왕궁유적에 대한 지금까지의 연구와 발굴조사에 대한 회고와 전망 그리고 풍납토성의 보존과 풍납동 주민들의 향후 대책 문제를 토의하며 미래를 모색하고 아울러 '한강유역 백제전기 수도유적 보존문제' 제기 30주년을 기념하는 국제학술회의를 동시에 개최하였다. 이상의 5회에 걸친 학술세미나는 모두 자비로 개최하였다.

2017년, 풍납토성 내 서울백제 왕궁유적 발견 20주년을 맞이하는 해를 기념하기 위한 국제학술세미나를 국립문화재연구소 측에 동양고고학연구소와 공동 개최하자고 제안했던 적이 있었다. 개인연구소가 국립연구소와 공동개최한다는 것은 언감생심, 결국 국립문화재연구소가 개최하는 학술세미나에 '백의종군' 하기로 하였다. 풍납토성 서울백제 왕궁유적 발견(發見) 20주년과 발굴(發掘) 20주년을 맞이하며 2017년 11월 9일 국립강화문화재연구소가 주최하는 국제학술대회 "풍납토성-백제왕도 풍납토성 발굴성과와 과제"에서 저자가 기조강연을 맡게 되었다. 그리고 2017년 12월 1일 서울특별시가 주최한 "2017 백제왕성 풍납토성 발굴조사 20주년 기념 국제학술회의-백제왕성 풍납토성의 현재와 미래-"에서는 「풍납토성 서울백제 왕궁유적 발견과 왕도유적 보전-역사의 진리가 그곳에 있기에-」라는 제목으로 논문을 발표하였다.

풍납토성과 서울백제 왕궁유적을 보존하는데 수 십 년 동안 줄기차게 학계와 정부와 사회에 건의해 온 덕분으로 학계에서 적극 수용하여 백제전기의 역사가 『한성백제사』로 편찬하였다.[2] 그리고 서울시는 『서울六百年史』[3]를 『서울二千年史』로 간행하였다.[4] 마침내 정부는 2013년부터 초 · 중 · 고등학교 역사교과서에 등재하기에 이르렀다.

한 가지 여망(餘望)이 있다면, 풍납토성 내에 '풍납토성박물관'이나 '위례성박물관'

2 서울특별시사편찬위원회, 『한성백제사』 전 5권, 2008.
3 서울특별시사편찬위원회, 『서울六百年史』 전 10권, 2006
4 서울특별시사편찬위원회, 『서울二千年史』 전 40권, 2016.

을 건립하는 날이 오기만을 기다립이다.[5]

풍납토성의 긴 역사와 풍납토성이 서울백제의 왕궁이었다는 사실이 밝혀지는 과정을 전시하여 풍납토성이 500년 동안의 서울백제의 역사유적일 뿐만 아니라 세계적인 문화유산임을 널리 알려야 한다.

본서의 처음 의도는 『서울 풍납토성[백제왕성] 실측조사연구』의 중간(重刊)을 위한 기획이었으나 이 기회에 최근 발표한 「몽촌산성(夢村山城) 재발굴의 역사적 의의」와 「서울 백제고분의 조사와 보존 －석촌동고분군을 중심으로－」 그리고 「서울백제 王都 연구」를 3부작으로 편성하고, 말미에 中文으로 발표한 「汉城百济王宫址(风纳土城)出土的甲骨」 「漢城風納洞百濟王城之發現及其歷史的認識」을 덧붙여서 발간하였다.[6]

역사적인 사실을 기록으로 남김으로써 풍납토성 서울백제 왕궁유적 발견 20주년을 기념하고자 한다. 각 논문은 가능한 한 발표 당시의 문체를 살리려고 하였다.

풍납토성 보존의 텍스트 역할을 한 『서울 풍납토성[백제왕성] 실측조사연구』를 찾는 요청이 자주 있었지만 첫 출판한 연구원은 이미 기능이 중단된지 오래라서 몇몇 관계 기관에 협조를 타진하였으나 뜻을 이루지 못하고 자력으로 중판기로 하고 태양출판사 강경민 사장에게 어려운 출판을 부탁하였는데 선듯 받아주어 감사한다. 그리고 오랜 세월 끊임없이 풍납토성과 서울백제 수도유적 보존 연구를 지지·지원해 준 박노희(朴魯姬) 여사에게 고마움을 표시하지 않을 수 없다.

여기까지 오는 데는 누구보다도 서울 송파구 풍납동 주민들이 고통을 참아내고 희생해 준 결과이다. 인고(忍苦)의 시간을 이겨 낸 주민들에게 심심한 위로와 감사를 표한다.

2018년 4월 일

우면산방에서

이형구(선문대학교 석좌교수) 씀

---

5 1983년 7월 6일 한국정신문화연구원 학술연찬을 마치고 작성한 〈건의사항〉 제 7항에 '위례성박물관(가칭)'을 건립할 것을 정부에 건의한 바 있다.

6 日文으로는 일본 동경 웅산각(雄山閣)에서 발행하는 『季刊考古學』 제133~139호에 「ソウル百済王宮址発見と保存30年史」라는 제목으로 7회(2015.11~2017.5)에 걸쳐 연재하였다.

PREFACE

A stady on the remains of the Seoul–Baekje Royal Palace in Pungnaptoseong

The year 2017 is the 20th anniversary of the author's discovery of the remains of Baekje royal palace in Pungnaptoseong(Historic Site No. 11) in Songpa-gu, Seoul. It also marks the 20th year since I published the first "Field Survey on Seoul Pungnaptoseong [Baekje Royal Palace]" While the author has long been exploring the remains of royal palace in Seoul Baekje, thanks to the support by Baekje Cultural Development Research Institute, the survey could proceed and the book was published.

In June 1996, after the excavation of Hyundai Asan Hospital to build an apartment at exterior side of southern wall, I organized a research group from the history department of Sun Moon University. During summer vacation, we measured contour to ascertain the height of existing wall of Pungnaptoseong, which had never been revealed until now. And during winter vacation, the survey was continued.

January 1, 1997 is a day that I will never forget. Though it was New Year' s day, we continued the field survey of Pungnaptoseong and after a great struggle we finally found the remains of Baekje royal palace at Hyundai apartment construction site, 231-3 Pungnap 2-dong Songpa-gu Seoul. It was a moment that 500-years of Seoul Baekje royal palace history has manifested itself to the world in over 1500 years.

The survey revealed that the total size of Pungnaptoseong was 3,470 meters, and the height of the restored northern wall was 11.1 meters from the current surface. In addition, the highest part of the southern wall from the un-restored area is 6.5 meters above the surface, and the highest part of the eastern wall is 6.2 meters above the surface. The width of the bottom part is generally 40 to 30 meters, and the width of the bottom part of the east widest wall is 70 meters wide. The height of the original palace would probably be about 15 meters. And it was estimated that the wall would have been surrounded by a wide moat. The records were submitted to Baekje Cultural Development Research Institute, and in August 1997, a research report titled "A Survey on Seoul Pungnaptoseong [Baekje royal palace]" was published.

After the remains of Seoul Baekje Palace were discovered at the Pungnap-dong Hyundai apartment construction site, the construction was suspended immediately after reporting to the Cultural Properties Management Bureau (current Cultural Heritage Administration). From January 16, 1997, the National Research Institute of Cultural Heritage went into excavation and continued until September. 19 dwellings in the early period of Baekje including prehistoric triple causewayed enclosure and hexagonal dwelling, 40 pit dwellings, earthenware kiln site and Pungnap-ri style patternless earthenware, soft earthenware, red brown soft earthenware, gray soft earthenware, hard pattenless earthenware of second to third centuries, gray hard earthenware, traditional roof tile and bricks, cornerstone prop, and Multan pillar rafter were unearthed in this excavation. It has been proved that, at that time, there were already several advanced buildings such as large building, meeting hall or government office. It ascertains the historical research that I claimed Pungnaptoseong for Baekje royal palace.

In 1999, the National Research Institute of Cultural Heritage officially dissected and excavated the eastern wall of Pungnaptoseong. It was 43 meters wide, 11 meters high and 3.5 kilometers in circumference. The figure is almost the same as my report of Pungnaptoseong.

After the discovery of the remains of royal palace in Pungnaptoseong, the Oriental Archaeological Institute(President: Lee Hyung-gu) held "Conference for the Conservation of Pungnaptoseong" on May 8, 2000. The discussion was summarized in 7 sections and submitted to President Kim Dae-jung. On May 16, 2000, one week after the recommendation was submitted, President Kim Dae-jung held Cabinet meeting and formulated "Presidential Decree" to preserve Baekje remians in Pungnaptoseong.

On June 20, 2003, the Oriental Archaeological Institute held an academic conference at the Seoul Museum of History auditorium with the title, "The 20th Commemoration of proposing The Conservation Issue of Han River Basin Early Baekje Capital Remains - International Conference on Seoul Pungnap-dong Baekje Royal Palace - Discovery and Preservation of Seoul Pungnap-dong Baekje Royal Palace"

On June 8, 2007, the Oriental Archaeological Institute celebrated the 10th anniversary of discovery of royal district remains in Pungnaptoseong, and attempted to hold international academic seminar at the Seoul Museum of History auditorium with the title "Discovery and Preservation of Seoul Pungnap-dong Baekje Royal Palace." However, as nearly 300 residents from Pungnap-dong crowded and protested in front of Seoul Museum of History in Gyeonghui Palace, speakers and audiences could not enter the auditorium. The auditorium was not available anymore so it was inevitable to rent another hall. We urgently rent a banquet style conference hall called "International Journalist Club" from Press Center at 19th floor, Taepyeong-ro, Jung-gu with large amount of money and invited speakers and guests from Korea and abroad. It was a very difficult time for me. Another 10 years later, we commemorated the 20th anniversary of the discovery.

On October 25, 2013, the Archaeological Institute of Sun Moon University and the Oriental Archaeological Institute celebrated the 50th anniversary of designation of Pungnaptoseong as National Historic Site at Seoul Baekje Museum auditorium. We have looked back on the research and discoveries of the remains of Pungnaptoseong and Hanseong Baekje royal palace, and discussed the preservation of Pungnaptoseong and the future measures for the people living in Pungnap-dong. In addition, an international conference was held to commemorate the 30th anniversary of proposing "The Preservation Issue of the remains of Han River Basin Baekje Capital."

In November, 2016, the Oriental Archaeological Institute have proposed to the National Research Institute of Cultural Heritage to co-host an international academic seminar to celebrate the 20th anniversary of the discovery of the remains of Baekje royal palace in Pungnaptoseong in 2017. It was unbelievable for a private research institute to co-host with the National Research Institute, and eventually we could jointly hold seminar of the National Research Institute of Cultural Heritage. On November 9, 2017, the author was overwhelmed to give a keynote speech at an international conference hosted by the National Research Institute of Cultural Heritage.

However 2017 was a year of tension for the people who care about Pungnaptoseong. Because in revocation litigation of Pungnap company business authorization, Daejeon District Court upheld Sampyo Ready Mixed Concrete company's decision which occupies the southwest wall of Pungnaptoseong. Thanks to the people's deep concerns and support who were anxious to preserve Pungnaptoseong, fortunately, Daejeon High Court decided to preserve in the appeal. So I called this case "natural corollary(事必歸正)."

The National Ganghwa Research Institute of Cultural Heritage has unearthed historic remains from western wall of palace where Sampyo Ready Mixed Concrete company recently settled down. It was verified that the company destroyed the cental earthwork(土壘) of wall, and buried a large amount of concrete debris. Also, it was surprising that on October 17, 2017, letters were found in some remaining palace.

This point is the place where the author presumed to be southwest-gate of Pungnaptoseong.

Owing to the prolonged suggestion for decades to preserve Pungnaptoseong and the remains of Seoul Baekje royal palace, academic world has accepted wholeheartedly and Early Baekje history was compiled to "Hanseong Baekje History" and published to "Two thousand Years History of Seoul." Now it is listed in the history textbooks of elementary, middle and high school.

If there is one hope left, I' d like to publish a collection of researches that put together all the survey and research materials since the discovery in 1997, in order to restore Beakje history.

This book was originally a plan for reissuing "A Survey on Seoul Pungnaptoseong [Baekje royal palace]", on this occasion, it is organized as trilogy with "Preservation and Discovery of Seoul Baekje Ancient Tomb - Focused on Seokchon-dong Ancient Tombs - " and "A study of Seoul Baekje Royal Palace," and a Chinese article was added in the end.

At this time, there have been frequent requests for "A Survey on Seoul Pungnaptoseong [Baekje royal palace]" but it was already out of print. After discussing with some publishers, I asked a big favor to president Kang Kyung-min of Taeyang Publishing Company to reissue the book. I' m grateful to Mrs. Park No-hee for supporting the survey and research.

This is the result of the suffering and sacrifice of the local residents. I express my sincere thanks to the people who have overcome the difficulties.(March 2018)

President of the Oriental Archaeological Institute
Chair-Professor at Sun Moon University
Lee Hyeong-koo

[원색도판 1] 阿且山城에서 내려다 본 風納土城 원경, 천호대교 오른 쪽이 風納土城 西壁(1994)

[원색도판 2] 風納土城 東北角 鳥瞰圖(1995)

[원색도판 3] 1970년대에 商街와 住宅으로 변한 百濟王城 內部 鳥瞰圖(土城의 동벽은 잘려나가고 오른쪽 일부만 남았다, 1996)

[원색도판 4] 風納土城 內 극동아파트 屋上에서 내려다 본 風納土城 南壁(수목 부분) 鳥瞰圖 (1996)

[원색도판 5] 風納土城 西南壁 밖 현대아산병원 아파트 부지 垓子 確認 試掘作業(1996.6)

[원색도판 6] 風納土城 內 百濟前期 王宮遺蹟 露出 光景(풍납동 현대아파트 터파기 작업중 왕궁유적 발견, 1997.1)

[원색도판 7] 風納洞 231번지 風納土城 內 百濟前期 王宮遺蹟 노출 상태(아래 검붉은 부분이 百濟文化層, 1997.1)

[원색도판 8] 風納洞231번지 현대아파트 부지 터파기공사장에서 最初로 發見된 百濟土器 破片(1997.1.4)

[원색도판 9] 風納土城 内에서 출토 된 百濟前期 三足土器(현대아파트 터파기 공사장 발굴시 출토)

[원색도판 10] 風納土城 內 현대아파트 터파기 공사장에서 出土된 百濟前期 幾何紋瓦當

[원색도판 11] 風納土城 內 風納洞255번지 현대아파트를 짓기 위하여 건물들을 철거하는 장면(왼쪽 風納土城, 1997.1)

[원색도판 12] 風納土城 內 風納洞231번지에서 발굴된 百濟初期 建物址 複製作業(현대아파트 작업장, 이하 1997)

[원색도판 13] 風納土城 內 風納洞 257번지 일대 현대 아파트가 들어설 자리(版築城壁은 온통 파밭이다.)

[원색도판 14] 風納土城 南壁 版築城壁 위에 즐비한 개사육장과 작물 경작지로 변한 남벽 내부.

[원색도판 15] 風納土城 東壁 A區域 外壁 傾斜面(外壁은 비교적 傾斜가 가파르다.)

[원색도판 16] 風納土城 東壁 A區域 1(東壁의 版築 外壁을 2段으로 切土해서 作物을 耕作하고 있다.)

[원색도판 17] 風納土城 東壁 A區域 2(版築外壁의 상부가 切土되어 경작지로 변하였다.)

[원색도판 18] 風納土城 東壁 A區域 3(版築城壁을 切土한 후 파를 심어 놓았다.)

[원색도판 19] 風納土城 東壁 A區域 4(耕作하기 위하여 版築外壁을 切土하였다.)

[원색도판 20] 風納土城 東壁 A區域 5(版築外壁 2m 아래로 길게 절토하여 段을 만들어 경작지로 사용하고 있다.)

[원색도판 21] 風納土城 東壁 A區域 6(版築外壁 傾斜面을 切土하여 작물을 경작하고 있어 경고문이 무색하다.)

[원색도판 22] 風納土城 東壁 A區域 7(版築城壁 상단에서 무우를 뽑고 있는 주민)

[원색도판 23] 風納土城 東壁 A區域 8(版築城壁 內壁에 구덩이를 파고 호박을 심은 광경)

[원색도판 24] 風納土城 東壁 A區域 9(版築外壁에 길게 切土된 耕作地가 마치 段을 만들어 놓은 것처럼 보인다.)

[원색도판 25] 風納土城 東壁 A區域 10(版築外壁 밖으로 상당한 空地가 남아 있으며 이 지역이 垓子가 있을 부존층으로 추정되고 있다.)

[원색도판 26] 風納土城 東壁 A區域 11(남쪽 부분 版築外壁이 길게 切土되어 耕作地로 변해 버렸다.)

[원색도판 27] 風納土城 東壁 A區域 12(版築城壁 外壁을 깎아 2段으로 만들고 파를 심었다.)

[원색도판 28] 風納土城 東壁 A區域 13(版築外壁의 切土된 곳에 作物을 경작하였다.)

[원색도판 29] 風納土城 東壁 A區域 14(남쪽 版築外壁이 耕作으로 인하여 2段으로 形成되었다.)

[원색도판 30] 風納土城 東壁 A區域 15(版築外壁 傾斜面이 切土되어 2段으로 조성되었다.)

[원색도판 31] 風納土城 東壁 A區域 16(版築外壁을 넓게 잘라내어 耕作地로 만들었다.)

[원색도판 32] 風納土城 東壁 A區域 17(版築城壁 傾斜面의 계단식 耕作地, 성벽 위에는 경고판이 있다.)

[원색도판 33] 風納土城 東壁 A區域 18(版築城壁이 二段으로 切土돼 耕作地로 변해 있다.)

[원색도판 34] 風納土城 東壁 A區域 19(版築外壁 상단의 계단식 밭으로 변했다.)

[원색도판 35] 風納土城 東壁 A區域 20(版築外壁 중턱에는 경작용 段이 있고 하부에는 대형 트럭이 지나다니면서 城壁을 깎아내고 있다.)

[원색도판 36] 風納洞 163번지 일대에 建築中인 高層건물(관계 당국의 심의를 받지 않고 터파기를 끝냈다.)

[원색도판 37] 風納土城 東壁 B區域 1(城壁 내에 있던 무허가 건축물을 철거하고 있다.)

[원색도판 38] 風納土城 東壁 B區域 2(版築城壁 外壁의 무허가 건축물을 철거한 城壁)

[원색도판 39] 風納土城 東壁 B區域 3(版築城壁 外壁을 堀土하면서 파를 뽑고 있다.)

[원색도판 40] 風納土城 東壁 C區域(版築城壁을 구덩이를 파고 온통 은행나무 · 느티나무를 심었다.)

[원색도판 41] 風納土城 東壁 D區域(城壁 版築層에는 公公然히 관상수 苗圃와 花苑으로 이용되고 있다.)

[원색도판 42] 風納土城 北壁(西側) 復元된 部分. 左側 內壁은 人馬道, 右側은 外壁 無段 傾斜面

[원색도판 43] 風納土城 北壁(西側) 復元된 外壁의 無段 傾斜面

[원색도판 44] 風納土城 東北壁 外壁을 잘못 復元한 2段 傾斜面(1976)

[원색도판 45] 風納土城 北東壁 鳥瞰圖. 北東壁을 復元할 때(1976년) 外壁 中央에 띠처럼 段을 만들었다.
이 段은 住民들이 耕作하던 곳(본서 원색도판 15)이다.(1996년 촬영)

[원색도판 46] 風納土城 北壁 出入口 양쪽에 復元된 二段城壁(左)과 無段 傾斜面(右, 2018)

[원색도판 47] 風納土城 東壁(1999年發掘 地點)을 復元하면서 外壁의 無許可 建物址와 耕作 部分(원색도판 37~39 참조)을 2段 傾斜面으로 造成하였다.(왼쪽이 현대리버빌 아파트, 2018)

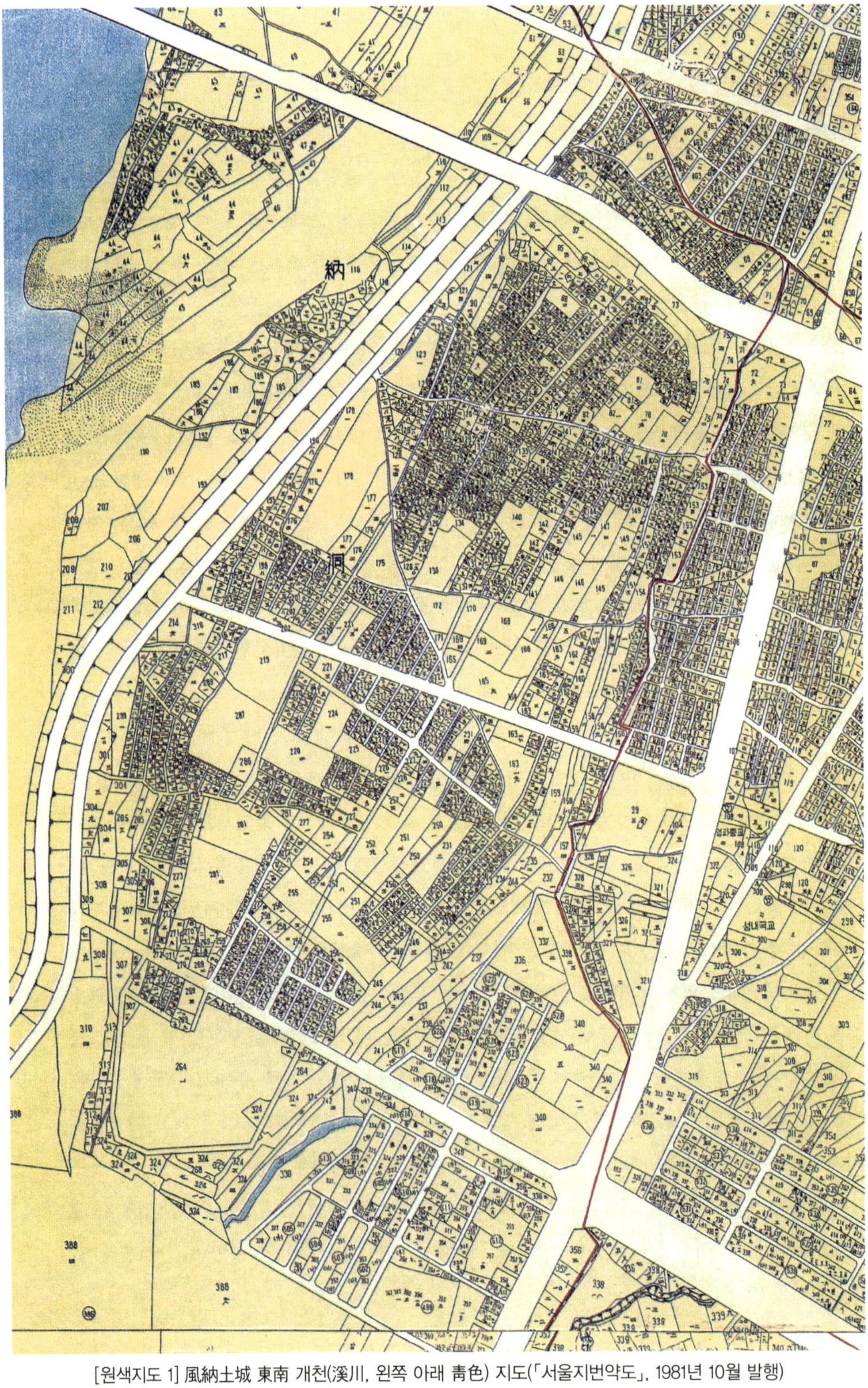

[원색지도 1] 風納土城 東南 개천(溪川, 왼쪽 아래 靑色) 지도(「서울지번약도」, 1981년 10월 발행)

[원색지도 2] 風納土城 城郭圖(중앙의 綠色部分, 전국지도센타 발행, 1990년대 전반)

[원색지도 3] 風納土城① 및 그 周邊 서울百濟 首都遺蹟 分布地圖(『風納土城』II, 2002.)

서울백제 수도유적 조사연구
漢城百濟 首都遺蹟 調查研究

목 차

발간사

PREFACE

원색도판 ········ 13

서설 序說

풍납토성 서울백제 왕궁유적 발견發見 20주년을 맞으면서 ········ 41

제Ⅰ부 왕궁유적

1. 서울 풍납토성 〔백제왕성〕 실측조사연구 ········ 75
   風納土城〔百濟王城〕實測調查研究
2. 몽촌산성夢村山城 재발굴再發掘의 역사적 의의 ········ 233

제Ⅱ부 능묘보존

서울 백제고적의 조사와 보존 －석촌동고분군石村洞古墳群을 중심으로－ ········ 263

부록: 한강유역 백제전기 수도유적 보존문제

제Ⅲ부 왕도연구

서울백제 왕도王都 연구 ········ 351

中文

汉城百济王宫址(风纳土城)出土的甲骨 ········ 391

漢城風納洞百濟王城之發現及其歷史的認識 ········ 403

이형구李亨求 교수의 〈한성백제〉 관련 조사 연구 성과물 목록 ········ 418

서 설 序說

풍납토성 서울백제 왕궁유적 발견發見 20주년을 맞으면서

저자는 지금으로부터 55년 전, 풍납토성(風納土城)이 사적으로 지정된 해인 1963년 여름에 최순우(崔淳雨, 1916~1984, 전 국립중앙박물관장). 김영상(金永上, 1917~2003, 전 동아일보 편집국장) 두 선사(先師)가 풍납토성을 탐방하는 길에 어린 학동(19세)이 불려 따라 나선 것이 처음으로 풍납토성을 면대하게 된 계기(契機)이다. 막상 와 보니 몇 년 전 고등학생시절 여름철에 광진교 아래에서 수영하고 젖은 옷을 말리던 곳이다. 백제시대 토성이라 하시니 어린 생각에도 송구스럽고 감개하였다. 첫 '입궁(入宮)'을 인도하신 두 선사의 예지(叡智)가 오늘의 인연이 있게 하지 않았나 하는 상념은 저자의 뇌리에 항상 남아 있다.[1]

이 시기의 풍납토성 내에는 농가 몇 채가 북쪽으로 몰려 있는 전형적인 농촌 풍경이었다. 그 다음해, 1964년 6월 20일에는 62일 간의 단독 전국고적답사 여행의 장도에 오를 첫 출발지를 바로 이 풍납토성에서 시작하였던 적이 있다.

1975년 2월, 저자가 국립대만대학(國立臺灣大學)에 유학하게 되면서 오래 동안 풍납토성을 비롯해서 한강유역의 백제유적을 찾을 수 있는 기회가 없었다. 1981년, 대만대학 유학에서 돌아온 해 가을에 서울 강남 석촌동에서 충격적인 사건을 목격하게 되면서부터 漢江流域 百濟前期首都遺蹟과 그 보존문제에 대해 본격적으로 관심을 갖게 되었다.

강남 지역의 석촌동 적석총은 남한지역에서는 보기 드문 돌로 쌓은 피라미드식 무덤으로, 고구려계통의 매우 중요한 백제전기의 왕릉 급의 고분으로 일찍부터 잘 알려져 있었다.[2] 1981년, 이런 고분을 반쪽이 잘려 나가고 주변의 유적들은 아예 인멸되고 심지어 백제시대의 고분이 포크레인에 찍혀 인골(人骨)이 교란되는 처참한 지경에까지 이르는 광경을 목격하게 되었다. 대명천지(大明天地) 서울 하늘 아래에서 이 같은 일이 일어나고 있는 것은 잘 못 되도 크게 잘못되었다.

이를 목격한 저자는 '서울백제수도유적보존회'를 결성하고 동료 교수, 학자 그리고 언론인들과 함께 정부에 건의하는 등 오랜 동안 투쟁하다시피 보호활동을 전개해 왔다. 석촌동 지역뿐만 아니라 가락동 방이동 몽촌산성 풍납토성 등 서울백제 수도유적들의 현장을 실지 답사, 연구하고 이의 보존 문제를 학계와 정부에 줄기차게 제기해 왔다.

1983년 7월 6일에는 저자의 주관으로 「한강유역 백제전기 수도유적 보존문제」라고 하는 주

1 이형구, 「두터운 은혜」 『그가 있었기에-최순우를 그리면서』, 진인진, 2017, p.87.

2 서울대 고고학과; 『석촌동 적석총 발굴조사보고』, 서울대 박물관, 1975, p.32. "한강유역의 이들 적석총은 백제 건국자들과 연관시켜야 할 것이다."라고 하였다. 그러나 이를 지키지 않고 바로 폐기하고 말았다.

제의 학술연찬(學術硏鑽)을 한국정신문화연구원(현 한국학중앙연구원)에서 개최하여 서울 강남지구 백제고분과 풍납토성의 실태를 직시하고 당시 전두환(全斗煥) 대통령을 위시하여 관계기관과 학계에 건의하였다.[3]

마침내, 1985년 7월 1일 대통령의 특별지시로 정부는 519억 원이라는 천문학적인 액수의 보존복원비가 책정되어 석촌동고분 방이동고분 몽촌산성 등이 오늘 날과 같이 사적공원으로 정비되었다. 그러나 풍납토성만은 이미 도시화가 될 데로 다 된 데라서 이 계획에서 5억 원이라는 미미한 예산이 책정되어 정부의 손이 적극적으로 미치지 못하여 관리가 소홀했다. 그래서 이나마도 지켜야 되겠다는 일념으로 오늘에 온 것 같다.

저자는 1996년 3월, 선문대학교 역사학과로 직장을 옮기면서 그때까지 한 번도 실시해보지 않은 풍납토성의 제원(諸元)을 밝히는 실측조사와 실태조사를 착수하였다. 일찍부터 풍납토성을 백제전기 왕성으로 믿어 오던 저자로서는 풍납토성이 갖는 백제왕성으로서의 역사적 · 문화적 의의를 밝혀내고, 아울러 이 백제왕성을 보존할 것을 촉구하는 뜻에서 실측조사와 실태조사를 실시하였다. 이것이 백제가 다시 태어나는 계기가 되었다.

1. 풍납토성 왕궁유적 발견 이전의 한성백제에 대한 인식

풍납토성(風納土城)이 근대에 처음으로 알려지기 시작한 것은 1925(乙丑)년 7월의 대홍수 시 한강의 범람으로 풍납토성의 서벽이 무너지고 토성 내부가 휩쓸려 나가면서 백제시기 유물이 노출되면서부터 이다. 일제강점시기 총독부박물관(현 국립중앙박물관)이 풍납리 남단의 토사 중에서 중국 육조식(六朝式)의 초두(鐎斗) 2점과 금환(金環) 등이 출토된 것을 구입하여 소장한 것이 알려졌다. 그 후, 일본인 아유가이(鮎貝房之進)가 풍납토성을 답사하다가 한 노파가 토성 내에서 수습하였다고 말하는 자감색의 유리옥 십 수 개를 사서 일행과 나눠 가졌다고 한다. 이를 근거로 아유가이는 1934년 「백제고도안내기」라는 기행문에서 풍납리토성을 하남위례성(河南慰禮城)일 것이라고 추정한바 있다.[4]

그러나 이병도(李丙燾)는 『삼국사기』 백제본기 책계왕 원년(286) 조에 보이는 '사성(蛇城)' 을 풍납토성에 비정하고, "사성이 평고성(坪古城) 즉, 풍납리토성의 원명인 것을 명언할 수 있다" 고 하였다.[5] 이러한 이병도의 '풍납토성 사성설(蛇城說)' 은 그 어원에 근거한 것이기 때문에 처음부터 많은 모순이 있었지만 이병도의 '사성설' 은 오래 동안 정설처럼 되어 왔다.

---

3 한국정신문화연구원, 「한강유역 백제전기 수도유적 보존문제」 『83 학술연찬』, 1983. 7. 6.

4 아유가이(鮎貝房之進);「백제고도안내기」『조선』234, 1934. 아유가이는 1922~39년까지 총독부박물관협의회 협의원으로 있었다.

5 이병도, 「광주 풍납리토성과 백제의 蛇城」 『진단학보』10, 1939. 『한국고대사연구』, 박영사, 1976, pp.498~506.

1936년 2월 21일 조선총독부sms 경기도 광주군 구천면 풍납리(오늘의 서울특별시 송파구 풍납동) 소재의 백제 토성을 '조선 고적 제27호 廣州風納里土城이란 명칭으로 지정하였다.[6]

이후, 1962년 1월에 대한민국정부는 문화재보호법을 공포하였으며, 그 이듬해인 1963년 1월 21일에는 풍납리토성의 성곽부분 121,325㎡만을 '대한민국 사적 제11호'로 지정 고시하였다.[7] 2017년은 풍납토성이 국가사적으로 지정된지 54년이 된다.

1964년 김원룡(金元龍)의 주관으로 서울대학교 고고인류학과 학생들의 현장실습으로 풍납토성 내 8개 지점을 시굴한 것이 최초의 발굴 조사였다.[8] 이 시굴조사는 풍납토성 내부의 유물포함층(遺物包含層)에 대한 조사였다. 김원룡은 이 시굴조사를 통해 풍납토성을 『삼국사기』백제본기 온조왕 조의 위례성과 거의 같은 시기인 기원 후 1세기를 전후한 시기에 처음 축조된 것으로 보았으나, 그 성격에 대해서는 '반관반민(半民半軍)의 읍성(邑城)'정도인 『삼국사기』백제본기에 나오는 '사성(蛇城)'으로 인식하고 있었기 때문에 계속 이병도의 '풍납토성 사성설'을 벗어나지 못하였다. 그리고 백제의 건국을 기원 300년경으로 보았다.

이와 같이 김원룡의 고고학적 조사는 이병도의 '사성설'에 가려 풍납토성 내부는 문화유적보존구역에서 해제되어 줄곧 방치되고 있다가 서울시의 도시계획에 의해 모두 도시화되어 오늘날에 이르게 되었다.

풍납토성 내부에서 1960년대에 서울대 고고학과가 백제초기의 유적유물을 발견하고도 이를 방치 해제시켜 서울시 도시계획으로 오늘날까지 계속 인멸되고 있던 지역이다. 1970, 80년대에는 서울대가 몽촌산성을 발굴하면서 몽촌산성이 백제도성일 것이라는 주장에 밀려 풍납토성의 개발[파괴]은 더욱 급진전되어 갔다.

서울신문 문화부장과 주필을 지낸 반영환(1936~2004)의 증언은 참으로 가관이다. "말무덤(적석총 3호분의 토속어)의 밑 부분에 봉토가 벗겨져 적석(積石)이 드러나 있었으며 그 돌들을 부지런히 캐내 근처 샛강의 둑을 쌓는데 실어 나르고 있었다. 제방공사는 서울시가 추진하는 공사였다"고 하였다.[9] 적석총의 적석들이 잡석으로 샛강(잠실 신천)을 메우는데 실려 나갔다는 것이다. 지금의 석촌호수 부근이다.

1974년 9~11월까지 50여 일간에 걸쳐 서울대학교 박물관과 고고학과가 합동으로 석촌동 3호분. 석촌동 4호분에 대한 발굴조사를 실시하였다.[10] 석촌동3호분은 계단식 적석총으로, 백제 지역에서는 보기 드문 돌로 한 층 한 층 쌓아 올린 피라미드식 적석총이다. 계단식 피라미드인 지

---

6 조선총독부; 『관보(官報)』 제2730호. 1936.

7 문교부; 『고시(告示)』 제174호. 1963. 사적지정 당시에는 '廣州風納里土城'이라고 하였으나 지금은 통칭 '風納土城'이라 부른다.

8 서울대 고고학과; 『풍납리토성내포함층조사보고』, 서울대 박물관, 1967.

9 반영환, 「고분 위에 집을 짓고 살다니 …」『고분 위에 집을 짓고 사는 나라』,다인 미디어, 2003, pp.107~108.

10 서울대 고고학과;『석촌동적석총발굴조사보고』,서울대 박물관 , 1975.
임효재;「석촌동파괴분」『고고미술』129.130합집,, 1978.

구라트(Ziggurat)를 닮은 고분이다. 이 유적은 1975년 5월, 국가사적 제243호로 지정받았다. 그러나 한강유역의 이들 적석총은 백제건국자들과 관련시켜야 할 것이라고 하는 말뿐,[11] 파괴 되어 가고 있는 이들 적석총에 대한 어떤 대책도 시도하지도 않았다.

1975년에 정부가 사적으로 지정하면서 제3호적석총은 521평, 제4호적석총은 552평, 제5호봉토분은 440평 등 불과 1,513평만을 사적 보호구역으로 설정하였다. 당시의 여건으로 얼마든지 유적 잔존지역(殘存地域)의 범위를 넓혀 지정할 수 있었던 때인데, 발굴자나 학계의 무관심으로 석촌동 일대의 고분의 분포 양상과 관련된 정확한 내용이 파악되지 않은 상태에서 3호분의 일부와 4호분, 5호분 등의 1,500여 평만을 부분적으로 지정하였다. 하물며 3호분은 고분위에 무허가 건물들이 들어서 13 가구가 상주하고 있는 상태에서 발굴된 서쪽 일부(400㎡) 만을 철책을 두르고 부분적인 보호 조치가 이루어지게 되었다. 1차 부분 발굴한 다음 '보호구역' 을 紙上으로 설정하였기 때문에 보호구역 내를 관통하는 도로가 개설되는 것을 방기(放棄)하고 말았다.

1970년대 후반부터 일기 시작한 강남지구 신도시개발 붐은 석촌동 일대도 예외일 수 없었다. 앞서 사적으로 지정된 제3호와 제4호 적석총 및 제5호 봉토분 등 1,500여 평 이외는 일반에게 불허(拂下)되고, 1981년에 제3호분과 제4호분 사이에 폭 35m나 되는 도로가 새로 개설되고 주변 지역은 도시계획에 포함되었다.

2. 군사정권하軍事政權下에서의 문화재보존운동 전개

1) 백제고분로 개설–석촌동 왕릉지구 파괴

1981년 10월에 귀국한 저자는 오래 만에 다시 서울의 백제유적에 다시 돌아 왔다. 귀국하자마자 연세대학교 국학연구원(원장; 李鍾英 교수)의 초청을 받아 「고구려 향당(享堂) 제도연구」라는 제목으로 논문을 발표할 기회가 있어 이 논문과 관련이 있는 자료를 준비하기 위해 서울 강남구(현 송파구) 석촌동 백제 적석총을 다시 찾았다.[12] 그러나 저자가 석촌동 백제 적석총을 다시 찾아 갔을 때는 이미 도로(오늘의 백제고분로) 개설로 많이 파괴돼 가고 있었다. 1974년 서울대 고고학과에서 석촌동 3호분과 4호분을 발굴하여 역사적. 학술적 가치가 들어나 1975년에 국가사적(제243호)으로 지정받고도 국가 중요 문화재로 보호받지 못하고 누구하나 돌보는 사람하나 없이 도시개발에 밀려나 3호분(왕릉으로 추정되는)은 반 토막 나고 말았다.

---

11 김원룡 등;『석촌동3호분(적석총)발굴조사보고서』,석촌동유적발굴조사단, 1983. p. 27. "백제 최고(最古)의 치자(治者) 즉, 국왕(國王)의 묘(墓)가 틀림없다고 보여 진다. 시기적으로 보면 3^{C}중엽(中葉)을 넘지 않을 것으로 판단된다." 고 하였다.

12 이형구,「고구려향당(享堂)제도연구」『동방학지』32, 연세대학교 국학연구원,,1982, pp.28~36.

이후 계속 보존활동을 전개해 오던 중 1983년 봄에 서울시 주권(시공 롯데건설)으로 도로(백제고분로)를 개설공사하면서 백제 왕릉으로 추정되는 3호 적석총은 반쪽이 잘려 나가고 주변의 유적들은 아예 파괴 인멸되고, 심지어 백제의 고분이 굴착기에 잘려 나가면서 백제의 어느 왕족의 묘일지도 모르는 고분에서 인골(人骨)이 무참히 굴착기에 찍혀 교란되는 처참한 지경에까지 이르고 있는 현장을 목격하였다. 이 장면은 고고학이 무너지는 것이 아니라 인륜(人倫)이 처절하게 붕괴되어가고 있구나 하는 심경이었다. 상황이 이런데도 백제 건국자들의 능묘일 것이라고 하는 말을 하던 사람들은 어디서 또 공염불을 하고 있었는지?

백제 왕릉으로 추정되는 석촌동 백제적석총(제3호분)이 파괴되는 현장을 목격하고 백제유적을 살리기 위해 정부와 서울시청 그리고 문화재관리국(현 문화재청) 등 관계기관에 건의서를 내고 직접 찾아가서 설명하고 이해시키려고 온갖 노력을 다 하였으나 정부의 강남개발정책으로 설득이 어려움에 봉착되고 날로 공사는 진행되어 가고 있었다. 학계의 이해를 촉진시키면서 일방, 여론화하는 일도 계속하였다.

만행 중에 만행을 공개해서 파괴된 인륜을 수습할 심정으로 KBS TV에 현장 취재를 요청하여 1983년 5월 27일, 저자와 동행 취재하여 당일 밤 9시 KBS뉴스를 통하여 '百濟 王陵의 慘狀' 이란 타이틀로 세상에 알려지게 되었다. 다음날(5.28) 오전에 다시 석촌동 현장을 답사하고 관할 경찰관파출소장과 통장을 방문하여 포크레인으로 잘린 유적과 인골을 보호해 줄 것을 당부하였다. 오후에는 문화공보부 허문도(許文道) 차관의 내방 요청(호출?)을 받고 서울 문공부 청사를 방문하여 최근에 서울 석촌동에서 일어났던 일련의 과정을 설명하고, 오히려 도로공사를 중지시키고 백제유적을 보존할 수 있도록 조치해 줄 것을 건의하고 아울러 학술회의를 개최하여 백제유적을 학계에 인식시킬 수 있는 기회를 마련해 줄 것을 요구하였다. 허 차관은 중대 결정을 내려야 하는 상황에서 문제의 심각성을 인식하고 방문자와 공감을 같이 하고 즉각 지지해 주었다.

천만다행으로 정부 당국자가 저자의 의지를 십분 이해해 줌으로서 공직을 유지하면서 보존운동을 계속할 수 있었다. 이 순간이 또한 서울백제역사가 오늘이 있게 하였다.

2) 한강유역의 백제유적조사단의 공공연한 백제유적 삭평(削平) 결정

(1) 구의동유적 삭평(削平)

성동구 구의동유적은 한강 북안 해발 53m의 속칭 '장군봉' 봉우리에 위치하고 있다. 1977년 서울시의 지구 구획정리사업의 일환으로 구제발굴에 들어가 화양지구유적발굴조사단이 발굴하였다. 이 유적은 매우 특이한 유적으로 매토, 봉토형성으로 끝나는 일련의 작업과정을 전제로 하는 역시 분묘이고 가옥, 방화는 그에 부수되는 제도적 행사로 보아야 할 것이고 이 가옥을 백제 당시의 삼년장을 위한 '빈전적(殯殿的) 건조물' 로 보고 출빈(出殯) 완료와 함께 가옥을 태우고 봉토를 형성한 것이라고 보면 될 것 같다고 하였다. 그러나 이것도 역시 추정에 불과하고 앞으로

구의동 유적의 재조사를 통해 그 정확한 성격이 규명되어야 할 것이다. 백제시대의 부장품-철기와 다양한 토기 류를 얻게 된 것은 또 하나의 성과라고 할 수 있겠다고 하였다.

"이 유적은 이상과 같은 점으로 그 保全이 바람직했으나 그 위치가 산정이어서 그 보전에는 광대한 주변지역이 필요하고 그것은 화양지구구획정리사업을 실질적으로 막는 것이 되기 때문에 유적의 구조나 원상을 기록으로 남기고 유적자체(遺蹟自體)는 삭평(削平)할 것을 조사단 최종회의에서 합의(合議)하였다"고 하였다.[13][원색지도 3-⑤ 참조]

이토록 귀중한 유적이 화양지구유적발굴조사단의 최종결정에 따라 모두 '삭평(削平)' 괴고 아파트단지로 개발되었다. 정식보고서는 나오지는 않고 1997년에 『종합보고서』형싯으로 나오기는 하였으나 돌연 고구려유적으로 둔갑해서 나왔다.[14] 현지에는 안내판하나 없다.[15]

(2) 가락동고분군 삭산(削山)

1961년,송파구 가락동 해발 40m 구릉에서 청동기시대 주거지가 발굴 된 것을 비롯하여[16] 1974년 가락동 백제고분 제1 · 2호분 발굴조사 그리고 1975년 잠실지구유적발굴조사 등 세 차례 조사가 이루어졌다.[17] 석촌동 고분군 근처의 평지에 위치한 가락동 1 · 2호분은 토광묘식의 즙석봉토분이다. 그 중에 가락 2호분은 바닥부가 12×15m, 높이 2.2m의 비교적 큰 봉토 안에 4기가 합장된 특이한 구조를 가지고 있다. 보고자는 이 고분의 하한은 B.C.1 · 2세기경, 상한은 A.D.2세기경으로 백제건국시기에 근접되리라고 생각 된다고 하였다. 그리고 1975년 8~9월에는 가락동 안산(安山)의 해발 55m 구릉에서 석실분 4기가 발굴되었는데, 다양한 묘제가 확인되었다.

가락동 석실분은 방형 석실에서 장방형 널방으로 변화하기 시작한 고구려 무덤양식이 백제에 영향을 준 것으로 보이며, 4호분과 동일한 천장 모줄임양식도 고구려 영향으로 보고 있다. 가락동석실분은 횡구식에서 횡혈식으로 변화해 가는 과도기로 보고 있다.[18] 가락동 2호분에 대한 재론이 나왔으나[19] 또 논의해야 할 문제들이 많은 것 같아 여기에서는 잠시 생략하였다.

조사자는 4호석실분에서 백제토기 여러 조각이 나왔다고 한다. 4호분은 백제초기 횡혈식 석실분과 동일 범주에 드는 형식이라고 한다. 대개 4~5세기경으로 추정하고 있다. 그리고 금동환이 출토된 5호분을 만든 시기는 이 보다 이른 4세기경으로 추정되고 피매장자가 왕족이거나 귀족일 수 있다고 보았다.[20] 석촌동 고분군은 모두 백제초기의 왕릉과 귀족 무덤이다.

13 화양지구유적발굴조사단, 『화양지구 유적발굴 조사고』, 1977, p.30.
14 구의동보고서 간행위원회, 『한강유역의 고구려요새-구의동유적 발굴조사 종합보고서』, 1997.
15 약보고서나 종합보고서 어디에도 유적의 지번을 찾아 볼 수 없다.
16 김정학,「광주 가락리 주거지 발굴 보고」『古文化』2, 1963.
17 윤세영, 「가락동 백제고분 제1 · 2호분 발굴조사 략보」『고고학』 3, 1974.
18 윤세영, 「가락동 백제고분 제1 · 2호분 발굴조사 략보」『고고학』 3, 1974, p.139.
19 고려대학교 박물관,『가락동 2호분』,서울문화유산연구원, 2012.
20 잠실지구유적발굴조사단,「잠실지구유적발굴조사보고」『한국고고학보』3, 1977, p.46, p50.

이 해(1975)에 잠실지구유적발굴조사단은 '잠실지구 구획정리사업지구' 내에서 방이동 및 가락동 5만평에 대한 발굴을 실시하여 가락동지구에서는 청동기시대 주거지 5기, 석실고분(백제시기 추정) 5기, 기타 유구 2개소를 확인 조사하였다.

그러나 서울시로부터 위촉장을 받은 전문가 16인으로 구성된 잠실지구유적발굴조사단은 "파괴된 고분들이 파괴는 되었으나 형식이 다양하고 인골 등 유물도 나와서 잠실지구의 역사를 밝히는데 많은 도움이 되었을 뿐만 아니라 백제고분연구에 귀중한 자료를 제공하게 된 것은 조사단의 망외(望外)의 기쁨이었다."라고 '감격스럽게' 총평하였다.

그 기쁨은 오래가지 못하고 발굴조사단은 그 자리에서 바로 다음과 같이 의결하게 된다.[21]

> 1. 이번 조사지구 남단의 방이동지구에는 5기의 구조가 완전히 남아있는 백제석실고분이있으며 이들은 잠실지구 완전 백제석실분으로서 마지막 5기이기 때문에 그 학술적, 역사적 가치로 보아 전부 보존이 필요하며 따라서 이 고분지구는 채토금지(採土禁止), 원상 보존토록 함.
> 2. 이상 방이동 주요 보존지구 이외의 今次 조사지구는 그 속에 파괴 석실분 들과 기타 유적들이 있으나 그 파괴도(破壞度)로 보아 이를 기록으로 남기고 채토(採土), 삭산(削山) 하여도 可함.

발굴을 끝내고 각 대학, 기관별로 보고서를 작성하여 조사단 본부에서 종합하여 그해(1975) 10월 8일 서울시와 문화재관리국에 약보고서를 제출하고 잠실지구유적발굴조사를 종결하였다. 결국 서울시로부터 위촉장을 받은 잠실지구유적발굴조사단의 전문가 위원 16인이 가락동 백제고분군을 모두 인멸시켰다. 한마디로 경천동지(驚天動地)할 일이다. 발굴조사 후 몇 기만이 남아있던 가락동 고분마저도 1983년에 한양아파트(1단지) 건축과 함께 모두 인멸되고 말았다.

가락동 인근 송파구 방이동의 '大王子山'이라고 불려오던 야산(해발 48m)에 있던 방이동고분군도 잠실지구유적발굴조사단이 앞서 가락동지구를 '채토, 삭산' 해제할 때 방이동지구도 함께 "방이동 주요 보존지구 이외의 금차 조사 지구는 그 속에 파괴 석실분들과 기타 유적들이 있으나 그 파괴도(破壞度)로 보아 이를 기록으로 남기고 채토, 삭산 하여도 가하다"고 결론을 내리는 바람에 대왕자산 윗 부분에 있던 방이동 4. 5호분이 채토, 삭산 되어 완전히 인멸되었다.

3) 한강유역 백제전기 수도유적 보존문제 첫 학술회의 개최 – 1983년 7월

저자는 1983년 5월 28일 정부 고위 당국자와의 '담판'이 있은 후, 그 해 7월 6일 한국정신문화연구원(현 한국학중앙연구원)이 주최하고 저자가 주관하는 "한강유역백제전기수도유적보존문제"를 학술영찬(學術硏鑽)을 개최하였다.[22] 서울백제 수도유적에 대한 최초의 학술회의이다. 가히

21 잠실지구유적발굴조사단,「잠실지구유적발굴조사보고」『한국고고학보』3, 1977, pp.64~65.
22 이형구,「한강유역백제전기수도유적보존문제」『정신문화연구』통권21호, 한국정신문화연구원, 1984.

기념비적인 학술토론회의라고 할 수 있다. 이 학술연찬에는 이형구(李亨求)가 「한강유역백제수도유적의 현상과 보존문제」에 대하여 주제 발표하였으며,[삽도 1] 김병모(金秉模)는 「한강유역고분의 고고학적 가치」, 차용걸(車勇杰)은 「한강유역 백제도성유적 보존문제」에 대하여 발표하였다.

발표후 건의문을 작성하여 당시 전두환(全斗煥) 대통령을 위시하여 관계기관에 건의서를 제출하였다.[23]

[삽도 1] 1983년 7월 6일 한국정신문화연구원 주최 「한강유역 백제전기 수도유적 보존문제」 학술연찬 장면.(왼쪽으로부터 발표자 이형구, 사회자 문명대, 원장 류승국, 부원장 김형효 교수)

〈한강유역 백제전기 수도유적 보존문제 건의문〉

1. 강동구 일대의 유적분포지역의 개발을 중지시킴은 물론 '긴급 구제 발굴' 방식을 지양,모든 유적을 철저히 재조사하여 이미 파괴가 심한 곳은 학술적인 발굴을 거쳐 보호토록하고 원상을 유지하고 있는 유적은 그대로 보존토록하며 다음으로 복원이 가능한 유적은 학술적인 고증을 거쳐 복원토록 해야 할 것임.
2. 사적 제243호인 석촌동 제3 · 4호 왕릉을 비롯하여 제4호 왕릉의 전방에 있는 2기의 고분유구와 제5호분 · '파괴분' 및 최근 파괴된 석촌동 일대의 백제문화포함층을 다시 발굴 조사해야 할 것임.

23 당시 한국정신문화연구원 역사연구실 교수이던 저자가 1983년 5월, 정부당국자와의 담판에 성공하여 이 학술회를 개최할 수 있었기 때문에 서울백제 수도유적 보존운동을 계속할 수 있었다. 그래서 이를 기념하기 위해 2003년 6월 『한강유역백제전기수도유적보존문제 제기 20주년기념 국제학술 세미나』를, 2013년 10월에는 『한강유역백제전기수도유적보존문제 제기 30주년기념 국제학술 세미나』를 개최하였다. 그만큼 역사적이고 기념비적인 학술회의이다.

3. 사적 11호로 지정돼 있는 풍납리토성은 현재 대로변의 약 300m의 북쪽면만 있는데 이에 대한 보존 복원 대책을 강구해야 할 것임.
4. 현재 '사적공원' 으로 조성사업을 벌이고 있는 방이동고분군중 제 7 · 8호가 제외되고 있는데 이를 연결하여 공원면적을 확대 조성해야 할 것임.
5. 둔촌동에 건설될 '올림픽 주경기장' 후보지 내의 지표조사를 철저히 할 것과 인접 몽촌토성의 원형을 찾아 복원하여 토성 내에는 일체의 시설을 불허해야 할 것임.
6. 특히 석촌동 지역의 사방 1km 내의 모든 지상건물과 토지를 매입하고 '역사공원' 으로 지정하여 역사교육도장으로 활용하는 동시에 국가적인 문화유적공원으로 조성해야 할 것임.
7. 강남지구에 '慰禮城博物館' (가칭)내지 '사적관리사무소' 를 신설하여 각지에 흩어진 한강유역출토유물을 한데 모아 전시하여 역사교육도장으로 활용하고, '문화올림픽' 시에 우리문화 선양의 계기를 마련하는 한편 한강유역의 유적을 보호 · 감독해야 할 것임
8. 만일 이와 같은 일련이 政府의 노력이 미치지 못한다고 한다면 民間單位에라도 유도 · 권장해야 할 것임.

1983년 7월 6일

3. 석촌동 왕릉지구 백제고분 보존 결정-1985년 7월

1) 석촌동고분군 확대 보존과 지하차도로 터널化 성공

앞서 1983년 여러 학자들과 풍납토성 몽촌산성 아차산성 방이동고분 석촌동고분 등에 대한 조사연구 성과를 조명한 한국정신문화연구원 학술연찬 이후, 당시 전두환 대통령에게 회의 자료를 덧붙여 제출한 〈한강유역 백제전기 수도유적 보존문제 건의문〉에서

2. 사적 제243호인 석촌동 제3 · 4호 왕릉을 비롯하여 제4호 왕릉의 전방에 있는 2기의 고분유구와 제5호분 · '파괴분' 및 최근 파괴된 석촌동 일대의 백제문화포함층을 다시 발굴 조사해야 할 것임.

이라고 하였다. 그리고 제6항에는

6. 특히 석촌동 지역의 사방 1km 내의 모든 지상건물과 토지를 매입하고 '역사공원' 으로 지정하여 역사교육도장으로 활용하는 동시에 국가적인 문화유적공원으로 조성해야 할 것임.

이라고 하였다.

1983년 7월 6일 학술연찬 이후, 청와대 신극범(愼克範) 교육문화수석이 그동안 한강유역 백제전기 수도유적 보존문제를 전개한 자료를 요청해 왔다. 이에 저자는 석촌동고분군을 비롯해 강남 일대의 백제유적 현황에 대해서 자세히 보고하였다.

마침내 1985년 7월 1일 정부는 '서울 백제고도 유적보존계획'을 특별법으로 제정하고 519억 원이라고 하는 최대의 예산을 책정하여 서울 강남지고 백제유적을 보존하도록 조치하였다.

풍납토성의 현장을 실지 답사, 조사하고 그의 보존과 대책 문제를 다각도로 줄기차게 제기해왔다. 본격적으로 보존활동을 추진한 지 2년여 만에 마침내 대통령의 특별지시로 정부는 '서울백제고도'를 되살리기 위한 예산 519억 원이라고 하는 천문학적인 액수의 보존 복원비가 책정되었다.

1985년 7월 1일, 이원홍(李元洪) 문공부장관과 염보현(廉普鉉) 서울시장은 "서울고도 민족문화유적 종합복원 계획안"을 공동 발표하게 된다.

풍납토성은 일부 복원돼 있으나 주위 환경이 좋지 않고 정비지역 내 사유지를 보상하고 5억원을 들여 보수 · 정비하기로 하였다. 풍납토성은 화급한 석촌동이나 몽촌토성(산성)에 비해 좀 빠진 감이 있다. 그러나 이와 같은 조치는 문화유적 복원비용으로는 건국 이래 최대의 규모이다.

정부의 용단이 있기까지의 끈질긴 노력은 우리 모두의 '승리'였다. 이에 대한 보존활동 과정은 「서울 百濟古墳의 保存과 發掘－石村洞古墳群을 中心으로－」라는 제목으로 2016년 8월, 『韓國古代史探究』23집에 발표하였다.[24]

1985년에는 석촌동고분군은 현재 1,500평의 사적 면적을 제외하고 모두 일반에게 불하돼 있던 상태에서 일반 주택건축이 개발될 시기에 정부의 특별지시로 재수용 되면서 사적면적을 무려 12배나 확대하여 1만7천여 평을 사적공원화하였다. 특히 석촌동고분군을 횡단하여 왕릉으로 추정되는 3호분을 절단하고 지나가는 폭 35m나 되는 '백제고분로'를 91억원의 정부 예산을 들여 地下車道로 터널화(化)하여 잘려나간 3호 적석총(추정 근초고왕릉)을 하나로 복원하고 1990년 12월, 양 지역을 연결하여 사적공원을 조성하였다. [삽도 2~3]

이후 1986년 7월에 석촌동 3호분 동쪽 옹관(甕棺)과 인골이 잘려나갔던 도로(백제고분로)의 단면의 '3호분 동쪽 고분군'이라고 부르는 지역을 발굴하여 백제 초기의 토광묘, 목관묘 등이 확인되고 옹관묘와 적석총 등 수 십 기의 백제유적이 되살아났다.[25]

1987년에는 이미 알려진 4호분 남쪽의 민가지구에서 1, 2호 적석총을 발굴하였다. 1호분과 2호분 사이에서 여러 기의 석곽유구가 조사되었다.[26] 2015년 5월, 석촌동 고분군 남쪽 보호수목 부근에서 일부 침하(浸下)된 부분이 발견되어 재발굴이 시작되었다.[27]

---

24 이형구, 「서울 百濟古墳의 保存과 發掘－石村洞古墳群을 中心으로－」『韓國古代史探究』23, 한국고대사탐구회, 2016, pp.291~368). 본서 제 3부 참조.

25 서울대박물관,『석촌동3호분 동쪽 고분군 정리조사보고』, 서울특별시, 1986.

26 서울대박물관,『석촌동 1.2호분』, 서울특별시, 1989.

27 한성백제박물관,『석촌동고분군 시굴조사 약보고서』, 2015, 2016.

[삽도 2] 도로(백제고분로) 개설로 절단된 석촌동 제3호분(오른쪽 위)과 3호분 동쪽 백제 고분군 절단면(1982, 저자 촬영)

[삽도 3] 백제고분로가 1990년 12월 지하차도화되면서 절단된 석촌동 제3호분이 복원되고 보호구역이 12배로 확대, 석촌동고분군은 사적공원으로 정비되었다.(1991, 저자 촬영)

2) 방이동고분군 확대 보존 및 추가 발견

방이동 고분군은 표고 40m 남짓한 얕은 능선에 조성되어 있는데 조사 당시에 알려진 것이 8기였다. 고분은 대체로 직경 10m 내외의 원형 봉토 안에 경사면을 파고 석실 또는 석곽을 만들어 시신을 안치하고 부장한 형식의 석실 봉토분이다. 1 · 4호분은 궁륭상의 천장을 하고 있고, 6호분은 주실과 부곽이 분리된 터널형의 횡혈식 석실분으로 각기 다른 형태를 취하고 있다. 4호분은 궁륭상의 천장을 하고 5호분은 장방형의 석곽 형태를 갖추었는데 '1977년 잠실지구유적발굴조사 시 비교적 북쪽 고지대에 있던 4 · 5호 2기는 삭평(削平)되었다.[28]

1983년 7월 6일 「한강유역백제전기수도유적보존문제」학술연찬을 마치고 제출한 〈건의문〉 중에

4. 현재 '사적공원' 으로 조성사업을 벌이고 있는 방이동고분군 중 제 7 · 8호가 제외되고 있는데 이를 연결하여 공원 면적을 확대 조성해야 할 것임.

이라 하였다.

28 잠실지구유적발굴조사단, 「잠실지구유적발굴조사보고」『한국고고학보』3, 1977, p.65.

원래 방이동 고분군의 제 7 · 8호가 제외되고 1~3호, 6호만 보호구역으로 설정하고 나머지보호구역에서 제외됐던 7 · 8호분 지역을 연결하여 확대 보존하도록 건의하였다.[29] 정부의 '서울 백제고도 문화유적 종합복원계획'이 발표(1985년 7월 1일)된 이후 6호분에서 남쪽으로 약 100m 지점에 1975년 "채토(採土), 삭산(削山)하여도 可하다"고 하여 문화재 보존 지역에서 해제되어 이미 불하된 지역으로, 인멸위기에 있던 2기 고분(현재 9 · 10호)을 다시 확보하여 정비하는 과정에서 백제고분 2기(현재 7 · 8호)를 더 발견하였으니 천만다행이다.[30] 두 구역사이의 공간을 연결하여 보호구역이 원래의 면적보다 6배 이상으로 확대되었다. 1988년 9월, 오늘날과 같은 '방이동고분공원'이 조성되었다.[31] 2017년에는 방이동3호분을 재발굴을 하였다.

3) 몽촌산성 보존-성벽 조각공원과 미술관 건립계획 변경

1983년 7월 6일 「한강유역백제전기수도유적보존문제」학술연찬을 마치고 제출한 〈건의문〉 중에 몽촌토성(산성) 보존을 위해서

> 5. 둔촌동에 건설될 '올림픽 주경기장' 후보지 내의 지표조사를 철저히 할 것과 인접 몽촌토성의 원형을 찾아 복원하여 토성 내에는 일체의 시설을 불허해야 할 것임.

이라고 하였다.

다행히 성 내부는 건의서에 밝힌대로 보존이 결정되고 발굴에 들어가고 정비된 후 사적공원화 하고 '몽촌역사자료관'을 건립하여 오늘까지 백제역사 교육장으로 활용되고 있다. 그러나 어려운 일은 계속되었다.

1986년에는 몽촌산성 성벽 위에 세계조각공원을 조성하려고 하는 것을 정부 부서에 찾아다니면서 성벽 접근을 적극 만류하였다. 다행히 관계 기관에서 저자의 설명을 받아 주어 성벽 남쪽(한성백제박물관 북측)에 헌데 모아 입체적으로 전시하는 방법을 강구하였다. 그것이 오늘날 세계조각공원이다.

그리고 서울시에서 88올림픽 당시 올림픽촌 관리사무소로 사용하던 2층건물을 증개축해서 '백남준미술관'으로 사용하려고 하였으나 몽촌산성의 남성벽 인접지역이라 증축이 불가하다고 극구 설득하고 대신 예전에 늪지였던 올림픽공원 남(南)제4문 근처 공지를 추천하여 국립문화재연구소의 구제발굴(救濟發掘)을 거쳐 오늘날 올림픽미술관인 '소마(SOMA)미술관'이 개관되었다. 그래서 백남준미술관은 경기도로 가게 되었다.

---

29 이형구, 「한강유역백제전기수도유적보존문제」『정신문화연구』 통권21호, 한국정신문화연구원, 1984, p.158.
30 원래 7 · 8호로 붙인 것을 1988년 정비 시에 새로 발견된 2기를 7 · 8호라 하고, 7 · 8호를 9 · 10호로 변경하였다.
31 「백제 고분군 복원 끝나」『경향신문』, 1988.9.13.

4) 올림픽대교 풍납동 램프 건설계획 변경

저자는 석촌동 고분군 보존운동이 막바지에 달할 무렵, 풍납토성의 존폐에 직면한 위기를 맞이하게 되었다. 1985년 4월에 풍납토성을 관통(貫通)하는 올림픽대교가 88올림픽을 앞두고 1985년 10월 착공하여 1988년 6월 완공예정으로 올림픽대교 건설계획이 알려지고 난 후 올림픽대교의 설계변경 결정을 얻어낼 때도 동분서주했다. 처음 설계된 올림픽대교는 풍납토성의 동서 성벽을 100m 50m씩 자르고 풍납토성을 관통하여 올림픽대로와 강동대로를 연결하게 돼 있었다. 풍납토성 서벽에 올림픽대로 진출입 램프가 설치되면 서벽은 100m가까이 유실되고, 동벽은 50m폭을 절단해서 올림픽공원 북단을 지나 강동대로와 연결하게 설계돼 있었다.[삽도 4]

풍납토성을 관통해서 올림픽대교와 강동대로를 연결하는 대토목공사를 건설한다는 계획이 발표되자마자 저자는 경천동지할 일을 또 저지르고 있구나 생각하고 앞장서 설계변경을 촉구했고 언론·문화계가 이에 호응해 주었다.

결국 문화재위원회는 올림픽대교의 풍납동 램프를 풍납토성 남벽 밖으로 이전토록 의결하여 1985년 9월 3일 풍납토성을 우회(迂廻)하기로 확정하고,[삽도 5] 서울시는 재설계에 들어가 88올림픽이 끝나고 나서 1990년 6월 27일 올림픽대교 남단 입체교차로까지 4년여만의 공사 끝에 오늘날과 같이 완공하였다. [원색지도 3] [완공 후의 모습은 본서 표지사진 참조]

물론 저자가 혼자서 이뤄낸 일은 결코 아니다. 도와 준 이들도 적지 않았다. 공이야 누구에게 돌아가도 상관없다. 상상만해도 너무 엄청난 일을 저질렀다. 결국, 오늘의 풍납토성이 있게 한 것은 정부와 서울시의 실행이 있었기 때문이다.

한편으로, 풍납토성이 이미 도시화가 될 데로 다 된 것을 목격하면서도 본격적으로 서울백제 왕궁유적을 보존하기 위하여 전력투구하기 시작하였다.

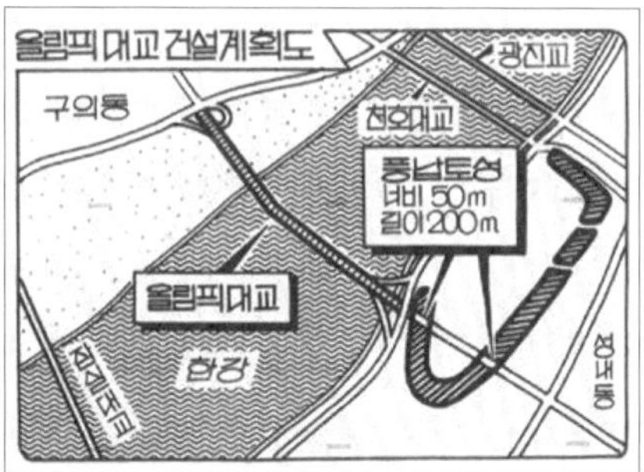

[삽도 4] 1985년 1월에 발표된 올림픽대교 설계도면. 첫 설계시에는 올림픽대교가 풍납토성을 가로질러가게 설계되었다. (『경향신문』, 1985.4.18)

東亞日報 1985年9月4日 水曜日 [10]

九宜~風納 올림픽大橋 내달 着工

「風納土城우회」최종확정

南北입체道路부근엔 4萬坪광장

[삽도 5] 서울시는 당초 설계안을 번복하고 올림픽대교가 풍납토성 남단을 우회하도록 확정 발표하였다. (『동아일보』 1985.9.4)

4. 풍납토성 서성벽 남쪽 외부 현대아산병원 아파트 부지의 발굴조사-1996년

1995년 5월 17일에 서울특별시 송파구청(구청장 김성순)으로부터 풍납토성 서남쪽 풍납동 388번지 현대아산중앙병원 기숙사 건물의 신축허가신청을 받아 성곽 외부지역이기 때문에 이를 허가했다고 하는 회신을 받고, 저자는 즉각 풍납동 388번지 일대를 현지답사하고 이 지역이 풍납토성의 서성벽 밖의 자연해자(垓子)지역일 가능성이 많아 현대아산병원 측에는 우선 문화재 관리국과 협의하고 발굴을 실시한 다음 건축토록 조언하였다.[32]

1996년 6월 한양대학교 박물관에 의해 시굴조사한 결과, 조사지역 북쪽(한강 방향)에 설정된 트렌치 1에서 사선으로 형성된 암회색 사질 점토층위의 안쪽으로 형성된 황색모래와 갈색 사질 토층에서 백제 격자문토기를 비롯하여 조선시대 토기편과 자기편 등이 수습되었다.

조사지역 남쪽의 트렌치 2에서는 현 지표하 9m아래까지 굴토하였는데, 흑회색의 사질점토층이 수평으로 층위를 이루고 있었다. 이 흑회색 사질 점토층에는 백색 모래 간층(間層)이 여러 곳에서 확인된다. 트렌치 2에서는 맨 아래층인 자갈과 회색 모래층에서 조선시대 경질토기편과 자기편이 수습되었다. 이러한 시굴결과로 볼 때 현재 한강 수면보다 훨씬 얕은 층인, 한강의 바닥 층으로 보이는 자갈층이 잔존성벽 바로 앞까지 연결되어 있는 것으로 보아 해자가 원래 없었거나, 축성초기에는 있었더라도 하도의 변화에 따라 유실되었을 수밖에 없다고 판단된다고 하였으나,[33] 자연해자(자연해자)의 가능성이 많다고 보았다.

또한, 현 지표는 해발 14~15m 내외이며 트렌치 1과 2는 각각 해발 8m, 5m 깊이 까지 굴토되었는데 2개의 트렌치에 관한 시굴조사 결과, 벽면에서 나타난 층위를 기초로 추정할 때 근래 레미콘 층이 폐기되기 전 지표는 해발 10m 내외로 추정되며, 잔존한 서벽의 현존 높이가 3m 내외인 점과 원 지표까지의 높이 4m를 더해 보면 서벽의 높이는 7~8m 내외였던 것으로 보인다고 하였다.

이 발굴을 통해서 한강의 바닥 층으로 보이는 자갈층이 잔존 성벽 바로 앞까지 연결되어 있었다고 하는 사실이 밝혀져 풍납토성의 서쪽 성벽의 외벽 경사면 하부가 한강 바닥까지 다다랐음이 확인되었다.

풍납토성의 발굴사적 견지에서 보면, 사실은 1996년 풍납토성 서성벽 발굴이 1964년 첫 발굴에 이어 두 번 째 발굴이 되는 매우 중요한 발굴이다.

한편, 2016년 11월 2일 풍남토성의 서남쪽 성벽을 차지하고 있는 삼표레미콘 회사가 국토교

---

32 현대아산중앙병원의 법인인 아산재단의 이병규(李丙圭) 이사장(현 문화일보 회장)의 적극적인 협조로 발굴이 가능하였다. 발굴 신청 단계에서는 한양대학교 박물관(관장 김병모 교수)에 의뢰하고, 필자는 조사위원으로 발굴에 참여하는 한편, 보고서 작성 시에 「풍납토성의 역사적 의미」를 맡아 집필하였다.(주 33), 『풍납토성 인근지역 시굴조사 보고서』, 1996, pp.9~19)

33 한양대학교 박물관, 『풍납토성 인근지역 시굴조사보고서』, 아산사회복지사업재단, 1996, pp.9~19

통부. 문화재청. 서울시. 송파구청을 상대로 제기한 삼표레미콘 회사의 풍납공장(工場) '사업인정고시 취소소송' 에서 대전지방법원은 삼표레미콘 회사의 손을 들어주는 어처구니없는 사태가 발생하여 풍납토성을 아끼는 모든 사람들을 긴장하게 하였다. 그로부터 꼭 1년 후인 2017년 11월 2일, 저자를 비롯하여 관계 기관의 노력과 풍납토성을 지키기 위해 노심초사하는 분들의 염려와 성원으로 다행히 대전고등법원의 항소심에서 보존 쪽으로 손을 들어 주었다.[34] 저자는 이 사건을 사필귀정(事必歸正)이라고 하였다.[35]

최근에는 서성벽에 눌러 앉았던 삼표레미콘 구지(舊址)를 국립강화문화재연구소가 발굴하였는데, 서성벽의 중심 토루(土壘)를 파괴하고 콘크리트 잔해물(殘骸物)을 대량으로 매립한 사실이 확인되고, 일부 남아있는 성체(城體)의 서남쪽에서 문지(門址)가 발견되었다고 2017년 10월 17일 발표하여 관계자들을 놀라게 하였다.[36]

이 지점은 바로 저자가 풍납토성의 서남문지(西南門址)로 추정하였던 지역이다.[37] [삽도 6]

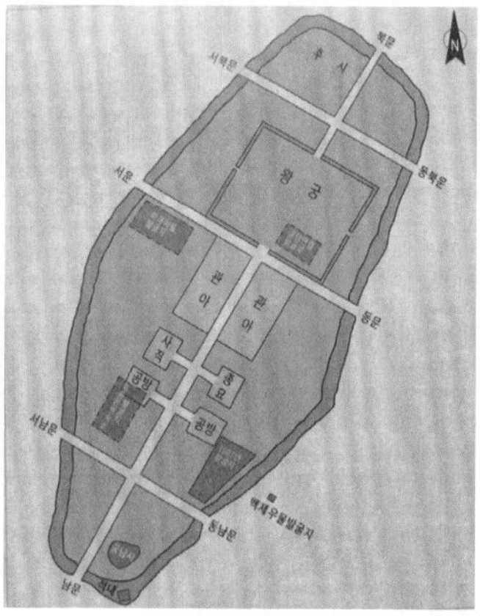
저자가 추정한 풍납토성 왕궁유적 배치도의 서남문지(좌 하, 『한성백제사 3』, 서울시, 2008)

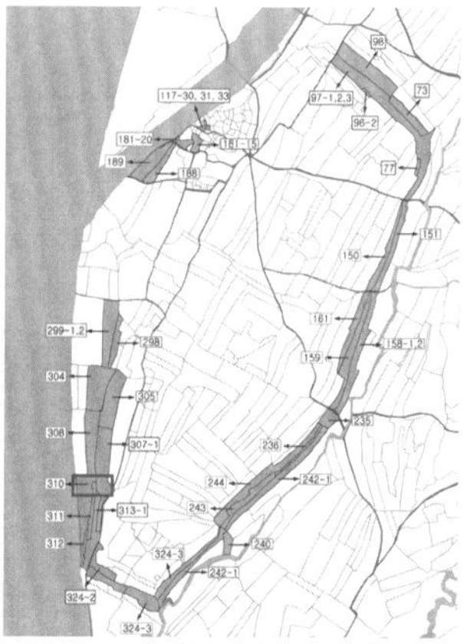
2017년 10월 삼표레미콘 부지에서 발굴된 서남문지(좌 하 네모 안)

[삽도 6] 풍납토성 서남문지 추정도(2008)와 2017년 발견된 서남 문지(門址) 대비도

5. 풍납토성 실측조사와 서울백제 왕궁유적 발견發見 – 1997년 1월

1) 풍납토성의 첫 제원(諸元) 실측 및 실태 조사–1996년

저자는 1996년 3월, 선문대학교 역사학과로 직장을 옮기자마자 풍납토성 학술조사단을 조직

34 저자는 2017년 3월 15일 「풍납토성 관련 대전고등법원 항소심 답변서(答辯書)」(A4 39p.)를 국회 교육문화체육관광위원회를 경유하여 대전고등법원장에게 제출하였다.

35 이형구, 「백제 옛 왕궁 '위례성'을 지키는 길」『경향신문』 시론, 2017.11.6

36 국립강화문화재연구소, 「서울풍납토성 서성벽 발굴조사」, 2017.10.17.

37 이형구, 「풍납토성」『한성백제사』, 서울시사편찬위원회, 2008, p.176.

하고 지금까지 한 번도 시도해 보지 않은 풍납토성(사적 제11호)의 실측조사를 실시해 제원(諸元)을 밝히고, 풍납토성 내 · 외부의 현황 실태를 파악하기 위하여 정밀조사에 착수하였다.[38] 이 조사를 계기로 일찍부터 풍납토성을 백제전기 왕성으로 믿어 오던 저자는 풍납토성이 갖는 왕성으로서의 역사적 의의를 규명하고 문화적 중요성을 인식하고, 백제왕성과 왕궁유적이 부존(賦存)되고 있을 것으로 추정되는 풍납토성 내부를 보존하기 위한 뜻에서 정밀조사를 실시한 것이다. 1996년 여름방학을 이용하여 풍납토성의 전체 현장 상황을 파악할 수 있는 지표조사와 풍납토성의 전체규모를 확인할 수 있는 실측조사[측량] 를 겸행하였다. 그리고 1996년도 겨울방학을 맞이해서는 풍납토성 성벽의 최소한의 현존 높이를 확인하기 위한 등고선 측량을 실시하였다.

1996년 5~6월 서성벽 남쪽 외부 아산병원 아파트부지의 발굴이 끝나자마자 1996년 여름, 저자는 선문대학교 역사학과 학술조사단을 조직하여 풍납토성의 실측조사에 들어갔다.

이 때의 측량조사에서 풍납토성의 전체의 크기가 3,470m로 밝혀냈고, 북쪽 성벽의 가장 높은 곳의 높이는 현 지표로부터 11.1m나 된다는 사실을 확인하였다. 이밖에 복원되지 않은 지역의 남쪽 성벽의 가장 높은 지역은 지표로부터 높이 6.5m이고, 동측 성벽의 가장 높은 지역의 높이가 지표로부터 높이 6.2m나 된다. 그리고 성벽의 저부 폭은 대체로 40~30m이고, 성벽의 가장 넓은 곳의 저부 폭은 동남측 성벽의 폭이 70m에 이르고 있다는 사실을 알게 되었다. 원래의 성체의 높이는 아마 15m정도 될 것이다. 그리고 성벽 외 주위에는 넓은 해자(垓子)가 둘러져 있었을 것으로 추정하였다. 이 조사에서 확인된 실제 제원은 1999년의 풍납토성 동벽 절개 발굴조사에 거의 동일한 수치로 확인되었다.[39]

풍납토성 성벽의 등고선 측량을 실시하면서 성벽 주위의 일반 주거 현황과 유휴지 확인 작업을 병행하면서 풍납토성의 성벽 외곽에 있을 해자의 현존 가능한 지역을 더 주의하여 조사하였다. 다행히 서남, 동남 지역 등 몇몇 지역에서 해자의 가능성을 확인 할 수 있는 지역이 상당부분 남아있는 것을 알게 되었다.

1997년 1월 1일은 필자로서는 영원히 잊을 수 없는 날이다. 신정(新正)에도 풍납토성 현장에서 신년을 맞이하면서도 현장에 나와서 조사요원 들과 함께 실측작업을 계속하고 실태조사 활동을 계속 실시하였다. 연일 실측조사를 실시하는 한편, 수시로 성 내부의 실태를 살펴보면서 문제의 풍납동 231번지 일대의 아파트 공사장을 진입하기 위하여 노력하였다. 1월 3일(금요일)에도 계속 공사장 내부 진입을 시도하였으나, 경비원의 저지로 뜻을 이루지 못하였다. 1월 4일(토요일) 오전 '지질조사'를 빙자하여 경비원을 설득한 후 마침내 공사 현장을 진입할 수 있었다. 천신만고 노력 끝에 서울백제 왕궁유적이 현현(顯現)하는 순간이다.

---

38 1969년 6월 28일에는 성벽 구간 중, 토성의 동북벽 일부가 시장화(市場化)된 지역은 사적지 지정에서 해제되었다. 그리고 1925년 대홍수시 유실된 부분 5,409평도 사적지 지정에서 해제되었다.

39 국립문화재연구소, 『풍납토성 Ⅱ-동벽발굴조사보고서-』, 1999. p.119.

저자는 풍납토성의 실측조사를 실시하던 중 서울 송파구 풍납2동 231번지에서 현대아파트 신축 기초공사를 시행하기 위해 굴착기로 현 지표하 4m까지 굴토한 바닥과 퇴적층에서 백제토기편 다수를 발견하였다. 이것이 한성백제의 왕궁유적이 현현하는 역사적 순간이었다. 당시만 해도 5만여 명이 거주하고 있는 풍납토성 내에서 왕궁유적이 출현하리라고는 저자 이외는 어느 누구도 짐작하지도 않았다. 현대아파트 신축부지 150×70m크기의 면적 중에 60×30m를 이미 지표하 4m정도까지 굴토가 완료된 상태였고, 지표하 2.5m정도까지 기존 신우연립주택 건물의 기저부가 드러나 있었으며, 그 밑으로 1.5~2m두께로 유물포함층에서 목탄과 백제시대 토기편들이 계속되고 발견되고 있었다.

1997년 1월 3일, 서울백제 왕궁유적을 발견한 저자는 파괴현장을 파악한 후 풍납토성 실측조사연구의 자문을 맡아준 조유전 박사(당시 국립민속박물관장)와 의론하고 즉시 문화재관리국(현 문화재청)에 보고하여 더 이상 서울백제 왕궁유적을 파괴하는 공사를 중지시키고 긴급 발굴조사를 실시 할 것을 촉구하였다. 문화재관리국(국장:정기영)은 아파트 공사 중지 조치를 취하고(1월 6일) 국립문화재연구소가 9개월 간의 '긴급구제발굴'을 실시하였다. 이로부터 서울백제 왕궁유적으로 추정되는 유적과 유물이 대량으로 발굴되었다.

그러나 발굴자 측에서는 서울백제 왕궁유적으로 보는 것을 망설였다. 풍납토성 내 발굴조사 후 첫 자문위원회의 회의자료에서, "풍납토성과 관련된 성 내부의 주거시설이 밀집돼 있는 것으로 추정되고, 출토유물로 보더라도 '원삼국기'에서 백제초기에 해당하는 다소 이른 시기의 토기편들이 두드러진다고 볼 수 있다."고 백제초기의 이른 시기의 토기 편들이 '두드러진다'고 하면서도 향후 조사계획에서는 "발굴조사가 완료된 지역부터 부분적으로라도 (아파트)공사가 재개될 수 있도록 하라."고 결론을 내려 '아파트 공사가 재개'되게 될 수 있도록 공사를 맡은 측의 편의를 제공해주고 있다.[40] 참으로 망연자실할 조치이다.

이로써 1500여 년 만에 세상에 현현(顯現)한 서울백제의 왕궁유적이 사라지고 1999년 11월, 11개 동의 현대 리버빌 아파트 단지가 준공되었다. 그래서 이를 두고 '천추(千秋)의 한(悍)'이라고 하였다.

2) 서울백제 왕궁유적 첫 발견-1997년 1월

앞서 1997년 1월 1일은 저자로서는 영원히 잊을 수 없는 날이라고 하였다. 신정(新正)에도 풍납토성 조사현장에서 새해를 맞이하면서 꾸준히 조사활동을 실시하는 노력 끝에 역사적인 발견을 하게 되었다. 바로 서울백제 왕궁유적이 현현(顯現)하는 순간이다.

국립문화재연구소 조유전(趙由典) 소장은

40 국립문화재연구소, 『풍납토성내시굴조사자문위원회의자료』, 1997.

잃어버린 한성백제의 한(恨)은 그다지도 깊었나 보다. 1996년을 이용해 학생들과 함께 토성의 정밀 실측을 하던 선문대 교수 이형구가 다시 백제의 혼을 부활시켰다.

1997년 1월 초 이형구는 아무도 접근하지 못하게 방호벽을 치고 기초 터파기 공사가 한창인 현대아파트 재개발 부지에 들이닥쳤다. 그는 공지현장의 지하 벽면에 백제 토기 조각들이 금맥이 터진 듯 무수히 박혀 있는 것을 목격했다.

지하 4m이상이 파여진 지점이었다. 기존 주택건물은 파 봐야 2m정도였기에 깊숙이 박혀 있던 백제유물층을 발견되지 못했던 것이다. 대규모의 재개발이 역설적으로 지하 깊숙이 묻힌 백제의 잠을 깨웠으니 …….[41]

이렇게 말을 맺지 못하고 서울백제의 왕궁유적의 발견(發見)을 치하해 주었다.

풍납토성 안에서 백제초기의 왕경유적 · 유물이 발견됨으로서 백제 역사를 3백년이나 앞당겨 한성백제 역사를 되살리는 우리나라 역사에 일대 변화를 가져오게 되었다. 그 것은 마치 '혁명(革命)' 과도 같은 대사건이었다.

저자는 토성내의 건물기초공사장에서 백제 토기 편들을 발견한 즉시 문화재 관리당국에 보고하여 공사가 중지 되고 당국에서 발굴에 들어가 풍납토성 현대아파트 신축부지에서 일반 집터로는 보기 힘든 큰 건물터, 집회장이나 관청과 같은 고급건물들이 있었음을 보여주는 기와와 전돌, 주춧돌 받침대, 불탄기둥, 불탄서까래가 출토되었다. 틀림없는 서울백제 왕궁유적의 잔해물(殘骸物)들이다.[삽도 7]

[삽도 7] 서울 송파구 풍납동231번지 현대아파트터파기 공사장에서 발견된 백제토기편과 기와편을 살피고 있는 저자(『조선일보』 1997년 1월 6일자 보도사진)

이밖에 기원전 3~2세기의 회흑색 마연연질토기, 기원 전후시기의 이른바 풍납리식 토기라고 하는 경질 무문토기, 연질 타날문토기, 회청색 연질 무문토기, 적갈색 연질토기, 회색 연질토기, 2~3세기경의 회색 경질토기 계의 삼족(三足)토기, 원통형 기대(器臺), 어망추 등 토기류와 옥기류, 유리류, 철기편 등 수많은 유물들이 출토되었다. 이들 유물은 적어도 기원 3세기 이전의 유물이다.[42]

41 조유전, 『한국사 미스터리』, 황금부엉이, 2004, p.66.
42 국립문화재연구소;『풍납토성 I』, 국립문화재연구소, 2001.

1997년 11월 25일 발굴을 종료하고 개최된 2차 자문위원회의에서는 "이전의 발굴 조사 성과와 비교 고찰한다면 백제시대 주거지 등 전체적인 유구를 밝히는데 귀중한 자료가 될 것으로 사료 된다"[43]고 간략하게 소결을 남겨 놓고 있다. 결국은 1500여 년 만에 되살아난 백제 왕궁유적은 발굴보고서 1권(『풍납토성 I』, 2001.)만을 남겨 놓고 서울백제 왕궁유적으로 환생한 유적은 모두 인멸되고 그 자리에 현대 리버빌 아파트단지가 신축되었다. 당시 저자의 소회는 "천추의 한(千秋之恨)이 되는 일을 저지르고 말았다"고 하였다.[44]

3) 『서울 풍납토성[백제왕성] 실측조사연구』발간-1997년 8월

저자는 1996년 선문대학교 역사학과로 옮기면서 그때까지 한번도 실시해보지 않은 풍납토성의 제원(諸元)을 밝히는 실측조사를 착수하였다. 이 실측조사를 계기로 일찍부터 풍납토성을 백제 전기 왕성으로 믿어 오던 풍납토성이 갖는 왕성으로서의 역사적 · 문화적 의의를 강조하고, 아울러 한시라도 빨리 이 백제왕성을 보존할 것을 촉구하는 뜻에서 실측조사를 실시한 것이다.

풍납토성은 성의 기저부의 정치작업을 한 후 뻘 흙으로 성토하는 성토법(盛土法)으로 중심부를 쌓은 후 중심토루(中心土壘)의 내벽과 외벽에 3~5차례 정도에 걸쳐 사질토와 모래 · 점토 그리고 다짐 흙 등으로 구축하는 판축토루(版築土壘)를 덧붙이고 마지막에는 성벽 양측의 기저부에 여러 단의 석력(石礫)과 석축으로 마감한 것이 확인되었다.[45] 풍납토성의 동남쪽 성 밖에 해자(垓子)로 추정되는 도랑이 있었던 흔적이 있는데 최근 이를 확인하기 위해 국립문화재연구소에 의해 발굴이 진행되고 있다. 풍납토성 성벽에서 출토된 판축 부재[목재 · 목탄]의 절대연대 측정결과 기원후 1~2세기으로 나와 기원 전후한 시기에 성벽을 축조하기 시작하여 늦어도 3세기 중반 이전에는 모든 성벽의 축조가 완료되었을 것으로 보고 있다.[46]

풍납토성에 대한 실측조사연구는 손병헌 교수(성균관대), 조유전 박사(당시 국립민속박물관 관장) 그리고 고 성주탁 교수(충남대) 등 세 분이 자문을 맡아 주었으며, 조사활동은 선문대학교 역사학과 강사 김영수(현 한국사마천학회 이사장) 씨를 비롯하여 학생 김도훈(현 혜안문화재연구원장), 어창선(현 문화재청 발굴제도과 학예연구사), 이왕호(현 아름누리아카테미 이사장) 등이 담당하였다. 측량과 제도는 박종섭(현 한국문화재재단 조사연구실장), 최성준(건축사), 황용주(현 충주건축사 대표) 씨가 맡아 주었다. 실측조사연구는 1997년 8월, 『서울 풍납토성[백제왕성] 실측조사연구』에 담아 놓았다.[47]

---

43 국립문화재연구소풍납동제1지구발굴조사단; 『풍납동제1지구발굴조사지도위원회의자료』, 1997.
44 李亨求, 『서울 風納土城[百濟王城] 實測調査研究』, 百濟文化開發研究院,1997, [본서 제 I 부 참조]
45 신희권, 「풍납토성의 판축기법과 성격에 대하여」,『풍납토성의 발굴과 그 성과』, 한밭대학교 향토문화연구소, 2001.
46 윤근일, 「풍납토성 발굴과 그 의의」,『풍납토성[백제왕성]연구논문집』, 동양고고학연구소, 2000.
47 이형구,『서울 풍납토성[백제왕성] 실측조사연구』, 백제문화개발연구원, 1997.

1999년 여름에는 국립문화재연구소에 의하여 풍납토성의 동벽의 2개 지점에 대한 단면 발굴이 실시되었는데, 조사 결과 폭 43cm, 높이 11m로 밝혀졌다.[48] 이와 같은 제원은 1996년 필자에 의한 풍납토성의 실측조사에서 밝힌 제원과 대체로 일치하는 수치다. 성벽 기저의 너비가 40여 m이고, 높이가 11m(원래는 15m이상으로 추정됨)로 전체 둘레 3.5km나 되는 거대한 토성(土城)이 확인되었는데, 이는 웬만한 석성(石城)보다 훨씬 장대하고 견고한 성곽이다.

풍납토성 성벽의 등고선 측량을 실시하면서 성벽 주위의 일반 주거 현황과 유휴지(遊休地) 확인 작업을 병행하면서 풍납토성의 성벽 외곽에 있을 해자(垓子)의 유존(遺存) 가능한 지역을 더 주의하여 조사하였다. 다행히 몇몇 지역에서 해자의 가능성을 확인 할 수 있는 지역이 상당부분 남아있는 것을 알게 되었다.

6. 서울백제 왕궁유적 보존을 위한 학술회의 개최 – 자비自費 5회

1) 서울백제수도유적보존회의 발기인 28명 보존 결의–1994년

1994년 9월 28일에도 동양고고학연구소(대표: 이형구)가 주관하여 '서울백제 정도(定都) 2000년'을 기념하기 위하여 '서울백제 수도유적 보존회'를 결성하고 서울 한글회관에서 보존대책 회의와 학술토론회를 갖고 즉각 학계와 관계기관에 이에 대한 시정과 보존대책을 촉구하는 건의서를 제출하였다.[49] 이 학술회의는 저자가 진행은 물론 경비 일체를 부담하여 주관해 온 서울백제 수도유적 보존문제에 관한 두 번째의 학술회의인 셈이다. 그러나 풍납토성이 갖는 중대한 역사적 의미와 의의를 건의(建議)했음에도 불구하고 지난 수십 년이 넘도록 풍납토성은 문자 그대로 방치 인멸(湮滅) 상태를 면치 못했다.

1994년 10월 5일에 저자에 의하여 정부요로에 건의된 〈건의사항〉 제2항에 "풍납토성 내외의 미개발 상태의 유휴지는 철저히 보호구역으로 확대 설정하여 보존되도록 한다."고 한 것처럼 지금이라도 이를 실행하여 사적 범위를 성안까지 확대하고 사적공원으로서의 주차시설이나 백제왕성전시관과 같은 건축물이 절실하다고 의견을 모았다.

학술회의가 끝나고 20여일 후인 1994년 10월 21일 아침 등교 길에 서울 성수대교가 붕괴되어 많은 학생들이 생명을 잃는 불상사가 발생하였다. 서울특별시가 조선왕조의 한양 천도(遷都)한 1394년 10월 28일을 기념하기 위해 1994년 10월 28일을 한양 천도일로 정하고 10월 28일을 '서울시민의 날'로 제정하여 '서울정도(定都)600년' 기념행사를 대대적으로 준비했다가 뜻하지 않게

---

48 국립문화재연구소;『풍납토성 II』, 국립문화재연구소, 2002.

49 이형구, 『서울 백제 수도유적 보존회의』, 1994. 9.28, 한글회관 강당.

성수대교가 붕괴되는 불상사가 발생하여 '서울정도600년' 기념행사는 취소되었다. 그 후 '서울정도600년' 기념행사는 점점 소멸돼 갔다.

2) 풍납토성 [백제왕성] 보존을 위한 학술회의와 김대중 대통령령 - 2000년

(1)풍납토성 [백제왕성] 보존을 위한 학술회의

1997년 풍납토성 내 왕궁유적 발견 이후, 풍납토성 백제 왕궁유적을 학계와 일반에게 알리고 정부로 하여금 각성토록 촉구하기 위해 "풍납토성을 보존을 위한 학술회의"를 동양고고학연구소(대표: 이형구)가 2000년 5월 8일 서울 한글회관에서 개최하였다.[50] 이 학술회의는 손병헌의 사회로 조유전(趙由典, 전 국립문화재연구소장)이 기조연설을 맡고, 논문발표는 이형구가 「풍납토성[백제왕성]에 관한 조사연구 및 그 보존문제」에 대해서 발표를 하였으며, 윤근일(尹根一, 국립문화재연구소 연구관)이 「풍납토성발굴과 그 의의」를, 이종욱(李鍾旭, 서강대학교 교수)이 「풍납토성과 『삼국사기』초기기록」을 발표하였다. 그리고 학술회의에는 원로학자 정영호(鄭永鎬, 전 단국대학교 교수) 박사가 축사를 맡아 주었다. 이밖에 한국학계의 김삼룡(金三龍, 전 원광대학교 총장), 김영상(金永上, 전 동아일보 편집국장), 맹인재(孟仁在, 전 문화재위원), 박동백(朴東百, 전 창원대학교 교수), 손보기(孫寶基, 전 연세대학교 교수), 이종선(李種宣, 전 서울시립박물관장), 정명호(鄭明鎬, 전 원광대학교 교수), 최재석(崔在錫, 전 고려대학교 교수) 등 많은 원로인사들이 토론자로 참석하여 풍납토성[백제왕성] 보존을 위한 훌륭한 의견을 개진하였다. 그 토의내용을 7개항으로 건의서를 작성하여 5월 15일 김대중(金大中) 대통령에게 제출하였다.

(2) 김대중金大中 대통령과 풍납토성 내 왕경유적 보존 조치

백제 왕궁유적을 도심 속에서 천신만고 끝에 찾아냈는데 그 왕궁유적지에 아파트를 건축하는 게 말 할 수 없는 괴리감(乖離感)을 참을 수 없어 다음에 닥쳐 올 더 큰 어려움을 방지하기 위해 더 큰 용기를 갖고 국가의 최고책임자인 대통령에게 직소(直訴)하기로 결심하였다.

첫 번째는 김대중 대통령이 취임하던 해인 1998년 12월 26일이다. 두 번째는 1999년 2월 5일이다, 이때는 전년에 보낸 건의서를 문화재관리국(현 문화재청)으로 이첩한데 대해 불경스럽게 '오기' 가 발동하였는지 서울백제수도유적보존회 대표 이형구 명의로 20페이지에 달하는 "서울백제 수도유적 보존에 관한 건의서"를 재차 내용증명 우편으로 청와대 김대중 대통령에게 발송하였다.[51][삽도 8] 세 번째는 1999년 9월 18일 풍납토성의 장래가 불투명하게 진행되는 것을 우려해서 또 건의서를 제출하였다.

---

50 동양고고학연구소, 『풍납토성〔백제왕성〕연구논문집』, 2000.

51 아산 탕정우체국 내용증명 제2650호, 1999.2.5.

2000년에 와서도 풍납토성에 대한 학계와 일반에게 인식이 별 관심이 없고 정부도 보존건의에 별로 반응이 없어 재차 사비를 출연하여 "풍납토성[백제왕궁] 보존을 위한 학술회의"를 2000년 5월 8일 한글회관에서 개최하였다.[52] 학술회의 직후 건의서를 김대중 대통령에게 제출하였다. 이에 대한 답변서를 5월 28일 접수하였다.[삽도 9]

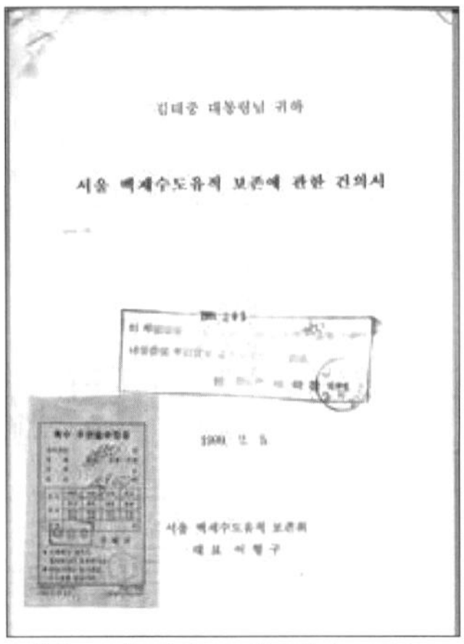
김대중 대통령님 귀하

서울 백제수도유적 보존에 관한 건의서

1999. 2. 5

서울 백제수도유적 보존회
대표 이형구

[삽도 8] 김대중 대통령께 드리는 건의서 내용증명 부본(1999.2.5)

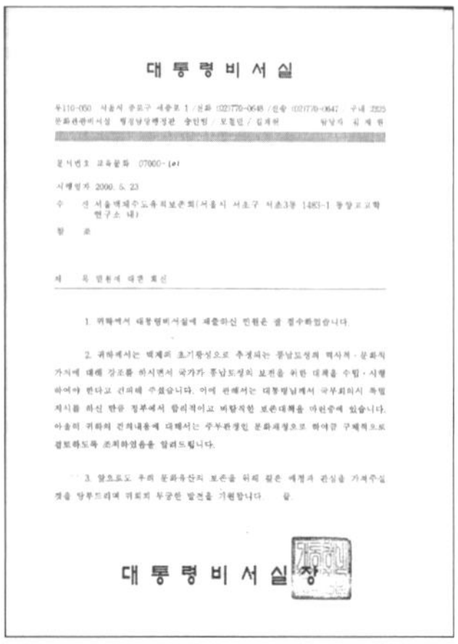
대통령비서실

대통령비서실장

[삽도 9] 2000년 5월 8일 학술회의 후 김대중 대통령에게 제출된 건의서에 대한 답변서 사본

2. 귀하께서는 백제의 초기왕성으로 추정되는 풍납토성의 역사적 · 문화적 가치에 대해 강조를 하시면서 국가가 풍납토성의 보전을 위한 대책을 수립 · 시행하여야 한다고 건의해 주셨습니다. 이에 관해서는 대통령님께서 국무회의시 특별 지시를 하신 만큼 정부에서 합리적이고 바람직한 보존대책을 마련 중에 있습니다. 아울러 귀하의 건의 내용에 대해서는 주무관청인 문화재청으로 하여금 구체적으로 검토하도록 조치하였음을 알려드립니다.

2000년 5월 12일 오전에는 풍납동 주민 40여명이 저자가 봉직하고 있는 선문대학교 총장실(총장 이경준)을 방문하여 "역사학과 이형구 교수를 파면하라"고 성토하였으나 별 소득 없이 돌아간 다음날(5.13), 경당지구 발굴 유적을 포크레인으로 파괴하는 사건이 발생하였다.

2000년 5월 15일, 앞서 학술회의에서 정리된 건의서를 네 번째로 김대중 대통령에게 제출하였다.

2000년 5월 16일, 마침내 김대중 대통령은 국무회의를 개최하고 풍납토성과 풍납토성 내의 백제유적을 보존하기 위한 '대통령령(大統領令)'을 특별제정 하였다. 문화재 문제는 매우 신중히 검토해야 한다고 하면서 "특히, 그 지역이 백제위례성의 성지라고 하면 역사적으로 대단히 가치 있는 것이다. 1,500년 전 시대의 역사고증이 될 수도 있고, 『삼국사기』등과 대조할 때 참고 자료가 될 수 있다. 후손들이 조상들의 귀중한 유산을 훼손시켜서는 안 된다. 백제가 남쪽으로 이동하

---

52 2000년 5월 8일, "풍납토성을 보존하기 위한 학술회의"를 마친 후, 5월 12일 오전에 대전시에 있는 문화재청을 항의 방문했던 풍납토성 내 주택 조합원 40여 명이 버스 한 대에 타고 오후에는 저자가 봉직하고 있는 충청남도 아산시 소재 선문대학교 총장실을 방문하여 총장(이경준)에게 "이형구 교수가 자꾸 풍납토성을 한성백제의 왕성(王城)이라고 주장하는 바람에 주민들이 아파트건축을 하지 못하게 되었으니 이형구 교수를 해직시켜라"고 2시간 여 항의 농성하다가 별 소득없이 서울로 돌아갔다. 다음날(5.13)에는 전날의 분노를 식히지 못한 조합원들은 풍납토성 내 경당지구 발굴 현장에 진입하여 굴착기로 막 발굴해서 1500년 만에 모습을 드러낸 백제유구를 훼손하는 사건이 벌어졌다. 문화재훼손사건 직후, 박지원(朴智元) 문화관광부장관에게 보고되어 백제 왕궁유적 훼손사건의 진상이 김대중 대통령에게 보고된다.

기 전에 자리잡은 근거지였는지는 확실히 파악해 후손들이 후회하지 않는 처리를 하라."고 특별 지시하였다. [삽도 9 '대통령비서실장 답변' 참조]

저자는 2000년 10월 20일, "국민문화향상과 국가발전에 이바지 한" 공로로 대한민국 문화훈장(대통령 김대중)을 받았다.

이 해에 각의에서 풍납토성 내에 고층아파트신축은 금지되고, 5층 이내의 재건축 신청시에만 허용하돼 선발굴(先發掘) 후건축(後建築)에 따라 지하 2m이내에서 백제 유물이나 유구가 발견되면 건축을 불허하기로 하였다. 이 조치는 2015년 1월 10일, 7층 21m로 바뀔 때까지 지속되었다.[53]

3) 한강유역 백제전기 수도유적 보존문제 제기 20주년기념 국제학술회의 개최-2003년

동양고고학연구소(대표: 이형구)는 2003년 6월 20일에 서울역사박물관 대강당에서 "한강유역 백제전기 수도유적 보존문제 제기 20주년 기념-서울 풍납동 백제왕성 연구 국제학술 세미나-「서울 풍납동 백제왕성의 발견과 보존」"이라고 하는 긴 주제를 가지고 국제학술회의를 개최하였다.[54] 먼저 기조강연을 조유전이 「풍납토성과 하남위례성」을 발표하였다. 이어서 학술발표회는 손병헌 · 김영수(金瑛洙)의 사회로, 백운상(白雲翔, 중국사회과학원 고고연구소 부소장)이 「중국의 한대성시(漢代城市)와 한국의 풍납토성」, 나가오(中尾芳治)가 「일본의 난파궁발굴조사와 保存-환경정비에 대하여」를 심정보(沈正輔, 한밭대학교 교수)가 「풍납동 백제왕성의 축성기법에 관한 고찰」을 발표하였다. 또 신희권(申熙權, 국립문화재연구소 연구사)이 「풍납동 백제왕성 백제토기의 형성과 발전-한성백제토기에 대한 제언」, 이종욱(서강대학교 교수)이 「풍납동 백제왕성의 역사적 성격」, 이형구가 「풍납동 백제왕성의 발견과 보존」을 발표하였다. 그리고 송석범(宋錫範, 간사이외국어대학 교수), 최맹식(崔孟植, 국립문화재연구소 연구관), 김무중(金武重, 기전문화재연구원 연구원), 김영하(金映河. 성균관대학교 교수), 이용(李傭, 『경향신문』 부국장), 김태식(金台植,『연합뉴스』문화부 기자)이 토론자로 나왔다. 당시 문화재청 노태섭(盧泰燮) 청장과 대한민국학술원 회원인 전 선문대학교 총장 윤세원(尹世元, 2013년 3월 작고) 박사가 축사를 맡아 주어 대사회적(對社會的) 인식을 높여 주는 계기가 되었다.

특히, 일본의 원로 고고학자로 나니야노미야(難波宮) 유적을 직접 발굴한 경험이 많은 다이쯔까야마각구엔대학(帝塚山學院大學) 나가오 교수를 특별히 초청하여 일본의 난파궁 유적 발굴조사와 보존 · 환경정비에 대하여 발표하여 '한국의 난파궁(難波宮)' 이라고 칭하기도 하는 '풍납토성'을 보존하고 정비하는 문제를 일본의 사례를 통해 타산지석(他山之石)으로 삼을 만한 훌륭한 논문을 발표하였다. 그리고 중국의 백운상 부소장이 중국 한대성시의 발원과 한국 백제 풍납토성의 건

---

53 임아영, 「풍납토성, 이주 대상지 축소 · 건축규제 완화」『경향신문』2015년 1월 9일 사회면.

54 동양고고학연구소, 『한강유역백제전기수도유적보존문제제기20주년기념 서울풍납동백제왕성연구국제학술세미나 논문집』, 2003.

축기술의 발원을 심도있게 비교 탐구하는 논문을 제출하였다.

2003년 6월 20일 학술회의를 마치고 '서울 송파구 풍납동 백제왕성 보존을 위해 노무현盧武鉉 대통령께 드리는 청원서 '를 작성하여 제출하였다.[삽도 10]

7개 항목의 청원 내용 중 7항에

[삽도 10] 노무현 대통령께 드리는 청원서 사본 (2003.6.20)

> 7. 금년(2003) 말, 서울의 국립문화재연구소가 대전(大田)으로 이전하게 되면 자칫 공동화현상을 빚어질 우려가 있는 풍납토성에 '국립서울문화재연구소' 를 반드시 신설하여 풍납토성을 비롯하여 서울·경기지역 문화재의 보전·관리하며 학술조사 및 연구를 전담하고, 문화재의 복원·정비는 물론 출토유물까지도 전시할 수 있도록 해야 할 것이다.
>
> 2003년 6월 20일
>
> 서울백제수도유적보존회

라고 서울에 '국립서울문화대연구소 '를 신설해 주실 것을 노무현 대통령께 청원하였다.

4) 풍납토성 내 왕경유적 발견 10주년 기념 국제학술회의 개최-2007년, 주민저지로 장소이동

동양고고학연구소(대표: 이형구)는 2007년 6월 8일에 풍납토성 내 왕경유적 발견 10주년을 기념하기 위하여 "서울 풍납동 백제왕성의 발견과 보존"이라는 주제로 "풍납토성 내 백제왕경유적 발견 10주년 기념 국제학술 세미나"를 서울역사박물관 대강당에서 개최하려고 하였으나 풍납동 주민 300여 명이 세미나 개최사실을 미리 알고 경희궁(慶熙宮) 내에 있는 서울역사박물관에 몰려 와 농성하는 바람에 발표자나 청중이 강당에 진입할 수 없는 사태가 벌어졌다. 한국학의 원로 류승국 교수와 일본의 원로 고고학자 세가와(瀨川芳則) 교수가 노구에 이 학술세미나를 위해 특별히 초청되었는데, 주민의 방해로 장소 사용이 어렵게 되어 부득이 인근 중구 태평로에 있는 Press center의 19층 '국제기자Club' 이라고 하는 연회식(宴會式) 회의장을 거금으로 긴급 임대하여 국외에서 온 발표자나 국내발표자 그리고 내빈들을 모시고 학술세미나를 개최할 수밖에 없었다. 광화문 일대와 회의장 건물주변을 경찰이 에워 싼 긴장된 분위기에서 풍납동대책위원장과 주민대표를 토론자로 참여시키는 타협으로 학술회의를 개최할 수 있었다.[55] [삽도 11]

55 동양고고학연구소, 『풍납토성 내 백제왕경 유적 발견10주년기념 국제학술세미나 논문집』, 2007.

이 학술회의는 손병헌 · 김영수의 사회로, 이형구가 「풍납토성 내 백제왕경유적 발견과 역사적 의의」, 權五榮이 「풍납토성 내 경당유적 발굴과 그 의의」, 신희권이 「고대중국도성의 출현과 그 특징-이리두(二里頭)유적과 풍납토성과의 비교를 중심으로-」, 세가와(瀨川芳則)가 「일본고대도성의 조사와 보존현황」을 발표(통역; 송석범)하였다. 그리고 논평자로 이종욱, 윤근일, 심정보, 이남규(李南珪, 한신대학교 교수)가 참석하고, 김기섭(金起燮, 서울역사박물관 연구원), 김태식, 신형준(愼亨浚, 『조선일보』문화부 기자), 최맹식, 황평우(黃平宇, 문화연대 문화유산위원회 위원장) 등이 토론에 참여하였으며, '풍납동주민대책위원회' 이기영(李基永) 회장이 특별초대 되었다. 이에 앞서 대한민국학술원 회원인 류승국(柳承國, 2011년 3월 작고) 교수가 축사를 맡아 주었다.

[삽도 11] 풍납토성 내 왕경유적 발견 10주년 기념 학술세미나 자료집 표지(2007.6.8)

이 학술회의에는 일본의 저명한 고대 성곽 전문가인 간사이(關西)외국어대학 세가와 교수가 특별히 초대되어 학술발표를 할 예정이었으나 풍납동주민들의 저지로 장소를 옮기는 황당 중에도 세가와 교수는 준비해 온 일본의 고대도성의 조사연구 성과와 일본의 문화재보존에 관한 선험적 연구를 발표하여 풍납토성 보존뿐만 아니라 한국의 고대 도성 연구에 큰 교훈을 주었다.

5) 풍납토성 사적지정 50주년 국제학술대회 겸 한강유역 백제전기 수도유적 보존문제 제기 30주년 기념 학술회의 개최-2013년

선문대학교 고고연구소와 동양고고학연구소는 2013년 10월 25일(금) 한성백제박물관 대강당에서 풍납토성이 국가사적으로 지정된 지 50주년을 맞아 이를 기념하여 풍납토성과 한성백제 왕궁유적에 대한 지금까지의 연구와 발굴조사에 대한 회고와 전망 그리고 풍납토성의 보존과 풍납동 주민들의 향후 대책 문제를 토의하며 미래를 모색하고 아울러 '한강유역 백제전기 수도유적 보존문제' 제기 30주년을 기념하는 국제학술회의를 개최하였다. 2013년은 저자가 최순우 · 김영상 선생을 따라 풍납토성을 처음 답사한지 50주년이 되는 해이기도 하다.

이 학술회의의 기조강연은 이형구(선문대학교 석좌교수)가 「풍납토성 한성백제 왕궁유적의 보존과 연구」를 맡았 발표논문은 이종욱(전 서강대학교 총장)의 「한성백제 왕궁(풍납토성)유적 발견의 역사적 의의」, 최맹식(국립경주문화재연구소장)의 「풍납토성 내 미래마을부지의 발굴 성과」, 권오영(한신대학교 한국사학과 교수) · 박지은(한신대학교 박물관 연구원)의 「백제왕성(王城)의 어정(御井) -풍납토성 경당지구를 중심으로-」, 신희권(국립해양문화재연구소 연구과장)의 「풍납토성 성벽의 축조기법」, 김태식(연합뉴스 문화부 기자)의 「풍납토성을 어찌할 것인가 -풍납토성과 왕궁유적의 보존과 대책-」, 사토코지(佐藤興治, 일본 나라문화재연구소 명예연구원)의 「일본 고대왕궁유적의 발굴과 보존」이다. 그리고 종합토론은 노중국(계명대학교 인문대학 사학과 교수), 신종국(국립해양문화재연구소 연구관), 김기섭(한성백제박물관 전시과장), 이성준(국립문화재연구소 연구사), 김홍제(풍납토성 주민대책위원회 위원장)이 맡았다.

저자가 풍납토성과 서울백제 수도유적을 보존하고 연구하기 위하여 2번의 국내 학술세미나와 3번의 국제 학술세미나를 개최하였다. 다섯 번의 학술세미나에 소요되는 경비는 정부나 기관의 지원을 받지 못하고 모두 동양고고학연구소(대표: 이형구)가 전담하였다. 자비로 학술세미나를 계속 개최하는 의지는 학술적인 의미가 있었지만 풍납토성 보존의 중요성을 환기시키는 의미도 있었다. 이들 학술세미나는 매회마다 발표자와 참여자들의 도움으로 이루어 질 수 있었다.

이후에도 계속적인 학술조사와 연구 활동을 통하여 풍납토성이 서울백제의 수도인 하남위례성(河南慰禮城)이란 사실을 밝혀내고 지금까지 풍납토성의 보존과 연구를 계속해 오고있다.

7. 풍납토성의 발굴조사 성과

1997년 1월 풍납토성 내 왕궁유적의 발견(發見)이후, 국립문화재연구소가 1997년부터 지금까지 대대적인 발굴을 실시하여 풍납토성이 백제왕궁임을 실증하였다. 2017년 9월, 국립강화문화재연구소가 개소되어 앞으로는 서울박제 수도유적까지 더욱 적극적으로 보존 연구에 매진할 것으로 믿고 있다. 역사 유적은 발굴자들이 끊임없이 현장에 신경을 써야만 유적이 보존될 수 있다는 사실을 항상 되새겨 본다.

저자는 국립문화재연구소가 주관한 지난 10년 동안의 풍납토성과 서울백제 왕궁유적의 발굴조사의 전과정에서 지도위원과 조사위원으로 참여하였다.

1) 현대리버빌 아파트 부지 발굴조사

2) 풍납토성 동벽 발굴조사

3) 풍납토성 서남벽 발굴조사

4) 풍납토성 동벽 외부 우물지 발굴조사

5) 풍납토성 미래마을 발굴조사

6) 풍납토성 서남벽외 해자 발굴조사

7) 풍납토성 동남벽 발굴조사

이토록 국립문화재연구국소의 수많은 발굴성과 중에서 5)의 풍납토성 미래마을 10년 발굴은 서울백제의 역사를 복원하는데 절대적인 공헌을 하였다. 특히 저자가 주목하는 것은 2008년 6월 18일 갑골(甲骨)과 은제 귀걸이 장식이 발굴되었다고 하는 사실이다. 모두 궁중에서 사용되던 유물이다. 갑골은 백제 왕궁유적에서는 처음으로 출토되었다.

갑골은 흔히 복골(卜骨)이라고 하는데 동양의 고대사회의 습속(習俗)으로, 정치의 수단으로 사용되었다. 종교적인 의미를 가지고 있다.[56] 은(殷)나라에서 성행하였고, 부여나 고구려 등 동이민족들이 사용한 유물이 출토되고 있고 또한 기록으로도 고대문헌에 보인다.[57] [본서 '中文' 논문 1 참조]

은제 귀걸이 장식은 부여의 고토인 중국 길림성 류수현 노하심유적에서 출토된 양식과 거의 일치하고 있다.[58] 이들 민족과 나라와 매우 밀접한 관계가 있는 백제에서 발견되었다고 하는 사실은 시사하는바가 매우 크다고 할 수 있다. 그리고 7)의 동남벽 해자지역 발굴성과를 주목하지 않을 수 없다. 저자가 일찍이 해자유적으로 추정해 왔던 지역이기 때문이다.[원색지도 1, 단색도판 4]

한편, 한신대학교 박물관에서는 경당지구를 본격 발굴하여 혁혁한 성과를 올렸다.[59]

모두가 서울백제 500년 역사를 밝혀내는데 지대한 공헌을 하였음은 주지의 사실이다. 또한, 오늘날 한성백제박물관이 건립되는데 기초가 되었다.

1997년 1월 풍납토성 내 서울백제 왕궁유적의 발견과 더불어 지난 20년 동안의 풍납토성과 토성 내부의 발굴 성과를 토대로 국가사적(제11호)으로 확대 지정되어 오늘에 이르게 되었다. 특히 2004년에는 국내 정치권에 불어 닥친 '首都 서울 이전' 문제의 회오리에서 수도 2000년의 서울을 수성(守城)하고 아울러 한성백제박물관 건립 계획을 수립하는데 이명박(李明博) 전 서울시장의 노력이 숨어있었다고 하는 사실[60]과 상당기간 침체기에 빠졌다가 2007년 오세훈(吳世勳) 시장에 와서 '한성백제박물관건립추진계획' 안이 확정되었다고 하는 사실을 빠뜨릴 수 없다.[61] 2012년 4월 30일에는 박원순(朴元淳) 서울시장에 의해서 한성백제박물관의 개관 테이프를 끊었다.

우여곡절 어려운 과정들을 거쳐서 풍납토성이 영원히 보전(保全)되게 되었고, 오늘날 『漢城百濟史』가

[삽도 12] 2012년까지는 중·고등학교 역사교과서에 서울백제의 서술이 없다.(『고등학교국사』,교육부,2012. p.47)

[삽도 13] 2013년부터 풍납토성과 서울백제 역사가 중·고등학교 역사교과서에 등재되었다.(동아출판, 2018. p.42)

56 이형구 역 (董作賓 저), 『갑골학 60년』, 민음사, 1993, p. 239.
57 이형구, 「부여의 복골습속」『한국고대문화의 비밀』, 김영사, 2004, pp. 180~188. 새녘 중판. pp.186~194.
58 이형구, 「부여의 황금문화」『한국고대문화의 비밀』, 김영사, 2004, pp. 188~194. 새녘 중판. pp.195~200.
59 한신대학교 박물관, 『풍납토성』 Ⅱ, Ⅲ, Ⅳ, Ⅵ, Ⅶ, Ⅹ, Ⅻ, 2002~2011.
60 서울시장방침 제90호, 2004.2.5.
61 서울시장방침 제353호, 2004.2.5.

복원되었으며,[62] 『서울六百年史』[63]가 『서울二千年史』로 확대 편찬되었다.[64] 그동안 교과서에서 빠져있던 풍납토성과 서울백제역사[삽도 12]가 2013년부터는 초등학교를 비롯해서 중 · 고등학교 역사교과서에 등재되기에 이르렀다.[삽도 13]

서울특별시(시장 박원순)는 2016년 4월 11일에 풍납토성을 비롯한 서울백제 수도유적을 '유네스코 세계문화유산' 으로 등재하기 위한 추진위원회를 발족시켰다.[65] 그러나 2015년 충청남도와 전라북도에서 공주 · 부여(익산 포함) 백제만을 우선 세계문화유산으로 등재하였기 때문에 앞으로 추가 등재가 쉽지 않을 것이다.[66] 현재의 사정이 '역사분단국(歷史分斷國)' 의 모습을 보는 것 같다.[67]

맺는 글

저자는 풍납토성 보전과 발굴에 대하여 몇 가지 제언을 해보고자 한다. 첫째, 풍납동에서 제일 화급하고 중차대한 문제는 무어니무어니 해도 풍납토성 내 주민 생활권 보호문제와 보상문제일 것이다. 정부는 '한국판 폼페이 유적' 을 지키지 못하고 다시 인멸 시키려고 한다. 풍납토성 내에는 과거 발굴로 유적이 드러난 '경당지구' 부근을 2권역이라고 하여 토지보상지역으로 묶고 그 외의 유물 매장 예상지역을 3권역이라 하여 지난 2000년부터 지상 15m 5층 건물로 규제해 왔는데, 이번에 이 3권역을 완화하여 지상 21m, 7층 건물을 짓도록 하는 '풍납토성 보존 관리 및 활용 기본계획' 안을 문화재청이 발표하였다. 2012년 말 서울시가 사계 전문가들을 초청하여 이 안건을 심의한 결과는 3권역도 2권역과 마찬가지로 사직으로 지정하여 토지를 매입하는 안을 가지고 문화재청과 협의하여 전체를 보존하겠다고 결론을 얻어낸바 있다. 그러나 2015년 1월 8일 문화재청은 서울시의 회의 결과와는 달리 3권역을 토지보상지역에서 해제하여 7층 건물을 짓게 해서 2권역의 이주민을 수용하겠다는 안을 수용하고 2015년 1월 10일부터 시행한다고 발표했다. 향후가 걱정스럽다.

3권역은 1964년 풍납토성 유물포함층을 시굴할 때 1~3시굴갱과 C~G피트 지역이다. 지하 2~3m에서 모두 백제시기의 유물들이 출토되었다. 지금은 천만다행으로 2,3층 연립주택형 건물들이 밀집한 지역이라서 지하 2~3m에 있는 서울백제 왕궁유적과 유물은 비교적 온전하다고 보아야 한다. 지난 1998~2007년까지 10여 년 동안 국립문화재연구소가 풍납토성 전역에서 소규모 주택신축 예정부지 136개소를 시굴조사 한 결과 단, 4군데를 제외하고 빠짐없이 백제시대 문화

62 서울시사편찬위원회,『漢城百濟史』전5권,2008.
63 서울시사편찬위원회,『서울六百年史』전10권, 2006
64 서울시사편찬위원회,『서울二千年史』전40권, 2016.
65 이형구,「풍납토성 백제왕궁유적 세계문화유산으로 등재를」『세계일보』오피니언, 2015. 1. 27.
66 서동철, 「한성백제 빠진 백제역사지구」『서울신문』 '씨줄날줄' , 2015. 6. 27.
67 이형구, 「온전한 백제, 세계에 알리자」『동아일보』 '내생각은' , 2015. 7. 10.

층이 안정적으로 살아남아 있는 지역으로 밝혀졌다.

이와 같은 사실만으로도 풍납토성 안에는 모두가 사적지임이 틀림없다. 일부 주민들이 지금까지 발굴한 성과를 과소평가하거나 못 믿고 앞으로 더 발굴해서 확인해 보자고 한다. 그 뜻은 모르는 바가 아니지만 지금까지 발굴된 유적이나 발굴 성과만으로도 충분히 백제 왕도의 면모를 규명할 수 있다.

로마(Rome) 시내를 모두 발굴해서 로마시 전체를 사적지로 지정 보호하는 것이 아닌 것처럼 풍납토성도 현대아파트, 경당지구, 미래마을, 영어마을 등지의 발굴과 동서남북 곳곳의 시발굴을 통해서 백제 유적이 대량으로 발견되었다. 더 이상 무엇이 나와야 하는가?

『삼국사기』백제본기(시조온조왕 15년)에 "새 궁궐을 지었는데 검소하되 누추하지 않고 화려하지만 사치스럽지 않다(新作宮室 儉而不陋 華而不侈)"고 하지 않았는가?[내표지 휘호 참조] 아무리 그렇다 하더라도 금관이나 금귀걸이 같은 귀중품을 사용하지 않았을까? 그런 물건들을 풍납토성 안에서 찾으려고 한다면 매우 어렵다. 왜냐하면 고구려가 위례성(풍납토성)을 침공하고 궁궐을 불태우자 백제의 왕실과 귀족 들이 웅진(공주)으로 남천하면서 귀중품은 모두 반출해 갔기 때문에 풍납토성 내에서 찾아보기 어렵다고 보는 것이 비교적 합리적이다. 그래도 풍납토성 왕궁유적[68]이나 석촌동 왕릉구역 백제고분에서 금제 귀걸이와 금제 영락(瓔珞) 같은 귀중품이 나오지 않는가?[69] [삽도 14] 최근에는 석촌동 고분 재발굴에서 금동제 귀걸이 2점과 금제 영락 3점이 출토되었다.[70] [삽도 15]

[삽도 14] 석촌동 3호분 출토 금제 영락(瓔珞, 원판 지름 0.8㎝, 서울대박물관, 1986)

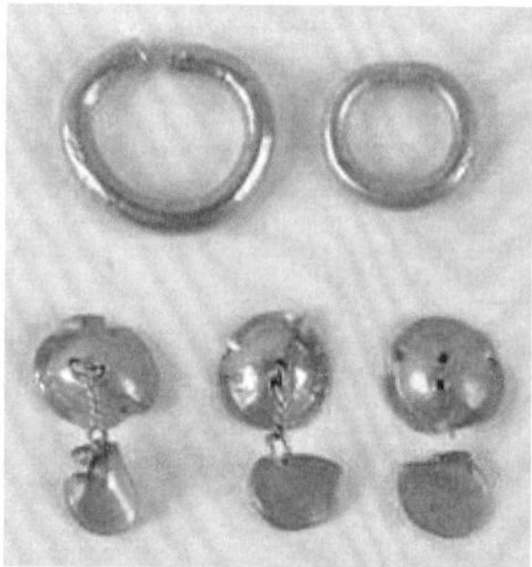

[삽도 15] 2017년 석촌동 고분에서 새로 발굴된 금동제 귀걸이(위)와 금제 영락(한성백제박물관)

지금까지 풍납토성 안에서 발굴된 유적과 잔류(殘留)된 생활용 유물을 통해서 충분히 백제전기의 왕도의 면모를 규명해 낼 수 있다고 본다. 문제는 지금까지 발굴위주로 보고서가 나온 정도였지 본격적인 연구와 학술적인 토의가 별로 진행되지 않았다는 점이다. 지금까지의 조사 자료와 연구 자료 등을 집대성하여 한성백제시기의 역사를 복원할 수 있는 자료집성이나 연구총서의 발간도 추진되어야 할 것이다.

오늘날 서울에 한성백제가 500년이나 존재하였다고 하는 역사적 사실을 구현해 낸 것은 국민의 힘이다. 이것은 우연(偶

68 한신대학교박물관, 『풍납토성Ⅳ-경당지구 9호유구에 대한 발굴보고-』, 2004. 경당지구 9호유구에서 얇은 원판형의 금판(金板)으로 된 영락(瓔珞) 장식이 출토되었다.(p.271). 그리고 미래마을 발굴에서는 금제 장식과 은제 귀걸이 장식이 출토되었다.(『풍납토성ⅩⅤ』, 2013, pp.833)

69 서울대학교박물관, 『석촌동 3호 분동쪽 고분군 정리조사보고』, 서울특별시, 1986, 도면 3-② 도판 8-③.

70 한성백제박물관, 「서울 석촌동 고분군 발굴조사 자문회의 자료」, 2016, 6.

然)도 아니요 더욱이 기적(奇蹟)도 아니다. 그것은 필연(必然)이다. 이토록 위대한 힘을 이끌어 낸 것은 국민이다. 국민의 뜻을 받아들인 국가의 절대 작품이다. 그래도 무어니 무어니 해도 가장 큰 공신은 인고(忍苦)를 견뎌 낸 현지 주민 들이다.

[본문은 국립강화문화재연구소가 주최한 "풍납토성 발굴 20주년 기념 국제학술대회-백제왕도 풍납토성 발굴 성과와 과제-"에서 '풍납토성 서울백제 왕궁유적 발견 20주년을 맞으면서' 라는 제목으로 기조강연(2017. 11. 9)한 원고와 2017년 12월 1일 서울특별시가 주최한 "2017 백제왕성 풍납토성 발굴조사 20주년 기념 국제학술회의"에서 발표한 '풍납토성 백제 왕궁유적 발견과 왕도유적 보존-역사의 진리가 그곳에 있기에-' 를 수정 보완한 것임을 밝혀둔다.]

【참고 문헌】

고려대학교 박물관,『가락동 2호분』,서울문화유산연구원, 2012.

구의동보고서 간행위원회,『한강유역의 고구려요새-구의동유적 발굴조사 종합보고서』, 1997

국립강화문화재연구소,「서울 풍납동 토성 서성벽 복원지구 내 유적 자료집」, 2017.11.18

국립문화재연구소 풍납동제1지구 발굴조사단,「풍납동 제1지구 발굴조사 지도위원회 회의자료」, 1997.11.25

,『풍납토성 Ⅰ』, 2001

,『풍납토성Ⅱ - 동벽발굴조사보고서』,2002

,『풍납토성ⅩⅥ - 성벽의 축조공법 및 연대 규명을 위한 학제간융합연구-』, 2014.12

,『풍납토성 ⅩⅤ』, 2013

,『풍납토성 ⅩⅧ』, 2017.

김병모,「방이동고분군」,『고고학』4, 1977

김원용 등,『석촌동3호분(적석총)발굴조사보고서』, 석촌동유적발굴조사단 , 1983

김정학,「광주 가락리 주거지 발굴 보고」,『고문화』2, 한국대학박물관협회, 1963

동양고고학연구소(대표 이형구),『서울 백제 수도유적 보존회의 논문집』, 1994.9.28

,『풍납토성[백제왕성] 연구 논문집』, 2000

,『한강유역 백제전기 수도유적 보존문제 제기 20주년 기념 서울 풍납동 백제왕성 연구 국제학술 세미나논문집』, 2003

,『풍납토성 내 백제왕경유적 발견 10주년 기념 학술세미나논문집』, 2007

문교부,『고시(告示)』 제174호, 1963

반영환,「고분 위에 집을 짓고 살다니 …」『고분 위에 집을 짓고 사는 나라』,다인 미디어, 2003,

서울대학교 고고학과,『풍납리토성내포함층조사보고』, 서울대학교박물관, 1967

서울대학교박물관ㆍ고고학과, 『석촌동 적석총 발굴조사보고』, 서울대학교 고고인류학총간 6, 1975
서울대학교박물관,『석촌동3호분 동쪽 고분군 정리조사보고』, 서울특별시, 1986
서울대학교박물관,『석촌동 1.2호분』, 서울특별시, 1989
석촌동유적발굴조사단, 『석촌동3호분(적석총) 발굴조사보고서』, 1983.6
성주탁, 『한강유역 백제 초기 성지연구』, 『백제연구』14, 충남대학교 백제연구소, 1983
신희권, 「풍납토성의 판축기법과 성격에 대하여」,『풍납토성의 발굴과 그 성과』, 한밭대학교 향토문화연구소, 2001.
윤근일, 「풍납토성 발굴과 그 의의」,『풍납토성[백제왕성]연구논문집』, 동양고고학연구소, 2000.
윤세영, 「가락동 백제고분 제1 · 2호분 발굴조사 약보」, 『고고학』3, 한국고고학회, 1974
이병도, 「풍납리토성과 백제시대의 사성」, 『한국고대사연구』, 박영사, 1976
이성준 외, 「풍납토성 축조연대 의 고고과학적 연구-2011년 동성벽 조사결과를 중심으로-」『한국 고고학보』88, 2013.9.
이형구, 「고구려향당(享堂)제도연구」『동방학지』32, 연세대학교 국학연구원, 1982
, 「한강유역 백제수도유적의 현상과 보존문제」, 『한강유역 백제전기 수도유적 보존문제』, 1983년 제3회 학술 연찬, 한국정신문화연구원, 1983.
, 「한강유역 백제전기 수도유적 보존문제」, 『정신문화연구』21, 1984년 여름호 통권21호, 한국정신문화연구원, 1984
, 『서울풍납토성[백제왕성] 실측조사연구』, 백제문화개발연구원, 1997
, 『한강유역백제전기수도유적보존문제 제기 20주년기념 국제학술 세미나』, 동양고고학연구소 (대표 이형구), 2003
, 「서울풍납토성」, 『한성백제사』3-왕도와 방어체계-, 서울시사편찬위원회 , 2008
, 「2000년전 왕성유적을 저주하게 만드는 나라」『서울신문』 오피니언 2010. 9. 10.
, 『풍납토성 사적지정 50주년 기념 겸 한강유역 백제전기 수도유적 보존문제 제기 30주년 기념 학 술세미나논문집』, 2013
, 「풍납토성 백제왕궁유적 세계문화유산으로 등재를」『세계일보』 2015. 1. 27.
, 「서울 백제고분의 보존과 발굴－석촌동고분군을 중심으로－」, 『한국고대사탐구』23, 한국고대사탐구학회, 2016
, 「두터운 은혜」,『그가 있었기에-최순우를 그리면서』, 진인진, 2017
잠실지구유적발굴조사단, 「잠실지구유적발굴조사보고」, 『한국고고학보』3, 한국고고학회, 1977
, 「잠실지구유적발굴조사보고-1976년도(제3차)」, 『한국고고학보』4, 한국고고학회 , 1978.4
조유전, 『한국사 미스터리』, 황금부엉이, 2004
최몽룡, 『몽촌토성과 하남위례성』, 『백제사의 이해』, 학연문화사, 1991

한성백제박물관,『석촌동고분군 시굴조사 약보고서』, 2015
한신대학교박물관, 『풍납토성Ⅳ-경당지구 9호유구에 대한 발굴 보고-』, 2004.
한양대학교박물관, 『풍납토성 인근지역 시굴조사보고서』, 아산사회복지사업재단 , 1996
화양지구유적발굴조사단, 『화양지구 유적발굴 조사보고』, 1977
서울시사편찬위원회,『서울六百年史』전10권, 2006
서울시사편찬위원회,『漢城百濟史』전5권,2008.
서울시사편찬위원회,『서울二千年史』전40권, 2016.

이형구 역 (董作賓 저), 『갑골학 60년』, 민음사, 1993.

『경향신문』, 1988.9.13, 2015.1.9, 2017.11.6.
『매일경제』, 2017.10.10.
『서울시장방침』 제90호, 2004.2.5, 제353호, 2007.2.5.
『세계일보』오피니언, 2015. 1. 27.
『연합뉴스』, 2016.5.30.

鮎貝房之進, 「百濟古都案內記」, 『朝鮮』234, 1934.
朝鮮總督府, 『官報』 第2730號, 1936.

제Ⅰ부 왕궁유적

1. 서울 풍납토성 [백제왕성] 실측조사연구

風納土城 [百濟王城] 實測調査硏究

2. 몽촌산성夢村山城 재발굴再發掘의 역사적 의의

1

서울 풍납토성 [백제왕성] 실측조사연구

風納土城 [百濟王城] 實測調査硏究

서울 風納土城〔百濟 王城〕實測調査研究

李 亨 求

1997

財團法人 百濟文化開發研究院

1997年版 內表紙

서울 풍납토성 [백제왕성] 실측조사연구

차 례

원색도판

원색지도

1. 머리글
2. 풍납동 백제왕성의 현황과 문제점
   1) 풍납동 백제왕성의 최근 상황
   2) 풍납동 백제왕성의 주변 현황
3. 풍납동 백제왕성의 성벽 실측 개황
4. 풍납동 백제왕성 주위의 백제 성곽
   1) 몽촌토성 2) 이성산성 3) 삼성동산성 4) 아차산성
   5) 남한산성 6) 북한산성 7) 기타 성지(城池)
5. 풍납동 백제왕성 주위의 백제 고분
   1) 적석총 2) 토광묘 3) 석실묘 4) 옹관묘
6. 풍납동 백제왕성의 문화 내용 고찰
7. 풍납동 백제왕성의 역사적 의의
8. 맺는 글

실측도면

단색도판

1. 머리글

서울 풍납동 백제왕성(百濟王城)은 흔히 풍납토성(風納土城)이라고 일컬어지고 있는 백제 초기의 토성으로 그 중요성이 일찍부터 주목을 받아 왔다. 현재 서울특별시 송파구 풍납동 1·2동에 걸쳐 남아 있는 풍납토성은 해발(海拔) 15m 정도의 지표면에 남북 장방형으로 들어나 있다.(원색지도 3-①) 성벽의 길이는 미복원된 성벽 1,450m와 이미 복원된 470m, 여기에 1925년 대홍수로 유실된 서쪽 벽 1,300m와 1980년대에 주택 건축으로 파괴·유실된 풍납동 148, 150, 151번지 일대의 길이 250m까지 합치면 그 규모는 총 3,470m에 달하는 상당한 규모의 토성이다.[1] 성벽의 기저(基底) 부분은 대체로 40~30m 가량이고 좌우로 경사면을 이루면서 사다리꼴을 하면서 위로 올라간다. 단면은 돌은 거의 없고 고운 모래 뿐인데 그것은 엷은 층으로 한층 한층 다져서 쌓아 올라가고 있다. 풍납토성은 일찍이 일제때부터 주의했던 백제시대의 성곽으로 1963년에 사적 제11호로 비교적 이른 시기에 지정된 유적이다.

필자가 처음 풍납리토성을 찾아간 것은 1963년 여름이었다. 이 해에 풍납리토성이 사적으로 지정되었는데, 필자는 선사(先師) 최순우(崔淳雨) 선생(전 국립중앙박물관장)과 서울특별시사편찬위원인 김영상(金永上) 선생(전 동아일보 편집국장)을 따라 처음 답사하였다.(단색도판 1~4)

그후 1964년에 서울대학교 김원룡(金元龍) 교수에 의해 풍납리토성 내의 포함층 조사가 실시된 바 있다.[2] 1964년 일부 지역에 대한 발굴 결과 이 토성은 백제가 1세기 무렵 축조하여 475년 공주로 서울을 옮기기 전까지 사용한 것으로 밝혀졌다.[3] 특히 주변 환경과 출토된 유물 등으로 미루어 볼 때 이 토성은 '단순한 방위를 위한 군사용 건축물이 아니라 다수 주민의 주거지였을 것'으로 추정되었다.[4]

필자는 일찍이 한강유역 백제전기 수도유적(首都遺蹟)의 하나로 풍납토성의 중요성을 인식하여, 1980년대 초부터 풍납토성의 현장을 실지 답사, 조사하고 그의 보존과 대책 문제를 다각도로 줄기차게 제기해 왔다.[5] 1983년 7월 6일에는 필자의 주관으로 「한강유역 백제전기 수도유적 보존 문제」라고 하는 주제의 학술세미나[6]를 개최하여 당시의 강남지구 백제 고분과 풍납토성의 실태를 직시하고 학계와 관계기관에 건의한 〈건의사항(建議事項)〉 가운데, "사적 11호로 지정되어 있는 풍납리토성은 현재 대로변의 약 500m의 북쪽과 동북쪽 면만 복원 보존되고, 동내(洞內)

---

1 선문대학교(鮮文大學校) 역사학과 풍납토성 학술조사단(단장:이형구 교수)에 의하여 1996년 12월~1997년 1월 측량된 실측치이다.

2 김원룡, 『풍납리 포함층 조사보고』, 서울대학교 고고인류학과, 1967, p.6.

3 위의 주. P.45.

4 위의 주2, P.9.

5 이형구, 『한강유역 백제전기 수도유적 보존문제』, '83 제3회 학술연찬, 한국정신문화연구원, 1983.7.6.
이형구, 『한강유역 백제전기 수도유적 보존문제』, 『정신문화연구』통권 제21호, 1984, p.p.121~148.

6 위의 주, '83 제3회 학술연찬.

에 있는 약 1.5km에 달하는 동쪽면은 방치되어 인멸 위기에 있는데, 이에 대한 보존 복원책을 강구해야 할 것임."이라고 하였다.

1994년 9월 28일에도 동양고고학연구소(대표:이형구)가 주관하여 '서울 백제 수도유적 보존회'를 결성하고 서울 한글회관에서 보존대책 회의와 학술토론회를 갖고[7] 즉각 학계와 관계기관에 이에 대한 시정과 보존대책을 촉구하는 건의서를 제출하였다.(본문 부록 2.참조) 이 학술회의는 필자가 진행은 물론 경비 일체를 부담하여 주관해 온 서울지구 백제 수도유적 보존문제에 관한 두 번째의 학술회의인 셈이다. 그러나 풍납토성이 갖는 중대한 역사적 의미와 의의를 건의(建議)했음에도 불구하고 지난 수십 년이 넘도록 풍납토성은 문자 그대로 방치 인멸(湮滅) 상태를 면치 못했다.

1995년 5월 17일에는 서울특별시 송파구청장으로부터 풍납토성 서남쪽 풍납동 388번지 현대중앙병원 기숙사 건물의 신축허가신청을 받아 성곽 외부지역이기 때문에 이를 허가했다고 하는 회신을 받고, 필자는 즉각 풍납동 388번지 일대를 현지 답사하고 이 지역이 풍납토성의 해자(垓子)지구일 가능성이 많아 현대중앙병원측에 우선 발굴을 먼저 실시한 다음 건축토록 조치하였다.

1964년(10.19~11.4) 처음 부분 시굴할 당시부터 파괴의 우려가 제기된 이래 계속해서 파괴가 진행되어 왔고, 현재는 돌이킬 수 없을 정도로 파괴되어 있다. 지금 이 순간에도 파괴되고 있다. 그래서 1995년에는 필자가 아직까지 단 한 번도 실시해 보지 않은 풍납토성의 제원(諸元)을 측량조사를 실행하기 위하여 백제문화개발연구원에 지원 요청해서 1996년도 연구비지원을 받아 실측조사에 착수하게 되었다.

풍납토성이 백제 초기 역사를 해명하는 중요한 열쇠가 된다는 점에서는 모든 사람들이 인식을 같이 하고 있다. 더욱이 부진을 면치 못하고 있는 한성시대 백제사를 제대로 연구하고 밝히기 위한 역사자료로도 그 중요성은 실로 엄청나다 할 것이다. 이러한 백제전기 수도유적의 보존은 커녕 무지막지하게 파괴되어 왔고 지금도 파괴되고 있다는 사실은 문화 파괴 행위임은 물론 우리 역사 자체를 파괴하는 부끄럽기 짝이 없는 일이 아닐 수 없다.

일찍부터 풍납토성을 백제 전기의 왕성(도성)으로 보아 온 필자는 이번 실측조사를 계기로 다시 한 번 풍납토성이 갖는 역사적 의의를 강조하고 아울러 한시라도 빨리 이 백제왕성을 보존할 것을 거듭 촉구하는 뜻에서 풍납토성에 대한 전반적인 실측조사 연구가 이루어진 것이다.

1996년 봄 학기에 선문대학교(鮮文大學校)에 역사학과가 개설되고 필자가 선문대학교에 부임하면서 곧바로 풍납토성의 실측조사 작업에 들어가기에 앞서 학생들을 선발, 여름방학을 이용하여 풍납토성의 전체 상황을 파악할 수 있는 지표조사와 전체 규모를 확인 할 수 있는 실측조사(평판측량)를 겸행하였다. 그리고 겨울방학을 맞이하면서는 오늘날까지 남아 있는 풍납토성 성벽의 최소한의 높이를 확인하기 위한 등고선 측량(레벨측량)을 실시하였다.

---

7 이형구, 『서울 백제 수도유적 보존회의』, 1994. 9.28, 한글회관.

풍납토성 성벽의 등고선 측량을 실시하면서 성벽 주위의 일반 주거 현황과 유휴지(遊休地) 확인 작업을 병행하면서 풍납토성의 성벽 외곽에 있을 해자(垓子)의 유존 가능한 지역을 더 주의하여 조사토록 하였다. 다행히 몇 몇 지역에서 해자의 가능성 여부를 확인할 수 있는 지역이 상당 부분 남아 있는 것을 확인할 수 있었다. 그리고 풍납토성 안의 주거지역에도 계속 백제왕성의 유구가 존재할 수 있는 지역을 조사하는 것을 철저히 독려하였다.

이와같은 조사를 계속하던 중 선문대학교 역사학과 풍납토성 학술조사단이 1997년 1월 1일 신정(新正)에도 풍납토성 현장에서 새해를 맞이하면서까지 꾸준히 조사활동을 실시하는 과정 중에 1월 3일(금)에는 풍납동 231번지 일대에서 대형 빔을 박는 소리가 나서 문제의 공사장을 확인하려고 하였으나, 현대건설측에서 높은 가리개벽을 쳐놓고 일반의 접근을 금지하고 있어서 내부조사가 어려웠다. 다음날(4일)에 재차 공사현장 진입을 시도하여 간신히 공사장 내부를 조사할 수 있었다.(삽도 1)

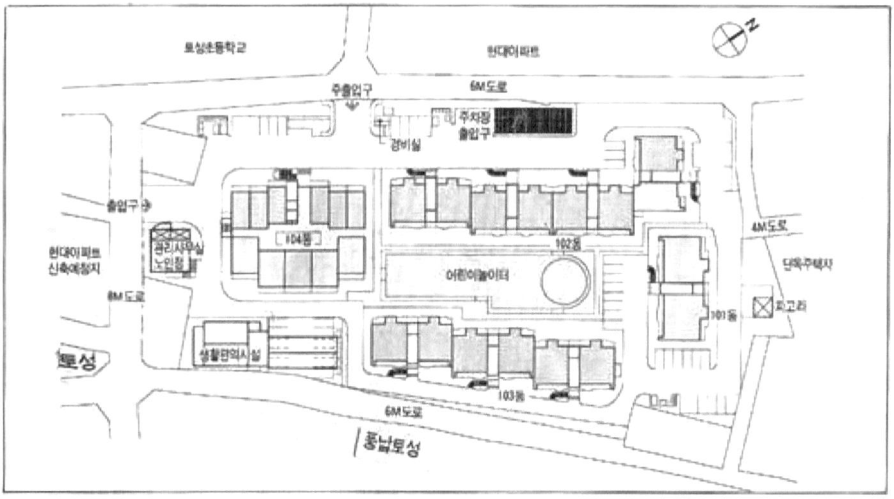

[삽도 1] 풍납토성 내 풍납동231번지 외 현대아파트 신축 단지 배치도(시행자:신우연립 등, 1996.12)

현대건설이 시공하고 있는 풍납동 현대아파트 건설공사(시행자:신우연립재건축조합의 5개 주택조합)의 기초가 되는 터파기 작업이 시작되어 예정부지 150m×70m 크기의 면적 가운데 60×30m를 이미 지하 4m까지 파내려 갔다. 터파기한 벽면에는 지표하 2.5m부터 지하 4m까지 토기파편이 다량으로 박혀 있는 것을 확인하고 서둘러 몇 가지 토기 편과 기와 편을 수습하여 공사장을 나올 수 밖에 없었다. 그러나 깜작 놀랄 일은 수습한 토기들이 모두 백제시대의 토기편들이라는 사실이다.[8] 필자가 오랜동안 풍납토성에 쏟아놓은 정성이 현신(現身)하는 순간이다.(원색도

8 선문대학교 이형구(李亨求)교수에 의해 풍납토성내 현대아파트 공사장에서 백제시대의 유적이 발견되었다고 하는 사실이 『조선일보』1월 6일자 사회면에 신형준(愼亨埈) 기자에 의하여 보도되었다.

판 6~11, 단색도판 10~14) 그래서 1월 4일 오후 서둘러 국립문화재연구소에 이와같은 사실을 알리고 차후 국가가 조치하도록 당부하였다.

이러한 점들을 종합해 볼 때 풍납토성은 한성(漢城)시대 백제 전기의 왕성(王城)으로 백제의 정치, 문화를 비롯하여 백제인의 생활사를 파악할 수 있는 매우 중요한 유적이다. 이는 지금까지 발견된 백제 유적 가운데 최고(最古), 최대(最大)의 유적이라고 할 수 있다. '문화재의 해'에 걸맞는 사건이다.(원색도판 12, 단색도판 14)

이번 풍납토성에 대한 실측조사연구는 성주탁, 손병헌, 조유전 등 세 분의 자문과 격려로 순조롭게 이루어질 수 있었으며, 조사활동은 선문대학교 역사학과 학생 김도훈, 김민호, 어창선, 이왕호, 이종훈, 전기오, 조은정, 조지현 등이 담당하였으며, 측량과 제도는 박종섭, 최성준, 황용주씨가 맡아 주었다. 이들 모두의 노고에 감사한다.

지난 수 십년동안 필자의 한강유역 백제전기 수도유적 조사활동과 학술세미나 개최비용을 부담해 준 내자 박노희(朴魯姬) 씨의 후원과 이번 조사는 물론, 연구보고서 출판을 지원해 주신 백제문화개발연구원 최원석(崔元錫) 이사장과 성기의(成基義) 사무국장께 감사한다. 그리고 신심(信心)과 과학(科學)정신으로 필자를 성원해 주신 선문대학교 윤세원(尹世元) 총장께도 깊은 감사를 드린다. 그리고 풍납토성의 조감도 사진을 제공해 주신 공주교육대학교 유원재(兪元載) 교수에게도 감사한다.

처음으로 풍납토성에 인도해 주시고 풍납토성의 옛 사진(1958년 촬영)을 제공해 주신 김영상(金永上) 선생께서 변함없이 보내주신 애정은 백골난망이다. 이외의 사진은 대부분 필자가 촬영하였다.

2. 風納洞 百濟王城의 現況과 問題點

1) 風納洞 百濟王城의 最近 狀況(원색지도 1, 삽도 2)

한강유역의 광주평원(廣州平原, 지금의 강남 · 잠실지구)에 백제 전기 500년 도읍지가 있었다고 하는 기록은『삼국사기』에서 찾아낼 수 있다. 그 도성의 위치가 어느 지점인지는 여러 설이 있지만 백제 유적이 한강을 끼고 강북지역으로 북한산성을 위시하여 용산 · 응봉 · 옥수동 · 중곡동 · 뚝섬 · 면목동 · 아차산(阿且山, 워커힐 뒷산) 등에, 강남지역에는 경기고등학교가 자리잡고 있는 삼성동을 위시하여 사당동 · 역삼동 · 압구정동 · 풍납동 · 몽촌동 · 성내동 · 둔촌동 · 암사동 그리고 경기도 광주군의 남한산성 · 이성산성(二聖山城), 하남시 미사리 등에 산재해 있다는 것은 학계의 관심 밖에 있었던 것은 아니었다. 특히 석촌동 · 가락동 · 방이동지역에 백제시대의 고분이 분포되어 있다고 하는 사실은 일찌기 일제 '조선총독부'가 부분적으로나마 밝힌 바 있다.

1917년에 발행된『朝鮮古蹟圖譜』권 3에는 이 지역에 적석묘계(積石墓系) 23기 · 봉분계 66기

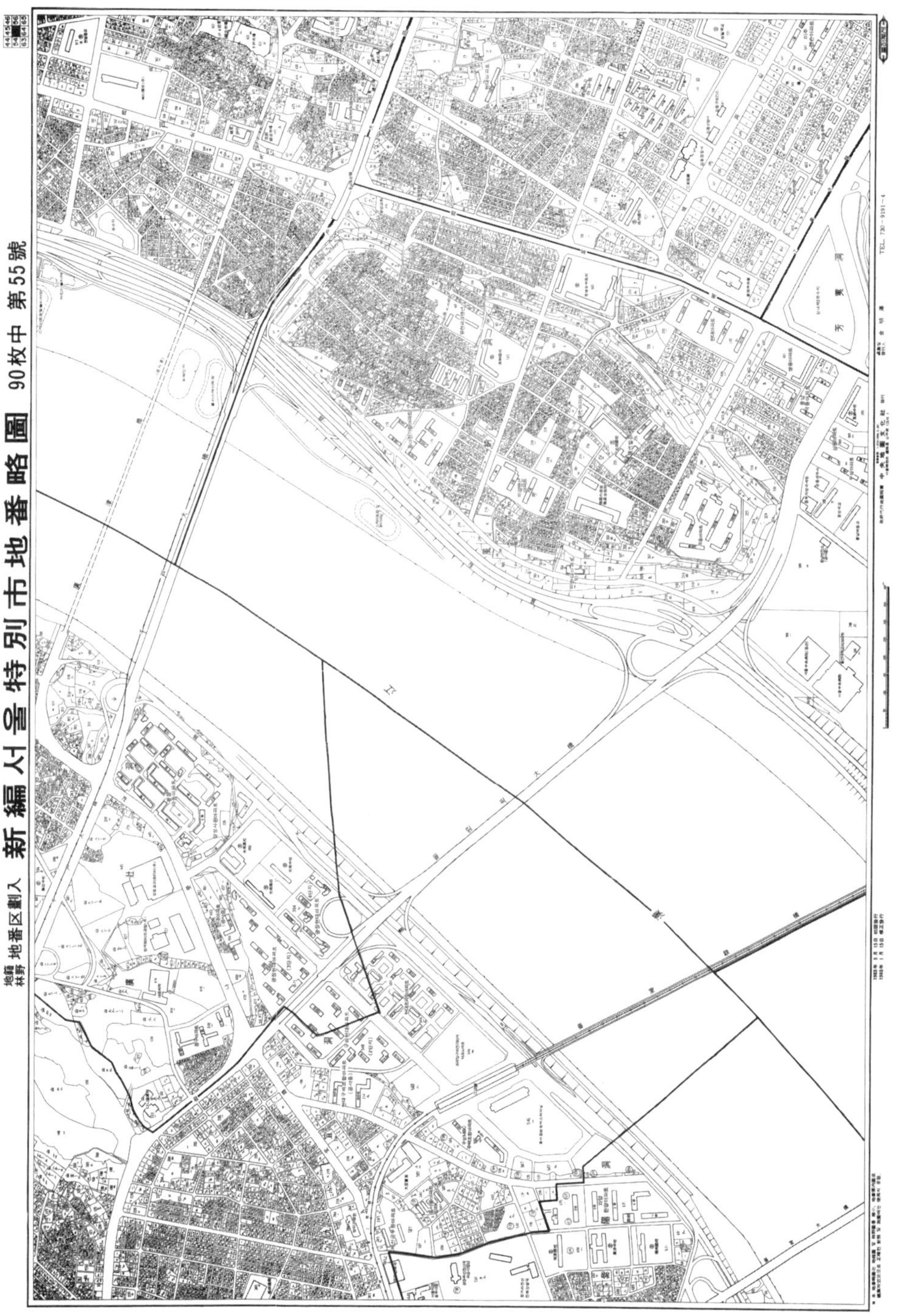

[삽도 2] 풍납토성 附近 지도(중앙지도문화사 1993년 1월 발행)

등 총 89기가 존재하고 있음을 간략하게 보고하고 있고, 『大正 6年度(1917) 朝鮮古蹟調査報告』(1920)에는 한 줄 반의 간략한 소개와 함께 귀중한 석촌동 '제1적석총(第一積石塚)' (서울대 발굴 시 번호는 제3호분)의 사진을 싣고 있다. 이 사진에는 대형 석축구릉(피라미드형 석축고분)과 초가집을 대비하였는데, 지금보다 훨씬 높이 적석되었음을 알 수 있다. 아마 원래에는 5층이나 7층 정도로 쌓아 올렸던 것이 아닌가 생각된다. 그리고 『大正 5年度(1916) 古蹟調査報告』에는 이 대형 석축구릉의 남쪽으로 '第二積石塚'(지금의 제4호분)이 있고, 이어서 '제3적석총', '제4적석총'이 있는 사진이 간략한 조사약보와 함께 소개되었다. 이로부터 일제시대가 지나고 조국 광복의 밝은 천지에서부터 1970년대 강남지구가 개발되기 이전까지의 근 30년 동안에는 전혀 관심을 두지 않았기 때문에 아무것도 몰랐다. 그 대표적인 예로 광주전사(廣州全史)나 다름없는 광주문화사협회의 『百濟舊都 南漢秘史』(1956)에는 일제시(日帝時)에 보고된 89기의 백제 고분에 대한 단 한 자의 언급도 없다. 그리고 비슷한 시기(1957)에 나온, 당시 최고의 지방지라고 자처했던 방대한 『京畿道誌』(상 · 중 · 하)에도 전혀 언급이 없다.

그리고 강남 · 강동지구가 서울특별시에 편입되던 해(1963. 1. 1)에 발행된 909페이지나 되는 『서울特別市史』 고적편에 보면 "백제는 그 수도가 바뀜에 따라서 한성시대 · 공주시대 · 부여시대의 3기로 나누어지는데 제 1기인 한성시대의 고분은 서울 동부인 광주군 중대면 가락리 · 석촌리 · 고양군 중곡리 · 여주군 매룡리 등지에 산재하고 있다. 이들 초기 백제 고분은 조그만 봉토분과 일종의 석총이 있는데 규모도 작고 조사도 불충분하여 뚜렷하게 나타나는 것이 없고 왕릉으로 생각되는 점은 보이지 않는다."고 하였다. 이와 같이 무책임한 오류를 범한 몇 줄이 한강유역의 백제 유적을 다룬 전부이다. 이는 해방후 20년 가까운 시기가 지났는데도 앞서 언급한 일제시의 『古蹟調査報告』에 간략하게 언급한 것을 그나마 과소평가해서 취급하고 있음을 여실히 드러내고 있는 것이다. 또한 1963년 강남 · 강동지구가 서울특별시에 편입된 이후 1972년에 서울특별시사편찬위원회가 상 · 하권으로 편찬한 『서울通史』(상)의 제 1장 '고대의 서울'에도 역시 단 한 자의 언급이 없음은 지극히 놀라운 일이다.

필자는 1983년 7월 6일 한국정신문화연구원(당시 원장 류승국)에서 「한강유역 백제 전기 수도유적 보존문제」라고 하는 주제의 학술세미나를 개최하고 참석 학자들의 중지를 모아 〈건의사항〉을 작성하여 각계 관계기관, 학술기관 등에 건의한 내용들 중에 제3항에, "사적 11호로 지정되어 있는 풍납리토성은 현재 대로변의 약 500m의 북쪽면만 복원, 보존되고 동내에 있는 약 1.5km에 달하는 동쪽면은 방치되어 인멸 위기에 있는데 이에 대한 보존, 복원책을 강구해야 할 것임."[9]이라고 지적하였다. 1983년 7월 정부 당국에 분명히 건의하였으나 지금까지 15년이 다되도록 개선된 점이 하나도 없다. 오히려 1983년 당시보다 더욱 방치되었으며, 전혀 사전 조사도 없이 성벽에 접근해서 건축물을 세웠고, 토성 안의 유물 포함층이 파괴 인멸되고 대형아파트들

9 위의 주5, 『정신문화연구』 21, p.138, 부: 건의 사항.

이 건축되었다.

풍납토성의 제원(諸元)은 史蹟으로 지정됐던 당시인 1963년도에 펴낸『서울특별시사』고적편에 2,679m로 표시되었고,『풍납리토성내 포함층 조사보고』(1967)에는 "북벽이 약 300m, 동벽이 1,500m 남벽이 200m 가량 되며, 서북벽 250m를 가산하면 현존 길이의 합계는 2,250m쯤 된다."고 하였다.[10] 여기에 1925년에 유실된 서벽까지 합치면 아마 3,500m는 될 것이다. 성벽의 기저부는 대체로 30m 가량 되고 좌우로 경사면을 이루면서 단면이 사다리꼴로 위로 올라간다. 단면은 거의 돌은 없고 고운 모래뿐인데 그것은 엷은 층으로 한층 한층 다져서 쌓아 올라가고 있다.[11] 다시 말해서 성벽은 모래뻘흙과 황토를 섞어 다진 판축(版築)기법을 사용하여 한층 한층 쌓았다. 북측과 동북측의 1976년 복원된 성벽의 길이가 470m이고 지금 남아 있는 가장 높은 성벽의 높이는 11m 정도이다.[12] 비교적 원형이 잘 남아 있는 북벽의 상부에 근 100년이나 되는 아카시아가 자라고 있는데, 바로 이 지점이 지금까지 남아 있는 부분 중에서 가장 높은 지점이다. 이 지점의 현재의 높이는 지표로부터 11.109m로 측량되었다. 그리고 성곽의 전체 길이는 3,470m로 실측되었다. 최근 성내에서 발견된 최저부의 백제 초기 유적의 깊이가 현재의 지표면으로 부터 4m 깊이를 고려한다면 무려 15m의 높이이다. 모래뻘흙과 황토를 운반해다가 수십층의 판축으로 쌓은 가장 높은 곳이 16m 높이로 3.5km나 되는 거대한 성을 쌓는다는 것은 지금으로서도 도저히 상상을 초월하는 불가사의(不可思議) 한 일이다.

풍납동 151번지 일대는 1960년대까지만 해도 몇 채 않되는 농가가 들어섰던 곳인데, 70년대 후반부터 2,3층 건물의 불록형 주택이 들어서기 시작하여 최근에는 한치의 공간도 없이 빽빽하게 들어섰다.(원색지도 2) 그리고 풍납동 244번지 풍납토성 동벽 일부에는 무허가 건축물이 들어서 당시 서울특별시(실재로는 송파구가 시행하였음)가 성곽을 정비할 목적으로 일부를 철거 중에 있으나 전혀 사전 조사나 전문가의 현장감독을 배제하였고, 철거를 맡은 하청업자의 손에 '정비' 되어 무허가 건축물의 하부에 깔린 성토나 성벽 단면이 훼손되는 경우가 많았다. 더우기 풍납토성의 남쪽 풍납동 264번지 일대의 과거 우일아파트 단지는 더욱 대형화된 극동아파트로 재개발되었는데(단색도판 47) 이곳은 성곽의 내부 왕궁유적(포함층)이므로 마땅이 먼저 조사를 실시했어야만 했다. 그뿐만 아니라 보존을 위해서 정비한다고 무허가 주택을 철거한 성터에는 은행나무와 느티나무 묘목이 가득 심어져 있고,(원색도판 40~41, 단색도판 112~113) 그 나머지는 파밭이나 무, 배추밭으로 변해 버렸다.(원색도판 16~35, 단색도판 44~77) 그래서 오히려 주택이였는데 보다 더 많은 성터가 경작이나 나무그루 파기로 깎이어 나가고 있다.

풍납동 154번지 일대는 1994년까지만 해도 토성의 흔적이 조금 남아 있던 곳이었으나 최근에는 느티나무 묘목을 심어 놓았으며, 성체의 좌우는 이미 파손되고 잡다한 시설물이 들어서 있

10 김원룡,『풍납리통성내 포함층 조사보고』, 서울대 고고학과, 1967, p.6.

11 위의 주와 같음.

12 1997년 1월 초 선문대학교 역사학과 풍납토성 학술조사단(단장:이형구교수)에 의해 실시된 레벨측량에 의한 것임.

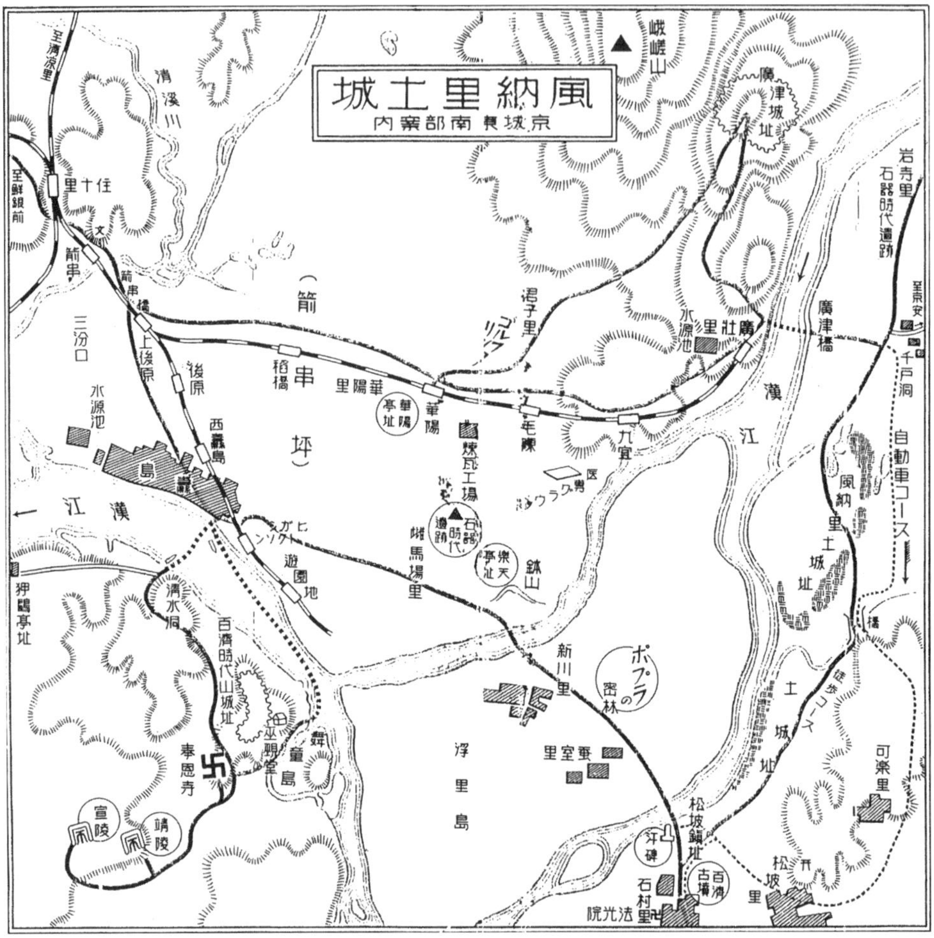

[삽도 3] 1930년대의 風納土城 周邊 略圖(『京電하이킹코스』3, 1937)

었다. 영파여자중학교에서 풍납초등학교쪽으로 나있는 동서대로에 잘린 부분은 1937년 지도에 동벽길로 보이는 곳으로 혹, 동문지였는지도 모르겠으나,(삽도 3) 성벽 안쪽으로 성벽을 따라 성체를 깎아낸 소로가 나 있고,(단색도판 127~128) 성체기부에 해당하는 곳(이미 사유지로 불하됨)에는 지하실을 파낸 4층 콘크리트 건물이 들어서 있다.(원색도판 36, 단색도판 142) 그러나 참으로 어처구니 없는 일은 곳곳에 써붙인 문화재 훼손 경고판에 적힌 국가 사적 제11호인 풍납토성 주위에 국가가 법률로 정한 「문화재보호법」이나 「시행규칙」을 제대로 지킨 곳이 단 한군데도 없었다고 하는 사실이다.[13](삽도 4)

---

13 경고판에는 아래와 같이 '경고문'을 적고 있다.
이곳은 국가지정문화재로 지정된 광주풍납리토성(사적 제11호)입니다. 문화재보호구역으로 지정된 이 지역에서는 각종 불법시설물을 설치하거나, 현상변경 등으로 보존관리에 영향을 주는 행위는 할수 없습니다. 만약 위의 사항을 위반하였을 때에는 문화재보호법 제91조에 의거 2년 이하의 징역 또는 200만원 이하의 벌금에 처하게 됩니다. 우리 모두 문화민족으로서의 긍지를 가지고 겨레의 유산인 본 토성이 길이 보존 될 수 있게 다같이 노력합시다.
1991. 5. 송파구청장

[삽도 4] 풍납토성 성벽 둘레에 수없이 세워진 경고판(1991.3, 송파구청장)

사적 지정구역 안에 지하실을 판 콘크리트건축(빌딩)을 짓는 것 말고도 성체 위에 무허가 건축물이 들어서 있고, 묘목장, 양파재배장, 호박밭, 콩밭 등 농지로 활용되고 있으며, 성벽의 기저부분은 주차장이나 카센터로 사용되어 국가가 정한 법률을 무색케 하고 있다. 따라서 1994년 당시만 해도 하루 빨리 지표조사를 거친 후 보호구역의 확대와 보존이 시급한 상태임을 절감하고, 필자는 이의 보존을 위한 학술세미나를 개최하고 관계기관에 건의서를 제출한 바 있다.

이 때 동양고고학연구소(대표:이형구)에 보내 온 건설부장관 회신(문서번호 주개 58507-1022, 1995. 10. 15)에 의하면 "귀 연구소가 풍납토성 안의 풍납 1동, 2동에서 주택재개발사업 시행시에는 고고학적인 조사를 거친후 시공하도록 요망하는 내용인 바, 현재 동 지역 내에는 주택개량 재개발사업을 시행하기 위한 주택개량 재개발구역으로 지정된 바 없음을 알려드립니다."고 풍납토성 내의 재개발 사업이 없다고 분명히 밝히면서 "한편, 동 건의사항에 대하여 당해 지역에서의 주택개량 재개발구역 지정입안권자인 서울특별시장에게 업무수행 시 참고토록 통보하였음을 알려드립니다."고 서울특별시장에게 통보한 내용까지도 별첨으로 보내왔다.

이에 대하여 서울특별시장의 회신(문서번호 문재 86700-065)은 "토성 내 건축 관련 지하층 굴토시 관계관 입회 및 유구 발견 시 문화재 보호법령에 따라 처리토록 관할구청에 지시하였습니다."라고 철저한 준법의지를 밝혀왔다.

그러나 이후에도 수년 동안 수많은 고층건물이 신축되는 데도 단 한 건도 이 지시사항이 시행된 바 없었다.

2) 풍납동 백제왕성의 주변 현황

(1) 서벽 구간 (단색도판 5~8, 19~31)

토성이 위치한 307-7번지와 308-1, 309-9번지 일대는 주식회사 삼표골재 시멘트 건물(지상 3층)이 들어서 있는데, 삼표골재 옆 도로변에 위치하고 있는 건물들은 지도상의 번지수와 다르다. 306번지 일대는 272 · 271 · 268번지로 변경되었고, 307-10번지도 극동아파트 공사로 합쳐졌다. 312-1번지지역을 경계로 313번지 일대는 파밭이 조성되어 있으며, 313-1번지에는 묘지가 조성되어 있다. 312-2번지 지역에서 북쪽 310-4번지 일대와 310-12번지에는 잡목이 심어져 있다. 310-7번지와 380번지에는 현대중앙병원 기숙사가 들어서 있고, 313-3에는 임시가건물인 민가가 있는데, 현재 이곳에는 노인이 세들어 살고 있다.

(2) 남벽 구간 (원색도판 4, 14, 단색도판 32~42)

314번지와 324번지 일부는 현재 병원부지로 예정되어 있지만 아직 공사가 시작되지는 않았다. 314번지와 324번지 사이 비포장도로의 폭은 2.5m이다.

324번지 일대는 상당히 복잡하게 건물과 밭이 들어서 있는데 병원부지 옆 324번지는 토성으로 추측되는 부분을 깎아 묘목과 나무도매시장으로 사용하고 있어 나무들로 가득차 있다. 324-10번지 지역은 엉성하게 만든 임시가건물이 위치하고 있고, 그 옆 324-21번지는 비닐하우스 1동이 설치되어 있으며, 324-12번지에는 잡목이 복잡하게 우거져 있다. 324-11번지의 정상부는 파밭이고, 도로변쪽은 동국원예상사가 있어 역시 여러 종류의 정원수 나무들이 심어져 있다. 324-13번지에는 건자재를 보관하였는데, 현재 이곳은 건자재와 잡목으로 뒤섞여 있다.

(3) 동벽 구간

① A구역 (원색도판 15~35, 단색도판 44~90)

330, 242, 240번지에 이르는 토성유적은 242번지 일대는 많이 침범되어 있고, 324번지 일대는 파밭으로 이용되고 있다. 330-6번지 지역은 현재 임시가건물로 자동차정비소로 사용되고 있고, 그 뒤 330-1번지 지역은 대신화물센터가 자리잡고 있다. 대신화물 옆은 지상 3층, 지하 1층 구조의 풍납종합사회복지관으로 지하 구조는 어느 정도 파괴되었을 것으로 추정된다. 242, 238, 240번지 일대는 대부분 지상 1층의 임시가건물인 상가로서 평균 5m 폭의 도로에서 평균 15m 정도로 토성을 따라 들어서 있다.

242-2번지부터 폐하수통처리공장, 그 옆에 고물상, 목자재를 파는 곳, 우성건업, 대륙이삿짐센터, 동광기공, 철물점, 연정화원 등이다. 326-4번지 일대는 삼성태양열주택단지로 지상 3층에 지하 구조는 없어 보이나, 기초공사로 지하는 어느 정도 파괴된 것으로 보인다. 324-26번지

지역 큰 도로변에는 토성을 헐고 지은 지상 1층의 임시가건물이 가정집으로 쓰이고 있으며, 뒷부분에는 토성에 직접 김치독을 묻어 상당히 큰 피해를 입고 있다.

② B구역 (원색도판 37~39, 단색도판 91~124)

241번지 일대 도로변의 성 안쪽으로는 가건물로 지은 과일가게와 포장마차가 있다. 241번지 일대 성 안쪽 지역 244, 246, 248, 249, 255, 256, 257번지 일대는 상습 수해지역이어서 새로이 건축사업에 들어간다. 즉 246-3번지외 125필지(재건축부지 대지면적 21,135㎡)에 현대아파트가 96~99년 6월까지 들어서는데 규모는 6~20층 아파트 8동(615세대)이다. 이 일대의 모든 가구들은 이미 이주했으며, 단지 해결이 안된 몇집만 남아 있고, 255번지 일대 현대빌라를 포함하여 그 주위는 이미 건물을 허물고 있다. 성 안쪽 231-1, 232, 250-8번지 일대는 아파트공사가 진행 중이다. 231번지 일대는 현대건설이 총면적 10,800㎡에 이르는 이곳에 8~10m 깊이로 터파기 하여, 지하 2층, 지상 19층의 풍납동 신우연립 재건축외 5개주택조합이 시행자인 현대아파트를 지을 예정이다. (삽도 1)

그 반대편 즉, 241-3번지 일대는 성터에 우성세차장, 정비소가 있고, 비닐하우스가 237-5번지와 238-10번지 일대에 걸쳐 3동이 자리하고 있으며, 가건물로 지은 박스공장이 위치해 있다. 이 지역의 토성부분은 파밭으로 개간되어 있다. 또한 244-1번지는 민가가 위치해서 지금도 사람이 살고 있는데 바로 민가 근처에 묘지가 1기 있다. 237-10 지역에는 고물상이 들어서 있고, 그 옆 237-3 지역은 비닐하우스 1동이 자리하고 있다. 237-3에는 비닐하우스 1동을 제외하고는 풀밭으로 되어 있어 건물지가 없다. 234, 236, 244번지와 242-1번지 지역은 토성자리로서 현재는 밭으로 이용되고 있다. 토성 정상부는 잡목으로 구성되어 있다.

③ C구역 (원색도판 40, 단색도판 126~142)

성밖 길 건너쪽의 410-6번지 대진아트빌라, 337-1번지 강동빌라, 337-4번지 우성맨션, 338-23번지 재중아트빌라는 대부분 최근에 지어진 건물로 지상 3층, 지하 1층 구조로 된 새 건물들이다. 159-1번지와 158번지는 나무숲으로 토성을 깎아 나무를 심었는데 타 지역보다 파괴 규모가 커 보인다. 158번지 지역 이외에 영파여자고등학교 뒷편의 156, 157번지 지역은 냉면집들이 줄이어 위치하고 있는데 이 냉면집들의 뒤 토성에 냉면집 김치독을 많이 묻어 두어서 성벽의 군데군데에 웅덩이가 파여 있다. 159-14번지 옆에는 빈 공터가 들어서 있어 지하 구조 조사의 필요성이 있다고 본다.

성 안쪽 159번지 뒷편 162, 163번지 일대에는 대아아파트 신축공사가 진행 중이다. 현재 지하 2층 공사까지 기초공사가 들어가 있는데, 앞으로 '협성연립재건축조합'에서 1998년 2월 완공을 목표로 지하 2층, 지상 13층의 대아아파트를 지을 계획이다.

④ D구역(원색도판 41, 단색도판 143~151)

159번지 일대에는 연립과 민가들이 위치하고 있다. 156-22, 158번지 일대에는 한양고물상 부근 토성이 상당히 많이 깎여 나갔다. 그리고, 주택건물지 부근 156번지 일대도 토성의 일부라 생각된다. 159-4번지에 사는 천성진씨는 30년 전에는 도로를 포함해 성벽에서 6m 가량 더 가야 한다고 한다. 158번지 일대 토성은 윗부분이 원예조경지로 쓰이고 있어 나무를 파낸 구덩이가 곳곳에 있다. 한 블록에 구덩이가 16개인데 크기는 보통이 폭이 1.5m 정도, 깊이는 50cm 정도의 구덩이들이다.

159-5번지 신진기공 건물은 건물이 상당히 낙후된 시멘트 지상 1층 건물로 오래 전에 지어진 것으로 추측된다. 이곳의 아래에 지하구조가 살아 있을 가능성을 보여주는 예라고 할 수 있다. 천호카센터도 토성을 깎아 들어갔다. 이곳 옆에 주차장은 지하구조가 있을 가능성이 있다. 신진기공 옆의 건물들은 한옥이고, 또한 160-5번지 지역은 현재 공터로서 주차장으로 사용되고 있다. 160번지 일대는 한옥이 성을 따라 줄지어 있다. 155번지 지역은 밭과 주차장으로 쓰이고 있고, 일부 도로 옆에는 건물들이 들어서 있다.

⑤ 상가 구역 (원색도판 2~3, 단색도판 152~161)

상가지역부터는 토성의 흔적을 찾아보기 힘들고, 낮은 언덕고개라 생각하기 쉽다. 이곳의 149, 150번지 일대는 민가들이 자리하고 있는데 대부분이 지상 2층, 지하 1층 구조의 양옥형식 집이다. 158-3번지는 아예 토성이 없고, 깎아 고물상을 만들고, 그 옆은 풍림우일상사가 자리해서 토성 흔적을 한눈에 볼 수 있는 부분은 여기까지이다.

149, 150, 151, 154번지 지역은 다른 지역보다 높은 편이다. 특히 154번지지역의 2층 지상공장은 눈여겨 봐야 한다. 건물도 꽤 오래 되었으며, 뿐만아니라 건물의 지하구조가 없어 토성의 흔적 그대로 살아 있고 지역도 꽤 넓은 편이다. 현재 이 지역은 민가로 뒤덮여 있고, 토성 정상부라 생각되는 길에는 간간이 오래 된 건물지가 있다. 150-12번지에 있는 '토성섬유공장' 이다. 현재는 이전해서 빈 곳으로 남아 있다. 이 건물은 1층 한옥건물로 만들어진 건물지이다. 또 그옆의 한옥 민가도 건물의 지하구조가 없기 때문에 성벽의 지저부가 그대로 남아 있을 가능성이 있어 보인다. 한옥 길 건너편 150-2 지역에도 이름없는 한옥공장이 있다. 이곳 역시 정상부에 위치하고 있다. 이들 건물의 기초부는 토성을 깎고 지은 흔적이 있어 토성의 하부 구조를 찾아 낼 수 있을 것이다.

이외에 다른 곳은 지상 2층 지하 1층으로 구성된 민가들이 빽빽하게 자리잡고 있다. 74, 75, 78, 148, 151, 152번지 지역은 복원된 토성과 토성자리에 건물이 들어선 곳이 만나는 곳이다. 78-79번지 금성식품공장은 2층건물로 지하 구조가 없다. 이곳은 성안쪽 바로 뒤에 위치해 있고, 지하도 파괴 안되어 보인다. 148, 151, 152번지 지역은 지상 2층, 지하 1층의 건물이 대부분이다. 74-1, 74-2, 74-4번지는 성벽 밖을 따라 주차장으로 쓰이고 있다. 시멘트를 깐 부분도 있고, 그

냥 맨 땅인 곳도 있다. 주차장은 대부분 지상 1층 임시가건물의 형태로 존재한다.

148, 151, 152번지 지역 옛 토성자리는 아직까지 재개발계획은 이루어지지 않고 있다. 이 구간은 길이가 250m나 되는데 이 불럭은 원래 풍납토성의 다른 지역과 같이 아주 높은 성벽이었으나 1980년대 강남지구 개발과 함께 성벽 자체를 완전히 삭평시키고 심지어 지하실까지 파서 토성의 기저부분을 완전히 파괴시키고 있다.

⑥ 복원 구역 (원색도판 44~45, 단색도판 162~165)

금성식품(78-79번지)에서 거슬러 올라가면 78-30, 78-15번지 성안쪽에 바로 한옥건물이 있고, 건물은 매우 낡아 보인다. 그리고 대부분은 지상 2층의 양옥건물이다. 성밖은 성벽을 따라 주차장을 이루고 있다. 78-6번지는 한옥 1층 건물이다. 최근에 이사를 간 것 같고 빈집이다. 그리고 78번지 일대는 거의 모두 한옥건물로 이루어져 있어 큰 지역에 한옥건물로 되어 있다. 72-13번지 지역은 상주건업이 위치하고, 75-4번지와 75-1번지는 강동식물원이라는 조경이 성밖을 따라 위치해서 나무들이 빽빽이 심어져 있다.

(4) 북벽 구간 (원색도판 42~43, 46, 단색도판 165~168)

복원된 토성의 안쪽에는 거의 모든 건물이 지상 2층이상의 양옥건물이다. 천호대교 근처와 복원된 토성 사이의 89, 90, 91, 92, 121번지에 걸쳐 극동아파트가 들어서 입주하고 있는 중이다. 이곳은 지상 23층, 지하 2층구조로서 총 3동이 건축되었다.

324-1번지 극동아파트 비닐제품창고는 1층 임시가건물로 되어 있고, 324-2번지 지역은 지하 구조 없이 지상 2층 전기발전실이다. 그 옆에 아파트 노인정이 위치하고 있다.

(5) 성안 지구 (원색도판 2~3, 36, 45, 단색도판 18, 83)

165번지 풍납초등학교는 지상 4층 지하 1층의 건물로 넓은 면적을 차지하고 있다. 251-2번지 현대아파트는 약10년 정도된 지상 12층, 지하 2층 구조로 1동으로 이미 건축되어 주민이 입주하고 있다. 281-1, 281-2번지 일대는 외환은행 직원합숙소가 위치하고 있다. 총 2동이 있는데, 1동은 지상 2층, 지하 1층 그리고 2동은 지상 4층 지하 1층으로 되어 있고, 운동장이 넓게 자리하고 있다. 이 대지도 지하구조가 많이 살아 남아 있을 것으로 보인다. 220번지 동아아파트는 지상 12층 지하 1층으로 구성된 220-2번지에 7동의 고층 아파트가 넓게 분포되어 있다. 287-1번지는 미성 맨션아파트로 총 4동이 넓게 분포하고 있다. 지상 평균 11층, 지하 1층으로 되어 있다. 이들 고층아파트는 모두 건축물의 지하구조가 백제 전기 수도유적의 문화층을 파괴하고 건축되었기 때문에 다시는 재생할 수 없는 안타까운 실정이다. 그러나 253번지 일대 토성초등학교는 지상 4층 지하 1층이고, 넓은 운동장은 맨땅에 모래로 덮여 있어 백제 전기 왕성유적을 잘 보존하고 있을 것으로 보인다.

3. 풍납동 백제왕성의 성벽 실측 개황(도면 4)

1) 서벽구간 (도면 1-A, 2-A, 3-A No.1~3)

풍납토성 서벽의 가장 끝 부분(313-1번지)에선 지표로부터 1.5m 높이에 민묘 1기가 있다. 성벽 단면 NO.1은 성벽 너비가 약 27m이고, 가장 높은 곳이 2.5m이다. 이 부분 성벽에 가장 높은 능선의 동쪽(내벽)에는 밭을 일구어져 있고, 능선의 서쪽(외벽)에는 묘목과 잡목이 심어져 있다. 묘목과 잡목이 심어진 부분은 토축이 상당부분 파여 나가 피해의 규모가 비교적 크고, 동쪽으로는 완만한 경사에 파밭이 늘어서 있다.

NO.2 부분도 역시 완만한 경사로 이루어지다가 서쪽 잡목지역에서 경사가 심하게 되어 있다. 최고 높이는 약 3.2m이고 단면의 최고 길이가 약 26m이다. 이 부근의 능선 맨 위에는 밑둥치만 남아 았는 고목들이 있는 것으로 보아 토축이 많이 파괴되었다고 추정된다. 현재 이 부근의 토성 상단선은 밭의 경계로 밭둑으로 사용되어 양쪽으로 많이 파여 나간 상태이다. 대개 성벽으로 보이기 보다는 밭으로 개간된 언덕으로 보인다.

NO.3 지역은 어는 한쪽이 심하게 깍이지는 않았지만 전체적으로 깎여 나가 그리 높게 보이지는 않는다. 양쪽 모두 완만한 경사면을 이루고 있으며, 너비는 약 39m이다. 반면, 토성의 상단면은 NO.1에서 NO.4로 오는 동안 점차 토성의 높이가 높아간다. NO.3의 최고 상단면 높이는 4m로 NO.1이나 NO.2보다 높은 곳에 위치하고 있다.

NO.3에서 NO.4로 오는 동안 지형은 다시 한번 크게 높아진다. 그리고, 중간에 현대건설 울타리쪽(능선 서쪽)은 토성이 절토되어 다시 급경사를 이루고 있다. 이 지역도 역시 성안쪽이 완만하고 성밖쪽이 급하게 기울어진다. 이곳 능선 위쪽으로는 성벽위에 비닐하우스가 자리하고 있다.

2) 남벽구간 (도면 1-B, 1-C, 2-B.C, 3-A No.4~6)

NO.4 지역은 비교적 복잡하게 엉켜 있다. 능선 상단부의 개사육장이 가장 높은 곳으로 지표로 부터 약 6.5m 높이이고, 개사육장이 있는 비교적 높은 성벽의 너비는 약 70m이고, 등고선이 완만하게 이루어지다 가운데는 조밀해지는 지형이다. 양쪽은 심하게 절토당해 외벽쪽은 파밭으로 경작되어 지고 있다. 내벽쪽 역시 잔존하고 있는 내벽도 밭경작으로 계속 절토되고 있으며, 가건물이 들어서 있어토축을 파괴하고 있다. 이 지역의 단면은 가운데는 크게 쑥 나와 있고, 양쪽은 많이 깍여 나가 밀짚모자 모양으로 되어있다.

NO.5 지역은 그나마 NO.4에 있던 어깨선이 없어지고 완만한 경사로 되어 있다. 이곳의 상단면은 건물이 철거된 후 평탄해진 상태로 건물이 들어설 때 많은 훼손이 있었다고 볼 수 있다. 단면의 최고 높이는 약 4m이고, 이 단면의 토성의 너비는 69m이다.

NO.6 지역 토성외벽 하단선은 토성을 깍아서 평탄하게 한 후 건자재를 두고 있다. 내벽쪽은 완만한 반면 외벽은 가파르다. 건자재를 쌓아 놓을 당시 토성을 일부 깎아서 일 것으로 생각된다. 단면의 최고 높이는 약 3.7m이고, 단면의 길이가 40m이다. 깎여 나간 부분에는 비닐하우스와 경작지 조성으로 단이 형성되어 있다.

3) 동벽구간

(1) A구역 (도면 1-C, 1-D, 2-C.D, 3-A No.7~8, 3-B No.9~12)

NO.7 지역 부터는 동쪽에 속하는 지역으로 정비되지 않은 곳 중에서 그래도 성벽의 흔적을 대체로 알아 볼 수 있는 곳이다. NO.7 부분의 성 외벽은 등고선이 좁아 매우 가파르다는 것을 알 수 있고, 성 안쪽으로는 완만하게 경사도가 진행되고 있다. 이 단면의 최고 높이는 6.2m이고, 내벽 하단선과 외벽 하단선의 단면 너비는 40m이다. 성안쪽은 파밭으로 되어 있고, 또 NO.7 부근에는 분묘 1기가 있어 토성의 상단부가 많이 훼손되었고, 토성의 단면 높이도 3m로 낮아졌으며, 지표로 부터 봉분의 높이까지는 약 5m이다. 양쪽 능선으로 계속 파밭이 있다.

NO.8 부분은 어느 한 부분이 심하게 파고 들어간 곳 없이 비교적 잘 보존되고 있다. 토성의 단면 높이는 약 6.2m이고 토성의 상단부는 약간 파여 들어갔다. 성벽의 너비는 4.7m가량된다.

NO.9의 단면은 가운데만 불쑥 나와 있는 형태이고 외벽의 절토된 곳은 대부분 밭으로 경작되어져 있기 때문이다. 단면의 최고 높이는 약 5.6m이고 단면의 넓이는 약 46.5m이다. NO.9의 평면상 등고선은 상단부 절토된 부분을 제외하면 비교적 일정하게 올라가는 형태이다.

NO.10 지역도 다른 곳과 비슷하게 외벽쪽은 가파르게 진행되고 내벽에서는 파밭으로 완만한 경사를 이루고 있다. 단면의 최고 높이는 약 5.2m이고, 단면의 길이는 약 36m로 NO.7에서 부터 점점 좁아지고 있다.

NO.11 지역도 다른 지역과 별 차이없이 보이지만 내벽쪽은 좀더 가파르게 변화하고 있다. NO1.0에서 NO.11사이는 소나무 7그루가 자라고 있어서 토축이 남아 있어도 많이 파괴 되었을 것으로 추정된다. NO.11의 단면 최고 높이는 약 5.5m이고, 단면의 너비는 약 40m 정도이다.

NO.12 지역은 갑자기 토성 내벽으로 부터 절토되어 내부 벽쪽의 등고선이 조밀하게 간격을 이루고 있다. 기준점을 중심으로 토축을 보려고 절토한 것처럼 90° 에 가까이 푹 파고 들어 왔다. 이 파고 들어온 부분은 파밭으로 이용되고 있으며 높이차는 최고의 높이와 밭과의 높이 차이는 약 4m 차이가 나고 있다. NO.12의 최고 단면의 높이는 4.6m이고, 단면의 길이는 약 39m이다.

특히나 이 부근도 토성의 피해가 큰 지역이라고 봐야 할 것이다.

NO.13 지역에까지 걸쳐 NO.12에서 NO.13과의 내벽쪽의 토성은 많이 훼손되어 있다. 단면의 최고 높이는 약 2.6m이고 단면의 너비는 약 36m이다. 상단부도 NO.10때 보다도 약 2m가량 낮아졌다.

NO.14 지역 역시 파괴의 정도는 심하다 능선의 높이는 급격히 낮아지고, 내벽의 한쪽벽을 헐어 임시 가건물인 주택으로 사용되고 있고, 축대를 쌓아 보존하고 있지만 임시 방편적이다. 단면의 최고 높이는 약 2m이고 단면의 너비는 약 29m이다. 전체적으로 보면 성벽은 가장 많이 차지하고 있는 것은 파밭과, 비닐하우스이다. 거의 경작지로 둔갑해 버린 도성은 계속 깎여 나가고 있다.

(2) B구역 (도면 1-E, 1-F, 2-E.F, 3-C No.13~18)

NO.15 지역은 길 건너 동쪽 B구역이다. 이 지역은 토성이 외벽쪽으로 많이 파헤쳐져 있는 곳이다. 토성의 최고 단면의 높이는 약 3.7m이고, 단면의 너비는 약 31m이다.

NO.16 지역은 NO.15에서와의 큰 차이 없이 진행되었고, 밭과 절토된 층이 만나는 곳이 이루어져 있어 경작하면서 절토 되었음을 알 수 있다. 단면의 최고 높이는 약 4.5m이고 NO.15보다 점점 높아지고 있다. NO.16의 단면의 길이도 35m로 이루어져 있다. NO.16의 보존 상태는 외벽보다는 내벽이 더 잘 보존되고 있다.

NO.16에서 NO.17사이의 토성의 변화도 그리 크게 변하지는 않는다. NO.17의 최고 단면의 높이는 4.5m이고 단면의 총너비도 약 32m이다.

NO.17에서 NO.18에 이르는 토성의 내벽쪽으로 한옥 주택이 위치하고 있어 토성을 많이 파괴하고 있고, 토성의 외벽 역시 밭의 경작으로 토성이 많이 깍여 나간 상태이다. 외벽은 경사가 내벽보다 급하다. No.17의 단면의 최고 높이는 약 4.3m이고, 성벽의 너비는 약 32m이다.

NO.18 능선 상단부 4m지점에 분묘가 1기 위치하고 있다. 이 지역의 최고 단면 높이는 4.3m이고 단면의 길이는 약 30m이다.

NO.19는 능선의 높이가 급한 것은 아니지만 완만하게 높아지고 있고, 외벽의 밭과 인접한 부근에는 채소가 경작되면서 토성이 많이 깍였다. 역시 내벽의 도로변의 토성도 깍여 나갔다. NO.19에서 NO.20 사이의 내벽 부근에서 근 2m에 가까운 높이로 깍아 들어와 각을 크게 만든다. NO.19의 단면 최고 높이는 약 4.9m이고 단면의 너비는 약 48m이다.

NO.20은 NO.19에 이어 성을 파고 들어온 밭으로 인하여 내벽쪽의 경사가 급해진다. NO..20의 최고 높이는 약 5.9m이고, 단면의 너비는 약 40m이다.

NO.21 부근은 상당히 복잡하다 미루나무가 있어 뿌리가 깊이 파고 들어가 있고, 토성도 큰 층계를 이루어 저마다 층계는 콩밭, 파밭, 호박밭으로 경작하자 피해가 적지 않다. 특히 능선 꼭대기 부근의 콩경작을 위한 훼손과 그 아래 호박밭을 조성한 부근은 피해가 크다. 계단식 단면으로 구성된 NO.21의 단면 최고 높이는 약 6.3m이고, 단면의 너비는 31m이다.

(3) C구역 (도면 1-G, 2-G, 3-D No.19-21)

NO.22 지역은 대부분의 지역이 묘목이 심어져 있다. 이 묘목을 필요할 때 파고 뽑기 때문에 구덩이가 이곳 저곳에 파여 있어 피해규모가 상당히 심각하다. 또한 성벽 앞 냉면집 등의 김치독을 성벽을 파내고 묻어 판축의 훼손을 가속화하고 있다. 현재의 이 지역의 피해규모는 약 30여개의 크고 작은 구덩이들이 파여 있고, 성벽 외벽쪽은 아예 성벽을 헐어 김치독을 묻고 있다. 지표에 남아 있는 단면의 최고 높이는 약 4.2m이고, 성벽의 너비는 약 31m이다.

NO.23 역시 외벽은 주차장 조성으로 많은 부분이 깎여 나간 후 현재 남아 있는 벽이 전부이다. 반대쪽(내벽쪽)은 묘목지로 나무들이 가득 심어져 있다. 단면의 최고 높이가 약 5m이고 단면의 너비가 약 28m이다.

NO.24 지역도 외벽쪽은 고물상이 들어서 외벽의 상당부분이 깎여 나갔다. 이곳의 단면 최고 높이는 약 5.4m이고, 단면의 너비는 약 23m이다.

NO.25 지역도 역시 NO.24와 같이 고물상에 의해 많이 성벽이 깎여 나갔다. 이 부근에서 성벽이 끊기고 다시 길을 건너서 성벽은 이어진다. 이 곳의 단면 최고의 높이는 약 5.3m이고, 토성의 단면의 너비는 약 20m이다.

(4) D구역 (도면 1-F, 2-F, 3-D No.22~25)

NO.26 남쪽 부근은 비교적 토성흔적이 잘 남아 있는 곳으로 생각된다. 신주택지에 가리고, 주차장 조성에 벽이 깎이고 해서 현재 남아 있는 가장 높은 곳은 약 5.6m이고 단면의 너비는 약 43m이다.

NO.27 부근은 내벽쪽(서쪽)은 묘목이 조성되어 있고, 능선의 동쪽으로는 주차장 및 가건물이 들어서 있다. 이곳의 상단면의 최고 높이는 약 5m이고, 너비는 주차장을 포함해서 약 60m정도 이다. 이곳의 지형은 묘목지와 가운데 능선이 튀어나온 형태이다.

NO.28은 NO.26이나 NO.27처럼 지형이 비슷하다. 주변은 묘목지 조성과 외벽쪽(동쪽)은 밭으로 경작되어 있다. 이 단면의 최고 높이는 약 5m이고, 단면의 너비는 약 41m정도이다.

NO.29나 NO.30은 가건물과 고물상이 성벽을 완전히 깎아 벼려 건물을 지었기 때문에 성벽의 흔적을 찾기는 힘들고, 단지 예측만 할 뿐이다. NO.29의 단면의 높이는 약 4.2m이고, 너비는 약 43.5m이다.

NO.30의 단면의 최고 높이는 약 2.7m이고 너비는 약 41m이다.

<table>
<tr><th colspan="3"></th><th>각처 단면 넓이(단위:m)</th><th>단면 최고 높이(단위:m)</th></tr>
<tr><td colspan="2" rowspan="3">서벽</td><td>NO.1</td><td>27.2</td><td>2.508</td></tr>
<tr><td>NO.2</td><td>26.1</td><td>3.190</td></tr>
<tr><td>NO.3</td><td>39.0</td><td>3.932</td></tr>
<tr><td colspan="2" rowspan="3">남벽</td><td>NO.4</td><td>69.9</td><td>6.487</td></tr>
<tr><td>NO.5</td><td>68.7</td><td>3.969</td></tr>
<tr><td>NO.6</td><td>39.9</td><td>3.749</td></tr>
<tr><td rowspan="24">동벽</td><td rowspan="8">A구역</td><td>NO.7</td><td>40.2</td><td>6.165</td></tr>
<tr><td>NO.8</td><td>46.8</td><td>6.223</td></tr>
<tr><td>NO.9</td><td>46.5</td><td>5.593</td></tr>
<tr><td>NO.10</td><td>35.7</td><td>5.151</td></tr>
<tr><td>NO.11</td><td>39.9</td><td>5.525</td></tr>
<tr><td>NO.12</td><td>38.7</td><td>4.628</td></tr>
<tr><td>NO.13</td><td>35.7</td><td>2.631</td></tr>
<tr><td>NO.14</td><td>28.8</td><td>1.925</td></tr>
<tr><td rowspan="7">B구역</td><td>NO.15</td><td>30.9</td><td>3.661</td></tr>
<tr><td>NO.16</td><td>35.2</td><td>4.549</td></tr>
<tr><td>NO.17</td><td>31.6</td><td>4.314</td></tr>
<tr><td>NO.18</td><td>29.8</td><td>4.268</td></tr>
<tr><td>NO.19</td><td>48.4</td><td>4.869</td></tr>
<tr><td>NO.20</td><td>40.2</td><td>5.872</td></tr>
<tr><td>NO.21</td><td>31.2</td><td>6.343</td></tr>
<tr><td rowspan="4">C구역</td><td>NO.22</td><td>31.2</td><td>4.198</td></tr>
<tr><td>NO.23</td><td>27.8</td><td>4.682</td></tr>
<tr><td>NO.24</td><td>22.8</td><td>5.357</td></tr>
<tr><td>NO.25</td><td>19.6</td><td>5.321</td></tr>
<tr><td rowspan="5">D구역</td><td>NO.26</td><td>43.2</td><td>5.572</td></tr>
<tr><td>NO.27</td><td>59.7</td><td>4.926</td></tr>
<tr><td>NO.28</td><td>41.1</td><td>4.986</td></tr>
<tr><td>NO.29</td><td>43.5</td><td>4.249</td></tr>
<tr><td>NO.30</td><td>41.1</td><td>2.723</td></tr>
</table>

〈표 1〉 풍납동 백제왕성 성벽 단면 넓이와 성벽 높이 실측치

4. 풍납동 백제왕성 주위의 백제 성곽(원색지도 3, 삽도 5)

1) 몽촌산성(夢村山城)

사적 제297호로 지정된 초기 백제의 성으로, 한강의 남쪽변에 축성된 토성이며, 풍납토성과 밀접한 관련이 있는 성으로 추정된다. 이 성은 자연구릉을 이용하여 낮은 곳을 판축법을 이용한 성으로 엄밀한 의미에서 토성이 아니다. 구릉과 구릉을 이어가면서 낮은 곳을 판축으로 연결한 일종의 포곡식(包谷式) 산성(山城)이라고 할 수 있다. 성의 둘레는 2,285m, 총면적 133,634㎡(외성 포함)의 규모를 가진다. 구릉은 북~서~남~동으로 높낮이가 있는 구릉이 이어졌고, 동쪽의

중앙에서 낮아져서 다시 낮은 구릉이 근접하여 존재한다. 이 구릉지대의 남쪽에도 구릉지대가 얼마간의 거리로 떨어져 존속하고 있는데, 성을 형성한 구릉은 서에서 동으로 흘러내려 전체적으로는 서고동저, 북고남저의 지세를 이루며 거의 중앙에 서에서 동으로 내민 능선과 북에서 남으로 내민 능선이 전체의 성을 크게 동~서~남~북 네 구역으로 구분하고 있다. 성밖은 동에서 북으로 한강으로 흘러드는 냇물이 휘감고 있는데 이 냇물이 자연적으로 해자(垓子)의 역할을 하고 있다. 이 냇물을 건너면 바로 풍납토성이다. 풍납토성 남동단과의 직선거리는 약 700m 정도이며, 몽촌산성에서 풍납토성이 한눈에 내려다 보인다. 서쪽으로는 약 4km 거리에 삼성동산성지가 있었다. 삼성동산성지는 현재는 그 모습을 잃었지만 몽촌산성에서 바라다 보이는 곳이고, 서쪽에 해당한다.

몽촌산성의 북방에 풍납토성이, 서쪽에 삼성동산성이 있고, 한강이 있어서 이중의 방어가 되는 곳이며, 동쪽과 남쪽에는 멀지 않은 곳에 산이 둘러싸여 있는데 이 산줄기는 바로 남한산성이며, 서로 바라다 보인다.

몽촌산성은 1988년 서울올림픽 체육시설이 들어설 자리로 확정됨에 따라 정식발굴조사가 이루어졌는데, 1983년부터 1987년까지 이루어진 발굴조사를 통해 알려진 바에 따르면 북쪽 성벽과 성벽의 정상부에 목책을 설치하였으며, 동쪽 성벽에는 해자(垓字)를 설치하였던 것으로 나타났다. 축조방법은 기본적으로는 자연지형을 이용하면서 부분적으로 보축하고 있고, 문지(門址)는 3곳이 확인되었다. 그리고 판축은 성내의 논이나 부근에서 가져온 듯한 흑색점토와 뻘, 적색점토, 모래, 신자갈, 산흙 등을 섞어 여러층으로 단단하게 다져서 축성하고 있음을 보고하고 있다.[14] 성은 구릉의 정상부를 바깥쪽으로 보축하여 서벽, 남벽과 북벽이 이루어졌다. 동벽의 경우도 곳에 따라 구릉의 바깥쪽 정상을 보축하였으나 낮은 지대는 안팎으로 흙을 판축하여 성벽을 형성하여 풍납토성과 비교하여 볼 때 성벽의 견고함이 뒤지지 않는다. 형상은 일정치 않으나 대체적인 윤곽은 남북으로 길쭉한 장방형에 가깝다. 서벽에는 3~4개의 통로가 있고, 남벽에는 2~3개, 동벽에는 2개, 북벽에는 1개의 통로가 있다.[15]

출토유물 중에는 중국 서진(西晋)제 자기를 비롯한 해외유물과 고구려 토기 등도 있어, 백제의 활발한 교역 활동 및 고구려에 의한 점령 사실을 확인시켜 주기도 하였다. 또한 이 성에서 출토된 중국의 서진시대(265~316)의 회유전문(錢紋)토기편은 토성이 3세기 후반경에 이미 축조되어 있었음을 알려주는 중요한 자료이다. 또 백제문화층의 방사성 연대측정 결과도 240±60과 370±70년으로 나와서 이 연대도 산성의 존속연대와 잘 부합된다고 하였다.[16]

---

14 몽촌동발굴조사단,『몽촌토성발굴조사보고』, 1985.
서울특별시, 서울대학교 박물관,『몽촌토성 동북지구 발굴보고』, 1987.
서울특별시, 서울대학교 박물관,『몽촌토성 동북지구 발굴보고』, 1988.

15 위의 주와 같음.

16 최몽룡,『서울의 百濟遺蹟』,1994.

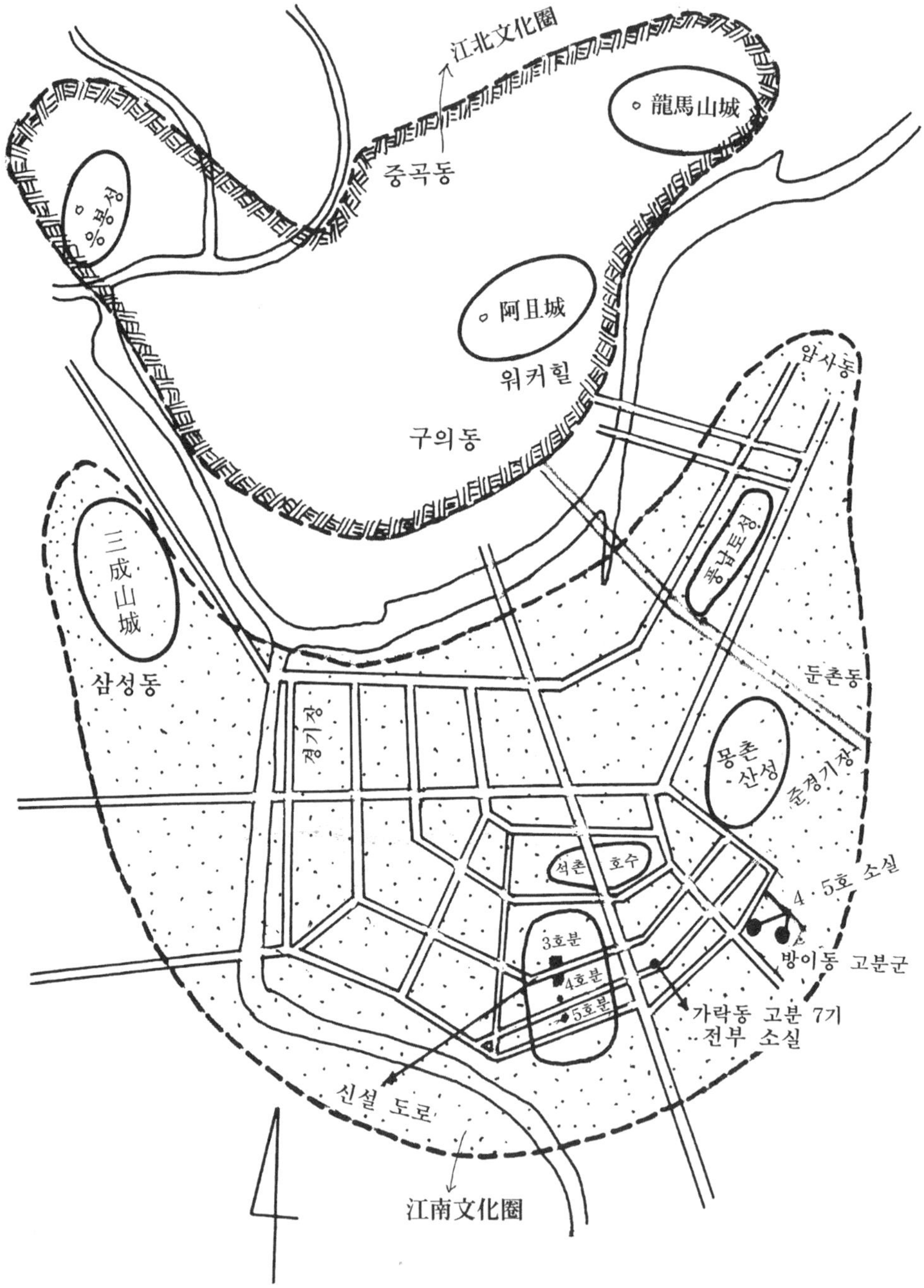

[삽도 5] 서울 江東 · 蠶室地圖 百濟 前期 城郭 및 古墳群 分布圖(筆者 作成)

몽촌산성은 강 남쪽에 도성을 축성한 것과 같은 입지조건을 갖추고, 성내부의 각종 유물과 시설 등이 있는 것을 들어 하남위례성으로 추정하고 있는 경우도 있다.[17] 그러나 성내에 건물지가 희소한 점으로 미루워 보아 이 성은 왕성인 풍납토성을 엄호하거나 전시에 피난할 수 있는 왕성의 배후성일 가능성이 많다.[제 I 부 2 참조]

2) 아차산성(阿且山城)

서울특별시가 3년 전인 1994년에 「서울 정도(定都) 600년」 기념행사를 각 구청별로 분담하여 한창 문화축제를 개최하고 있을 때, 성동구는 9월 28일부터 3일간 「아차산 문화축제」라는 것을 만들어 어린이대공원과 뚝섬 시민공원에서 「온달장군과 평강공주의 행렬」을 재현한 적이 있다.[18]

『삼국사기』 열전 온달조에 보면, 속칭 바보 온달은 고구려 영양왕때(590년경) 한강 이북의 신라 영토를 침공하였다가 아차산성(지금의 워커힐 뒷산)에서 신라군의 화살에 맞아 전사한 고구려 장수이다.[19] 서울 시민들이 「미스터 온달」이나 「미스 평강공주」를 뽑는 선발대회를 열어 고구려의 기상을 드높인다고 해서 그 자체를 매도할 일은 아니나 아무리 생각해 보아도 주객이 전도된 느낌이다.

신라시대에는 온달의 침공을 아차산성에서 잘 지켰으나 이보다 한 세기전에는 고구려 장수왕(長壽王)의 남침으로 백제 500년 수도가 함락되고 백제 개로왕(蓋鹵王)이 밧줄에 묶여 끌려가 피살된 사변이 발생하였다. 이 역사적인 현장이 바로 아차산성이다. 『삼국사기』 백제본기에

> 蓋鹵王 二十一年 秋九月 麗王巨璉師兵三萬 來圍王都漢城…(중략)…乃數其罪
>
> 縛送於阿且城下장之
>
> 개로왕 21년(475) 가을 9월에 고구려 왕 거연(장수왕)이 군사 3만을 거느리고 와서 서울 한성을 에워싸므로…(중략)…
>
> (개로왕의) 죄목을 따진 다음 왕을 묶어서 아차성(阿且城) 아래로 끌고가 죽이게 하였다.[20]

고 한 아차성이 바로 이 아차산성이다.

그러나 이 아차산성은 장수왕에 의해서 함락되기 전(475)까지 백제 서울 한성을 지키기 위한 가장 중요한 성곽이었다.[21] 개로왕의 죽음으로 개로왕의 사왕인 문주왕(文周王)이 백제 시조 온조

---

17 성주탁, 「한강유역 백제 초기 성지연구」, 『백제연구』14, 충남대, 1983, p.134.
김용국, 「몽촌토성에 대하여」, 『향토서울』39, 서울특별시사편찬위원회, 1983.
최몽룡, 「몽촌토성과 하남위례성」, 『백제사의 이해』, 학연문화사, 1991, p.96.

18 「고구려 기상재현 '아차산 축제'」 『조선일보』 1994년 7월 30일자(토요일) 28면. 당시 이에 대해 필자가 성동구청 공보실에 문의한 바 있음.

19 『삼국사기』권 45, 열전 5.

20 『삼국사기』권 25, 백제본기 3 (개로왕 21년조).

21 『삼국사기』 권 24, 백제본기2, 책계왕 원년(286)조에 아차성이 처음 보인다.

왕의 개국 이래 수도 서울로 500년 가까이 지켜왔던 한성을 포기하고 남천길에 올라 금강 중류의 협곡인 웅진(熊津, 지금의 공주)에 도착하여 그곳을 임시수도로 정하였다. 그러나 임시수도 공주는 불과 63년만인 성왕(聖王) 16년(538)에 다시 사비(지금의 부여)로 도읍을 옮기게 되었다. 이 시기도 불과 122년이다. 백제 역사 678년 중에서 백제가 가장 강성했던 시기는 바로 고구려의 남침이 있기 전(475)까지의 서울 한성시기인 약 500년간(B.C,18~475)이다.[22]

당시 백제 건국 2,000년을 맞아 백제의 고토인 서울에서 찬란했던 백제의 문화를 재현하는 행사도 같이 마련했었더라면 더 좋았을지도 모르겠다.[23]

사적 제 234호인 아차산성은 주로 지금은 광진구로 개편된 광장동 '워커힐'의 구역안에 있다. 산성은 표고 206m의 아차산을 정상에서 동남쪽 한강을 향하여 완만하게 경사된 아차산 중북 이상의 부분에 둘러 주위가 약 1km가 넘는 성벽을 구축한 이른바 테뫼식 산성이다. 성벽은 기본적으로 삭토법(削土法)에 의하여 성곽의 형태를 갖춘 다음, 그 상변에 따라 돌아가면서 낮은 석루(石壘)를 쌓아가는 일종의 토석혼축법과 같은 형식을 취하고 있다.[24]

그러나 아차산성을 해방 후 1962년에 '워커힐'건축으로 인하여 동남쪽의 성벽이 모두 파괴 매몰된 바 있다. 지금은 산성의 일부를 '워커힐'에서 철조망을 설치하고 일반의 접근을 금하고 있다. 철조망안에서 산성의 남쪽 부분으로 한강의 광나루를 건너 풍납토성과 몽촌산성을 내려다 보는 위치에 수구지(水口址) 혹은 남문지(南門址)라 여겨지는 부분이 있고, 이곳에서 1979년도에 '워커힐'의 소유자측에서 취수장을 만들고 시멘트로 배수구 공사를 한 바 있다. 이때 성주탁(成周鐸) 교수가 현지에 조사차 나갔다가 공사로 파헤쳐진 곳에서 고배편(高杯片)을 수습하였는데 백제계 고배임이 틀림없다고 한다.[25] 이렇듯 귀중한 사적이 '워커힐' 측에서 철조망으로 통제시키는 이외에는 아무런 보호나 보수대책이 없다. 1979년에 시멘트로 만든 취수장이 계속 사용되고 있었을 뿐만 아니라 산성의 동남쪽 중간지점부터는 아예 절단되어 '워커힐 골프 연습장'으로 사용되고 있는 실정이다. 물론 풍납토성도 그러하지만 아차산성도 지금까지 기초조사 한번 실시한 적도 없을 뿐만 아니라 정확한 제원을 밝히지도 못하고 있다.

3) 이성산성(二聖山城)

이성산성은 광주군 서부면 춘궁리(궁촌)와 초일리 사이의 표고 207m의 산정에 있다. 성의

22 근초고왕(346~374)때에는 북으로 평양성까지 공략하였고, 남으로는 마한전역을 장악하였으며, 동으로는 태백산맥에 이르렀고, 서쪽으로는 서해에 다다른다.

23 일반적으로 185년간의 공주, 부여만을 백제수도로 인식하고 있기 때문에 심지어는 1994년 7월 정부각의에서 건설부가 추진하는 공주, 부여, 익산지구의 『백제문화권 8개년 대개발』비용으로 무려 1조 5천억원이라는 천문학적인 예산이 통과되면서도 서울 백제 수도유적개발비는 단 한푼도 책정되지 않았다.

24 문화공보부 문화재관리국, 『문화재대관』사적편, 1975, p.204.

25 성주탁, 『한강유역 백제 초기 성지연구』, 『백제연구』14, 충남대학교 백제연구소, 1983, p.119.

둘레는 1.7km의 테뫼식 석축산성이다. 성문지는 4개처가 부설되어 있었는데 북문지는 폭 약 4km, 서문지도 같은 폭이며 동쪽과 남쪽 2곳의 통로가 문지로 추정되고 있다. 두 곳 모두 무너져 내려서 통로로 되어 있다. 이성산성은 일찍이 일제시대때 부터 조사되었는데 출토유물은 와편과 토기편이 주류를 이루고 있는데, 경질의 고배편, 고배개, 감개편이 주류를 이루고 있다. 백제계 기와편과 토기, 그리고 신라 토기편이 아울러 출토되고 있는데 신라 토기편이 양적으로나 종류면에서 많은 것을 감안해 볼 때 통일신라 이후에도 중요시되었던 산성으로 보고한 바 있다.[26] 이후 1986년도에서부터 4차에 걸쳐서 발굴조사되었는데 1차발굴조사에서는 15×4간의 대규모 장방형 건물지와 9각건물지, 저장혈, 신앙유적, 석곽묘를 비롯한 토기와 석기 등이 조사되었다. 2차발굴조사에서는 8각건물지, 석곽묘 2기, 옹관묘 등이 발굴되었고, 12각건물지와 저수지가 확인되었다. 3차발굴조사에서는 1, 2차저수지, 12각건물지, 9각건물지, 장방형건물지 등이 조사되었고, 출토유물로는 간지(干支)가 기록된 목간(木簡)을 비롯한 목제품류, 철제품, 토기 등과 저수지의 특성으로 말미암은 유기물질 등이 출토되어 당시의 문화상 복원에 많은 자료의 축적이 이루어졌다. 1, 2차저수지의 발굴조사에 주력을 기울인 4차 발굴 결과 1차저수지에서 석렬유구가 발견되었고, 2차저수지 조사결과 바닥층은 암반층을 중앙부분을 향하여 비스듬히 경사가 지도록 다듬어서 축조하였으며, 석축의 외곽부분은 풍화암반토와 진흙을 이용하여 다져 보강한 것으로 확인되었다. 수습된 유물로는 토기류, 철기류, 목제품류 등과 청동방울을 포함한 다양한 종류가 있었는데 토기류는 11개기종이 확인되었다. 철기류는 철제낫과 따비가 새로이 발견되었고, 목제품에서는 많은 이형목기가 수습되었다.[27] 성의 둘레는 1,925m이며, 면적은 155,025㎡의 부정형의 삼각형에 가까운 모양이다.[28] 축조연대는 유물로 볼 때 한성백제시기 후기에 축조되어 고구려, 신라로 이어지면서 계속 개축과 더불어 사용되다가 통일신라시기에 이르러 점차 그 효용가치가 상실되면서 폐성이 된 것으로 보인다. 특히 이 이성산성은 근초고왕 26년(371)에 백제가 고구려의 침략에 대비하여 일시적인 천도를 한 지역인 한산(漢山)으로 추정하기도 한다.[29]

4) 삼성동(三成洞) 산성

강남구 삼성동의 닭점부락 뒤의 해발 88m 되는 낮은 산릉에 토축으로 둘레가 약 2km 정도 되는 성이 있었다. 이곳은 잠실과 영동지구의 사이로서 봉은사~닭점에 이르는 지역은 숫내가 한강으로 흘러드는 지점이고, 한강을 건너면 맞은 편이 뚝섬과 성수동, 자양동이다. 도시계획에 의해 현재는 찾아볼 수 없는 유적이 되었다. 『문화유적총람』에 의하면 이 토성은 조사 당시 약

26 성주탁, 『백제성지연구』, 1984.
27 한양대학교 · 하남시, 『이성산성』(4차발굴조사보고서), 1992.
28 위의 주와 같음.
29 최몽룡 ,『한성시대 백제의 도읍지와 영역』,『백제사의 이해』, 학연문화사.1991, p.84.

350m 가량의 토루가 남아 있었다고 한다. 토성의 주변에서 백제초기의 와당 1점이 수습된 적이 있으며, 파괴되기 전에는 길이 약 500m 가량의 테뫼식 산성이었다고 한다.[30]

5) 남한산성(南漢山城)

사적 57호로 지정되어 있는 남한산성은 경기도 광주군 중부면 산성리에 있다. 이 성은 전형적인 광주리 형태의 산성인데, 성벽이 전장은 9,050m이다. 이 산성은 북한산성과 함께 서울 남북에 위치하고 있는 최대 규모의 산성이다.[31] 남한산성에 대한 문헌기록은 『삼국사기』·『고려사』·『조선왕조실록』·『신증동국여지승람』 등에 나타나 있는데 백제초기 도성을 나타내는 말이 문헌에 따라 많은 차이를 보이고 있다. 이들 기록에는 '하남위례성(河南慰禮城)', '한산(漢山)', '한산주(漢山州)', '남한산주(南漢山州)', '한주(漢州)' 등으로 표기하고 있으나 이들의 지명이 현재의 남한산성과 동일한 곳인지는 정확하지 않다. 그러나 분명한 것은 상기의 지명들이 지금의 남한산성과 일치된 곳이 아니더라도 백제 시조 온조가 위례성에서 하남인 한주로 천도했다는 기록으로 보아 지금 한강유역에 남아있는 풍납토성·몽촌산성·이성산성 등과 함께 초기 백제 유적이었을 가능성은 있다.[32] 『삼국사기』 온조왕조에는 온조가 처음 하남의 위례성에다 도읍을 정했으나 14년(b.c. 5) 봄 정월에 하남위례성으로 천도했다고 기록하고 있고, 근초고왕 26년조에는 근초고왕이 고구려 평양성을 침공해서 고국원왕을 살해하고 회군해서 고구려의 남침에 대비 "이도한산(移都漢山)"했다고 기록하고 있는데, 이 "한산"이 바로 남한산성이 위치하고 있는 이 지역으로 비정해서 발표한 바 있다.[33] 『고려사』 지리지에는 온조가 위례성에서 한산으로 도읍을 옮겨 남한산성이라 하였다는 기록이 있는데, 이 기록은 남한산성이 백제의 도성일 가능성이 있음을 시사하고 있다.[34] 『선조실록』에는 남한산성(주장성 또는 일장산성)은 곧, "온조고성(溫祚古城)"이라고 하여 현재의 남한산성은 백제 온조왕대의 근거지이었음을 밝혀주고 있다. 『신증동국여지승람』에 의하면 이 산성이 위치하고 있는 일장산(日長山)을 "일운남한산(一云南漢山)"이라 하였고, 건치연혁에서는 "본백제남한산성(本百濟南韓山城)"이라고 하였으며, 고적조에서는 일장산성이 곧 신라때의 주장성(晝長城)이며, 성내에는 6개의 우물과 계곡이 있다고 전하고 있다.

6) 북한산성(北漢山城)

사적 162호로 지정된 북한산성은 경기도 고양군 신도읍 북한리에 위치하고 있다. 해발 700m

---

30 성주탁, 『백제성지연구』, 1984.
31 위의 주와 같음.
32 한양대학교·경기도, 『남한산성』(지표조사보고서), 1986.
33 위의 주와 같음.
34 한양대학교·경기도, 『남한산성』(지표조사보고서), 1986.

의 문수봉을 중심으로 주위를 둘러쌓은 광우리 형태의 포곡식(包谷式) 산성이다. 남한산성과 같은 형식의 산성이다. 북한산성은 온조왕 14년(혹은 제4대 개루왕 5년)에 축성하였으며, 개로왕 21년(475) 고구려의 장수왕에 의해 폐성이 되었다고 알려지고 있다.[35] 1711년(숙종 37) 축조된 이 산성의 전신은 '중흥산성(中興山城)' 혹은 '중흥성(中興城)' 또는 '중흥동산성(中興洞山城)'이라고 불리워져 내려왔다. 고려의 '한양산성(漢陽山城)'은 신라의 산성으로 연원이 소급되는 산성이다. 북한산성의 둘레는 9.37km이다. 지형이 험난한 북한산은 전략적으로 요충지대이기 때문에 백제시대 초기부터 중요시되었을 가능성은 충분히 있다.

7) 기타 성지(城池)

① 뚝섬 마장(馬場) 토성지

한강의 북안쪽에 있는 조선시대의 전곶평목장이 있었던 곳을 말한다. 1916년도 조사보고에 의하면 뚝섬의 북쪽 아차산으로 이어지는 토루의 대부분이 남아 있었고, 일견 고도의 위관을 자아내고 있다고 하며, 단순한 목장이 아니고 본디부터 있었던 고루를 이용하여 목장으로 이용한 것인지 주목되고 있다.[36]

② 암사동(岩寺洞) 토루(土壘)

강동구 암사동의 해발 88m의 소산상에도 둘레 1.2km의 토루가 있었다고 전하나 현재의 상황은 알려져 있지 않다. 『태종실록』에 광주 위곡성(慰曲城), 위요성(慰要城)이 보이는데, 이 중에 하나로 보기도 한다.[37]

이 밖에 구리시 수석동의 해발 82.3m의 야산 위에는 둘레 140m의 백제시대 토루가 있었다고 전한다.[38]

5. 풍납동 백제왕성 주위의 백제 고분(원색지도 3, 삽도 5)

1) 적석총

한성백제의 대표적인 묘제는 크게 적석총, 토광묘, 석실분, 옹관묘로 나눌 수 있다. 적석총은 초기 백제의 지배세력이 사용한 것으로 보인다.

---

35 僧聖能,『北漢志』沿革條, 肅宗 37年(1711), 참조.
36 차용걸, 「한성시대 백제의 건국과 한강유역 백제성곽」, 백제문화개발연구원, 1993.
37 위의 주와 같음.
38 위의 주와 같음.

적석총은 크게 기단식 적석총과 무기단식 적석총으로 대별된다. 한강지역의 적석총에서는 무기단식이 보이지 않는데, 기단식은 주로 서울지구에서 만들어지고 있다. 무기단식은 남한강 및 북한강의 유역에서 많이 발견되고 있다.

지금까지 발견된 백제시대의 적석총은 남한강 상류인 평창군 여만리, 응암리, 제원군 양평리, 도화리 등이 있으며, 북한강 상류에서는 화천군 간척리에서도 발견되었으며, 춘성군 천전리, 춘천 중도에서도 보고 되었는데, 이들 적석총은 대부분 무기단식인점이 주목된다.[39] 또한 최근에 국립문화재연구소 주관으로 실시한 비무장지대의 고고학적 조사를 통해서 경기도 연천군 삼곶리 임진강변에서도 백제시대의 적석총이 발견되었다. 임진강변에서도 적석총이 발견되었다는 것은 다시 한번 백제 적석총이 북에서 남하했다는 설을 재삼 확인시켜 주는 것이며, 아울러 백제 적석총에 대한 많은 시사를 한다고 볼 수 있다.

(1) 석촌동(石村洞) 적석총

서울 송파구 석촌동 일대에는 1916년에 발간된 『조선고적도보』에만 해도 무려 66기의 적석총과 23기의 토총 등 모두 89기의 백제시대 고분이 있었다고 한다. 그리고 『1916년도 조선고적조사보고』에는 4기의 백제시대 적석총을 서술하고 있다.[40] 이 유적은 고구려의 영향으로 볼 수 있는 기단식 적석총이 있어 주목받아 왔는데[41], 1970년대 후반부터 일기 시작한 강남지구 신도시개발로 대부분 파괴 · 인멸되는 지경에 이르고 있었다. 1980년대 초부터 강남지구 신도시개발로 파괴되는 것을 필자는 1981년부터 수년동안 학술세미나를 개최한다든가 논문을 통하여 지속적으로 학계와 관계당국에 관심을 환기시킨 결과, 마침내 1985년 7월 1일 당시 전두환(全斗煥) 대통령의 특별지시로 문화공보부와 서울특별시가 무려 519억이라고 하는 거액을 들여 석촌동고분군을 포함한 백제 고도 문화유적 종합복원계획을 공동 발표하였다.[42] 백제 전기 수도 유적지를 횡단, 백제 왕릉(제3호 적석총)을 파괴하고 있는 35m 도로를 1986년 5월부터 1989년 모두 83억 7천만원의 예산을 들여 지하차도로 바꾸어 둘로 갈라진 고분영역을 하나로 연결시켜 1990년 8월에 완공되었다. 그리고 1천5백평의 사적면적을 1만7천평으로 확대, 이미 불하했던 민가를 재매입, 공원화하여 1990년 12월에 완공하였다. 석촌동고분군 가운데 4호분은 발굴조사 결과 3단의 층단과 호분석(護墳石)이 확인되었는데, 이는 중국 길림성 집안시 통구에 있는 고구려 적석총과 비교된다. 현재 사적 243호로 지정되어 있고, 1987년에는 서울대 박물관에서 발굴하여 서로 시기를 달리하는 다양한 묘제가 확인되었는데, 이들 고분들은 필자가 일찍이 백제 전기 고분의 분포를 예

39 이형구, 『고구려와 백제와의 문화적 관계』, 『백제사의 비교연구』, 충남대학교 백제연구소, 1993.
40 이형구, 『고구려와 백제와의 문화적관계』, 『백제사의 비교연구』, 1993.
41 이형구, 『한강유역 백제전기 수도유적보존문제』, 『정신문화연구』통권 제21호, p.p.121~148.
42 『동아일보』1985년 7월 2일(화요일)자 11면.

시한 것과 모두 일치하고 있는 사실이 밝혀졌다. 3, 4호분과 같은 적석총은 당시 백제 지배계급의 묘제로서 4세기 중 · 후반의 고분으로 편년되고 있다.

① 제1호 적석총

제1호 적석총은 필자가 1983년 7월 6일 한국정신문화연구원에서 발표한「한강유역 백제전기 수도유적 보존문제」에서 추정한 '석촌동 제5호적석총'으로(삽도 6) 정부는 1985년 7울 발표된『서울강남지구 백제유적 보존계획』에 따라 1987년 서울대 박물관에서 발굴, 확인되었다. 이는 필자가 예시한『제5호 적석총』과 완전 일치하는 고분이다.[43](삽도 7)

제1호 적석총의 지금 남아 있는 전체 규모는 남북이 22.3m, 동서가 13m 로 기저부가 장방형인 쌍분인데, 현재의 높이는 1m 정도만 남아 있다. 북문은 동서 9.9m, 남북 8.9m 이고, 남분은 동서 9.6m, 남북이 9.8m 이다.

쌍분의 중앙에는 3.7m 넓이의 점토질 판축으로 된 연결부분이 있다. 그 리고 남분의 기타 3면에는 너비 3.2m 정도의 석축을 단처럼 덧붙혀 달아냈는데, 보고자는 아마 기단석이 아닌지 모르겠다고 한다. 아니면 장단의 성질의 것이 아닌지도 모르겠다.

남분에서는 1층 석축내부에서 석곽시설이 발견되었는데, 중앙에 길이 2.5m, 너비 2.03m 크기의 대형 석곽이 안치되어 있고 북쪽으로 3개의 소형석곽이 동서 배열로 나란히 배치되어 있다. 지금 남아 있는 부분은 많이 파괴된 뒤라서 2층이상은 불명하다. 보고자는 석촌동 제1호 적석총의 연대를 4세기로 추정하고 있다.

② 제2호 적석총

제2호 적석총 역시 제1호 적석총(즉 필자가 추정했던「제5호 적석총」)과 마찬가지로 필자가「제3호 적석총」이라고 1983년 7월 6일 학술세미나에서 예시했던 고분이다. 이 적석총을 서울대 박물관에서 1987년에 발굴하면서 필자가 추정한 대로 기단식방형적석총이 정확히 확인되었다.(삽도 7) 제2호 적석총은 제4호 적석총의 남쪽 45m 거리에 있는데 발굴 전에는 이곳에 민가가 있었고 민가의 동쪽 담안에는 작은 구릉으로 된 언덕이 있었다. 바로 이 언덕이 제2호 적석총인데, 지금 남아 있는 기저부의 길이는 약 25m 이고 너비는 약 20m 이며 구릉의 높이는 4m 규모이다. 적석총은 기저부 위에 동서 17.4m, 남북 16.2m 크기의 구획을 정하고, 20~30cm 크기의 할석으로 약 1m 높이의 기단(제1단) 석축을 쌓고, 내부에 진흙을 판축형으로 채워 올라가며 세1단 석총의 상면 주위에 안으로 2m 정도 들어가서 제 2단 석축을 쌓고 다시 안에 진흙을 채워가는 방법으로 제3단까지 쌓았다. 지금 남아 있는 높이는 3.8m 이다. 적석의 4방 외부에는 몇 개의 호석을 쌓아 놓았다. 제2호 적석총의 크기며 구조가 마치 제4호 적석총과 비슷하다.

43 이형구,「한강유역 백제전기 수도유적 보존문제」,『정신문화연구』, 1984년 여름호, 1984.

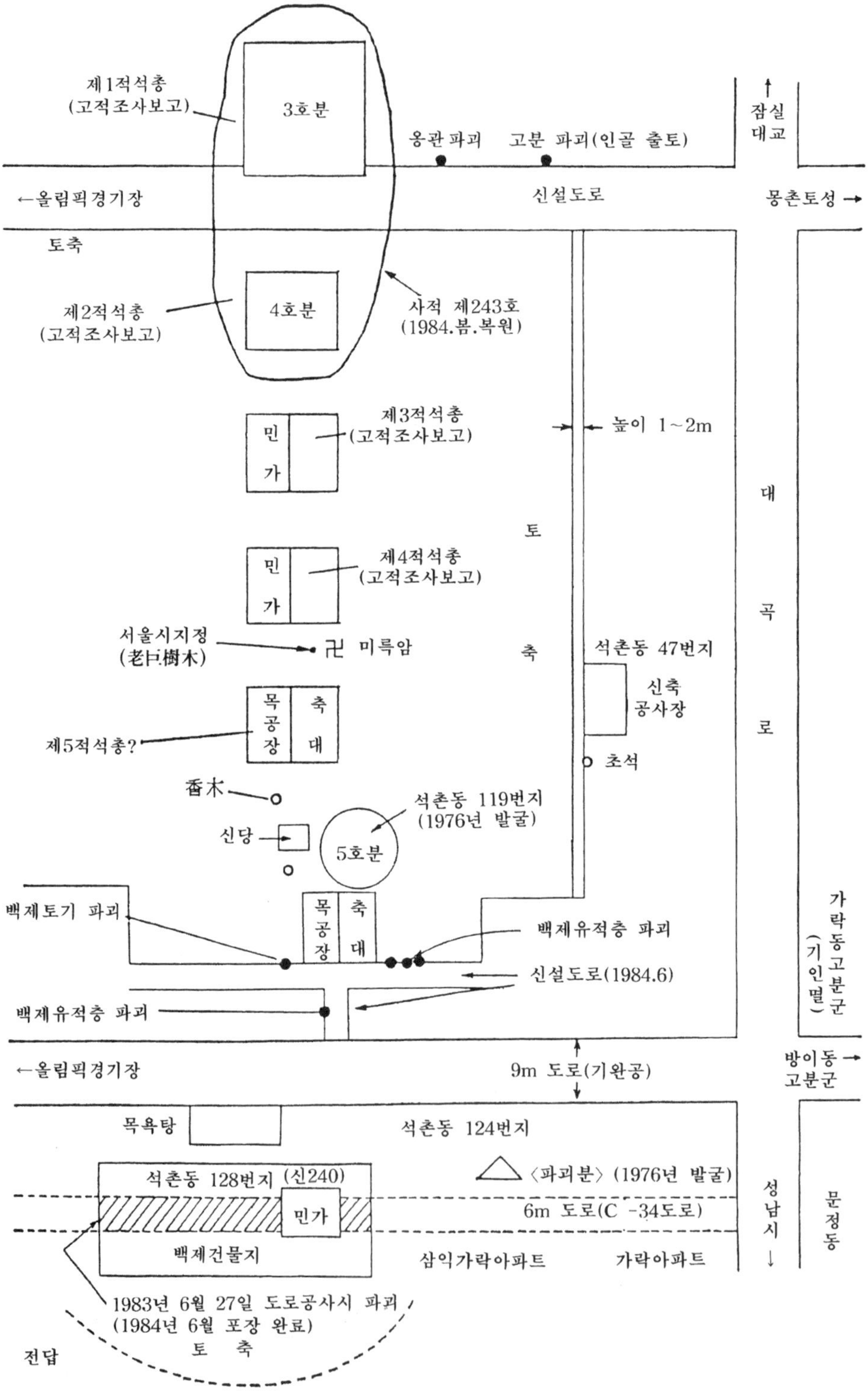

[삽도 6] 石村洞 百濟 古墳 및 建物址 略圖(필자 작성, 1983)

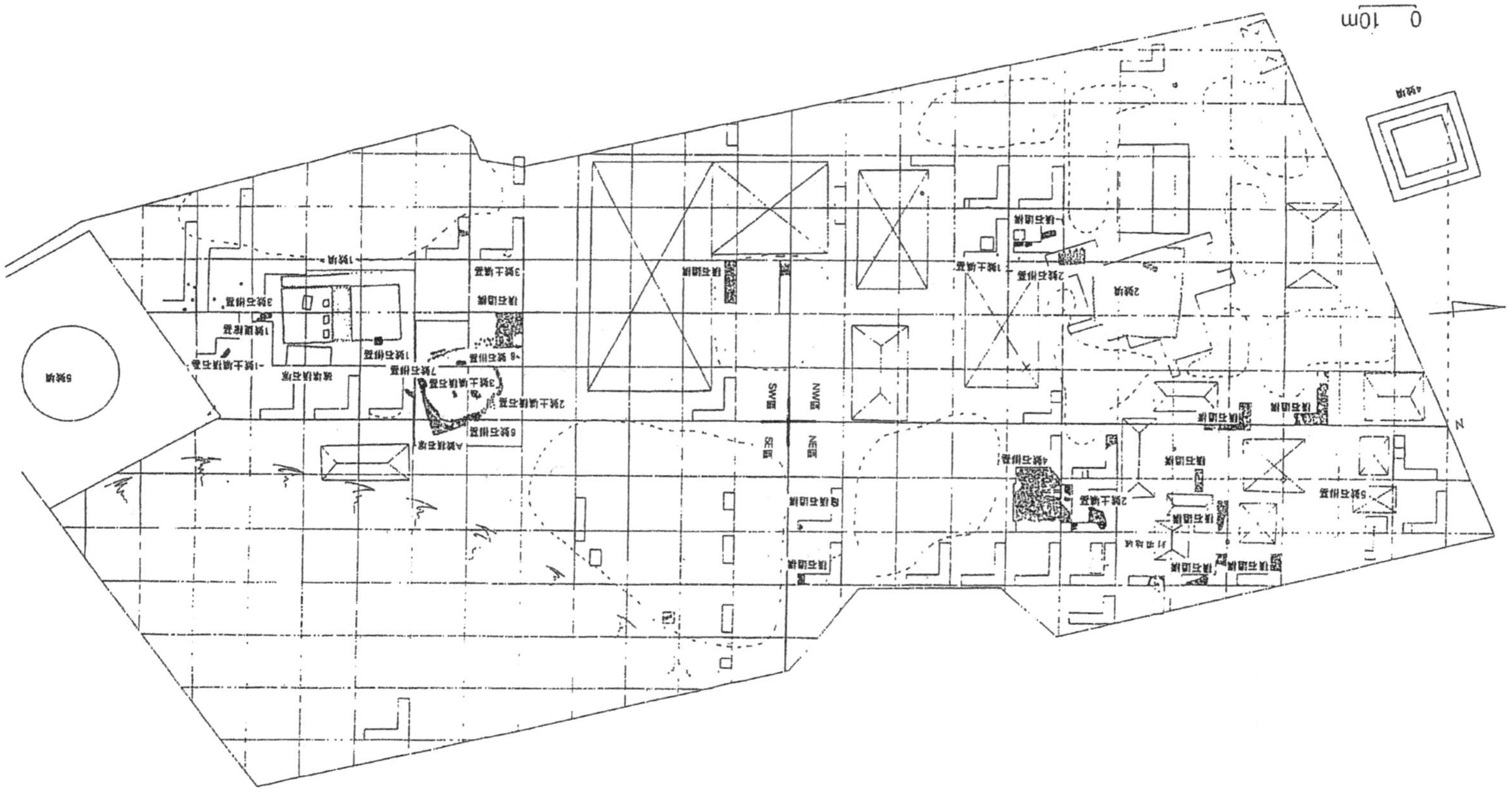

[삽도 7] 石村洞 百濟 古墳 遺構 分布圖(『石村洞 古墳 發掘調査報告』, 1987)

그러나 내부 구조는 알 수 없으나 서북쪽 모서리에서 1기의 2.5×0.6m 크기의 목관이 조사되었다고 한다. 그리고 작은 할석으로 된 바닥면에서 적갈색 연질토기편이 출토되었다. 보고자는 이 적석총이 연대를 4세기 후반경으로 추정하고 있다. 4세기 후반 경으로 추정되고 있는 석촌동 4호 적석총의 외형과 매우 비슷한 것을 보년 이와 같은 연대가 타당하지 않을까 생각된다. 그리고 제2호 적석총의 주변에서 여러 점의 기와편이 출토되고 있다고 하는 점은 매우 주목된다.

③ 제3호 적석총

제3호 적석총은 1975년에 제4호 적석총과 한데 묶어 사적 제243호로 지정된 고분이다. 이 적석총은 광주평원의 약간 언덕진 평편한 대지 위에 지면을 고르고 약 40cm 두께의 판축으로 다진 다음 동서 50.8m, 남북 48.4m크기의 사방으로 대형 판석을 깔아 기단석을 만들고, 그 안에는 할석을 채웠다. 제2, 제3단도 이와 같은 방법으로 축조해 올라갔는데, 제 3단의 중앙에는 길이 2m, 너비 1.5m, 깊이 0.8m 크기의 석곽이 확인되었다고 한다. 그리고 동쪽 제1단에는 측면으로 호석을 세운 석재가 발견되었다.

한편 최근에 복원한 상태로 지상 3층으로 높이 4.5m 에 불과하나 아마도 원래는 이보다 훨씬 더 높았을 것이다. 왜냐하면 『1917년도 조선고적조사보고』에 실린 당시 '석촌리 제1적석총'(현 편호로 제3호 적석총)의 바로 앞에 초가집이 하나 있는데, 적석총의 높이가 이 초가지붕보다도 더 높게 보이기 때문이다. 그리고 앞에서도 이미 지적한 바 있지만 『1916년도 조선고적조사보고』에 실린 설명에도 당시 편호로 제1호 적석총의 높이는 목측으로 20척 이상이나 된다고 하였다. 그렇타면 최소한 6m 이상은 된다고 보아야 할 것이다. 이 석적총의 출현시기는 대체로 4세기 후반 경으로 보고 있다.

한 가지 중요한 사실은 1984년 「석촌동 3호분 복원을 위한 발굴」 작업 중에 적석을 덮고 있는 토사 속 또는 적석 사이에서 각종 기와편이 출토되었다는 점이다. 아마 적석총 정상부에 어떤 목조건축물이 있었던 흔적이 아닌가 짐작된다. 필자는 이를 향당(享堂)건축이라고 하였다.[44]

④ 제4호 적석총

제4호 적석총은 제3호 적석총에서 남쪽으로 약 40m 정도 위치하고 있는데, 지금은 「백제고분공원」으로 조성되어 3, 4호분이 동일 평면상에 있다. 적석총은 3호 적석총과 마찬가지로 황갈색점토층 평지 위에 1면의 길이가 17m의 방형으로, 3단으로 적석한 높이가 2.24m 가 된다. 동쪽 제1단의 적색상부에 제2단의 측면을 보호하는 호석이 다섯 개가 남아 있다.

적석 안에는 진흙으로 묘곽과 연도를 만들고 정상부에는 평편한 방대형으로 큰 석괴들을 한

44 이형구, 『고구려의 향당(享堂)제도 연구』, 『동방학지』32, 연세대학교 국학연구원, 1982.

줄로 깔았는데 이 연도 충새석의 상단은 연도 벽선보다 10~20cm 정도 더 높다. 이 충새석 사이 사이에서 21×16.6×6cm 크기의 제2층 동쪽 끝에서는 제3단에서 쓸려 내려온 청회색연질의 백제 기와편이 다량으로 출토되고 있다. 이들 무문전과 와당은 3호 적석총에서 출토된 와당과 마찬가지로 혹시 적석총의 정상부에 세워진 목조건물의 부속시설물이 아닌가 짐작된다. 석촌동 4호 적석총의 연대는 3호 적석총보다 약간 늦은 4세기 아니면 5세기 전반경으로 추정하고 있다.

⑤ 제A호 적석총

A호 적석총은 필자가 1983년 7월 6일 발표한 「한강유역 백제전기 수도유적 보존문제」에서 '석촌동 재4호 적석총' 으로 추정한 것으로(삽도 6) 1987년 경희대 박물관에 의하여 제1호적 석총과 제2호 적석총의 중간 동쪽 부근에서 발굴되었는데,(삽도 7) 역시 필자가 예시한 「제4호 적석총」과 일치하고 있다.

A호 적석총의 크기는 남북방향의 1면의 길이가 16m이고, 1층기단의 4면 주위에는 비교적 큰 할석으로 배열하고 적석총의 남쪽 1층기단 위에는 안쪽으로 두 줄의 석렬을 타원형으로 두른 비교적 특수한 외방내원형의 적석총이다. 외방내원형 적석총의 내부시설이나 출토유물은 자세하지 않다.

2) 토광묘

(1) 석촌동 토광묘

석촌동 토광묘는 파괴분이 보고되고 있다.[45] 이 중 5호분은 남북방향을 장축으로 하는 타원형 분구다. 묘광 위를 덮은 점토와 봉토의 유실을 막기 위한 즙석(葺石) 시설이 있다.

파괴분은 한 봉토 안에 여러 매장 주체를 가진 집단묘의 성격을 보인다. 평지 위에 약간 높은 점토대지를 만들고 그 위에 5기의 토광묘와 3기의 옹관묘를 설치한 다음 각각에 작은 봉토를 씌운 다음 그 위에 다시 커다란 봉토를 씌운 남북 직경이 38m 에 달하는 거대한 봉분이다.

최근 석촌동 3호 적석총 동쪽에서 8개의 목관을 가진 대형 토광묘와 즙석봉토분 등 13기의 토광묘가 확인 조사되었으며, 또 4, 5호 적석총 주변에서 3기의 토광묘가 조사되었다.

이 중 3호분 동쪽에서 조사된 즙석봉토분은 파괴가 심해 자세한 것은 알 수 없으나 현존하는 부분을 근거로 보면 즙석부 직경 4.2m, 전체 봉토의 직경 6.6m 높이 2.2m 에 이르는 상당한 규모로 추정된다.

대형 토광묘는 길이 10m, 폭 2.6~3.2m 높이 0.8m 의 대형 토광을 남북 방향으로 설치하고 그 안에 8기의 목관을 둔 형태다. 목관 사이는 점토질이 강한 흙으로 채우고 전체 토광 위를 다시

45 잠실지구유적발굴조사단,「잠실지구발굴조사보고」,『한국고고학보』4,한국고고학연구회, 1987.

흙으로 덮은 다음 할석을 한두겹 덮어 묘역을 구성한 독특한 것이다. 목관의 크기는 길이 1.8~3m 폭 0.6m 내외이다.

3호분 동쪽 주변에서 조사된 11기의 토광묘들은 길이 2.2~2.6m, 폭 0.7~1.0m, 높이 0.2m 내외의 것들로 방향은 장축이 대개 서남~동북이다. 옹관이 부장된 것들도 몇몇 보인다.

(2)가락동 토광묘

가락동에서는 1, 2호 두 기의 토광묘가 조사되었다.[46] 1호분은 지표면을 얕게 파서 토광을 만든 다음 목관을 두는 간단한 구조다. 크기는 긴 쪽의 길이가 14m, 높이 1.89m에 묘광의 크기는 1.23x0.48m이다.

2호분은 바닥부가 12×15m, 높이 2.2m의 규모이며, 긴 축의 방향은 동북-남서이다. 1호분과는 다르게 하나의 봉분 내에 3기의 토광묘와 1기의 옹관묘가 합장된 특이한 형식이다. 출토유물은 토기류로는 흑도홍(黑陶缸), 무문토기, 옹관 등이 출토되었으며, 철기류로는 철정(鐵釘), 꺾쇠, 철소도(鐵小刀), 창(槍), 교구(鉸具) 등이 출토되었다.

3) 석실묘

한강유역에서 조사된 석실묘들로는 일제시대에 조사된 성동구 중곡동의 갑,을 석실묘를 비롯하여 가락동에서 4기, 방이동에서 10기 석실묘가 확인되었다.

(1) 가락동 석실묘

가락동 석실묘는 작은 구릉상에 4기가 분포되었는데 평면구조는 대략 두사람 정도 매장될 수 있을 만한 직사각형으로 출입구가 달린 횡혈식이 대부분이다.

가락동은 석촌동에서 동남쪽으로 약 4km 정도 떨어져 있는 낮은 구릉지대인데, 해발 40m 부근에서 4기의 석실묘가 발굴된 바 있다.[47] 그중 제 3호분은 봉토는 벌써 없어지고 지표하 50cm 까지 도괴되어 석실의 밑바닥 부분이 드러나고 있었다. 3호분의 구조는 동서 길이가 3.65m, 남북의 길이가 3.7m인 거의 방형인 현실을 이루고 있고, 현실의 동편에서 남쪽에 치우쳐서 길이 2.5m, 너비 1.3m의 연도를 설치하였다. 현실 주변에 뚜껑돌로 사용했던 판석이 매몰되었다. 현실의 바닥에서는 사자의 시상대, 석칠, 족대 등의 시설물과 관재, 관정, 그리고 현실 북단에 두개골이 수습되고 다수의 토기파편이 출토되었는데, 토기는 모두 암회색의 경질토기들이 였다.

이 밖에 3기의 석실묘가 발굴되었는데, 고분의 구조나 고분 내부의 부장품도 대체로 3호분

---

46 尹世英, 『可樂洞 百濟古墳 第一 · 二號墳 發掘調查 略報』, 『考古學』3, 韓國考古學會, 1974.
47 잠실지구유적발굴조사단, 『잠실지구유적발굴조사보고』, 『한국고고학보』제3집, 1977.

과 비슷하였다. 그러나 1983년 필자가 이곳을 조사할 당시에는 겨우 1기만이 남아 있었는데 그것마저도 도시개발로 인멸돼 버렸다.

(2) 방이동 석실묘

방이동에 있는 고분은 모두 석실묘로 구릉상에 축조되어 있다. 1976~1977년의 잠실지구 유적발굴 조사시에 6기의 고분 중 3기가 발굴되었다. 발굴된 3기의 고분은 연도가 있는 석실분과 소형 석곽이 딸린 횡혈식 석실묘로 되어 있다. 이중 5호분은 대략 4~5세기에 축조되었으며, 4,6호분이 그 후에 축조된 것으로 보인다. 당시 필자는 1983년 발표한 「한강유역 백제전기 수도유적 보존문제」에서 도로와 택지조성으로 단절되어 있던 묘역을 연결하여 사적공원으로 확대조성할 것을 건의한 바 있다. 방이동 석실묘는 1985년에 발표된 문화공보부와 서울특별시의 백제 고도 문화유적 종합복원계획에 따라 4,5호 2기는 삭평되어 이미 인멸되었으나 필자의 주장과 같이 사적공원으로 재정비되면서 남쪽에 떨어져 있던 2기의 고분까지 확대, 2기 외에 또 2기가 더 발견되어 모두 8기가 보존되고 있다.

[삽도 8] 가락동 고분군 가운데 유일하게 남아있던 석실묘 1983년 7월에 삭산(削山) 소실되었다.

① 4호분

4호분은 평면이 남북 234cm, 동서 257cm의 거의 정방형 석실로, 남벽 중앙에서 서쪽으로 약간 치우쳐서 연도가 완전히 남아 있는데 그 총길이는 145cm, 폭이 1m 정도로 석실로부터 남쪽을 향해서 뻗어 있다. 석실은 도굴로 인해서 대파되었고, 대형의 천정석인 판석 1매가 함몰부에 내려 앉아 있었다.[48]

---

48 金秉模, 『芳荑洞 古墳群』, 『考古學』4, 韓國考古學會, 1977.

② 5호분

5호분은 방이동 고분군 중 제일 중심적인 위치에 남아 있는데, 편마암 할석으로 축조한 석곽으로 크기는 장축 201cm, 단축 142cm 이다. 이 고분을 석곽이라고 부르는 것은 그 크기가 소형인데다가 연도가 없이 사방이 막혀 수혈식의 성격을 나타내고 있기 때문이다.[49]

③ 6호분

석실구조로서 평면은 남북이 장축으로 288cm, 동서가 228cm 의 장방형 석실이다. 남벽 중앙에 연도의 흔적이 남아있어서 그 폭이 90~105cm 가량이었던 것 같다.[50]

4) 옹관묘

(1) 석촌동 옹관묘

석촌동 고분군에서 맨 처음 옹관묘가 나타난 것은 1982년 사적 제243호로 지정된 석촌동 제3호분,제4호분 사이에 지금의 백제고분로를 개설하면서 제3호분이 반파되고 3호분 동쪽으로 백제시대의 문화층이 약 100m 가량 절취되면서 3호분 동쪽 18m 지점에서 대형 옹관묘가 반파된 상태로 노출되면서 필자에 의해 문제가 제기되었다. 그 후 1987년 서울대 박물관에서 발굴하여 이 옹관묘가 수습되었다. 제1호분 동남쪽 외곽 뚝에서도 옹관묘가 발견되었는데, 바닥폭 3m, 높이 1m 가량 되는 이 뚝의 상부에서 조사된 석곽묘를 해체하고 진행된 하강작업에서 옹관묘가 나타났다. 남북방향을 장축으로 길이 1.3m, 폭 0.9m, 깊이 0.3m 크기의 토광을 파고 그 안에 안치한, 전형적인 합구옹관묘로서, 북관은 직경 0.3m, 길이 0.4m 정도이고, 남관도 북관과 비슷할 것으로 보인다. 직접 관련된 유물은 전혀 없으나, 북쪽으로 1.5m 떨어진 1호분 석축 옆에서 2점의 토기가 출토되었다.[51]

(2) 가락동 옹관묘

가락동 2호분에서 한 봉토아래 토광묘 3기와 함께 옹관이 합장된 형태로 발견되었다. 즉 봉토 표토 아래 1m 지점에서 승석문 토기 파편으로 뚜껑을 한 입지름 27cm, 높이 45cm의 갈색조질 단식옹관이 안치되어 있다. 구연이 외반된 장란형의 기형이다.[52] 옹관의 형태 · 태토의 질, 문양 등으로 보아 대체로 2세기에서 3세기초의 것으로 보인다.

---

49 위의 주와 같음.

50 위의 주와 같음.

51 서울특별시 석촌동발굴조사단, 『석촌동고분발굴조사보고』, 1987.

52 尹世英, 『可樂洞 百濟古墳 第一 · 二號墳 發掘調査 略報』,『考古學』3, 韓國考古學會, 1974.

6. 풍납동 백제왕성의 문화내용 고찰

이번 측량 조사에서 밝혀진 바 와 같이 풍납토성의 전체의 크기가 3,470m이고 이미 복원된 북쪽 성벽의 가장 높은 높이만도 현지표로부터 11.1m나 된다. 미복원된 지역의 남쪽 성벽의 가장 높은 지역인 측량번호 No.4의 지표고 6.5m이고, 동쪽 성벽의 가장 높은 지역인 No.8의 높이는 지표고6.2m나 된다. 그리고 성벽의 저부너비는 가장 넓은 곳인 남쪽 성벽의 측량번호 No.4의 너비는 70m에 이르고 있다. 성벽의 너비는 대체로 40~30m 위에서 축성되고 있다.

그뿐만 아니라 1997년 1월 3일에는 선문대학교 역사학과 풍납토성 학술조사단에 의하여 발견된 풍납동 231-3번지 일대에 현대건설이 풍납동 신우연립 재건축조합외 5개 주택조합이 시행하고있는 현대아파트를 건축하면서 터파기 작업 중에 지하 2.5m~5m 지점에서 백제시대의 토기가 대량으로 출토되고 있는 사실을 확인 한 후 국립문화재연구소에 보고한 바 즉각 발굴(1997. 1. 13~4. 22)하여 기원 전후부터 4, 5세기까지의 백제 전기의 유적으로 판명되었다.(삽도 7) 이와 같이 지표하 5m지점까지 백제 전기의 유적, 유물이 발견되고 있다고 하는 사실(事實)은『삼국사기(三國史記)』의 초기 기록이 사실(史實)이라고 하는 사실(事實)을 증명하고 있다.

그렇다면 현지표로부터 지하 4m까지가 백제 전기의 생활면(生活面)이라고 한다면 지금 남아 있는 지상의 성벽 높이 11m 보다 무려 4m나 더 높은 15m까지 높아진다고 하는 사실을 알게 된다. 만일 여기에 성밖으로 해자(垓子)까지 팠다고 한다면 성벽 기저(基底) 부분은 더 깊이에서 시작되었을 것이다.

여기에 최근에 확인된 약 3.5km나 되는 거대한 성벽을 모래뻘 흙과 황토를 섞어 다진 판축법을 사용하여 지하 4m의 저부로부터 시작하여 너비 40~30m 위에 한층 한층 15m 이상 높이로 쌓은 것이다. 현재 복원된 부분인 동북쪽 470m 길이의 성벽이 높이는 현재 대략 11m 정도의 높이로 남아 있는 것처럼 모래뻘 흙과 황토를 운반해 수십 층의 판축으로 15m 이상 높이로 약 3.5km 나 되는 거대한 성을 쌓았다는 사실은 지금으로서도 상상하기 어려운 엄청난 대역사(大役事)였음을 웅변으로 말해 주고 있다.

풍납토성은 가까운 주위 다른 백제 성들과는 달리 평지성(平地城)이다. 게다가 백제시대의 평지성으로는 하나밖에 없는 성으로 꼽히고 있다. 그래서『증보문헌비고(增補文獻備考)』여지고(輿地考) 광주조(廣州條)에서 이를 '평고성(坪古城)' 이라 하였다. 평고성이란 곧 평지고성 즉, 평지성을 일컫는다. 평지성은 자연 지세를 적절히 이용하여 쌓은 구릉성이나 산성과는 달리 엄청난 인위적인 공력을 기울려 쌓아야만 한다. 특히 풍납토성은 이른바 판축법으로 기초부터 15m 이상이나 차근차근 수십 층을 다져 가며 쌓아 올린 성이기 때문에 상상을 초월하는 인력과 물자가 동원되었으리라는 추측은 그리 어렵지 않을 것이다. 이는 한마디로 말해 왕성(王城)이 아니고는 도저히 상상할 수 없는, 백제의 국력을 총동원하다시피 해야만 가능했던 성이다.

풍납토성의 축성 축조기법인 '판축법' 은 중국 전국(戰國)시대와 한(漢)대의 왕성과 제후성에 상용되고 있다. 전국시대 제(齊) 나라의 수도인 산동성(山東省), 임치(臨淄) 제국고성(齊國故城), 노(魯) 나라의 수도인 산동성 곡부(曲阜) 노국고성(魯國故城) 등지의 발굴 결과 이들 도성이 평지에 판축법으로 축조되었음이 밝혀졌다.[53] 풍납토성과 관련하여 시사하는 바가 적지 않을 것으로 생각된다.

풍납토성의 성벽은 외부벽은 약 70° 경사로 급경사를 이루고 있어 적의 상륙을 어렵게 하고 있다. 성벽의 안쪽으로는 비교적 완만하며 성 내부로 흘러내리고 있다. 아마 성벽 내부 상단 7부 능선쯤에는 인마도(人馬道)가 설치되었을 것으로 짐작되나 지금은 경작지로 변하여 흙이 성안 쪽으로 계속 흘러 내려가기 때문에 비스듬한 사선을 이루고 있다.

이와는 반대로 김원룡은 풍납토성의 "북변의 경우 정상에서 약 5.5m 내려간 위치에서 1단의 넓은 단(段)을 만들고, 거기서부터 경사를 죽여서 기부(基部)를 만들었다"고 하였다.[54] 그리고 차용걸도 2단토축(二段土築)으로 쌓았던 것으로 보고, 이를 '2단토축성(二段土築城)' 이라고 하였다.[55]

그러나 북벽의 중앙에 잘린 부분으로부터 한강변 뚝쪽으로 남아 있는 성벽은 외벽이 그대로 기저부까지 경사면(傾斜面)을 이루고 있다.(원색도판 42~43) 더욱 확실한 곳은 동벽 A구역 소나무가 서있는 지역의 측량번호 No. 11로, 외벽 단면을 보면 경사 약 70° 의 가파른 경사면을 이루고 있다.(원색도판 15, 단색도판 61)

반면 소나무지역 좌우의 긴 성벽은 7부능선의 외벽에 긴 골을 파고 콩이나 파, 호박을 심기 위하여 밭고랑을 만들고 있다.(원색도판 16~35, 단색도판 44~77) 이것이 마치 단(段)을 이루고 있는 것처럼 보이기 때문에 축성 당시부터 성단(成段)한 것으로 착각한 것이다. 어느 나라 성벽을 보더라도 외적의 상륙을 도울 수 있는 외벽 계단(階段)이 존재하는 경우는 없다.

내벽에는 7부능선쯤에 인마도(人馬道)가 있었던 것으로 보이나,(원색도판 42, 단색도판 165) 외벽에는 원래 인마도가 없었다. 아마 콩이나 파, 호박따위를 심기 위하여 쭉 파 놓은 것이 혹 2단 성벽처럼 보였는지 모르기 때문에 1976년 복원 공사 시에 이를 2단(二段)으로 잘못 개축한 것이다.(삽도 9)(원색도판 44~47)

필자가 1994년 9월 25일 개최한 서울 백제 수도유적 보존회의에서 제기된 서울 백제 전기 수도유적의 보존문제에 관한 여러 가지 문제점은 대통령(大統領)을 비롯하여 정부 해당기관에 건의서를 제출한 바, 1995년 5월 17일 서울특별시 송파구청장으로부터 동양고고학연구소(대표: 이형구)로 접수된 '문서 번호 건축 58550-3548' 의 「민원인 건의사안에 대한 회신」에서 "귀 연구소에서 제출하신 건의서의 내용은 풍납동 소재 풍납토성 안에서의 주택재개발사업 등 시행시에는 고고학적인 조사를 거친 후 시공하도록 요망하는 내용으로서 아래와 같이 건축 허가 사항을 통

53 필자는 1993년 6월과 1994년 5월에 두차례에 걸쳐 이들 중국 고성을 현지 답사하여 조사한 바 있다.

54 김원룡, 『풍납리토성내 포함층 조사보고』, 서울대박물관, 1967, p.6.

55 차용걸, 「위례성과 한성에 대하여(Ⅰ)-문헌해석과 축성사적 일반이론의 적용문제를 중심으로-」, 『향토서울』39, 1983, p.43.

보하오니 관련 업무를 참고하시기 바랍니다."라고 하는 공문이 접수되었다. 이는 재단법인 아산사회복지사업재단(이사장:정주영)에서 신청한 송파구 풍납동 388번지의 현대아산병원 기숙사 건축을 허가한 내용이다.

[삽도 9] 풍납토성 북벽이 1976년에 복원된 모습. 그러나 북동 쪽 성벽 외벽이 2단으로 복원되었다.[본서 원색 도판 45 참조] 외벽에 단이 진 것은 주민들이 농사를 짓기 위해 절토한 부분이다.

필자는 이 지점이 풍납토성 서남쪽의 바로 성벽 바깥 지역으로 오래 전부터 성벽을 따라 개울물이 고여 있는 지역이라서 혹 성벽을 둘러쌓던 해자(垓子)가 아닌가 추정되던 곳(단색도판 5, 6)이므로 즉각 문화재관리국과 협의한 후 건축 허가 여부를 결정하도록 송파구청 건축과에 통보하였다.

한편으로는 아산사회복지재단 현대아산병원(이병규 부원장)측에 이에 대한 사전 확인 후 건축을 착공할 것을 요청하고 이병규 부원장과 현장을 동행하여 점검한 바 마침 이 지역에는 탁아소와 주차장 예정 지역이라서 공사가 당장 진행되지 않기 때문에 해자의 유무를 먼저 확인하기 위한 시굴을 실시하기로 결정한 후 김병모 학형(한양대학교 박물관장)에게 상의 의뢰하여 필자와 공동명의(共同名儀)로 발굴하기로 약속하고 발굴 절차를 위임하였다.

1995년 5월에 발굴한 결과에 의하면 1925년 홍수시 풍납토성의 서쪽 성벽이 쓸려 나가 끝자락인 풍납토성 서남 지역(풍납동 388번지) 성벽은 약 200m가량 남아 있으나 성벽의 바로 외벽 끝부분은 강물에 쓸려 나갔기 때문에 해자(垓子)의 흔적은 찾아 볼 수 없었다.[56]

풍납토성 서쪽의 외벽 서남 지역에서 비록 해자(垓子)를 확인하지는 못하였으나, 필자는 원래의 풍납토성에는 해자가 설치되었을 것으로 믿고 있다. 1960년대 초의 풍납토성의 동쪽 주변

56 한양대학교 박물관 · 아산사회복지사업재단, 『풍납토성인접지역 시굴조사 보고서』, 1996.

에는 개울이 흐르고 있었던 것을 본 필자의 기억으로는 이 개울이 분명 해자일 것으로 생각되기 때문이다. 더욱이 1981년에 중앙지도문화사에서 제작된 서울특별시지번약도(1:5,000)에도 풍납토성의 동벽의 동남쪽 외벽 가까이로 약 250m 정도의 개울이 청색으로 표시된 것을 볼 수 있다.(원색지도 2, 좌측 하단) 이와 같은 점으로 미루워 볼 때 풍납토성의 한강 쪽의 서벽의 경우는 확인이 어려울 것이지만, 지금 남아 있는 북벽이나, 동벽, 그리고 남벽의 외벽 바깥쪽의 유휴지(遊休地) 밑에서 해자의 흔적을 찾을 수 있을 것으로 보인다.(원색지도 1, 단색도판 4)

필자가 지난 17년 동안(1997년 현재) 줄 곧 주장해 왔던 풍납토성 내의 왕궁(王宮) 유적 존재 가능성이 금년 1월 3일 풍납동 231-3번지 일대에서 대형 아파트의 기초 건축 공사가 진행되고 있는 가운데 필자에 의하여 백제시대의 토기와 기와가 무더기로 발견됨으로써 백제 전기의 왕성 유적임을 확인하는 결정적인 계기가 되었다.(원색도판 8, 단색도판 11~13) 필자의 보고로 국립문화재연구소가 지난 1월 16일부터 4월 22일 까지 발굴된 150×70m규모의 현대아파트 부지에서 현 지표로부터 지하 2.5m에서 4m사이에서 백제시대의 유구와 유물이 대량으로 발견되었다.(원색도판 6~12, 단색도판 10~13) 백제시대 유구로는 7기 집자리가 발굴되었는데 집자리의 규모는 가장 큰 1호 집자리의 경우 장축이 11m, 단축이 7.5m로 약 23평에 달하는 대형 주거지이다.(원색도판 12, 단색도판 14) 1호 집자리의 평면 형태는 6각형에 가까운 수혈(竪穴) 주거지로 남쪽에 출입 시설이 나있으며, 현 노출면에 부분적으로 불탄 흔적이 보인다. 특히 출입구의 서쪽 벽면에는 벽체 시설로 사용된 것으로 보이는 식물성 유기체가 불에 타 넘어진 상태로 발견되었다. 그리고 길이 2m, 너비 0.5m의 아궁이 모양의 화덕 자리가 대형 토기와 함께 발굴되었다.

이밖에 10기의 수혈과 3개의 구상(溝狀)유구 즉, 삼중환호(三重環濠)가 확인되었다.(삽도 10)

현대아파트 터파기 작업장에서 출토된 유물로는 기원 전후 시기의 흑도마연토기, 적색 무문토기, 조질 유문토기, 회청색 경질토기, 삼족(三足)토기, 원통형기대(器臺) 등 기물류와 어망추, 그리고 소수의 철기편 등 100여점 이상의 유물이 출토되었다.(원색도판 8~10, 단색도판 11~13) 이에 대해 보고자는 "이 지역은 풍납토성과 관련된 성 내부의 주거시설이 밀집돼 있는 것으로 추정되고, 출토유물로 보더라도 원삼국기에서 백제 초기에 해당하는 다소 이른 시기의 토기 편들이 두드러진다."고 하였다.[57]

이 유적에서 출토된 유물 가운데 특히 낙낭계(樂浪系)의 경질토기를 비롯하여 기하문와당(지름 약 12cm)이 발견되고 있는데,(원색도판 10) 이는 일찍이 김원룡이 지적한 바와 같다. 김원룡은 "풍납리 개와(蓋瓦)가 초기 개와들의 경우와 같이 낙랑의 증국식 개와에서 출발하고 있음은 더 말할 것도 없으며, 개와의 소형화는 가옥의 소형인데서 일어난 현상일 것."이라고 하였다.[58]

이와 같은 탁견(卓見)에 반하여 일찍이 시굴을 통하여 "『삼국사기』기록대로 그 초축을 제1세

57 국립문화재연구소, '풍납토성내 시굴조사 자문위원회의 자료', 1997. 3.12.

58 김원룡,『풍납리토성내 포함층 조사보고』, 서울대 박물관, p.35.

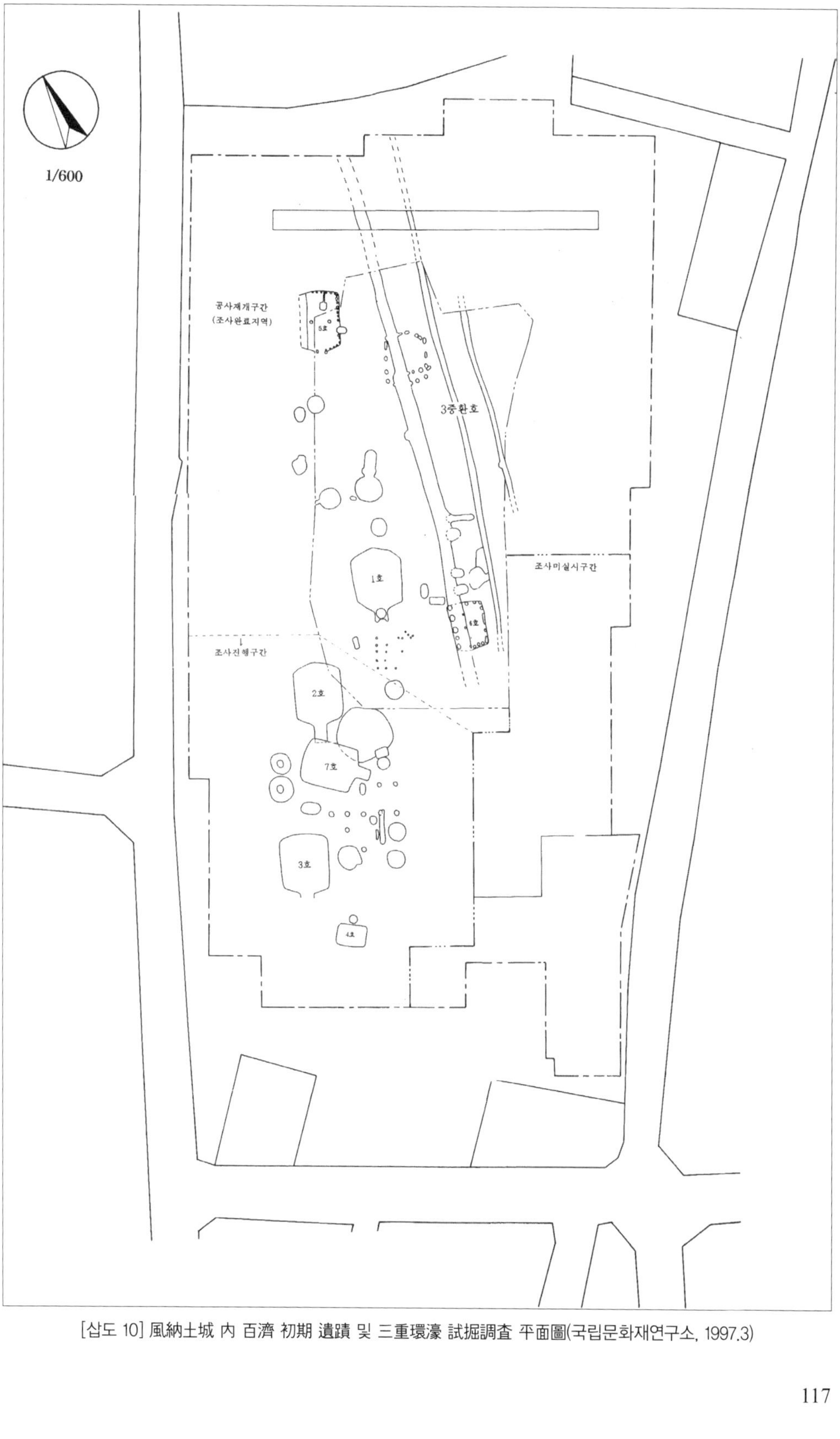

[삽도 10] 風納土城 內 百濟 初期 遺蹟 및 三重環濠 試掘調査 平面圖(국립문화재연구소, 1997.3)

기경(第一世紀頃)으로 보고 475년 공주(公州) 천도까지 전후 약 5세기의 유적으로 추정", 백제 전기의 수도유적(왕궁)으로의 가능성까지 밝혀 냈으면서도[59] 이를 방치 오늘에 이르도록 하였음은 부지기실(不知其失)이다.

7. 풍납동 백제왕성의 역사적 의의[60]

이미 지적했듯이 풍납토성은 일찍부터 학자들이 주목했던 성이다. 일본인 아유가이(鮎貝房之進)[61]과 우리나라의 김정학(金廷鶴)[62]은 진작부터 이 성을 『삼국사기(三國史記)』 백제본기에 보이는 '하남위례성(河南慰禮城)' 으로 지목했다.[63] 요컨대 백제 초기 왕성을 풍납토성에 비정한 것이다. 그러나 이들의 주장은 이병도(李丙燾)의 설에 묻혀 그다지 주목을 받지 못했다. 이병도는 풍납토성을 『삼국사기』 백제본기에 보이는 '사성(蛇城)' 에 비정하였고,[64] 그 설은 오랫 동안 정설처럼 행세해 왔다. 그러나 이병도의 주장은 어원 추적에 근거한 것이기 때문에 처음부터 많은 문제점을 안고, 특히 사성과 관련하여 근거 기록으로 제시한 단 두 군데의 기록이라는 것도 근거가 부족한 것이라 하지 않을 수 없다. 그 중에서도 책계왕(責稽王) 원년조(286)의

> "高句麗伐帶方, 帶方請救於我. (중략) 遂出師救之, 高句麗怨. 王慮其侵寇, 修阿且(旦)城蛇城, 備之."
>
> "고구려가 대방을 정벌하자 대방이 우리(백제)에게 구원을 청했다. (중략) 그리하여 군사를 이끌고 대방을 구원하니 고구려가 원한을 품었다. 왕은 고구려가 침략해 올 것을 염려하여 아차성과 사성을 수리하여 대비했다."

라는 기록은 사성이 아차성과 함께 왕성 방어를 위한 성이다.

이병도가 풍납토성을 사성으로 단정짓는 바람에 풍납토성은 왕성으로 비정될 수 있는 가능성을 잃어버렸다.[65] 이병도선생은 다산(茶山) 정약용(丁若庸)이 「위례고(慰禮考)」에서 하남위례성의 위치를 온조왕 13년(B.C. 6)에 천도(遷都)한 한수지남(漢水之南)을 금광주고읍(今廣州古邑)이라 한 것을 오늘날의 광주군 춘궁리(春宮里)로 해석하고 있는데, 다산이 말한 광주고읍(廣州古

---

59 위의 주. p.45.

60 본문은 『풍납토성 인접지역 시굴조사 보고서』(한양대 박물관, 1996),p.p.11~19에 게제된 필자의 글을 옮겨 실었음을 밝혀둔다.

61 鮎貝房之進, 『百濟古都案內記』, 『朝鮮』234號, 昭和 9年(1934).

62 김정학, 『서울 근교의 백제유적』, 『향토서울』39, 서울특별시사편찬위원회, 1983. p.p.9~11.

63 鮎貝房之進, 『百濟古都案內記』, 『朝鮮』234號, 昭和 9年.
김정학, 『서울 근교의 백제유적』, 『향토서울』39, 서울특별시사편찬위원회, 1983. p.p.9~10.

64 이병도, 『풍납리토성과 백제시대의 사성』, 『한국고대사연구』(수정판), 박영사, 1985, p.p.498~506.

65 이병도는 위례성을 초기 수도라 하고 그 위치를 창의문(彰義門)밖 삼각산 즉 북한산을 배경으로하여 지금의 세검정 계곡일대에 비정했으나, 이는 무리한 주장이다.(이병도, 『위례고』앞의 책, p.p.482~497.)

邑)은 다산 생시(1762~1836)의 광주부치(府治) 남한산성 성내(城內)가 아니라 현읍(現邑)에서 떨어진 말그대로 어느 고읍(古邑)에 있었다고 하였다. 그것을 오늘의 춘궁리라고 임의 해석하였다. 그러나, 고산자(古山子) 김정호(金正浩)선생의 『대동지지(大東地志)』권2 광주군조에 보면 "在府北五里卽本府古邑" 이라하여 현부(現府)인 남한산성의 성내에서 북쪽으로 5리 밖에 있었다고 하였다. 여기에서 우리가 분명히 취득할 것은 부북(府北) 즉 남한산성의 북쪽에 있었다고 하는 사실이다. 실제 『대동여지도(大東輿地圖)』에도 산성의 북쪽에 고읍이 표시돼 있다. 이병도선생이 다산선생이 말한 광주고읍(廣州古邑)을 광주군(廣州郡) 서부면(西部面) 춘궁리(春宮里)로 비정하고 있는데, 실제로 춘궁리는 남한산성의 남쪽에 위치하고 있기 때문에 광주고읍을 춘궁리로 본 것은 잘못이다.

1980년대에 몽촌산성이 발굴됨에 따라 백제 도성으로서의 하남위례성을 몽촌토성으로 보려는 주장들이 나타났다.[66] 그러나 몽촌토성은 자연 구릉을 이용하여 일부 구간만 판축법(版築法)으로 쌓은 성으로 성으로서의 규모도 작고 큰 건물지도 없는 보조적인 성격을 띤 성이다. 지금까지의 자료로 보아 몽촌토성은 축조 연대가 3세기 후반으로, 1세기 무렵인 풍납토성과는 상당한 차이가 난다. 『삼국사기』 초기 기록을 대체로 인정하는 한 백제가 건국과 동시에 쌓은 최초의 왕성은 기록으로나 고고학 유적으로나 풍납토성이 확실하다고 생각된다.

풍납토성을 처음 시굴한 김원룡이 풍납토성을 두고, 이 토성이 단순한 방위를 위한 군사 건축물이 아니라 다수 주민의 주거지였을 것이라는 추측을 할 수 있게 되고, "방위용성이라고는 하지만 평시에는 많은 일반민이 살고 있었던 반민반군적(半民半軍的) 읍성(邑城)이었다고 생각되는 바이다. 위례성과 거의 동시에 축성된 초기 것임은 틀림없을 것이다."[67]라고 한 것은 왕성으로서의 풍납토성의 기능을 잘 말해주는 대목이 아닐 수 없다. 그리고 '읍성'이라는 것이 무엇인가? 백제의 도읍이 위치한 지역의 읍성이라면 도성 즉, 왕성을 말하는 것이 아닌가?

이제 왕성으로서의 풍납토성에 대한 이해의 폭을 넓히기 위해 우선 관계된 문헌기록을 검토해 보기로 하자. 편의대로 연대순으로 초기백제(한성시대) 도성 및 그와 관계되는 『삼국사기』「백제본기」의 기록을 나열해 보면 아래와 같다.

1) "遂至漢山 登負兒嶽 望可居之地. 沸流欲居於海濱. 十臣諫曰 惟此河南之地 北帶漢水 東據高岳 南望沃澤 西阻大海. 其天險地利 難得之勢 作都於斯 不亦宜乎. 沸流不聽 分其民 歸彌鄒忽以居之. 溫祚都河南慰禮城 以十臣爲輔翼 國號十濟 是前漢成帝鴻嘉三年也."(溫祚王 즉위년)

"마침내 한산에 이르러 부아악에 올라 살 만한 곳을 내려다 보았다. 비류는 바닷가에 살고 싶어 했다. 이에 10신들이 "하남의 땅은 북으로는 한수를 두르고 동으로는 높은 산에 의지하고 있으며 남으로는 기름진 땅을 바라 보며 서로는 대해로 막혀 있습니다. 이처럼 천연의 지리적 이점은 얻기 어려운 지세로 이곳에 도읍을 정하는 것이 마땅하지 않을까

66 앞의 책, p.5.
67 앞의 책, p.9.

생각합니다."라고 아뢰었다. 비류는 듣지 않고 백성을 나누어 미추 홀로 가서 살았다. 온조는 하남 위례성에 도읍을 정하고 10신의 보좌를 받으며 나라 이름을 십제라 하니 그 때가 전한 성제 홍가 3년이었다."
(온조왕 즉위년, 기원전 18년)

2) "八年 春二月 靺鞨賊三千來圍慰禮城 王閉城門不出 經旬賊糧盡而歸." (溫祚王 8年)
"8년 봄 2월 3천의 말갈이 위례성을 포위했으나 왕은 문을 닫고 나오지 않자 10여일 만에 식량이 떨어져 돌아갔다."
(온조왕 8년, 기원전 11년)

3) "十三年 夏五月 王謂臣下曰 國家東有樂浪 北有靺鞨 侵軼疆境 少有寧日. 況今妖祥屢見 國母棄養 勢不自安 必將遷國. 予昨出巡觀漢水之南 土壤膏腴 宜都於彼 以圖久安之計. 秋七月 就漢山下立柵 移慰禮城民戶. 八月 遣使馬韓告遷都. 遂 畫定疆埸 北至浿河 南限熊川 西窮大海 東極走壤. 九月 立城闕."(溫祚王 13年)
"13년 여름 5월 왕이 신하들에게 "우리 나라의 동쪽에는 낙랑이 있고 북쪽에는 말갈이 있어 국경을 침략하니 편안한 날이 드물다. 하물며 지금 불길한 징조가 자꾸 나타나고 국모가 돌아가니 스스로 안정될 수 없는 정세라 도읍을 옮겨야만 하겠다. 내가 일전에 순시를 하다가 한수 남쪽의 땅을 보니 땅이 기름진 것이 그곳에 도읍을 정하고 오래 안정할 수 있는 대책을 꾀하는 것이 옳을 것 같다."라고 말했다. 7월에 한산에 책(柵)을 세우고 위례성의 백성을 옮겨 살게 하였다. 8월에는 마한에 사신을 보내 천도를 알리고 강역을 확정하니, 북으로는 패하에, 남으로는 웅천에, 서로는 대해에, 동으로는 주양에 이르렀다. 9월에는 성궐을 세웠다."(온조왕 13년, 기원전 6년)

4) "十四年 春正月 遷都. 秋九月 築城漢江西北 分漢城民."(溫祚王 14年)
"14년 봄 정월 도읍을 옮겼다. 가을 9월 한강 서북에 성을 쌓고 한성의 백성을 나누어 살게 했다."(온조왕 14년, 기원전 5년)

5) "十五年 春正月 作新宮室 儉而不陋 華而不侈."(溫祚王 15年)
"15년 봄정월 새 궁궐을 지었는데 검소하되 누추하지 않고, 화려하되 사치하지 않았다."(온조왕 15년, 기원전 4년)

6) "十七年 春 樂浪來侵 焚慰禮城."(溫祚王 17年)
"17년 봄 낙랑이 쳐들어와 위례성에 불을 질렀다."(온조왕 17년, 기원전 2년)

7) "四十一年 二月 發漢水東北諸部落人年十五歲以上 修營慰禮城."(溫祚王 41年, 기원 23年])
"41년 2월 한수 동북 여러 부락 사람 중 15세 이상을 뽑아 위례성을 수리했다."(온조왕 41년, 기원 23년)

8) "王徵發丁夫葺慰禮城. 高句麗伐帶方 帶方請救於我. 先是 王娶帶方王 女寶菓爲夫人 故曰 帶方我舅甥之國 不可不副其請. 遂出師救之. 高句麗怨 王慮其侵寇 修阿旦城蛇城備之."(責稽王 즉위년)
"왕이 장정을 징발하여 위례성을 고쳤다. 고구려가 대방을 정벌하자 대방이 우리(백제)에게 구원을 요청했다. 이에 앞서 왕은 대방 왕의 딸 두과를 부인으로 얻었다. 이 때문에 "대방은 장인의 나라니 요청을 들어주지 않을 수 없지 않은

가.”라고 말하며 마침내 병사를 내어 대방을 구원했다. 고구려가 원한을 품자 왕은 고구려가 침략해 올 것을 염려하여 아단성과 사성을 수리하여 대비했다.”(책계왕 즉위년, 기원 286년)

9) “二十六年 冬 王與太子帥精兵三萬 侵高句麗攻平壤城. 麗王斯由力戰拒之 中流矢死. 王引軍退 移都漢山.”(近肖古王 26年 371年)

“26년 겨울 왕은 태자와 함께 정예병 3만을 이끌고 고구려 평양성을 공격했다. 고구려 왕 사유가 힘껏 싸우며 저항하다 화살에 맞아 전사했다. 왕은 군대를 이끌고 되돌아 와 한산으로 도읍을 옮겼다.”(근초고왕 26년, 371년)

10) “阿莘王(或云阿芳) 枕流王之元子 初生於漢城別宮.”(阿莘王 즉위년)

“아신왕(또는 아방)은 침류왕의 맏아들로 한성 별궁에서 태어났다.”(아신왕 즉위년, 392년)

11) “漢城人解忠來告曰 大王棄世 王弟碟禮殺兄自立 願太子無輕入.”(腆支王 즉위년)

“한성 사람 해충이 와서 “대왕이 돌아가시자 동생 설례가 형을 죽이고 자기가 왕이 되었으나 태자께서는 함부로 들어가시지 마십시오.”라고 말했다.”(전지왕 즉위년, 405년)

12) “二年 秋九月 以解忠爲達率 賜漢城租一千石.”(腆支王 2년)

“2년 가을 9월 해충을 달솔로 삼고 한성의 세금 1천석을 주었다.”(전지왕 2년, 406년)

13) “二十一年 秋九月 麗王巨璉帥兵三萬來圍王都漢城. 王閉城門 不能出戰. 麗人分兵爲四道夾攻. 又乘風縱火 焚燒城門. 人心危懼 或有欲出降者. 王窘不知所圖 領數十騎出門西走 麗人追而害之.”(蓋鹵王 21年)

“21년 가을 9월 고구려 왕 거련이 3만 군대를 이끌고 쳐들어 와 왕도 한성을 포위했다. 왕은 성문을 닫은 채 나가 싸우질 못했다. 고구려는 사방으로 나누어 협공을 가했다. 또 바람을 이용해 불을 놓으니 성문이 타버렸다. 사람들은 불안해 하며 나가 항복하자는 사람도 있었다. 왕은 어찌 할 바를 모르다가 기병 수 십을 거느린 채 서쪽 문을 나와 달아났으나 고구려 군사가 추적해 와 왕을 해쳤다.”(개로왕 21년, 475년)

이상의 사료에서 가장 주목되는 것은 역시 온조왕 즉위년조인 1)번 사료와 13년조인 3)번 사료다. 이 두 기사는 여러 학자들에 의해 같은 해의 일을 나누어 기술한 것으로 고증된 바 있기 때문에 온조가 처음 도읍한 곳은 즉위년조에 의거해 하남위례성으로 보아도 괜찮을 것이다. 그렇다면 하남위례성이 지금의 어디에 해당하느냐가 문제로 되고, 앞서 말한 바와 같이 그 위치에 대해서는 대체로 몽촌산성과 풍납토성으로 압축되고 있다. 그리고 4)번 기록의 한강 서북에 성을 쌓고 한성의 백성들을 나누어 살게 한 것으로 보아 하남위례성을 이 때부터 이미 한성으로 불렀던 것으로 생각된다. 10)번 기록으로 보아 한성에는 별궁도 딸렸던 것 같은데 언제 축조했는지는 알 수 없다.

다음으로 9)번 기록은 얼핏 보면 근초고왕이 한산으로 도읍을 옮긴 것처럼 보이나 ‘천도(遷

都)'와 '이도(移都)'의 의미는 조금 다른 것 같다. 다만 그 이후의 기록으로 보아 혹 근초고왕 때 위례성보다 더 남쪽으로 수도를 옮겼을 가능성을 배제할 수는 없을 것 같다. 고구려 국왕을 전사시킨 백제의 입장에서는 고구려의 반격에 대비하지 않을 수 없었을 것이기 때문에 잠시 보다 남쪽인 한산 쪽으로 수도를 옮겨 고구려의 반격에 대비한 것으로 보인다.

백제의 초기 도성의 후보가 몽촌산성과 풍납토성으로 압축된다면 기록으로는 결국 1)번 사료의 지리, 형세의 설명에 의거해 도성을 판단할 수밖에 없을 것이다. 이 사료에 묘사된 지리, 형세대로라면 한수 이남의 비옥한 땅은 광주(廣州) 평야인 오늘날의 강남지구가 사료와 일치하고 이 평야에 쌓은 성은 평지성인 풍납토성일 수밖에 없다.

물론 사료상의 혼란으로 개로왕대의 한성이 초기한성(하남위례성)과 어긋나 보이기도 한다. 이러한 사료상의 혼란 때문에 김정학은 풍납토성을 초기 한성으로 보고 개로왕대의 한성은 한성시대 후기 한성으로 보아 이 성이 몽촌토성(산성)이나 다른 성일 수 있다고 했다.[68]

이러한 해석은 풍납토성과 몽촌토성(산성)의 축성연대로 보아서도 그렇고 사료상의 혼동을 합리적으로 해결할 수 있는 설득력 있는 견해로 판단된다.

이는 풍납토성을 발굴 보고한 김원룡이 "풍납리 토성의 실연대에 대해서는『삼국사기』의 기록대로 그 초축은 제1세기경으로 보고 475년 공주 천도까지 전후 약 5세기로 추정"[69]한 것과도 어긋나지 않는다.

따라서 초기 백제의 도성(왕성)은 한성(漢城)이라 불렀고 그 곳은 지금의 풍납토성으로 보는 것이 옳을 것이다. 그리고 한성이란 명칭은 백제시대에는 오늘날의 '서울'과 같은 의미로 쓰였던 것으로 보인다.

한편, 흔히 풍납토성이 평지성이고 우리나라 성이 대개 산성라는 이유를 들어 풍납토성이 도성일 수 없다는 견해도 보인다. 이는 바꾸어 말하자면 평지성의 유례가 없기 때문이라는 것인데, 이는 평지성은 여러 원인으로 오늘날까지 남아 있을 가능성이 거의 없다는 근본적인 한계를 무시한 주장이라 하지 않을 수 없다. 산성에 대한 선입견이 너무 앞서 있기 때문이기도 하다.

풍납토성을 초기 백제의 왕성(도성)으로 볼 수 있는 이유는 우선 평지성이라는 점을 들 수 있다. 여기에 왕궁, 관청 및 주거지가 함께 조성된 도성이다. 이는 풍납토성이 규모로 보아 충분히 납득이 간다.

다음으로 축조기법인 '판축법'을 들 수 있는데, 이 기법은 중국 전국(戰國)시대와 한(漢)대의 왕성과 제후성(諸侯城)에 적용되고 있다. 제(齊) 나라의 수도인 산동(山東) 임치(臨淄), 노(魯) 나라의 수도인 곡부(曲阜) 등지의 발굴 결과 이들 도성이 평지성에 판축기법으로 축조되었음이 밝혀졌다. 풍납토성과 관련하여 시사하는 바가 적지 않을 것으로 생각된다.

---

68 앞의 글, 김정학, p.p.9~11.

69 앞의 주 59, p.45.

〈표 2〉백제 전기 도성(하남위례성) 위치 제설(諸設) 비정표

1	丁若鏞	광주고읍	『與猶堂全書』第六集,第三卷,「慰禮考」
2	鮎貝房之進	풍납토성	「백제고도안내기」, 『조선』제234호, 1924
3	윤무병(尹武炳)	이성산성	「한강유역에 있어서 백제문화연구」, 제2회 백제연구 국제학술대회, 1974
4	이기백(李基白)	몽촌토성	「백제문화학술회의록」, 『백제문화』7 · 8합집, 1975
5	천관우(千寬宇)	광주고읍	「삼한의 국가형성」(하), 『한국학보』제3집, 1976
6	이병도(李丙燾)	광주 춘궁리	『한국고대사연구』, 1981
7	김정학(金廷鶴)	풍납토성	「서울근교의 백제유적」, 『향토서울』제39집, 1981
8	차용걸(車勇杰)	몽촌토성 · 이성산성 사이	「위례성과 한성에 대하여(1)」, 『향토서울』제39집, 1981
9	김용국(金龍國)	광주 춘궁리	「하남위례성고」, 『향토서울』제39집, 1983
10	성주탁(成周鐸)	몽촌토성	「한강유역 백제초기 성지연구」, 『백제연구』제14집, 1984
11	김원룡(金元龍)	몽촌토성	『한강유역사』(최몽룡), 1993
12	최몽룡(崔夢龍)	몽촌토성	「한성시대의 백제」, 『한강유역사』, 1993
13	이형구(李亨求)	풍납토성	『서울 백제 수도유적 보존회의』, 1994.9.26. 「풍납토성의 역사적 의미」, 『풍납토성 인접지역 시굴조사 보고서』, 1996

또 풍납토성은 높이 15m 이상에 둘레 약 3.5km의 규모를 모래뻘흙과 황토를 날라다 수십층 다져 쌓은 엄청난 역사였다. 이는 왕성(도성)을 상정하지 않고는 불가능한 대역사라 할 수 있다. 초기 백제의 국력이 총동원되다시피 했을 것이다.

사서(史書)에서 일컫기를 백제는 고구려의 한 갈래라고 한다. 거기에서 갈라져 나와 새로운 나라를 세우고자 할 때 고구려의 문물제도에 영향을 받지 않을 수 없었을 것이다. 이런 점에서 풍납토성과 그 주변의 백제 유적들은 고구려 수도인 국내성(國內城)과 그 주변 유적과 좋은 비교가 된다. 즉, 도성을 중심으로 왕릉급에 해당하는 고분군들이 흩어져 있고, 방어용이자 비상시 대피할 수 있는 산성들이 존재하고 있는 상황이 고구려의 경우와 거의 일치하고 있기 때문이다. 그리고 국내성 역시 평지성이다.

이러한 점들로 미루어 보아 초기 백제의 왕성은 풍납토성에 비정하는 것이 합리적이라는 판단이다.

풍납토성은 백제 전기의 왕성이다. 그리고 이 왕성에는 5) 『삼국사기』백제본기 시조온조왕 15년(BC.4)조에서 말한 것처럼 "검소하되 누추하지 않고, 화려하되 사치하지 않은(儉而不陋 華而不侈)" 많은 건물들이 조성되어 있었을 것이다. (내표지 휘호 참조)

이와 같은 사실은 바로 금년 1월 3일에 필자에 의하여 발견된 풍납동 231-3번지 일대의 현대아파트 터파기 현장에서 사실(事實)로 드러났다. 초기(한성시대) 백제사를 밝히는데 없어서는 안 될 절대적인 값어치를 지닌 역사적인 발견이다. 이러한 왕성이 무방비로 방치되고 있고 파괴되고 있다. 다시 한 번 풍납토성의 보존과 발굴대책을 촉구하는 바이다.

8. 맺는 글

풍납동 백제왕성(百濟王城)은 지금까지 흙으로 만든 토성(土城)이라는 이유 때문에 우리의 관심에서 등한시된 바가 많다. 그 뿐만 아니라, 우리 학계가 풍납토성을 백제의 건국 이래의 왕성으로 인식하지 않고 백제 전기의 일개 토성으로 간주했기 때문에 비교적 가볍게 취급되었다. 그래서 정부의 문화재 담당 부서에서나 해당 자치단체 마저도 풍납토성의 존재는 물론 그 보존에 관한 무관심은 오히려 당연한 것처럼 도외시되었다고 볼 수 있다.

그러나 지금까지 근 20년 가까이 백제 왕궁으로서의 신심(信心)을 갖고있는 필자의 풍납토성에 관한 꾸준한 관심과 노력은 여러 방면에서 풍납토성이 백제 건국 시기의 왕성임을 증명할 수 있었다. 이번 측량 조사를 통하여 풍납토성의 전체 규모가 처음으로 상세히 밝혀졌다. 지금까지 풍납토성의 높이를 막연히 8m 정도로 보아 오던 것을 현 지표로부터 최고 높이는 11m로 측정한 것을 비롯하여 미복원된 구역의 지금 남아 있는 성벽의 가장 높은 곳의 높이를 6.5m로 측정하였다. 현재 최고 높이 11m와 최근에 발굴된 풍납동 231-3번지 일대의 현대아파트 터파기 공사장에서 발견된 백제 초기의 집자리 유적의 최저 깊이가 현 지표하 4m인 점을 고려하면 백제시기의 성벽의 높이는 무려 15m나 된다고 밝혀냈다.

비록 풍납동 388번지의 현대아산병원 부지에서 해자(垓子)의 가능성을 밝혀 내지는 못하였으나, 김영상 선생이 1958년에 촬영한 풍납토성 사진 4매 중 하나에는 풍납토성 동벽 밖 개울 위에 다리가 놓여있는 장면이 보인다.(단색도판 4) 그리고 풍납토성의 동남 외벽 바깥쪽의 풍납동 330번지 일대에 해자의 존재를 암시하는 개울 표시가 있는 1981년에 제작된 지도에서 그 가능성을 찾아볼 수 있을 것으로 보았다.(원색지도 1) 그렇기 때문에 지금까지 간신히 남아 있는 성밖의 유휴지에 대한 확보가 시급할 것으로 생각된다. 앞으로 이에 대한 발굴은 물론 사적공원으로 정비되어야 할 귀중한 공간이다.

지난 1994년 10월 5일에 필자에 의하여 정부 요로에 건의한 〈건의사항〉 제2항에 "풍납토성 내외의 미개발 상태의 유휴지는 철저히 보호구역으로 확대 설정하여 보존되도록 한다."고 한 것처럼 지금이라도 이를 실행하여 사적 범위를 성안까지 확대하고 사적공원으로서의 주차시설이나 백제왕성전시관과 같은 문화시설이 절실하다.

풍납토성의 성벽의 구조는 물론 판축법으로 축조된 전형적인 토성이나 혹자가 주민들이 농작물을 경작하기 위한 부분(원색도판 16, 33)을 '2단토축성(二段土築城)'으로 본 점을 수정, 현재 남아 있는 성벽의 구조상으로도 충분히 성벽의 외벽이 경사면을 이루고 있었음을 찾아냈다.(원색도판 15, 단색도판 61) 그렇기 때문에 이미 잘못 복원된 풍납토성 북벽 일부와 동북우(東北隅)의 '2단토축(二段土築)' 부분(원색도판 44~45, 단색도판 166)은 바로 잡아야 할 것이다. 그리고 매해 두 세 차례씩 경작(耕作)할 때마다 10cm, 20cm 정도의 성벽의 판축토(版築土)가 깎여 나가는 성벽 위의 파밭이나 작물 경작지를 하루 빨리 정비하여 더 이상 토사유출(土沙流出)로 인한 성벽의 유실을 막아야 한다.

지난 1994년 10월 5일 필자에 의하여 정부요로에 건의된 〈건의사항〉 제3항에 "풍납토성 안의 풍납 1동, 풍납 2동의 주택 재개발시에 거주면(居住面)의 미파괴지층(백제시대 유물포함층)은 고고학적인 조사를 거친 다음 시공하도록 한다." 고 명기한 바 있으나, 관계 부처에서 이를 전혀 고려치 아니하고 유기(遺棄)시킨 바가 되었다.

그런 가운데 1997년 1월 4일 마침내 문제의 〈건의사항〉과 똑같은 사항이 풍납동 231-3번지 일대에서 백제시기의 왕성유적이 필자에 의하여 발견되면서 현실로 확인되었다. 발굴자가 "원삼국기에서 백제 초기에 해당하는 다소 이른 시기의 토기편들이 두드러진다."고 하는데도 정부는 백제왕궁 유적을 해제(解除)하여 인멸(湮滅)시키는 것만은 저지시켜야만 하는데 현대아파트 신축을 위한 민원(民願)을 받아들여 천추(千秋)의 한(限)을 저지르고 말았다.

백제시대 유물 포함층은 국가가 대토(代土)하여 백제왕성을 보존해야만 할 것이다. 또 다시 백제(百濟)를 멸망시키는 우(遇)를 범해서는 안된다. 지금도 백제왕성이 무방비로 방치되고 있고, 또 계속되는 건설공사로 서울백제 수도유적이 파괴 인멸(湮滅)되고 있다. 다시 한 번 풍납토성의 보존대책을 촉구하는 바이다.

[본문은 저자의 『서울 風納土城[百濟王城]實測調査研究』(백제문화개발연구원, 1997.8.25)를 전재한 것임]

【참고 문헌】

김원룡, 『풍납리토성내 포함층 조사보고』,서울대학교 고고인류학과, 1967

이형구, 『한강유역 백제전기 수도유적 보존문제』, '83 제3회 학술연찬, 한국정신문화연구원, 1983.7.6

이형구, 『한강유역 백제전기 수도유적 보존문제』, 『정신문화연구』통권 제21호, 1984

이형구, 『서울 백제 수도유적 보존회의』, 한글회관, 1994. 9.28

몽촌동발굴조사단,『몽촌토성발굴조사보고』, 1985.

서울특별시、서울대학교 박물관, 『몽촌토성 동북지구 발굴보고』, 1987.

최몽룡, 『서울의 百濟遺蹟』,1994.

성주탁, 『한강유역 백제 초기 성지연구』,『백제연구』14, 충남대 백제연구소, 1983

김용국, 『몽촌토성에 대하여』,『향토서울』39, 서울특별시사편찬위원회, 1983.

최몽룡, 『몽촌토성과 하남위례성』,『백제사의 이해』,학연문화사, 1991

문화공보부 문화재관리국, 『문화재대관』사적편, 1975

성주탁, 『백제성지연구』, 1984.

한양대학교、하남시, 『이성산성』4차발굴조사보고서, 1992.

한양대학교 · 경기도, 『남한산성』지표조사보고, 1986
차용걸, 「한성시대 백제의 건국과 한강유역 백제성곽」, 백제문화개발연구원, 1993
이형구, 『고구려와 백제와의 문화적 관계』,『백제사의 비교연구』, 충남대학교 백제연구소, 1993
이형구, 『고구려의 향당(享堂)제도 연구』,『동방학지』32, 연세대학교 국학연구원, 1982
잠실지구유적발굴조사단,「잠실지구발굴조사보고」,『한국고고학보』4,한국고고학연구회, 1987.
尹世英, 『可樂洞 百濟古墳 第一 · 二號墳 發掘調査 略報』,『考古學』3, 韓國考古學會, 1974
잠실지구유적발굴조사단, 『잠실지구유적발굴조사보고』, 1976
잠실지구유적발굴조사단, 『잠실지구유적발굴조사보고』, 『한국고고학보』제3집, 1977
金秉模, 『芳荑洞 古墳群』,『考古學』4, 韓國考古學會, 1977
서울특별시 석촌동발굴조사단, 『석촌동고분발굴조사보고』, 1987
차용걸, 「위례성과 한성에 대하여(Ⅰ)-문헌해석과 축성사적 일반이론의 적용문제를 중심으로-」,『향토서울』39, 서울특별시사편찬위원회, 1983
한양대학교 박물관 · 아산사회복지사업재단, 『풍납토성인접지역 시굴조사 보고서』, 1996
국립문화재연구소 , 「풍납토성 내 시굴조사 자문위원회의 자료」, 1997. 3.12
김정학, 『서울 근교의 백제유적』, 『향토서울』39, 서울특별시사편찬위원회, 1983
이병도, 『풍납리토성과 백제시대의 사성』,『한국고대사연구』(수정판), 박영사, 1985

『조선일보』1997년 1월 6일자 사회면
『동아일보』1985년 7월 2일자 11면.

僧聖能,『北漢志』沿革條, 肅宗37年(1711)
鮎貝房之進, 『百濟古都案內記』,『朝鮮』234號, 昭和 9年(1934).

도 면

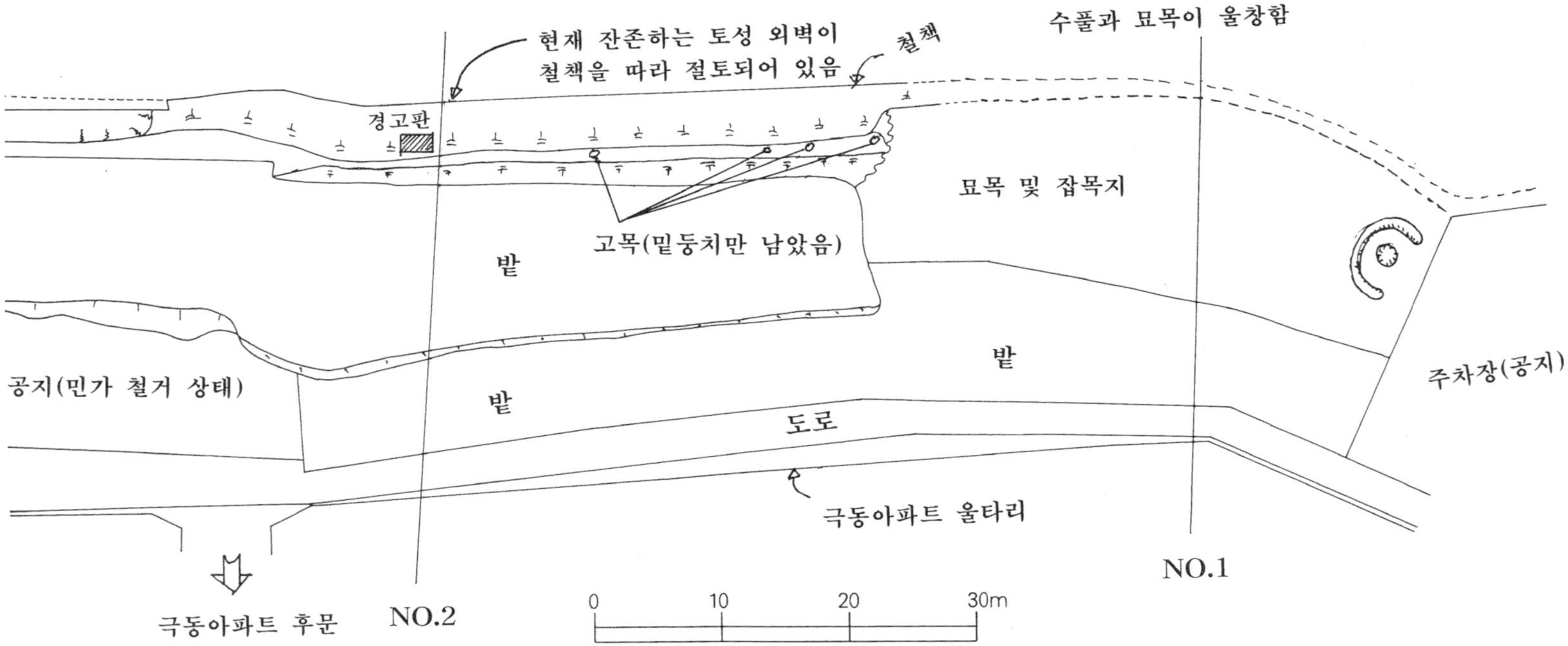

【도면 1-A】 風納土城 平面實測圖 1

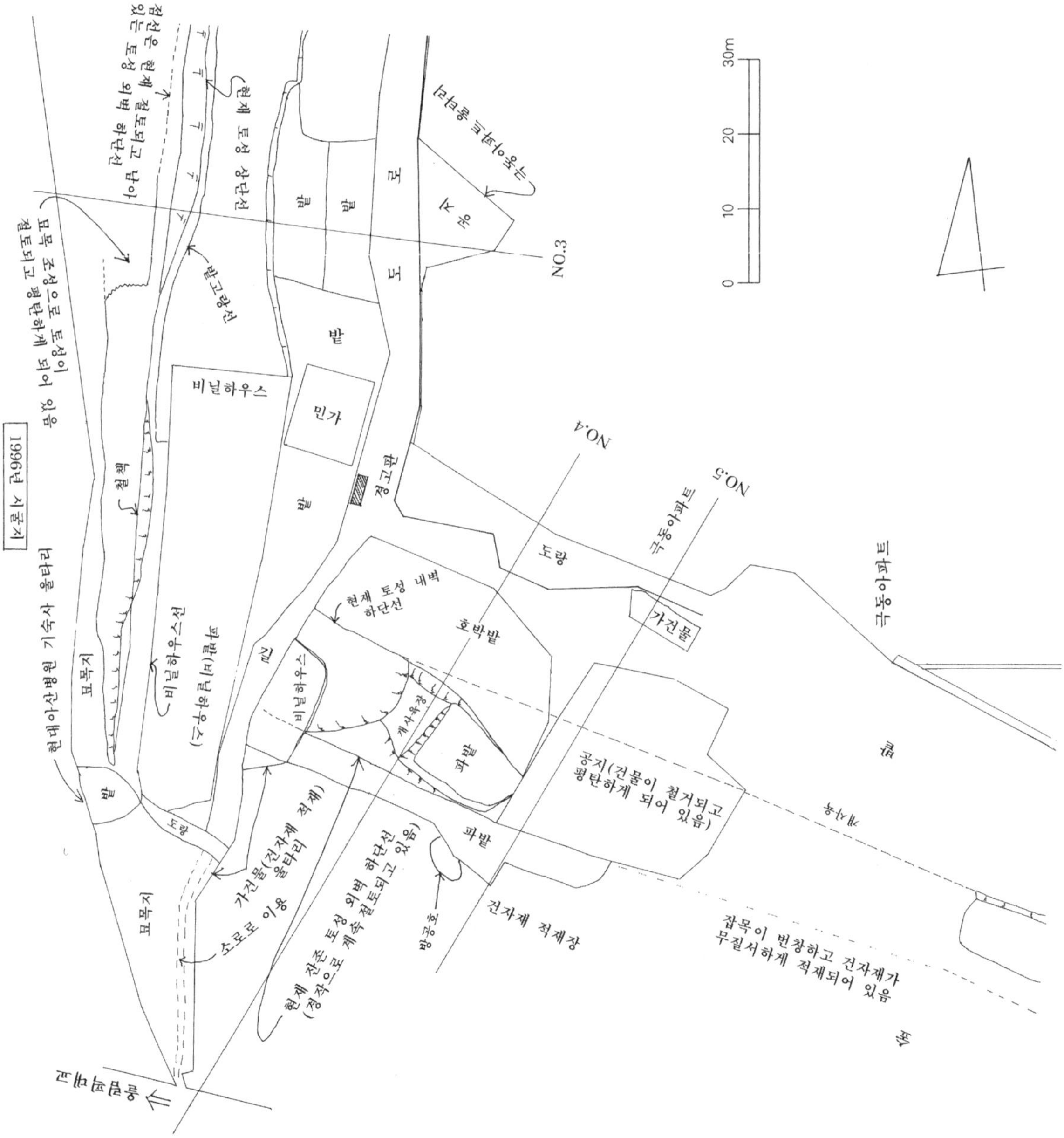

【도면 1-B】 風納土城 平面實測圖 2

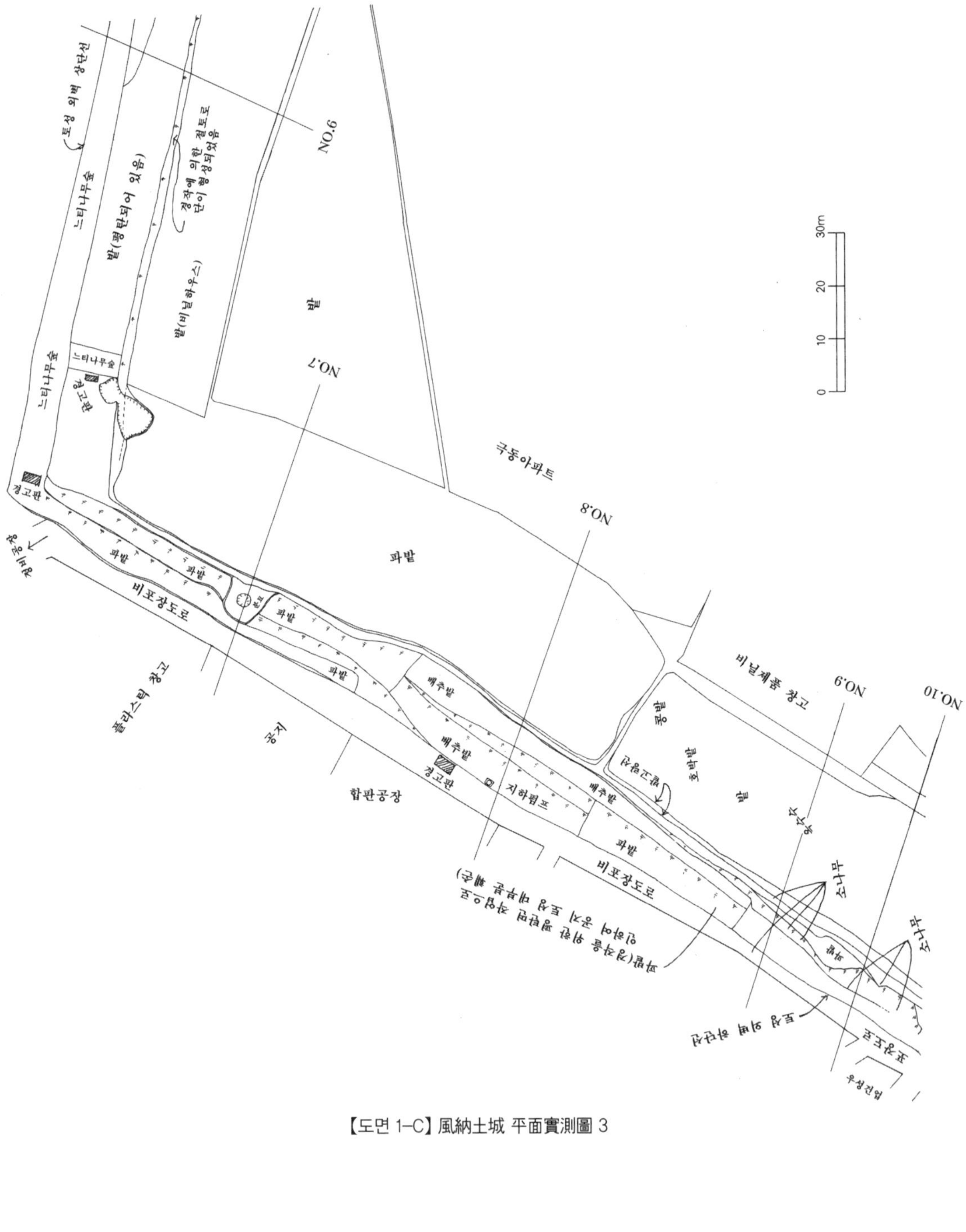

【도면 1-C】 風納土城 平面實測圖 3

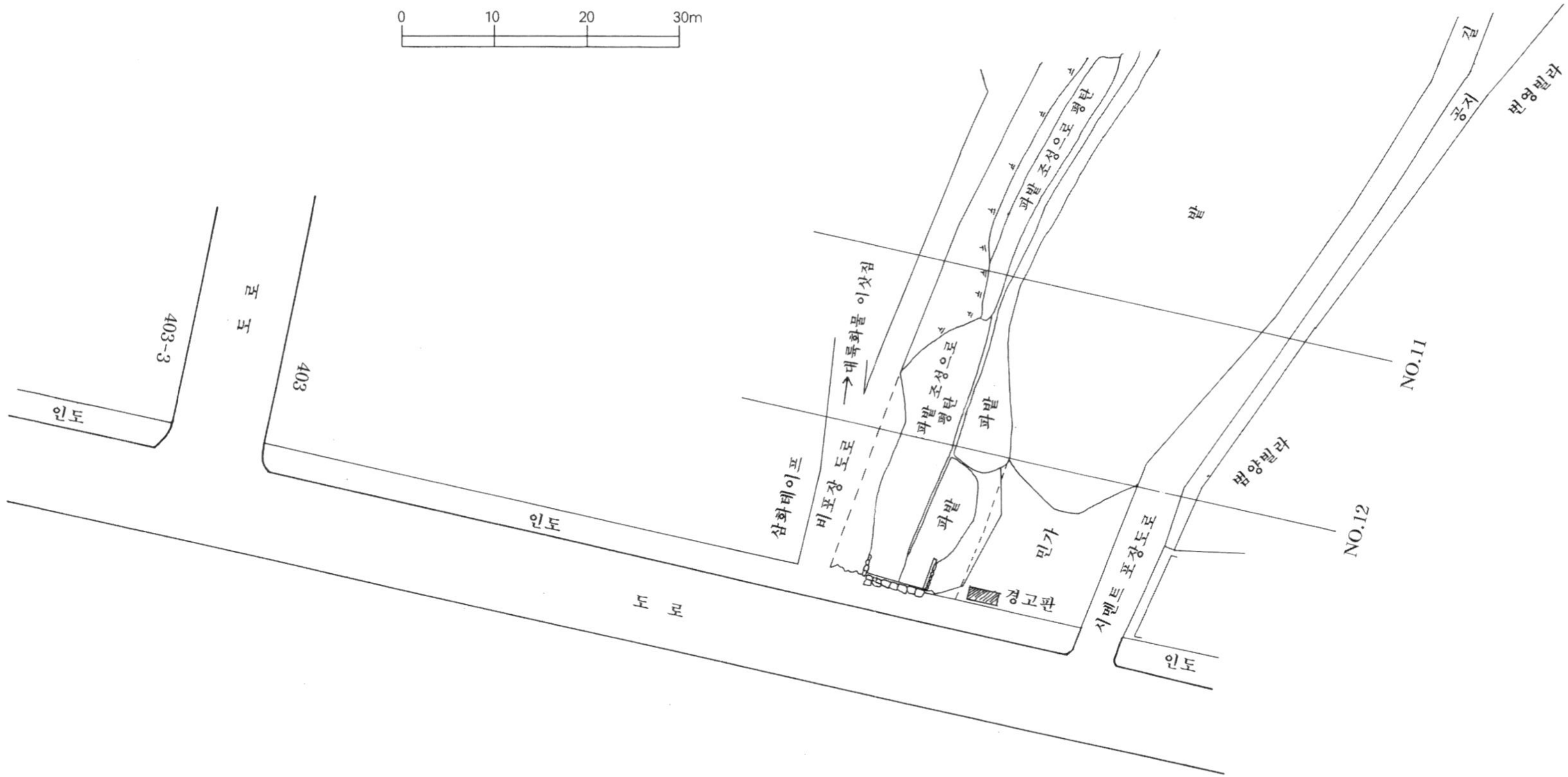

【도면 1-D】風納土城 平面實測圖 4

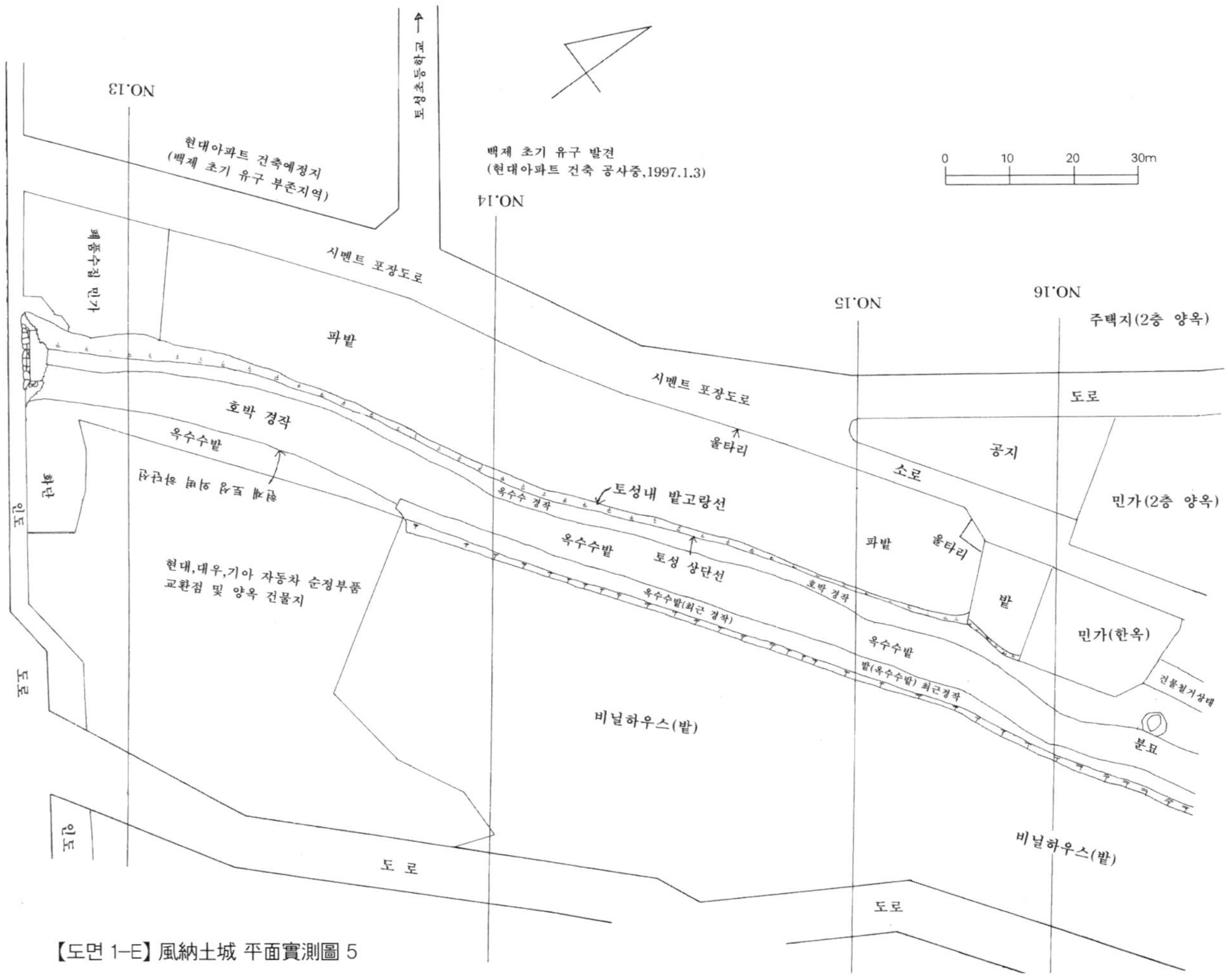

【도면 1-E】風納土城 平面實測圖 5

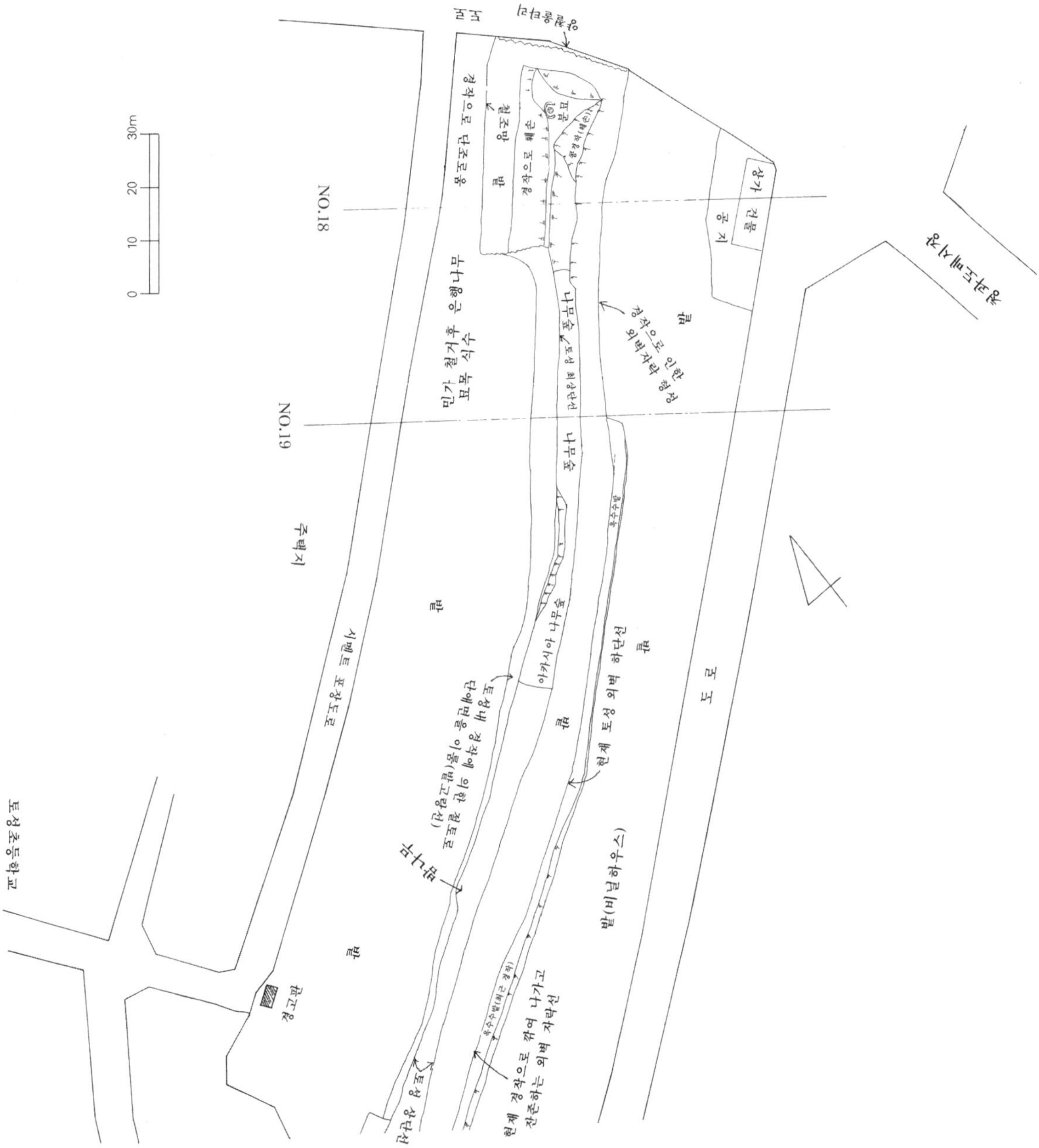

【도면 1-F】 風納土城 平面實測圖 6

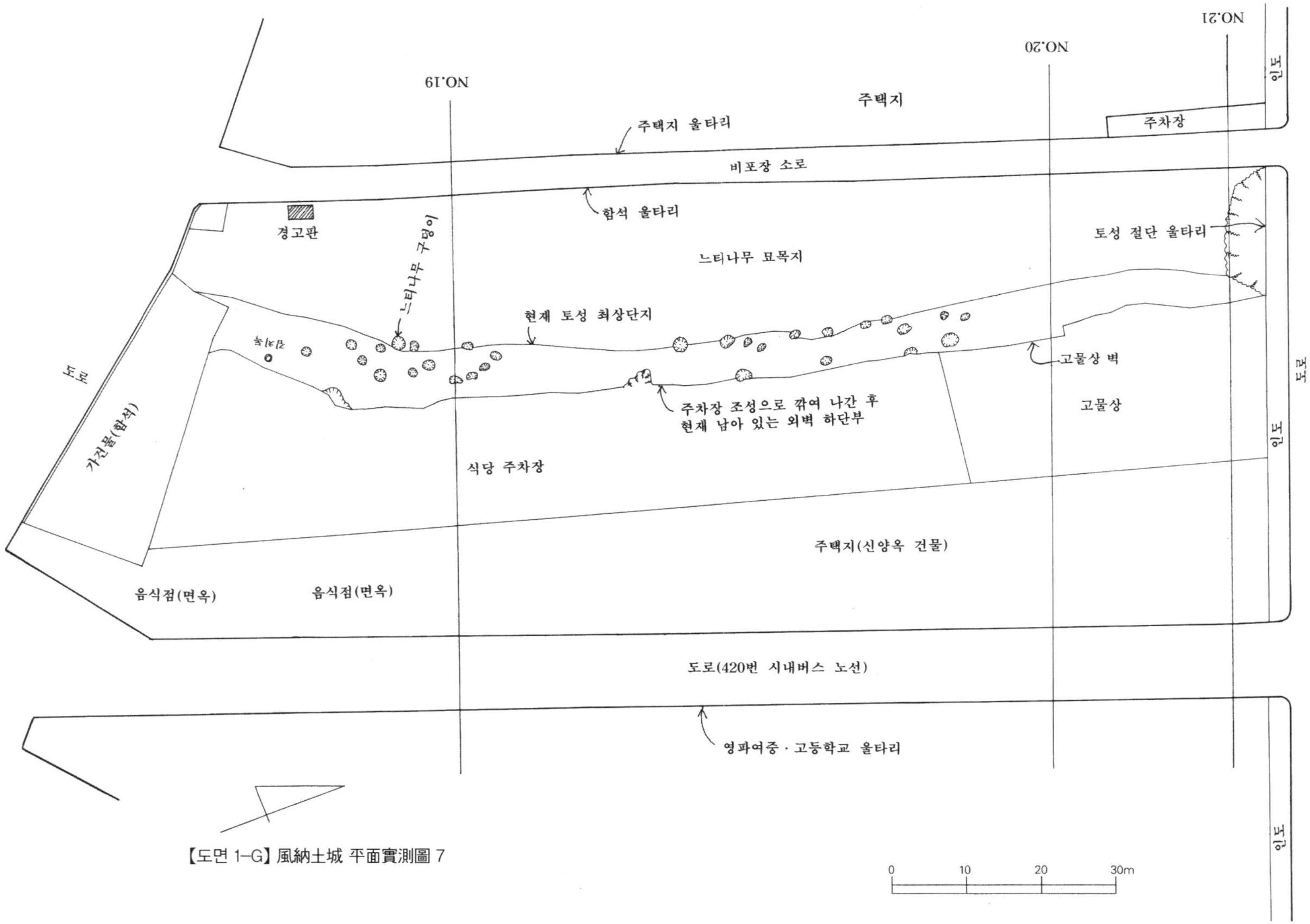

【도면 1-G】風納土城 平面實測圖 7

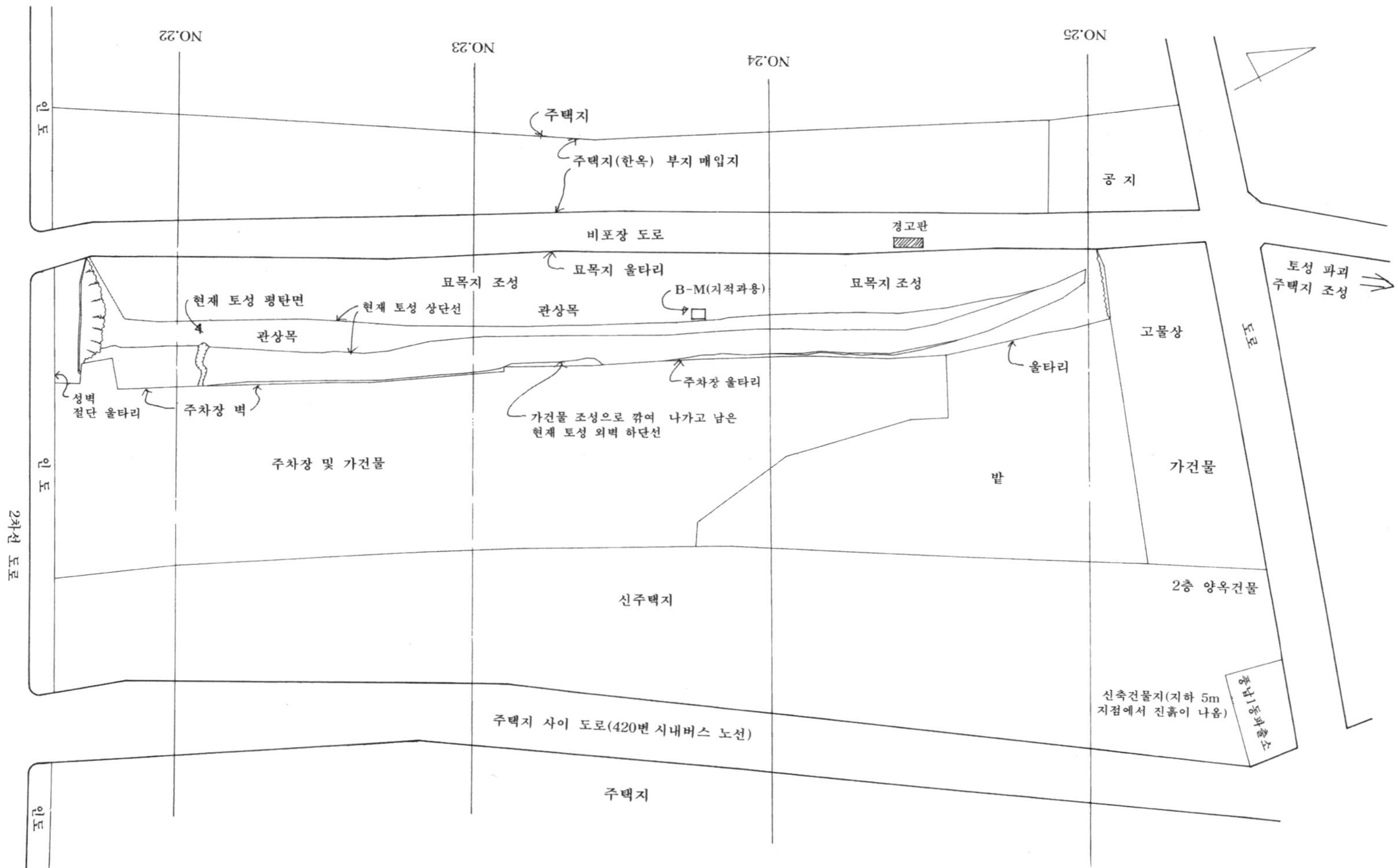

【도면 1-G】風納土城 平面實測圖 7

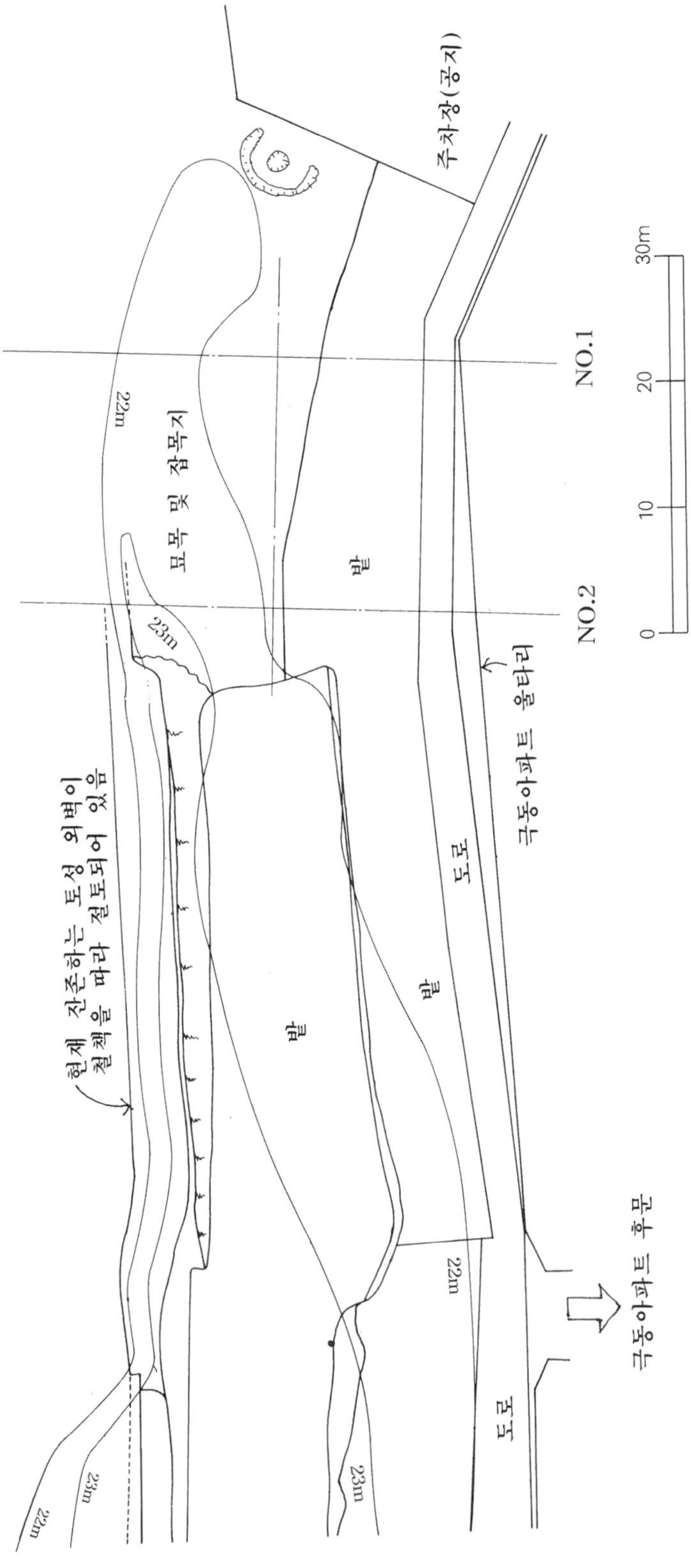

【도면 2-A】 風納土城 等高線圖 1

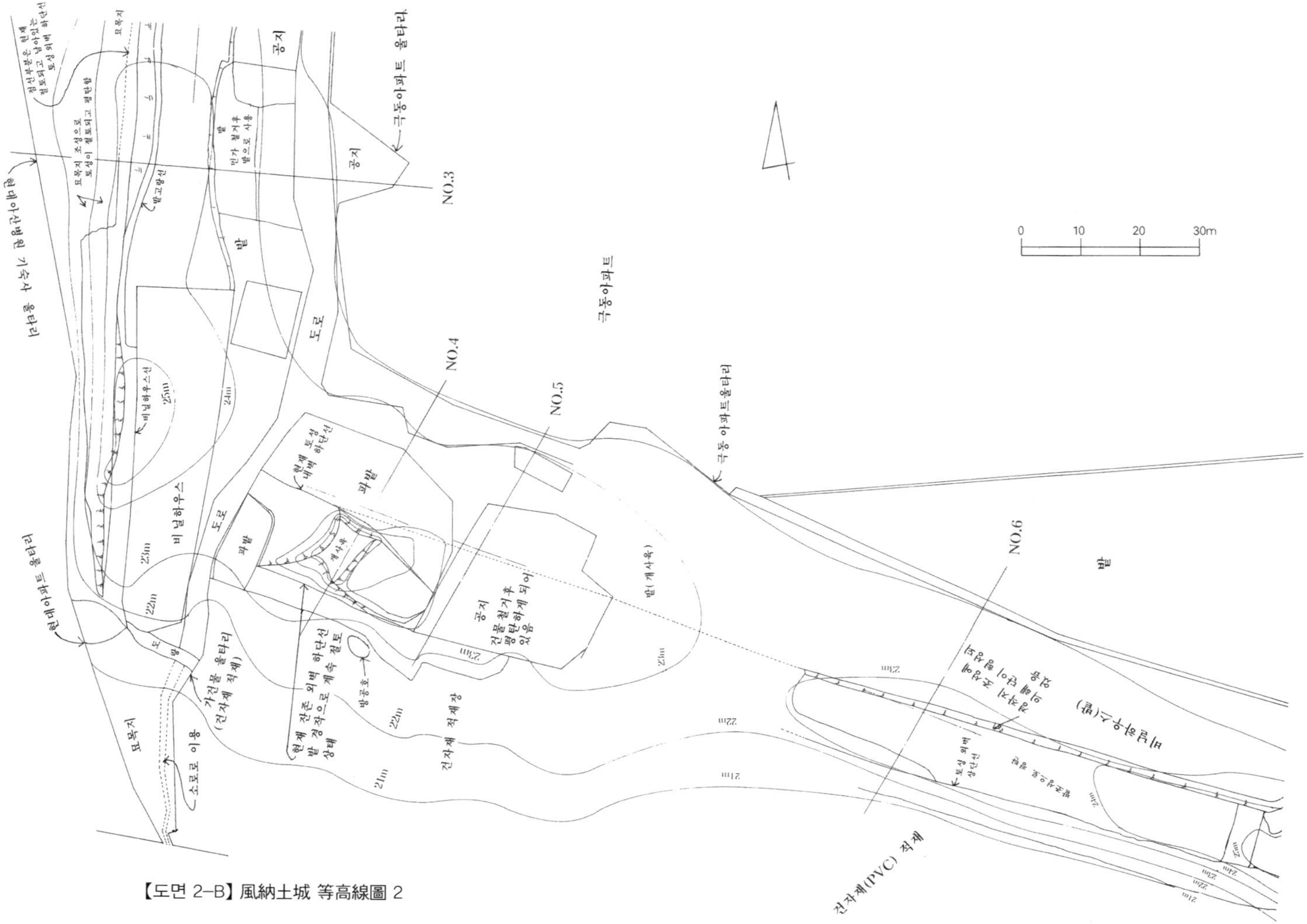

【도면 2-B】風納土城 等高線圖 2

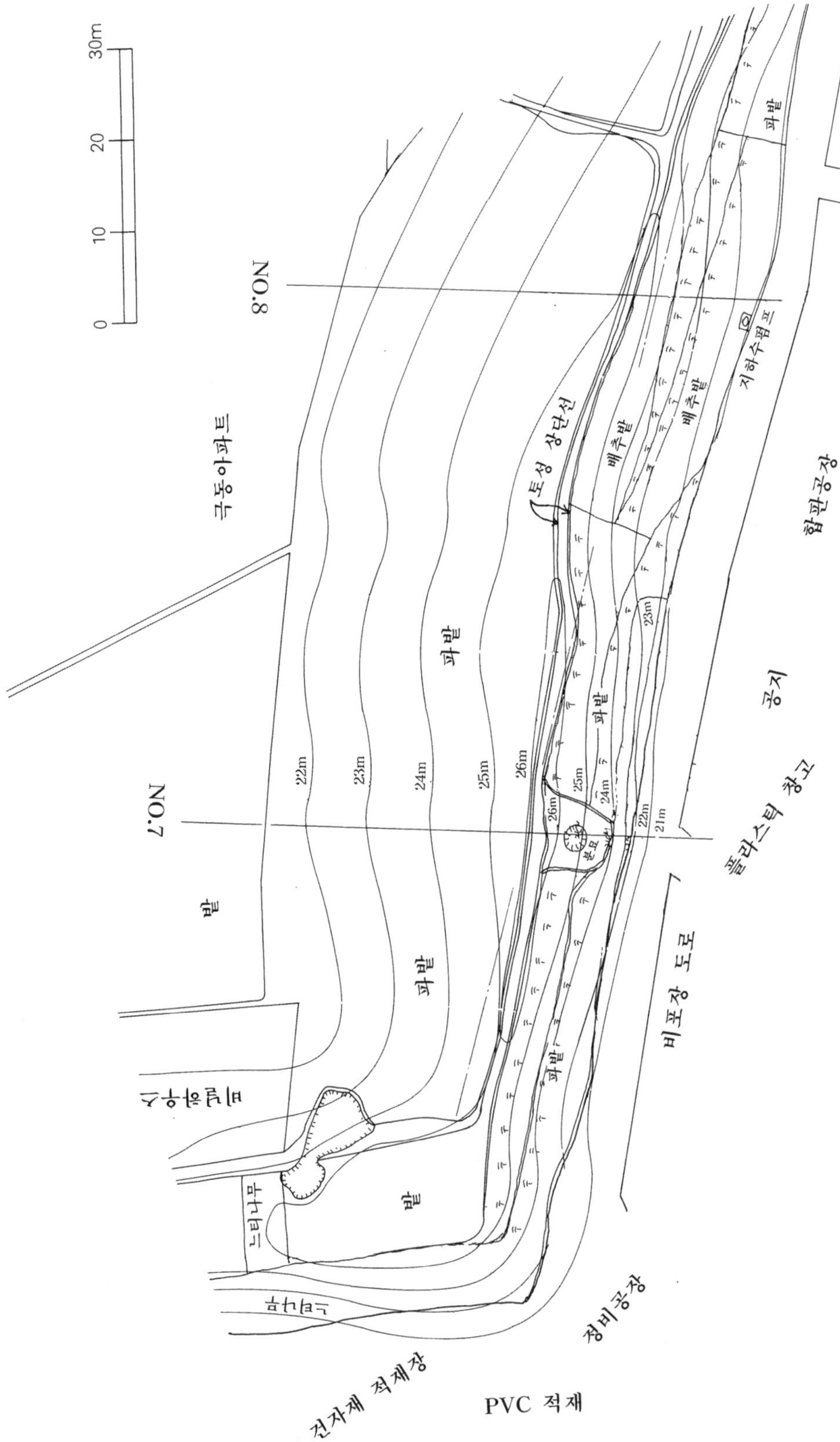

【도면 2-C】風納土城 等高線圖 3

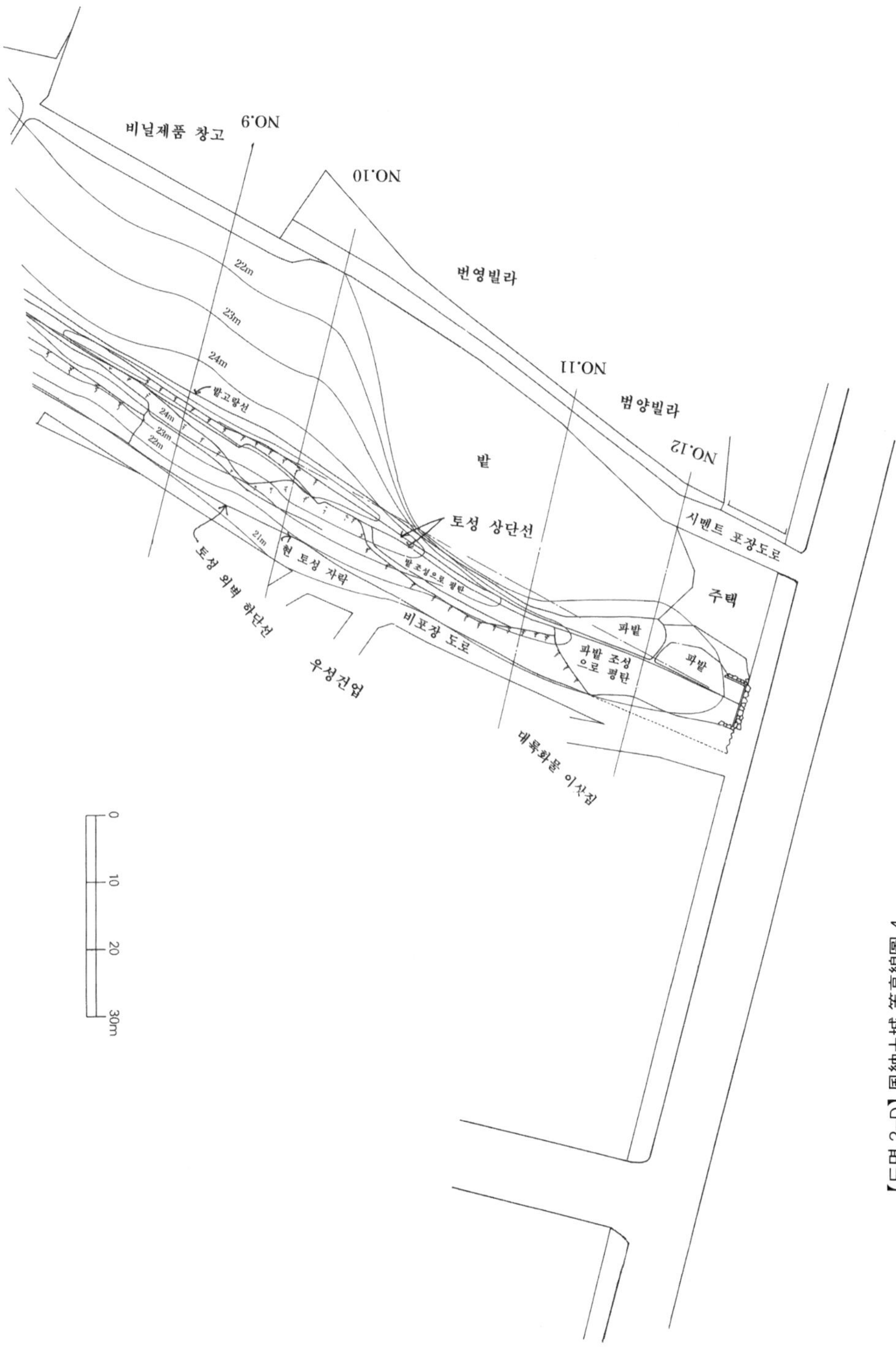

【도면 2-D】風納土城 等高線圖 4

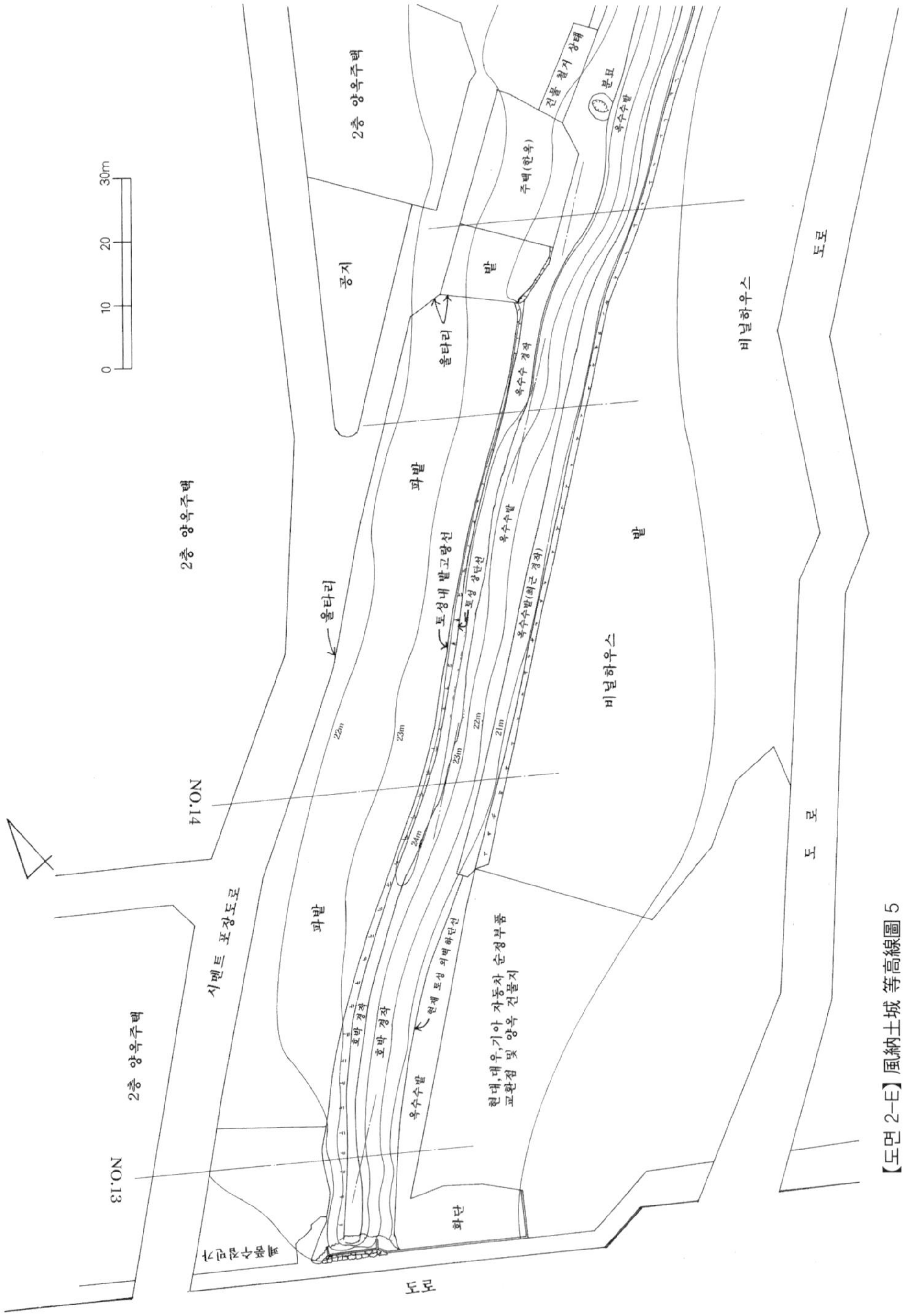

【도면 2-E】風納土城 等高線圖 5

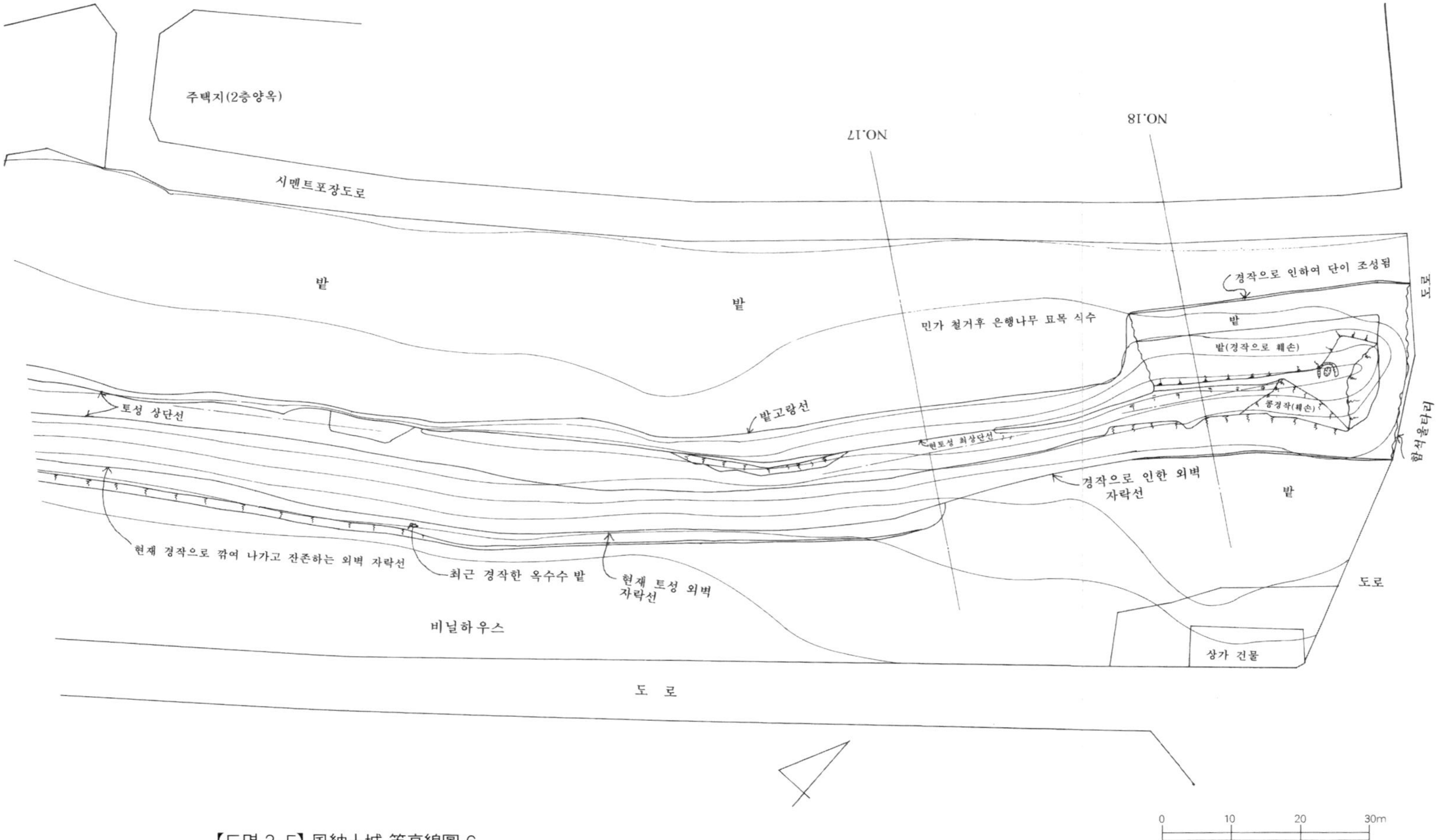

【도면 2-F】風納土城 等高線圖 6

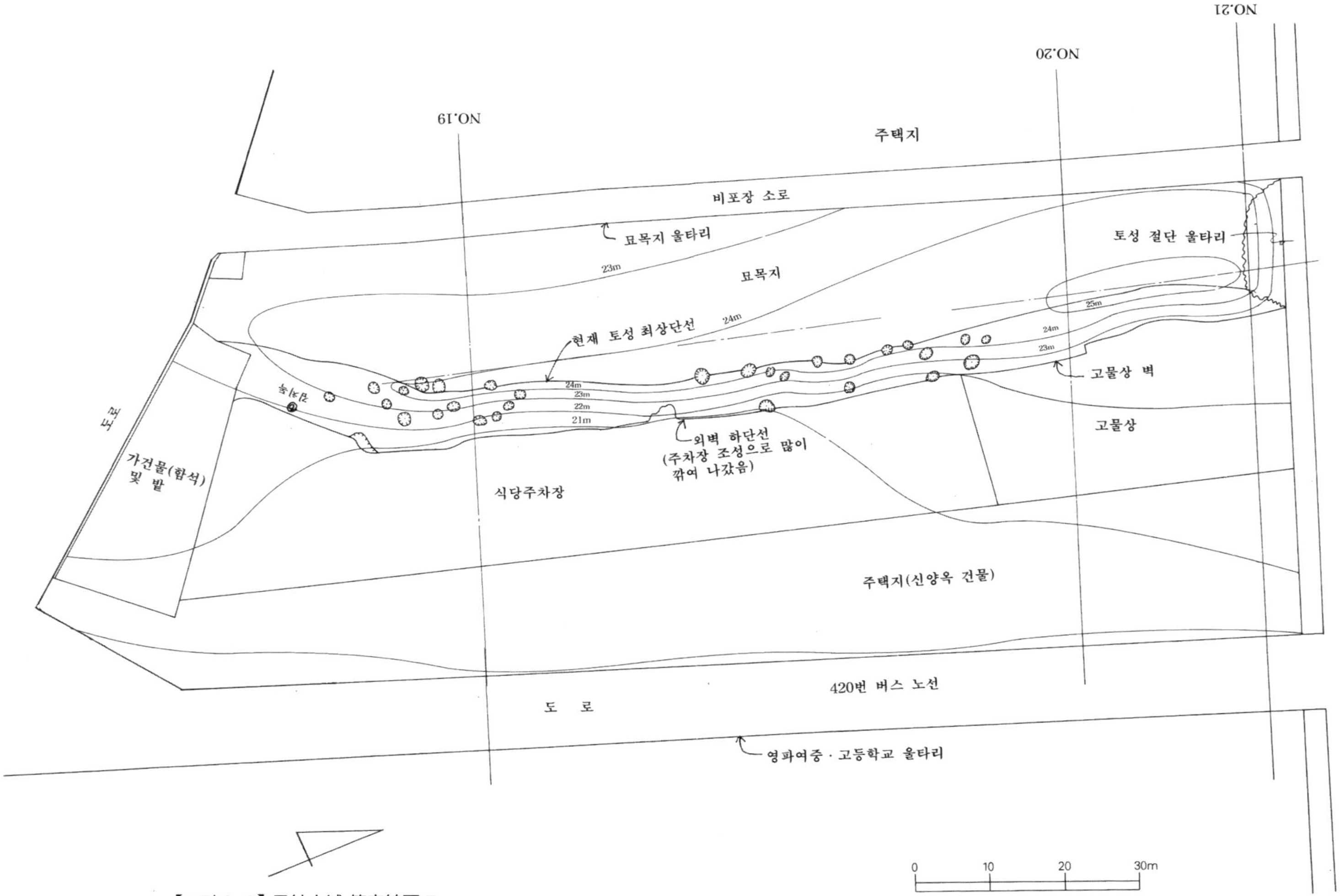

【도면 2-G】風納土城 等高線圖 7

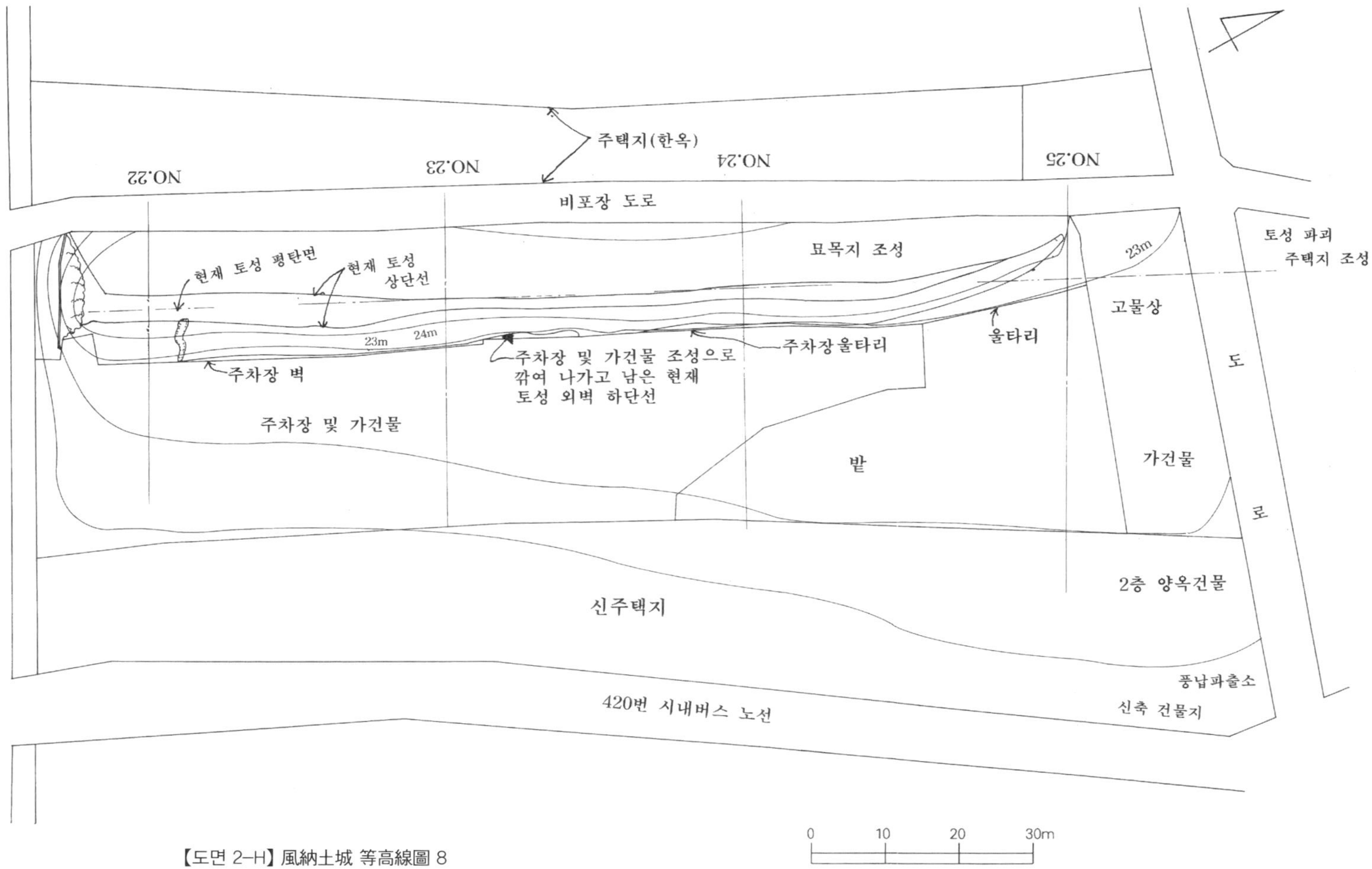

【도면 2-H】風納土城 等高線圖 8

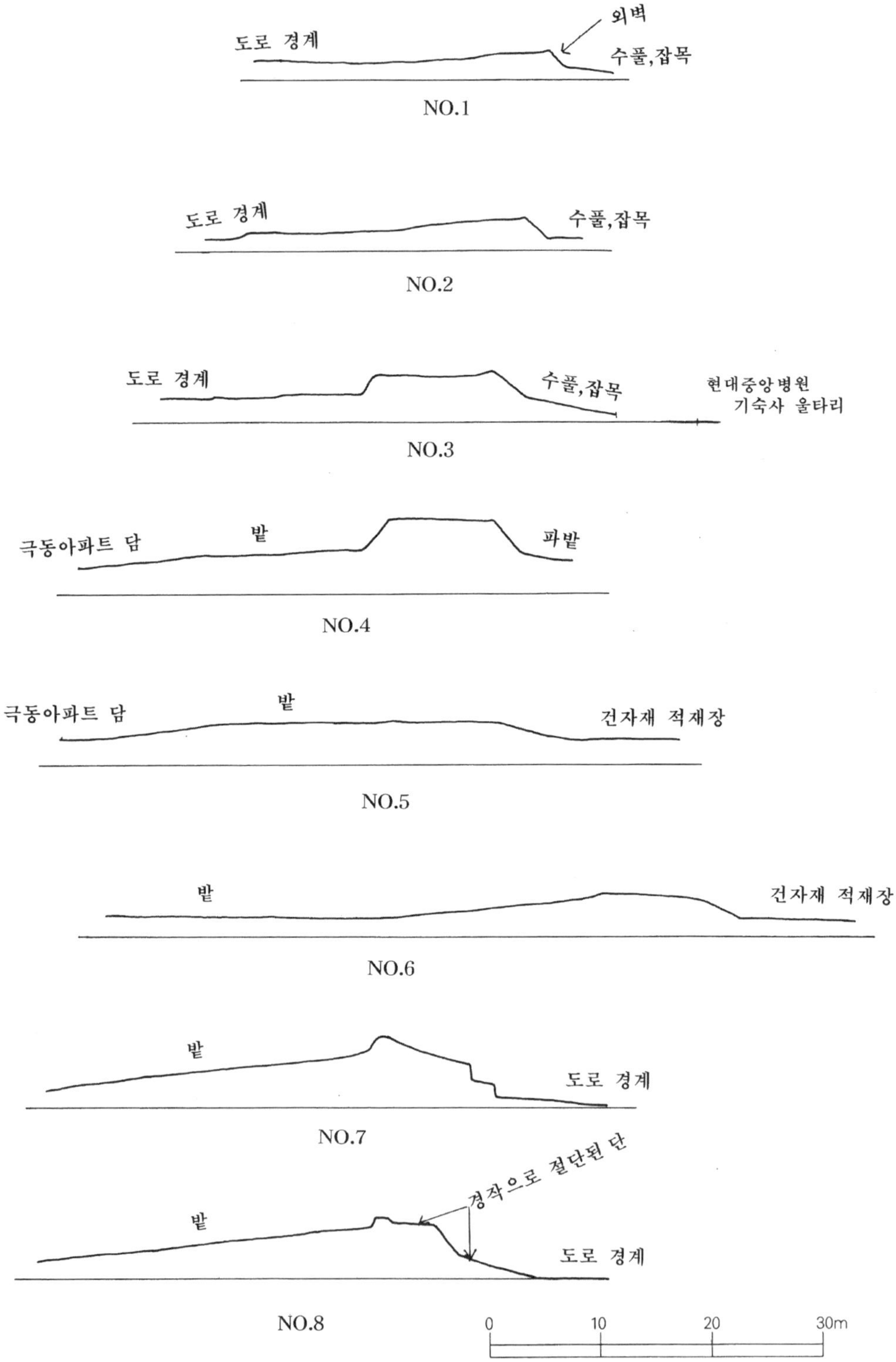

【도면 3-A】 風納土城 斷面圖 1

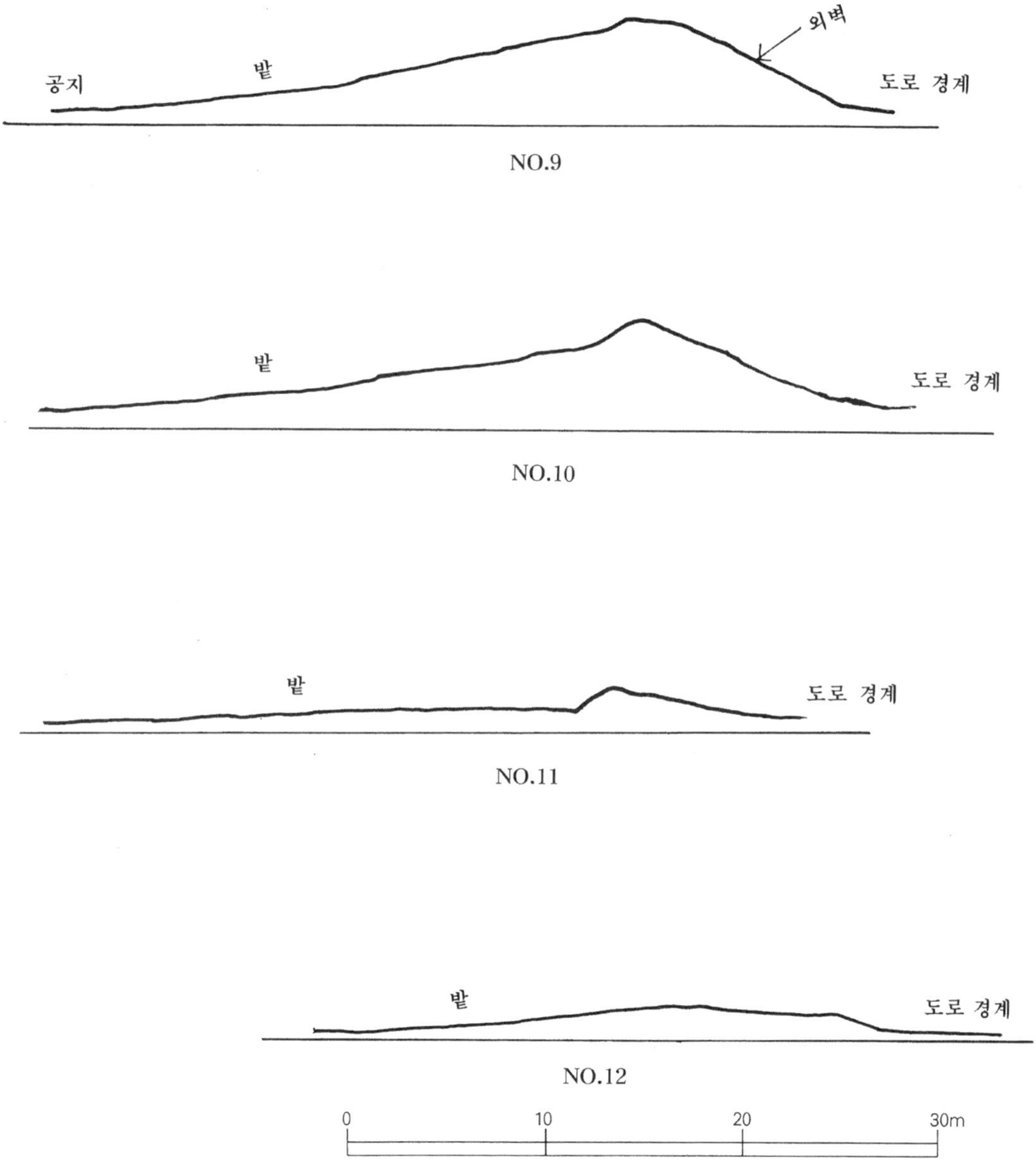

【도면 3-B】 風納土城 斷面圖 2

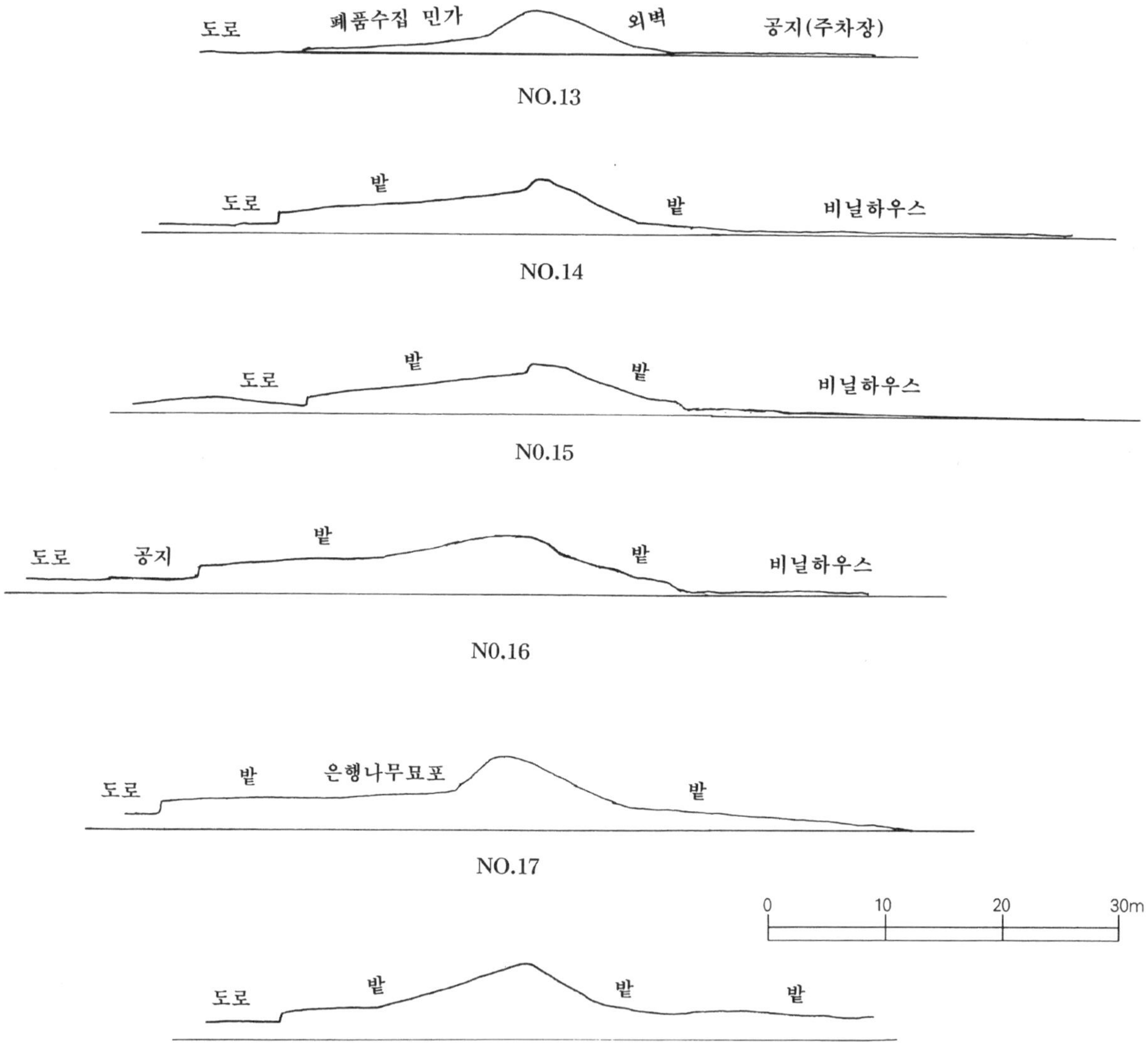

【도면 3-C】風納土城 斷面圖 3

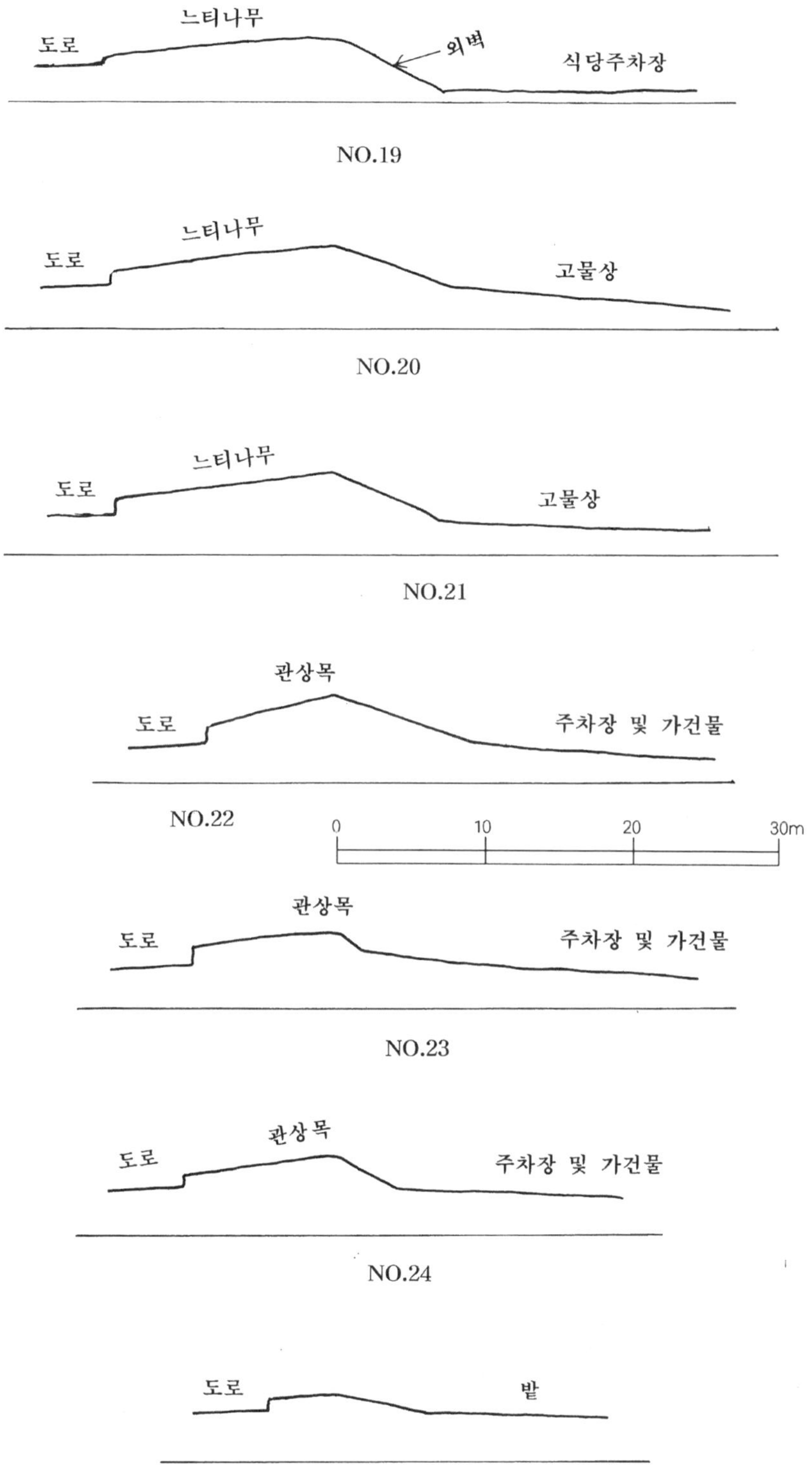

【도면 3-D】風納土城 斷面圖 4

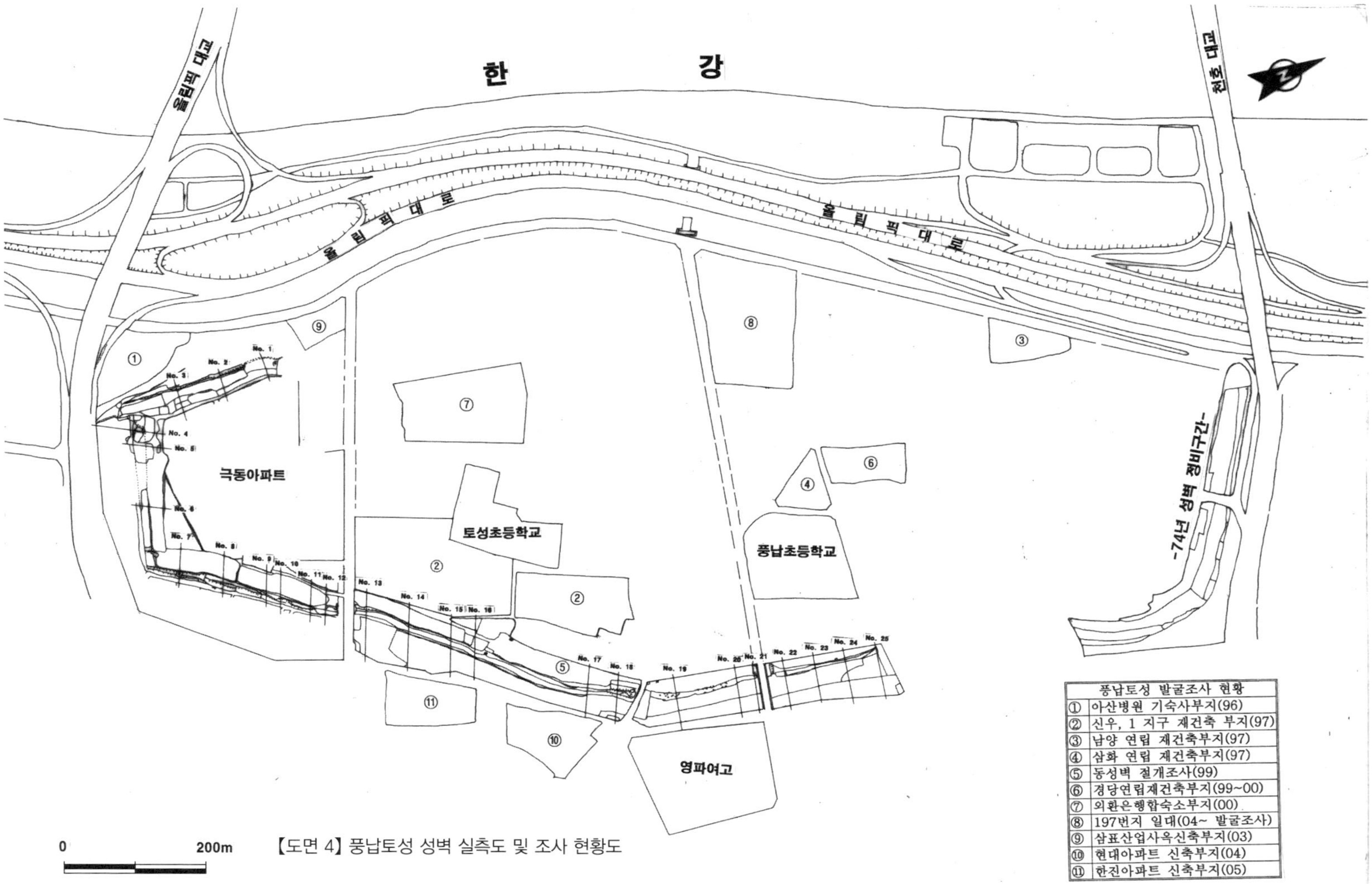

【도면 4】 풍납토성 성벽 실측도 및 조사 현황도

풍납토성 발굴조사 현황
① 아산병원 기숙사부지(96)
② 신우, 1 지구 재건축 부지(97)
③ 남양 연립 재건축부지(97)
④ 삼화 연립 재건축부지(97)
⑤ 동성벽 절개조사(99)
⑥ 경당연립재건축부지(99~00)
⑦ 외환은행합숙소부지(00)
⑧ 197번지 일대(04~ 발굴조사)
⑨ 삼표산업사옥신축부지(03)
⑩ 현대아파트 신축부지(04)
⑪ 한진아파트 신축부지(05)

단색 도판

[단색도판 1] 1958년의 風納土城 東壁의 옛 모습(이하 3컷과 함께 김영상 선생 생전에 필자에게 전해준 유품임)

[단색도판 2] 1958년의 風納土城의 모습(동북쪽)

[단색도판 3] 1958년의 風納土城 城壁의 外壁 傾斜面

[단색도판 4] 1958년의 風納土城 城壁의 모습(東壁 밖 계울 위에 다리가 보임)

[단색도판 5] 風納洞313번지 風納土城 西南壁 上部에 耕作禁止 警告板이 있다.(전면 왼쪽이 삼표레미콘, 1996.7.16, 以下 筆者 撮影)

[단색도판 5] 風納土城 남서쪽 外壁(북→남)

[단색도판 6] 한강 堤防 위에서 바라 본 風納土城 西壁(남→북, 현대 아산중앙병원 기숙사 부지 오른쪽 성벽의 연장 선상에 삼표 레미콘 건물이 보인다.)

[단색도판 8] 風納土城 西壁 현대중앙병원 기숙사 유아원 예정 부지 발굴(왼쪽이 극동아파트)

[단색도판 9] 風納土城 西壁 밖의 垓字 확인작업(洪水로 모두 씻겨 내려갔음이 밝혀졌다)

[단색도판 10] 風納土城 內 百濟前期 王宮遺蹟 露出 光景(풍납동 현대아파트 터파기 작업중 왕궁유적 발견, 1997.1)

[단색도판 11] 風納洞231번지 현대아파트 부지 터파기공사장에서 發見된 百濟土器 破片(1997.1.4)

[단색도판 12] 風納洞 231번지 현대 아파트 터파기 공사중 출토된 百濟 전기의 打捺紋 토기

[단색도판 13] 風納土城 內 風納洞 231번지 에서 출토된 百濟 기와편

[단색도판 14] 風納洞 231번지 일대에서 발견된 百濟 初期 건물지 발굴현장(국립문화재연구소, 1997.4)

[단색도판 15] 百濟 初期 王京遺蹟에 건축중인 고층아파트 현장
(긴급 발굴조사한 후 아파트 공사를 허가하여 유적층이모두 인멸됨. 1997. 5.)

[단색도판 16] 風納土城 內의 고층아파트 신축 현장(風納洞 247~255번지 일대)

[단색도판 17] 再開發이라는 名目으로 분양이 한창인 風納土城內 고층아파트 건축 현장(風納洞 257번지 일대, 약 8,000여평)

[단색도판 18] 風納洞 222번지 고층상가 건축장(도심 안에서도 사전 조사 없이 터파기 공사가 진행되고 있다.)

[단색도판 19] 風納土城 西壁(南壁과 連接된 지역에 길이 나 있고 그 넘어로 올림픽대교 남단이 보인다.)

[단색도판 20] 風納土城 西壁(숲 밖으로 현대중앙병원 기숙사와 올림픽대교가 보인다)

[단색도판 21] 風納土城 西壁 끝부분(오른쪽 상단부터는 城壁이 이미 잘려 나갔다.)

[단색도판 22] 商風納土城 西壁 위의 警告板과 民家

[단색도판 23] 風納土城 西壁 안의 모습(城壁 위는 모두 경작지로 변해 버렸다.)

[단색도판 24] 風納土城 西壁(멀리 보이는 건물이 현대중앙병원 기숙사)

[단색도판 25] 風納土城 西壁 城壁 위의 콩밭과 비닐하우스

[단색도판 26] 風納土城 西壁 城壁 위의 作物 耕作地

[단색도판 27] 風納土城 西壁의 外壁(1925년 洪水로 外壁 일부가 잘려 나감)

[단색도판 28] 風納土城 西壁 城壁 위의 작물 경작지

[단색도판 29] 風納土城 西壁 上部의 作物 耕作地

[단색도판 30] 風納土城 西壁 끝부분의 民墓와 警告板(후면 오른쪽은 삼표레미콘공장)

[단색도판 31] 風納土城 西壁 北端의 경고판과 民墓

[단색도판 32] 風納土城 南壁(城壁 위에는 작물 경작지와 비닐하우스가 있다.)

[단색도판 33] 風納土城 東南角 望樓址의 民墓

[단색도판 34] 風納土城 南壁의 가장 높은 城壁(地表에서 약 6.5미터)

[단색도판 35] 風納土城 南壁과 西壁 사이에 난 도로

[단색도판 36] 호박밭으로 변해 버린 風納土城 南壁의 가장 높은 지역

[단색도판 37] 개사육장으로 사용되고 있는 風納土城 南壁의 頂上部

[단색도판 38] 風納土城 南壁 절단된 곳의 비닐하우스

[단색도판 39] 風納土城 南壁(서쪽에서 동쪽으로)

[단색도판 40] 風納土城 南壁(중앙의 나무숲이 外壁)

[단색도판 41] 風納土城 南壁 안쪽(개사육장)

[단색도판 42] 風納土城 南壁 바깥 풍경(城壁 外壁은 垓子가 있을 것으로 추정되고 있다.)

[단색도판 43] 風納土城을 실측하고 있는 선문대학교 역사학과 학술조사단원들(왼쪽으로부터 황용주, 이형구, 최성준, 이왕호, 1996. 12)

[단색도판 44] 風納土城 東壁 A區域 남쪽 부분(경고판이 무색할 정도로 파밭으로 변해 버렸다.)

[단색도판 45] 風納土城 城壁 A區域 전경(城壁 상부 능선 양벽이 온통 작물 경작지로 변했다. 外壁 오른쪽은 垓字 추정 지역)

[단색도판 46] 風納土城 東壁 A區域 남쪽 부분(城壁이 모두 작물 경작지로 변해 있다. 오른쪽이 內壁)

[단색도판 47] 風納土城 東壁 남단에서 바라 본 성안 풍경
(百濟 전기 수도 유적 보존층의 사전 조사 없이 극동아파트가 건축되었다.)

[단색도판 48] 風納土城 東壁 A區域(城 內壁의 판축 성토가 굴토되어 비만 오면 씻겨 내려 간다.)

[단색도판 49] 風納土城 東壁 남쪽 부분(內壁 위가 경작을 위하여 밭으로 정리되었다.)

[단색도판 50] 風納土城 동벽 A구역 극동아파트 쪽 성벽이 온통 파밭으로 변한 모습(매년 두 차례씩 파를 경작하면서 판축성벽이 쓸려나간다.)

[단색도판 51] 風納土城 東壁 A區域 북쪽 內壁 부분(城壁 위에 파, 콩, 호박, 오이 등 각종 작물을 심었다.)

[단색도판 52] 風納土城 東壁 A區域 內壁 위의 파밭

[단색도판 53] 風納土城 東壁 A區域 全景(城壁 좌우로 작물을 경작하고 있다. 남에서 북쪽으로)

[단색도판 54] 風納土城 東壁 A區域(城壁 상단의 內外壁이 切土된 상태)

[단색도판 55] 風納土城 東壁 A區域(外壁 傾斜面을 切土하여 파밭으로 만들었다.)

[단색도판 56] 風納土城 東壁 A區域(소나무가 있는 이 지역이 이곳에서 가장 높은 곳이다)

[단색도판 57] 風納土城을 실측 중인 조사단원(1996. 7. 왼쪽부터 이종훈, 조은정, 박종섭, 이왕호)

[단색도판 58] 風納土城 東壁 A區域(소나무가 있는 城壁 주위도 작물 경작지로 변해 있다.)

[단색도판 59] 風納土城 東壁 A區域(소나무 밑의 城壁이 삽으로 깍인 모습)

[단색도판 60] 風納土城 東壁 A區域(外壁 아래에 난 대형트럭의 바퀴 자국)

[단색도판 61] 風納土城 東壁 A區域(소나무 아래의 外壁은 비교적 傾斜가 가파르다.)

[단색도판 62] 風納土城 東壁 A區域(版築城壁 중턱을 二段으로 만들어 작물 경작지로 사용하고 있다.)

[단색도판 63] 風納土城 東壁 A區域(外壁의 傾斜面을 重裝備로 切土하여 작물 경작지로 바뀌었다.)

[단색도판 64] 風納土城 東壁 A區域(切土된 外壁에 작물을 심어 놓았다.)

[단색도판 65] 風納土城 東壁 A區域 남쪽 부분(북에서 남쪽으로)

[단색도판 66] 風納土城 東壁 A區域(城壁 상단의 內壁을 깊게 깎아내고 느티나무를 심어 놓았다.)

[단색도판 67] 風納土城 東壁 A區域 城壁 상단의 堀土 흔적

[단색도판 68] 風納土城 東壁 A區域(城壁 상단이 작물 경작을 위하여 堀土되었다.)

[단색도판 69] 風納土城 東壁 A區域 북쪽 부분(城壁의 상단이 작물을 경작하기 위하여 堀土되었다.)

[단색도판 70] 風納土城 東壁 A區域 북쪽 부분(堀土된 城壁 상부에 작물을 심어 놓았다.)

[단색도판 71] 風納土城 東壁 A區域(外壁 하단에 경고판이 세워져 있으나 파괴는 여전하다.)

[단색도판 72] 風納土城 東壁 A區域(外壁을 切土하여 작물 경작은 물론 야적장으로 사용하고 있다.)

[단색도판 73] 風納土城 東壁 A區域 북쪽 城壁 상단의 작물 경작지(비닐 밑으로 굴토된 흔적이 보인다.)

[단색도판 74] 風納土城 東壁 A區域 북단(城壁 상단을 깎아서 작물 경작지로 만들었다.)

[단색도판 75] 風納土城 東壁 A區域 北端 外壁 境界

[단색도판 76] 風納土城 東壁 A區域 북쪽 부분(城壁 상부가 온통 파밭으로 변해 있다.)

[단색도판 77] 風納土城 東壁 A區域 북쪽 부분(內壁은 파밭으로, 하단은 쓰레기장으로 사용되고 있다.)

[단색도판 78] 風納土城 東壁 A區域 內壁 안의 쓰레기장

[단색도판 79] 風納土城 東壁 A區域 북단(內壁쪽으로 많이 切土되어 무허가건물이 들어 서 있다.)

[단색도판 80] 風納土城 東壁 A區域 북단(外壁 하단이 많이 切土되어 도로로 변해 있다.)

[단색도판 81] 風納土城 東壁 A區域 全景(남에서 북쪽으로)

[단색도판 82] 風納土城 東壁 A區域 북단의 도로변(1930년대 지도에도길이 나 있었다.)

[단색도판 83] 風納土城 東壁 A區域과 B區域間의 道路(버스 뒷편이 B區域 북단)

[단색도판 84] 風納土城 東壁 A區域 남쪽 外壁(건축자재 야적장 밑으로 垓子가 있을 것으로 추정된다.)

[단색도판 85] 風納土城 東壁 A區域 동쪽 부분(이곳 동쪽에도 垓子地域으로 추정되는 空地가 있다.)

[단색도판 86] 風納土城 東壁 A區域 동쪽(프라스틱 창고로 쓰이고 있는 이곳은 원래 개천이 흐르던 지역이다.)

[단색도판 87] 風納土城 東壁 A區域 남쪽 外壁

[단색도판 88] 風納土城 東壁 A區域 東南角(外壁에 건축자재가 야적되어 있다.)

[단색도판 89] 風納土城 동남각 풍경(이곳은 망루지로 추정되는 곳이다.)

[단색도판 90] 風納土城 東壁 A區域 동남각
(경고판 아래의 산책용 계단)

[단색도판 91] 風納土城 東壁 B區域 南端(土城의 양벽 하단이 주차장과 폐품 수집장으로 사용되고 있다.)

[단색도판 92] 風納土城 東壁 B區域 南端
(外壁 오른쪽의 주차장으로 사용되고 있는 곳이 垓子 賦存地域으로 추정되는 곳이다.)

[단색도판 93] 風納土城 東壁 A區域 남쪽 부분(外壁 垓字 부존층 위에 설치된 야외주차장)

[단색도판 94] 風納土城 東壁 B區域 南端(오른쪽 하단이 폐품 수집장이다. 북에서 남쪽으로)

[단색도판 95] 風納土城 東壁 B區域 整備作業(남에서 북쪽으로)

[단색도판 96] 風納土城 東壁 B區域 철거 작업(오른쪽 內壁 위의 무허가 건축물이 철거되고 있다. 북에서 남쪽으로)

[단색도판 97] 風納土城 東壁 B區域 內壁 철거 작업(1994. 4.)

[단색도판 98] 風納土城 東壁 B區域 內壁 남쪽 부분(넓은 城壁이 온통 파밭으로 변했다. 남에서 북쪽으로)

[단색도판 99] 風納土城 東壁 B區域(內壁의 무허가건축물이 철거된 후 작물 경작지로 변했다. 북에서 남쪽으로)

[단색도판 100] 風納土城 東壁 B區域 內壁의 작물 경작지(남에서 북쪽으로)

[단색도판 101] 風納土城 東壁 B區域(城壁 위에 民家가 있다.)

[단색도판 102] 風納土城 東壁 B區域 민가 주변의 城壁

[단색도판 103] 風納土城 東壁 B區域(민가의 동쪽 하단으로 길게 밭이 경작되고 있다.)

[단색도판 104] 風納土城 東壁 B區域(外壁 下段 史蹟 保護區域 내에 비닐하우스가 설치되었다.)

[단색도판 105] 風納土城 東壁 B區域(민묘가 있는 外壁 하단의 작물 경작지)

[단색도판 106] 風納土城 東壁 B區域 城壁 上段의 民墓와 墓碑(오른쪽은 史蹟 保護區域)

[단색도판 107] 風納土城 東壁 B區域 상단의 민묘

[단색도판 108] 風納土城 東壁 B區域 城壁 상단의 민묘와 시멘트로 만든 묘비

[단색도판 109] 風納土城 東壁 B區域 內壁

[단색도판 110] 風納土城 東壁 B區域 外壁

[단색도판 111] 風納土城 東壁 B區域 內壁(城壁 위의 무허가건축물이 철거된 상태. 남에서 북쪽으로)

[단색도판 112] 風納土城 東壁 B區域 북쪽 內壁 위의 은행나무 苗木

[단색도판 113] 風納土城 東壁 B區域 상단의 나무그루 구덩이

[단색도판 114] 風納土城 東壁 B區域 外壁 밖의 保護區域(이 지역이 垓子의 부존 가능성이 높은 곳이다.)

[단색도판 115] 風納土城 東壁 B區域 外壁 밖에 경작된 작물의 모습(이곳 역시 史蹟 保護區域 내이다.)

[단색도판 116] 風納土城 東壁 B區域 外壁 版築層의 옥수수밭(垓子 추정지)

[단색도판 117] 風納土城 東壁 B區域 外壁 下段(史蹟 保護區域 내에는 垓子의 부존 가능성이 높다.)

[단색도판 118] 風納土城 東壁 B區域 外壁 保護區域 경계와 도로

[단색도판 119] 風納土城 東壁 B區域 북단 상부의 민묘(동에서 서쪽으로)

[단색도판 120] 風納土城 東壁 B區域 內壁에 심어진 作物(북에서 남으로)

[단색도판 121] 風納土城 東壁 B區域 內壁 경계에 세워진 경고판과 작물 경작으로 훼손된 城壁

[단색도판 122] 風納土城 東壁 B區域 북단 內壁의 작물 경작지

[단색도판 123] 風納土城 東壁 B區域 북단 경계지역(북에서 남쪽으로)

[단색도판 124] 風納土城 東壁 B區域 북단 경계 울타리(內壁 안에 車道가 보인다.)

[단색도판 125] 風納土城 東壁 B區域과 C區域 사이에 난 도로

[단색도판 126] 風納土城 東壁 C區域 남단 空地(垓子의 연장지역으로 추정되고 있는 곳이다.)

[단색도판 127] 風納土城 東壁 C區域 남단(함석을 경계로 한 城壁 안은 온통 느티나무 묘포가 되어 버렸다.)

[단색도판 128] 風納土城 東壁 C區域 남단(함석으로 된 울타리가 최근에 철망으로 바뀌었다.)

[단색도판 129] 風納土城 東壁 C區域 남쪽의 內壁 경계(경고판이 어지럽게 놓여 있다.)

[단색도판 130] 風納土城 東壁 C區域 外壁(垓子로 추정되는 곳에 상가가 들어서고 있다.)

[단색도판 131] 風納土城 東壁 C區域(外壁의 일부가 주차장으로 깎여 나간 곳)

[단색도판 132] 風納土城 東壁 C區域 남쪽 外壁(城壁의 하단이 많이 깎여 나가고 있다.)

[단색도판 133] 風納土城 東壁 C區域(남쪽 外壁의 판축 성토를 파고서 김치독을 묻어 놓았다.)

[단색도판 134] 風納土城 東壁 C區域 外壁 하단에 설치된 식당주차장

[단색도판 135] 風納土城 東壁 C區域(垓字의 有無를 확인하기 전에 이미 식당건물이 들어섰다.)

[단색도판 136] 風納土城 東壁 C區域(版築城壁 위는 公公然히 느티나무 苗木場으로 변했다.)

[단색도판 137] 風納土城 東壁 C區域(城壁 안의 판축 성토에 느티나무 구덩이가 파여 있다.)

[단색도판 138] 風納土城 東壁 C區域 版築城壁 위의 은행나무 · 느티나무 구덩이

[단색도판 139] 風納土城 東壁 C區域 版築城壁 위의 느티나무 구덩이

[단색도판 140] 風納土城 東壁 C區域 內壁 경계 울타리

[단색도판 141] 風納土城 東壁 C區域 북단 外壁의 주차장

[단색도판 142] 風納土城 東壁 C區域 북단 內壁과 인근 건물 신축지
(이와 같은 지하구조는 한번도 당국의 사적영향심의를 받은바 없다.)

[단색도판 143] 風納土城 東壁 D區域 남단(城壁 위에는 온통 나무숲으로 변해 있다.)

[단색도판 144] 風納土城 東壁 D區域 남단 內壁

[단색도판 145] 風納土城 東壁 D區域(版築城壁 上部가 화초, 관상수 등으로 원예시험장을 방불케 한다.)

[단색도판 146] 風納土城 東壁 D區域 內壁 하단의 경계지역

[단색도판 147] 風納土城 東壁 D區域 內壁 하단의 경계

[단색도판 148] 風納土城 東壁 D區域 內壁 境界(경고판과 경계울타리가 매우 을씨년스럽다.)

[단색도판 149] 風納土城 東壁 D區域 內壁 경계와 도로

[단색도판 150] 風納土城 東壁 D區域 북단

[단색도판 151] 風納土城 東壁 D區域 북단(고물상으로 城壁 끝부분을 마감하였다.)

[단색도판 152] 風納土城 東壁 D區域과 商街區域(오른쪽) 사이에 가로 질러 난 도로

[단색도판 153] 風納土城 東壁 商街區域 初入

[단색도판 154] 風納土城 城壁을 따라 성토를 삭평하고 들어 선 공장

[단색도판 155] 風納土城 상가區域 城壁 위에 지은 단층공장 내부

[단색도판 156] 風納土城 東壁 商街區域 城壁 기초 위의 단층주택

[단색도판 157] 風納土城 商街區域의 單層 民家(이들 건물은 지하실을 만들지 않았다.)

[단색도판 158] 風納土城 東壁 商街區域 城壁 위의 민가

[단색도판 159] 風納土城 商街區域(약 260m 길이의 城壁이 모두 상가로 변했다.)

[단색도판 160] 風納土城 商街區域 중간지점에 가로 질러 난 도로(중앙에 약간 솟아 오른 부분이 體城部)

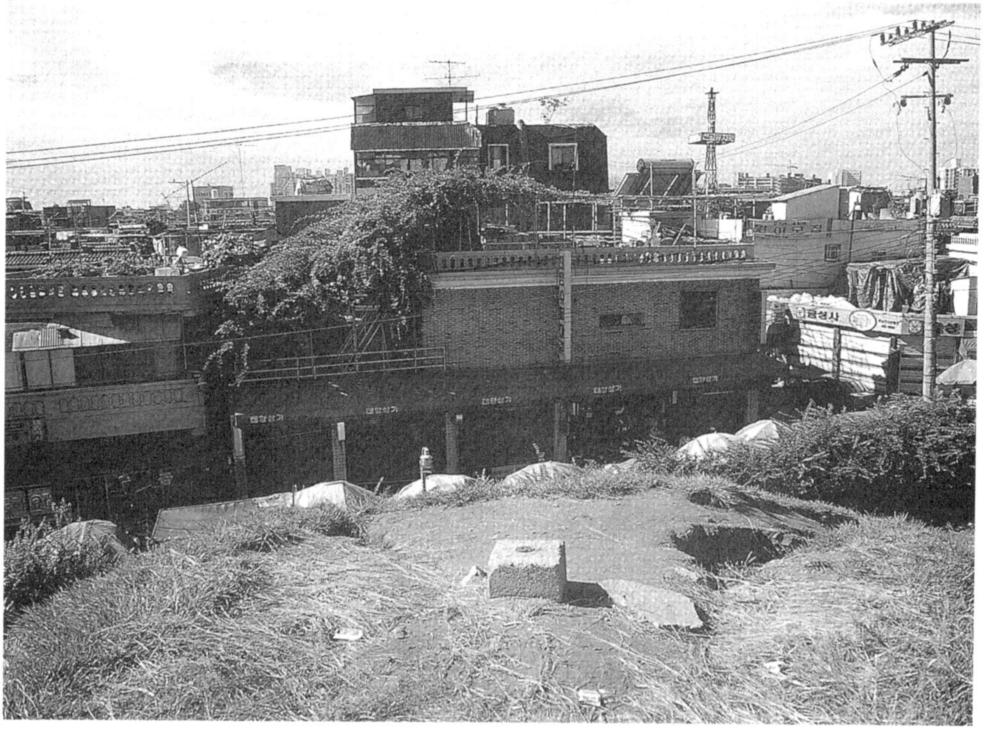

[단색도판 161] 風納土城 東壁 商街區域(土城 위에 시설물 흔적이 보인다.)

[단색도판 162] 風納土城 東壁 商街區域과 복원된 부분 사이의 도로 위에 늘어 선 포장마차

[단색도판 163] 風納土城 東壁 복원된 城壁과 포장마차군

[단색도판 164] 風納土城 東壁 복원된 城壁 아래 세운 안내판과 街板

[단색도판 165] 風納土城 東北壁 內壁 人馬道(멀리 阿且山이 보인다.)

[단색도판 166] 風納土城 東北隅 外壁을 잘못 복원한 二段築城(1976)

[단색도판 167] 風納土城 北壁 내에 건축된 아파트(百濟 前期 首都遺蹟 보존층은 조사되지 않은채 건축되었다. 전면은 풍납토성 북벽의 일부와 진입로)

[단색도판 168] 風納土城 西壁 城壁.(위로 高層아파트와 道路가 開設되었다.)

2

몽촌산성夢村山城 재발굴再發掘의 역사적 의의

몽촌산성夢村山城 재발굴再發掘의 역사적 의의

차 례

머리글

1. 몽촌산성의 지리적 위치와 명칭 명칭

2. 몽촌산성의 발굴과 그 성과

    1) 1980년대 몽촌산성 발굴

    2) 2014년 몽촌산성 북문지 내 발굴

3. 백제의 몽촌산성 경영

4. 고구려의 한강유역 진출

    1) 몽촌산성 출토 고구려식 백제토기의 문제점

    2) 529년 고구려의 한강유역 장악

5. 몽촌산성 발굴을 통해 본 통일신라시기의 한강유역

맺는 글

[추기]

Abstract

[요 약]

2014년 7월 31일, 한성백제박물관 백제연구소는 몽촌산성의 북문지 내 발굴 현장을 일반인에게 공개하면서 몽촌산성 안에서 "통일신라 문화층 아래에 한성백제시기 문화층이 존재하고 있다는 사실을 확인하였다"고 하는 충격적인 고고학 성과를 발표하였다. 이는 백제문화층과 통일신라문화층 사이에는 어떤 문화층도 존재하지 않는다는 사실을 알려주었다.

몽촌산성은 백제의 왕성인 풍납토성을 보위하는 배후성(背後城)이다. 고구려의 왕궁인 국내성의 주위에는 환도(丸都)산성이 있고, 평양 천도 수도인 안학궁 주위에는 대성산성이 있는 것처럼, 한성백제의 왕성인 풍납토성의 주위에 몽촌산성을 쌓아 왕성이 위난(危難)할 때의 피난성(避難城)의 역할을 한다.

1983년부터 1989년까지 7년 동안 몽촌산성에서는 6차에 걸쳐서 상당한 지역을 발굴하였는데, 1기의 지상건물지 외에 온돌건물지 1기, 생활면 유구 1기, 집자리 12기, 판축대지 1개소, 저장공 31기, 방형유구 1기, 적석유구 8기, 연못터 2개소가 확인되었다. 그라고 2014년에 재발굴되면서 어느 정도 몽촌산성의 전모가 드러났다.

몽촌산성에서 출토된 유물은 이곳을 점령한 고구려군의 것일 가능성이 높다고 하였지만, 몽촌산성에서 확실한 고구려의 유적은 아직까지 발굴되지 않았다. 한성백제시기의 백제유적만이 발굴되었고 백제유적 안에서 고구려계의 유물이 수습되었을 뿐이다.

몽촌산성 동남지구 해발 30m 있는 방형유구의 퇴적층 사이사이에서 고구려계통의 토기가 출토되었는데, 발굴자들은 이를 고구려가 475년 한강유역을 점령한 후 고구려인이 남긴 '고구려토기' 라고 간주해 왔다. 그러나 백제유적에서 고구려계의 유물이 함께 출토된다고 하는 사실은 백제인 들이 현지에서 고구려계의 문물을 제작했다고 하는 사실을 증명해주고 있다. 우리는 서울 송파구 석촌동에서 백제의 계단식적석총을 볼 수 있다. 이와 같은 계단식적석총은 중국 집안시에 있는 고구려 고분군에서 흔히 볼 수 있는 '라피미드형' 돌무지무덤이다. 석촌동 적석총은 백제고분으로 고구려의 고분양식을 받아들여 백제인들이 축조했고 본다.

2014년 발굴조사에 의하면, 통일신라시기 출토유물들은 통일신라시기 전기인 7세기 후반에서 8세기경의 유물로 추정하고 있다. 이는 백제문화층 위에서 발굴된 통일신라시기 유적은 신라가 삼국을 통일한 이후에 한강유역을 장악하고 신라인들이 남긴 유적일 것이다.

이번에 발굴된 몽촌산성의 유적 분포 상황으로 볼 때, 한성백제가 475년 공주로 남천한 이후의 몽촌산성은 상당기간 공한지(空閑地)로 남아 있다가 근 2백년 후에 신라인들이 몽촌산성에 들어와서 취락을 형성하였을것으로 추측된다. 몽촌산성이 통일신라시기 전반기에 어떤 목적으로 몽촌산성을 사용한 것인지 앞으로 추구해 보아야할 문제이다. 지금까지 발굴된 취락의 규모와 출토 유물의 내용으로 보아 신라가 통일기에 와서 한강유역에 진출하여 주둔 또는 행정지역으로 사용했었던 곳인지 아니면, 한산주(漢山州)의 치소(治所)로 볼 수도 있을 런지 의문이다.

[주제어: 몽촌산성(夢村山城), 한성백제시기 유적, 통일신라시기 유적, 고구려식 백제토기, 배후성]

머리글

최근 서울 송파구에 있는 사적 제 297호인 몽촌산성의 북문지 안 내성농장부지에서 발굴된 유적에서 "통일신라 문화층 아래에 백제 한성기 문화층이 존재하고 있다는 사실을 확인하였다"[1]

1 박중균.최경숙.최진석 등; 「서울 몽촌토성 서부지구 내성농장부지 유적」『중부지역 고고학조사의 최전선』, 중부고고학회.한성백제박물관, 2014, p.60.

고 하는 고고학 성과가 알려 졌다. 이번 발굴 과정에서 한성백제시기의 유적과 통일신라시기 유적 사이의 간층(間層)에는 다른 시대의 유적이 존재하지 않고 한성백제시기의 유적과 통일신라시기의 유적이 중첩되어 발견되었다. 백제가 475년 공주로 천도한 이후에는 상당기간 몽촌산성 내에는 어떤 정치적 또는 군사적인 집단이 존재하지 않았다는 사실을 알게 되었다.

몽촌산성(夢村山城)은 몽촌토성(夢村土城)을 지칭한다.[개칭문제는 후술함] 일반적으로 산성의 특징상 낮은 평지에 건물을 건축한 사례를 볼 수 있는데, 몽촌산성 안에서 궁궐류의 건물들이 들어설 수 있는 지점은 북문지 안의 현재일원을 제일 먼저 고려되는 지역이다.

1988년, 몽촌산성 동남지구 해발 30m 부근의 구릉 위에서 백제유적인 방형유구와 6호 저장공에서 백제토기가 쌓여있는 퇴적층 사이사이에서 백제토기와 함께 광구장경사이호가 출토되었다.[2] 이런 유의 토기를 발굴자들은 고구려가 475년 한강유역을 장악한 후 고구려인이 남긴 '고구려토기' 라고 간주해 왔다.[3]

2014년 발굴 결과,, "통일신라시기 문화층 아래에 한성백제시기 문화층이 존재하고 있다는 사실을 확인하였다"[4]고 하는 놀라운 사실이 밝혀졌다. 몽촌토성 내에서 해발 고도가 30m 정도이고 가장 낮은 구릉은 해발 17~19m 정도이다. 조사대상 면적 3,500㎡ 이다. 이 지역은 1984년에 숭전(지금의 숭실)대학교 박물관에 의해 발굴되었던 지역이 일부가 포함되었다.[5] 이는 백제가 475년 웅진(공주)으로 천도한 이후 통일신라시기까지 몽촌토성 안에는 무주공한(無住空閒) 지역이였음을 추측케 하는 고고학적 성과이다.

몽촌산싱에서는 1983년부터 1989년까지 6차에 걸쳐 본격적으로 발굴조사가 이루어졌었는데.[6] 이때 발굴에서 출토된 일부 토기를 475년 고구려가 한강 진출하여 몽촌산성을 장악한 이후의 고구려의 산물로 보았다.[7] 그러나 최근 발굴로 한성백제시기의 유적과 통일신라시기의 유적이 중첩되어 발견되었다.

필자는 일찍부터 몽촌산성은 고구려가 475년 이후 장기간 주둔한 사실이 없었다[8]고 주장한 바 있었기 때문에 이번 몽촌산성의 재 발굴을 이와 같은 사실이 확인되어 그 역사적 의미가 매우

---

2 김원룡.임효재 등;『몽촌토성 동남지구 발굴조사보고』, 서울대학교 박물관, 1988, pp.61~62. 보고자는 이들 토기를 백제 토기를 '몽촌유형' 이라 하고 고구려 계통의 토기를 '구의동유형' 이라고 분류하였다.

3 김원룡.임효재 등; 앞의 보고서, 1988, p. 61.

4 박중균.최경숙.최진석 등; 앞의 논문, 2014, pp.57~65.
박중균;「몽촌토성에서 백제 도로와 통일신라 마을유적 확인」『한백소식』03, 한성백제박물관, 2014,pp.8~9.

5 숭전대학교 박물관; 「몽촌토성 제2구역」『정비. 복원을 위한몽촌토성발굴조사보고서』, 몽촌토성발굴조사단; 1984, p.73~128..

6 몽촌토성발굴조사단;『정비 · 복원을 위한 몽촌토성 발굴조사보고서』, 1984.
;『몽촌토성 발굴조사보고서』, 1985.
김원룡.임효재 등;『몽촌토성 동남지구 발굴조사보고』, 서울대학교 박물관, 1988.
김원룡.임효재 등; 앞의 보고서, 1989.

7 김원룡.임효재 등; 앞의 보고서, 1989, p.210

8 이형구;「몽촌산성의 고구려식 백제토기」『한국 고대문화의 비밀』, 김영사, 2004, pp.319~325. 새녘, 2012, pp.331~337.

크다고 생각하고 있다.

본문은 몽촌산성에서 최근에 새로 발굴된 고고학 자료를 중심으로 한성백제시기와 몽촌산성의 역할을 논하고, 475년 이후 고구려가 상당 기간 고구려 점령군이 주둔했다는 일부 주장에 대하여 문제를 제기하고, 몽촌산성에서 발굴된 통일신라시기 유적의 역사적 의의를 밝히고자 한다.

1. 몽촌산성의 지리적 위치와 명칭 문제

몽촌산성은 남한산에서 북서쪽으로 분기한 능선의 끝자락인 몽촌산(夢村山, 혹칭 夢山)의 자연 구릉을 이용하여 축조된 산성(山城)이다.[9] 몽촌산은 망월봉(望月峰)을 중심으로 형성된 구릉은 서에서 동으로 흘러내려 전체적으로는 서고동저 · 북고남저의 지세를 이루며, 몽촌산의 가장 낮은 곳이고 편평 곳으로 최근까지 '내성농장'이 있었다. 성내천이 몽촌산성의 동쪽과 북쪽을 휘감아 돌며 흘러 한강으로 유입되면서 자연 해자(垓子)의 기능을 하고 있다.[도면 1][도판 1]

몽촌산의 최고 고도는 해발 44.8m이며 대부분의 지점이 해발 30~20m 정도의 구릉부를 이루고 있다. 몽촌산[10]은 남한산(남한산성이 있는 산)에서 뻗어 내려 온 구릉에 낮은 구릉으로 형성되어 있다. 구릉이 끊긴 부분을 판축이나 성토쌓기로 쌓아 만든 산성(山城) 이다. 둘레 2,285m이

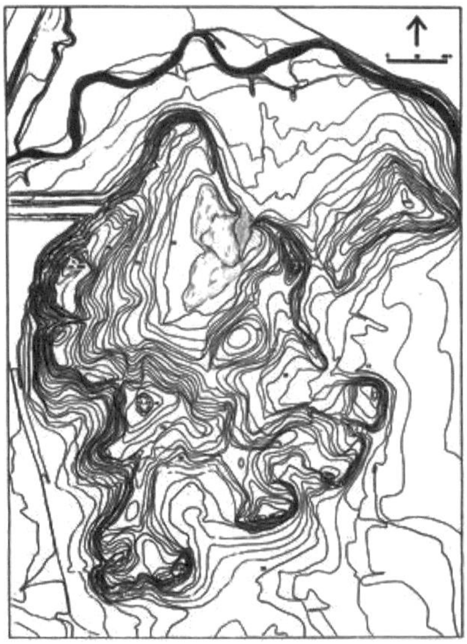

[도면 1] 몽촌산성 지형도(『몽촌토성발굴조사보고』1985)

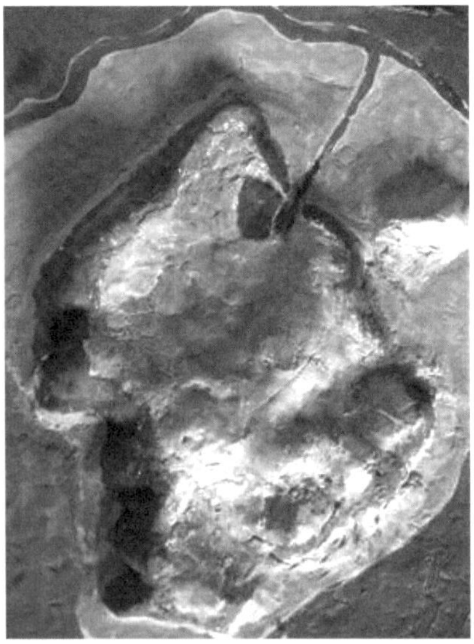

[도판 1]몽촌산성 지세도 모형(구상;이형구, 구성;이규복)

9 이형구;「한성백제 왕도 연구의 현황과 과제-몽촌산성 명칭과 몽촌산성 출토 고구려계 백제토기-」『한성백제왕궁은 어디에 있었나』, 한성백제박물관, 2014, p.43.

10 서거정(徐居正)의 '몽촌의 별장에 이르다(到夢村別墅)' 임정기 역;『사가집』(10권, 민족문화추진회, 2008,P.240

고, 면적은 216,000㎡ 가량 된다.

조선 전기의 문인 서거정(徐居正)의 '몽촌의 망월봉에 오르다(登夢村望月峰)란 시제에서 몽촌산의 망월봉을 노래하고 있다.『東國輿地勝覽』廣州府 山川條에는 "망월봉은 주의 서쪽 10리 몽촌에 있다(望月峰 在州西十里 夢村)" 고 망월봉을 몽촌(夢村)에 있는 산(山)으로 분류하였다. 망월봉은 몽촌산 서쪽에 있는 가장 높은 봉우리(해발 44.8m)이다. 몽촌산성을 토성(土城)으로 본 것은『조선보물고적조사자료』에 "광주군 중대면 이리(二里)에 토루(土壘)가 있다"고 한데서[11] '이리토성(二里土城)' 이라 하고, 이리가 곧, 몽촌(夢村)이라서 몽촌토성(夢村土城)이라 한 것 같다.

몽촌산성은 남한산에서 북쪽으로 뻗어 내려 온 자연 구릉(丘陵)을 이용하여 구릉의 지형이 다른 지점보다 낮거나 자연 구릉이 연결되지 않은 지점에 판축(版築) 또는 성토법(盛土法)으로 보축하는 식의 극히 일부분만 토축(土築)하였기 때문에 엄밀한 의미에서 산성(山城)이다. 몽촌산의 계곡을 감싸앉은 형태의 포곡식산성(包谷式山城)이다.

[도판 2] 몽촌산성 서남지구 지상건물지 적심(북→남, 1989)

1989년에는 몽촌산성 서남지구의 표고 35-40m 고지대에서 지상건물지가 처음으로 확인되었다.[12] 측면 2칸 정면 4칸이상 된다고 하는데 중심 칸을 고려하면 5칸 정도 될 것 같다.[도판 2] 이 지상건물지에서 기와가 발견되지 않는 점으로 미루어 기와의 사용이 보편화되지 않았던 것으로 보는 견해[13]가 있고, 몽촌산성의 거의 전(全)지역에서 최고지배세력이 거주할만한 적극적인 증거가 없다고[14] 하는 주장도 있다.

---

11 박중균.최경숙.최진석 등;『몽촌토성 서북지구 내성농장부지 발굴조사 완료약보고서』, 한성백제박물관, 2014.P.8.

12 김원룡.임효재 등;『몽촌토성 서남지구 발굴조사보고서』,서울대학교박물관, 1989, p. 27.

13 김원룡.임효재 등; 앞의 보고서, 1989, p. 29.

14 임영진;『몽촌토성』, 송파문화원, 2001, p.194.

몽촌산성의 서쪽으로 약 700m 거리, 한강 가에 백제왕도인 풍납토성(風納土城)이 있다. 풍납토성 내 미래마을 라-1호 건물지에서 적심(積心) 여러 좌(座)가 확인되었고,[도판 3] 미래마을 마-2호건물지에서는 원형초석이 발견되었다.[15][도판 4]

몽촌산성은 '몽촌토성'이라고 부르지만 순수한 토성(土城)은 아니다.[16] 몽촌산성은 계곡부로 형성돼있어 국가권력이 집중된 궁궐건물을 축조하기에는 부적합하다.

[도판 3] 풍납토성 미래마을 마-2호건물지 초석

[도판 4] 풍납토성 미래마을 라-1호건물지 적심

2. 몽촌산성의 발굴과 그 성과

1) 1980년대 몽촌산성 발굴

몽촌산성은 1983년부터 1989년까지 6차에 걸친 발굴조사를 통해 지상건물지 1기, 온돌 건물지 1기, 생활면 유구 1기, 집자리 12기, 판축대지 1개소, 저장공 31기, 방형유구 1기, 적석유구 8기, 연못터 2개소 등이 확인되었다.

1988년에 몽촌산성 동남지구에서 백제시대의 주거지 5기가 확인되었는데 그 중 1기(88-1호)를 제외하고 모두 출입구가 있는 6각형주거지이다.[17] 이 점은 풍납토성에서 발견된 6각형주거지와 동류의 주거지로 판단된다.[18] 6각형주거지에서 백제토기가 출토되었는데, 발굴자는 그 중 일부를 골라내서 '구의동형 고구려토기'로 분류하였다.[19]

서남지구 지상건물지 부근에서 온돌유구 1기가 조사되었는데, 온돌유구의 지면에서 '고구려토기' 편이 혼출(混出)되었다고 한다.[20] 아마 백제토기와 혼출되었다는 의미인 것 같다. 동남지구 6호저장공에서는 220㎝깊이의 목탄과 진흙이 섞인 층에서 소견갑골이 출토되었는데, 혹 제의(祭

15 국립문화재연구소; 『풍납토성』 XⅣ, 2012.
16 임영진;『몽촌토성』, 송파문화원, 2001, p.80.
17 김원룡.임효재 등;『몽촌토성 동남지구 발굴조사보고서』,서울대학교박물관, 1988, pp.29~42.
18 이형구;「한성백제시기의 주거생활」『향토서울』63, 2003, PP.113~170.
19 김원룡.임효재 등;『몽촌토성 서남지구 발굴조사보고서』,서울대학교박물관,1989, p. 150.
20 김원룡.임효재 등; 앞의 보고서, 1989, p.31.

儀)시에 점복(占卜)활동으로 사용된 복골(卜骨)이 아닌지 모르겠다.[21] 또 160~170㎝깊이에서 팔판형와당(八瓣形瓦當)이 수습되었는데, 이는 백제가 불교를 공인(384년)한 이후의 4세기말이나 5세기 초 무렵에 만들어진 것으로 보고 있다.[22] 모두 백제의 유적이고 백제의 유물이다.

2) 2014년 몽촌산성 북문지 내 발굴

(1) 한성백제시기의 유적과 유물

2014년 몽촌산성 북문지 내 내성농장부지 발굴에서 현 지표로부터 150㎝에서 깊은 곳은 최대 300㎝깊이에서 백제 주거지 1기, 수혈유구 1기, 구상유구 1기, '도로유구' 2기가 확인되었고, 통일신라 문화층에서는 주거지 18기, 우물 1기, 기둥구멍 2개소, '도로유구' 1기, '수레바퀴 홈' 1개소, 도랑유구 1기 등이 발굴되었다.[23] [도면 3] 백제시기 문화층에 대한 조사는 통일신라 유구가 분포하지 않은 지역을 대상으로 주거지, 수혈유구, 구상유구, '도로유구' 등이 확인되었다.[도판 5~6]

Ⅰ구역의 현 지표면에서 2.4m아래에서 황갈색점토에 잡석이 포함된 기반토(생토면)가 확인되었으며, 이 기반토를 굴착하고 조성된 구상유구와 수혈유구, 그리고 기둥구덩이로 추정되는 원형구덩이 등이 확인되었다. 기반토를 굴착하고 조성된 유구는 한성백제문화층으로 판단하고 있다.

Ⅱ구역은 전체적으로 지표하 150㎝내외 깊이인 암갈색 미사질토아래에서 있으며, 북서쪽에서 백제 주거지 1기, · 수혈 유구 1기가 확인되었다. 백제의 주거지는 통일신라문화층의 바로 아래층인 황갈색 점토층을 굴착하여 조성되었다. 주거지의 평면 형태는 장방형으로 추정된다.[도판 7] 주거지의 내부시설로는 벽구(壁溝)와 벽구 내에 작은 주혈(柱穴)이 부분적으로 확인되고 있어 벽주식 주거지로 판단되고 있다. 주거지 중간부의 바닥면에 소토 및 숯 층이 확인되고 있는

[도판 5] 몽촌산성 북문지 내 발굴지역 조감도(한성백제박물관, 2014)

[도판 6] 몽촌산성 북문지 내 한성백제시기 유적(전면) 및 통일신라시기 유적(후면)

21 88-6호 저장공에서 출토된 유물 특히, 패각류와 동물 뼈, 철기류 등의 유물은 정밀 조사될 필요가 있다.
22 김원룡.임효재 등; 앞의 보고서, 1988, p.57.
23 박중균.최경숙.최진석 등; 앞의 논문, 2014, p.57.

[도판 7] 몽촌산성 북문지 내 Ⅱ구역 한성백제시기 유적 (앞)과 Ⅰ구역 통일신라시기 유적 전경(동-서)

[도판 8] 몽촌산성 북문지 내 '도로유구'(전면의 흰색 선, 안으로 경사면을 이루면서 도로가 곧 끝난다)

것으로 보아 온돌이 시설되었던 것으로 추정하고 있다. 주거지의 잔존 규모는 길이 440㎝, 너비 240㎝, 깊이 11㎝정도이다.

백제의 수혈유구는 Ⅱ구역의 백제 주거지의 남쪽부에 중복된 상태로 확인되었다. 평면은 타원형 형태로 기반토를 굴착하여 조성하였다. 규모는 길이 344㎝, 너비 270㎝, 깊이 15㎝이다. 주거지와 수혈유구의 바로 동쪽부에 인접하여 북서에서 남동 방향으로 진행하고 있는 구상(溝狀)의 유구가 확인되었다.

Ⅲ구역 안에서 3조의 '도로'로 추정되는 유구가 조사되었는데, 1호도로는 북문지 내 가장 북서쪽에 위치하고, 진행 방향은 북서-동남 방향에 가깝게 북문지 쪽으로 진행하고 있다. 도로는 노면(路面)과 양쪽의 측구(側溝)로 이루어졌는데, 노면은 조사지역 내의 기반토를 이루고 있는 황갈색 점질토와 잡석부스러기를 다져 조성하였으며, 양쪽의 측구는 단면 'U' 자형으로 굴착하여 조성하였다. 도로의 규모는 노면 너비가 310㎝내외, 측구 너비 160~290㎝이며, 노면과 측구 바닥면의 높이 차는 40~50㎝이다. 3호 도로는 2호도로의 바로 남동쪽에 인접하여 위치하고 있는데, 3호도로의 노면과 수레바퀴 홈 그리고 측구내에서 백제토기 편이 출토되고 있다.[도판 8]

1호와 3호는 도로의 조성방법과 출토유물의 양상 등으로 보아 거의 같은 시기에 조성되어 사용된 것으로 판단되고 있는데, 1호 도로의 경우 층위 상 측구 내 퇴적토가 통일신라시기 문화층의 아래층인 회흑갈색 사질점토인 점으로 보아 통일신라시기 이전에 조성된 것으로 판단되고 있다.

[도판 9] 풍납토성 미래마을 내 도로유구(남-북 65m 폭 7.5m, 동-서 22m로 자갈과 사질점토층 0.2m로 포장됨)

풍납토성 내 미래마을에서 도로유구가 발굴되었는데 남-북 65m, 폭 7.5m, 동-서 22m의 잔도(殘道)는 자갈과 사질점토층을 0.2m 정도로 포장[24]되었다. 이는 백제 어도(御道)이다.[도판 9]

24 국립문화재연구소; 『풍납토성』XI , 2009, pp.335~338

몽촌산성 북문지 내 내성농장부지에서 출토된 유물로는, Ⅰ구역에서 유구 조성층과 유구 상면에서 고배 대각 편, 격자 혹은 평행타날 토기 편 등 백제토기들이 출토되었다.[도판 10] Ⅱ구역 주거지 내부에서는 평행타날 심발형토기 편, 완, 전달린 토기, 삼족기 편, 기대 편, 호 편, 어망추, 구슬 응과 청자사이호 편이 출토되었다. Ⅱ구역 수혈유구 내부에서는 삼족반, 고배 편, 뚜껑 편, 어망추 등이 출토되었다. 구상(溝狀)유구 내부에서는 백제 고배 편, 조족문토기 편, · 기대 편, 어망추, 방추차 등과 대상파수(帶狀把手) 편, 중국 청자 편, 철촉, 동물 뼈 등이 출토되었다.[25]

Ⅲ구역 1호 도로에서 출토된 유물은 바닥면의 경우, 백제 고배 편, 단경호 편, 뚜껑 편 등 백제토기 편들이 출토되었다. 3호 도로에서 출토유물은 노면과 수레바퀴 홈, 그리고 측구 내에서 단경호 편을 비롯한 토기 편이 주를 이루고 있는데, 모두 백제 것으로 판단되고 있다. 1.3호 도로는 통일신라시기 이전인 한성백제시기에 조성된 것으로 보고 있다. 한성백제시기 구상유구에서 출토된 백제토기 속에 섞여 있는 대상(帶狀)파수 한 편이 특별히 눈에 띤다.[도판 10, 왼쪽 아래]

(2) 통일신라시기의 유적과 유물

통일신라시기 주거지는 총 18기가 확인되었다. 통일신라시기 주거지가 조성된 문화층은 지표 하 150㎝ 내외의 깊이에서 확인되었는데, 주거지는 암갈색 미사질토 아래의 (암)황갈색 사질점토를 굴착하여 조성되었다. 주거지의 밀집도가 매우 높으며, 유구 간의 중복관계가 심하다. 그리고 북서에서 남동방향으로 형성된 자연도랑과 근래의 교란구덩이 등에 의하여 부분적인 유구의 유실과 파괴가 이루어진 상태이다.[도판 11]

Ⅰ구역에서 확인된 통일신라 주거지의 평면 형태는 일반적으로 (말각)장방형의 형태를 띠고 있다. 내부시설은 온돌시설, 기둥 구덩이, 부석시설 등이 시설되었다. 온돌시설은 조사가 이루어진 14기중 8기에서 확인되었는데, 2기 만이 (서)남벽 쪽에 시설되어 있고 나머지 6기는 (북)동벽 쪽에 시설되어 있어 북동 벽 쪽에 시설되어 있는 것이 다수를 차지하고 있다.

[도판 10] 한성백제시기 주거지 출토 유물

[도판 11] 몽촌산성 북문지 내 Ⅰ구역 통일신라시기 유적. 전면 낮은 층이 Ⅱ구역 한성백제 문화층(동-서)

25 박중균.최경숙.최진석 등; 앞의 논문, 2014, p.58.

주거지의 벽체와 지붕을 시설하기 위해 기둥을 세웠던 흔적인 기둥구덩이는 현재까지 5개의 주거지에서 확인되었다. 확인된 기둥 구덩이는 벽면을 따라 평면 원형으로 굴착하여 시설된 것이 일반적이며, 기둥구덩이 간의 중심 간격은 90~110㎝ 내외이다. 부석시설은 주거지의 내부 공간 일부에 잡석(냇돌 포함)을 1~2겹 깔아 시설한 것으로 3기가 확인되었다.

Ⅲ구역에서는 3기의 주거지와 1기의 기둥구멍열이 확인되었다. Ⅲ-1 · 2호는 서로 인접하여 확인되었는데, 평면 장방형의 형태로 암황갈색 사질점토를 굴착하여 조성하였다. Ⅲ-1호의 경우 주혈이나 노지 같은 주거지 내부시설은 확인되지 않았으나 바닥면에서 잡석 및 천석(川石)이 부분적으로 확인되고 있다.

통일신라시기 우물은 Ⅱ구역과 Ⅲ구역의 경계에 걸쳐 위치하고 있다. 우물의 축조는 직경 240~250㎝의 원형구덩이를 굴착한 후 그 내부에 할석을 이용하여 축조하였는데, 평면은 팔각형에 가깝다. 우물의 바닥면은 진한 회색 뻘 층이 단단하게 형성되어 있다. 석축 우물의 규모는 안쪽 지름이 58~60㎝이고 현존 깊이는 210㎝이다. 통일신라 이후 우물로 추정되고 있다.

2호도로는 1호도로에서 남동쪽으로 약 10m 정도 떨어진 구역에서 확인되었으며, 도로의 진행방향은 북동-남서방향으로 문지를 향하여 진행하고 있다. 2호도로의 조성은 암황갈색 사질점토을 도랑(溝)처럼 굴착하고 조성하여 도랑의 바닥면이 노면을 이루고 있다. 또한 도랑 바닥면(노면)의 양쪽 가장자리에 측구를 조성하였는데, 측구 내에는 모래가 퇴적되어 있으며, 할석과 자갈이 부분적으로 들어가 있다. 도로의 너비는 측구를 포함하여 340㎝ 내외이다.

통일신라시기 유적 출토 유물은 Ⅰ구역 주거지에서 토기류, 기와류, 철기 류로 구분할 수 있는데, 토기 류가 주를 이루고 있다. 토기 류는 대부분 편으로 출토되었는데, 기종은 완, 대부완, 뚜껑, 평저호, 옹, 방추차, 어망추, 원판형 토제품 등이며 이 중 대부 완의 비율이 높다. 다음으로 기와 류로는 주거지 내에서 1~3점 정도 편으로 출토되고 있는데, 모두 적갈색연질소성품이며 배면에 선문이 타날된 것들이 특징이다. 철기 류는 10호주거지에서 출토된 철겸 1점을 제외하고는 대부분 편으로 출토되고 부식이 심하여 형태를 확인하기 어렵다. 이외에 숫돌, 납석제 그릇 편 등이 출토되었다.[도판 12]

Ⅲ구역의 북문지 내부와 그 부근에서 확인된 통일신라 주거지에서 출토된 유물은 구연부 편, 시루 편, 우각형파수 편 등이 있다. 통일신라의 우물 내에서는 나무조각, 나무기둥 등의 목재들과 집선문기와 편들이 출토되었다. 우물에서 출토된 기와 편의 문양은 주거지에서 출토된 기와 편의 배면 문양과 유사한 양상을 보이고 있어 우물의 조성 및 사용 시기는 통일신라시기로 추정되고 있다.

[도판 12] 몽촌산성 북문지 내 통일신라시기 유적 출토 토기

3. 백제의 몽촌산성 경영

1980년대 발굴시, 백제 유적인 방형유구와 6호 저장공에서 백제토기가 쌓여 있는 토적층 사이사이에서 백제토기와 함께 광구장경사이호가 출토되었다.[26] 이런 유의 토기는 고구려의 유적에서 종종 보이는 유형이기 때문에 당시 발굴자들은 고구려가 475년 한강유역을 장악한 후 고구려인이 남긴 '고구려토기' 라고 간주해 왔다.[27]

몽촌산성은 1989년 조사결과 적심석을 갖춘 건물지 및 조경지로 추정되는 연못지의 흔적이 밝혀져 지금까지 출토된 각종 중국도자기 및 와당 등의 유물과 더불어 도성의 가능성을 한층 더해 주고 있다고 하고,[28] 한성백제시기의 도성이었을 것으로 보았다.[29] 이에 대해 몽촌토성이 초기 백제의 도성으로 가장 좋은 조건을 갖추었고 또 그 규모도 고대도시에 비해 적은 것이 아니라는 연구결과 등은 몽촌산성을 한성백제시기의 왕성인 하남위례성으로 비정[30]하기도 하였다. 그러나 발굴조사에 참여했던 한 조사자는 몽촌산성의 거의 전(全)지역에서 발굴되었지만 최고지배세력이 거주할만한 적극적인 증거가 없다고 하였다.[31] 실제로 몽촌산성에서는 고대도시의 형태도 드러나지 않았고 정치집단이 거주할 만한 궁궐지나 관아지 등 확실한 증거도 나오지 않았다.

몽촌산성 북문지 내 발굴지점은 산성 내에서 건물군 들이 들어설 수 있는 입지조건이 가장 좋은 평편한 대지형 지역이지만 우리가 지금 발굴을 통해서 확인할 수 있는 것은 궁궐건물의 흔적이 아니라 소규모의 한성백제시기의 유적과 통일신라시기의 주거지 몇 십 기 정도가 존재하고 있는 취락 정도라고 하는 사실이다.

몽촌산성 북문지 내의 취락형 대지는 오늘날 발굴하고 있는 북문지 안의 '내성농원부지' 밖에 없다. 만약에 고구려군이 몽촌산성에 상주했다고 한다면 당연히 군영이 있어야 하고 여기에 딸린 군속이 상주하는 건물들이 있어야 한다. 몽촌산성의 구릉상에 약간의 지상건물지(적심건물지, 온돌건물지류)만을 가지고 장기간(475~553년) 거주했다고는 볼 수 없다.

혹자는 몽촌산성을 왕궁으로 보는 경우도 있지만[32] 단 1기의 적심 지상건물지마저도 전면 5칸 정도 측면 2칸의 규모라면[33] 일개 사당이나 제실 정도의 규모이다. 이것을 두고 궁궐유적이라

---

26 김원룡.임효재 등; 앞의 보고서, 1988. pp.61~62. 보고자는 이들 토기를 백제 토기를 '몽촌유형' 이라 하고 고구려 계통의 토기를 '구의동유형' 라고 분류하였다.

27 김원룡 임효재 등; 앞의 보고서, 1988, p. 61.

28 김원룡 임효재 등 앞의 보고서;,1989, p. 210.

29 성주탁;『백제성지연구(百濟城址研究)』, 서경, 2002.
최몽룡;「한성시대 백제의 도읍지와 영역」『진단학보』60, 1985.「몽촌토성과 하남위례성」『백제연구』19, 1988.
최몽룡;「한성시대의 백제」『한강유역사』, 민음사, 1993, p. 253.
김원룡.임효재 등; 앞의 보고서, 1989, p.210.

30 최몽룡, 「몽촌토성과 하남위례성」『백제사의 이해』, 1991, p. 96

31 임영진;『몽촌토성』, 송파문화원, 2001, p.194.

32 최몽룡, 앞의 논문, 1991, p. 96.

33 김원룡.임효재 등; 앞의 보고서, 1989, p. 29.

고 보는 것은 무리도 큰 무리다. 최근에 풍납토성 미래마을 발굴에서 대형 적심초석이 발견되어 한성백제의 지상건물의 궁궐건축이 확실해 졌다.

몽촌산성이 해발 40~30m의 구릉에서 북쪽으로 계곡부를 이루면서 전개된 경사면을 상정했을 때, 구릉 위 고지대에서 475년부터 553년까지 고구려인들이 주둔했다고 한다면 불과 몇 체의 소규모 건축물을 짓고 살았다고 밖에 볼 수 없다. 몽촌산성의 구릉 지역에서 백제시대의 건물지와 저장시설이 발굴된 것으로 미루어 보아 몽촌산성이 왕성인 풍납토성을 방위하는 전략적인 배후성일 것으로 추정된다. 혹『삼국사기』백제본기 아신왕조에 나오는 한성별궁(漢城別宮)일 가능성도 배제할 수 없을 것이다.

고구려의 왕궁인 국내성이 있다면 주위에는 환도산성이 있고, 평양에 안학궁이 있고 대성산성이 있는 것처럼 몽촌산성은 왕성인 풍납토성을 엄호하거나 피난할 수 있는 왕성의 외곽성일 가능성이 많다.[34] 그리고 군사적인 방어성(防禦城)이며,[35] 왕성인 풍납토성이 위난할 때 왕성을 보호하는 배후성(背後城)으로도 보았다.[36] 몽촌산성의 발굴조사 결과 왕궁임을 뒷받침할만한 궁궐지나 부속건물 등이 확인되지 않았기 때문에 '별궁(別宮)' 으로 보기도 한다.[37]

이번 몽촌산성의 발굴을 통해서 475년의 풍납토성과 몽촌산성의 함락 이후부터 통일신라시기까지 2백년 가까운 시간 동안 몽촌산성에는 아무런 유적이 존재하지 않는다고 하는 사실을 알게 되었다. 이와 같은 사실은 몽촌산성 안에는 고구려의 생활유적이나 군사시설의 흔적이 존재하지 않았다는 의미이다. 고구려인들이 백제왕도인 풍납토성을 모두 불태우고 방기(放棄)하고 돌아간 것은 인류의 '경외사상(敬畏思想)' 에서 나온 현상이 아닌지 모르겠다. 그것이 인륜지사(人倫之事)이다.

몽촌산성에서 발굴된 어떤 유적(88-방)에서는 백제토기가 퇴적된 곳에서 이층 저층에서 수습되었다. 동시에 매립된 현상으로 파악된다. 이는 매립 당시 백제인들에 의하여 백제인들이 사용하던 백제토기(생활기물)를 힌 곳에 모아 놓은 것이라고 밖에 볼 수 없을 것이다. 무슨 제의(祭儀)의 한 행위로, 일시에 폐기했을 수도 있고 백제가 이곳을 철수할 때 일시에 매립했을 수도 있을 것이다. 인접지역의 저장공에서도 제의와 관련이 있는 것으로 보이는 유물들이 공반되고 있어 매우 주목을 끌고 있다. 그 시기가 475년 이전의 제의행위의 유적일수도 있고 아니면 바로 그곳을 떠날 수밖에 없는 475년의 황망한 일수도 있을 것이다.

---

34 이형구;『서울풍납토성[백제 왕성] 실측조사연구』, 백제문화개발연구원, 1997. p.48.

35 이형구;『백제의 도성』,주류성, 2004, p.81.

36 이형구;「한성백제 왕도 연구의 현황과 과제-몽촌산성 명칭과 몽촌산성 출토 고구려계 백제토기-」『한성백제왕궁은 어디에 있었나』, 한성백제박물관, 2014, p.43.

37 신희권; 「백제 한성기 도성제에 대한 고고학적 고찰」『백제도성의 변천과 연구상의 문재점』, 서경, 2003, p.48.

4. 고구려의 한강유역 진출

1) 몽촌산성 출토 고구려계 토기의 문제점

1988년에 몽촌산성 동남지구 해발 30m 부근의 비교적 평편한 지점의 방형유구(88-방)와 6호저장공(88-6호)에서 광구장경사이호(廣口長頸四耳壺), 원통형삼족기 같은 고구려 계통의 토기가 백제토기와 함께 출토되었다. 방형유구에서는 표토 아래에서부터 바닥까지 계속 층을 이루면서 백제토기가 출토되었다.[38] 광구장경사이호 편이 동일 유구의 서로 다른 층에서 각각 출토되었는데,[도면 2] 복원한 결과 완전한 1개체의 토기임이 밝혀졌다. 이는 백제시기에 백제토기가 퇴적된 현상이다. 그렇다면 고구려가 475년 한강유역을 장악하고 나제동맹군에 의해 553년에 한강유역에서 물러날 때까지 78년이나 몽촌산성에 머물렀다면 방형유구 안에서 수습된 유물은 절대다수가 ' 구의동유형 '이라고 하는 고구려토기이여야 된다. 그러나 수습된 절대다수의 토기는 '몽촌유형' 이라고 하는 백제토기이다. 이 토기들은 한강유역의 현지(現地)에서 제작된 토기일 것이다. 이 문제는 앞으로 태토(胎土)의 성분분석을 통하여 태토의 산지(産地)를 확인하는 일이 수반되어야 하지만 외형상으로 보는 토기의 표면은 현지의 흙을 사용한 것으로 보인다. 한성백제와 고구려와의 문화교류의 현상에서 찾아 볼 수 있는 '고구려계양식(高句麗系樣式)' 즉, '고구려식(高句麗式)' 의 백제토기로 보아야 할 것이다.

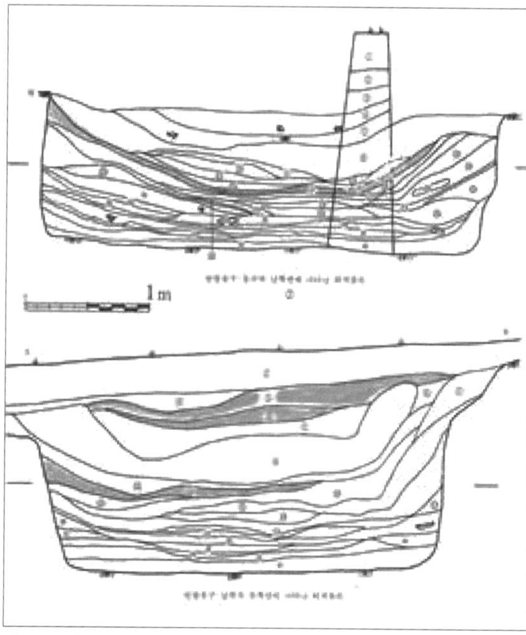

[도면 2] 몽촌산성 내 방형유구(1988, p.167) 단면도(회색부분이 광구장경사이호 편 출토 위치)

충남 공주, 논산, 부여지역에서 출토된 장경호 류[39]는 몽촌산성 출토 사이호와 구형호의 특성이 잘 반영된 유형으로 볼 수 있다. 경기. 충남. 전북 지역에서 출토된 백제 옹 류[40]도 몽촌산성 출토의 장경호 류와 매우 유사하다. 이는 고구려 문화의 영향으로 현지에서 제작된 '고구려식' 백제토기이다. 특히 충남 부여 부근에서 출토된 '사이부(四耳付)장경병'[41]

38 김원룡.임효재 등; 앞의 보고서, 1988, pp.61~66.

39 백제문화개발연구원;『백제토기도록』, 1984, PL.115,121,122,127,306.

40 백제문화개발연구원;『백제토기도록』, 1984, PL.276,277,278,280.

41 백제문화개발연구원;『백제토기도록』, 1984, PL.220.

[도판 13] 서울 몽촌산성 출토 광구장경사이호

[도판 14] 충청남도 부여 출토 광구장경사이호

은 갈색 유약이 덮여있는 백제후기의 것으로 네 귀를 세워서 부착한 형태이고 표면의 시문이나 소성방법이 발전된 양식이지만 기본적으로 광구장경사이호 류의 양식을 받아들인 '고구려 양식' 의 백제토기이다.[도판 14]

몽촌산성 발굴조사자들은 고구려의 세력이 한강유역에 장기 점령하였다고 보고, 몽촌산성에서 출토된 백제토기 가운데 일부 고구려계 양식을 띠고 있는 토기를 고구려 점령군이 남긴 유물로 보고 있다. 그 대표적인 유물로 '광구장경사이호' 를 들고 있는데 이 토기가 중국 길림 집안 국내성에서 출토된 4,5세기경의 고구려 광구장경사이호와 유사하기 때문에 몽촌산성의 광구장경사이호를 5세기 중엽 이후의 '고구려토기' 로 보고 있다.[42] 몽촌산성에서 출토된 일련의 고구려계 토기들을 475년 고구려가 한강유역으로 진출한 이후의 산물로 보고 있다.[43]

'구의동유형' 의 토기가 존재하는 것을 몽촌토성의 폐기원인(475)과 관계가 있다고 보고, '몽촌Ⅱ기' 의 하한을 이러한 '구의동유형' 의 년대와 결부하여 대체로 5세기 중엽이후로 보고 있다.[44] 그러나 몽촌산성에서 출토된 광구장경사이호 · 구형호 · 장동호 · 원통형 삼족토기 등 '고구려계토기' 는 모두 백제유적에서 백제토기와 함께 출토되었다. 이러한 유형의 유적과 유물은 모두 백제가 공주로 천도(475)하기 이전 시기의 백제유적이요 백제유물이다.

우리는 서울 석촌동 고분군에서 백제의 계단식 적석총을 볼 수 있다. 이와 같은 계단식 적석

---

42 김원룡.임효재 등; 앞의 보고서, 1988, pp.164~165.
43 김원룡.임효재 등; 앞의 보고서,1989, p. 210.
44 김원룡.임효재 등; 앞의 보고서,1988, p. 200.

총은중국 집안시에 있는 고구려 고분군에서 흔히 볼 수 있는 이른바 라피미드(Pyramid)형 돌무지무덤(적석총)이라고 하는 고구려 적석총이 있다.[도판 15] 서울 송파구 석촌동에는 사적 제 243호로 지정된 백제 적석총이 있다.[도판 16] 이는 고구려의 고분 양식을 백제인 들이 받아들여 백제인이 축조한 '고구려식' 의 백제고분이다.

[도판 15] 중국 길림 집안 산성하묘구 고구려 적석총

[도판 16] 서울 송파구 석촌동 백제 릉묘구역 적석총(4호)

2014년 몽촌산성 북문지 내 발굴지의 백제문화층에서 수습되었는데,[45] 이 대상파수 편이 어떤 성격의 유물인가? 몽촌산성에서 살았던 백제인등의 생활 기물이던가, 아니면 고구려 주둔했는가 여부를 밝히는데 중요한 관건 유물될 수 있다. 몽촌산성 출토의 고구려계 문화가 백제로 유입(流入) 혹은 전파(傳播)된 것으로 보고,[46] 몽촌산성에서 출토된 이른바 '고구려토기' 는 백제인들이 만든 고구려식 백제토기라고 보았다. 양국 간에는 평상시의 인적 물적 교류가 빈번했을 것으로 추측된다. 역설적으로 전쟁은 가장 빠른 문화교류를 상상하지 않을 수 없다.

고구려와 백제 사이에는 4세기~5세기 사이에 비교적 잦은 전쟁이 일어나고 있는데, 이 시기에 고구려와 백제가 치양(雉壤)[47] 에서 벌어진 비교적 큰 전쟁이 있었다. 369년(근초고왕 24) 고구려왕 사유(고국원왕)가 보병과 기병 2만을 거느리고 치양을 치고 민가를 약탈하므로 근초고왕이 태자(후의 근구수왕)로 하여 군사를 보내어 지름길로 치양에 이르러 적을 쳐서 적병 5천의 머리를 베고 "노획한 전리품(戰利品)을 장병들에게 나누어 주었다[48]고 하였다. 371년 (고국원왕 41)에는 백제왕(근초고왕)이 군사 3만을 거느리고 와서 평양성을 공격하므로 고국원왕이 군사를 출동하여 방어하다가 날아오는 화살에 맞았다.[49] 390년 9월에 진사왕이 달솔 진가모(眞嘉謨)를 시켜 고구려를 치게 하여 도곤성을 함락시키고 포로(捕虜) 2백명을 사로잡아 갔다"[50]고 하였다.

4세기말 광개토왕 재임시기에는 고구려가 백제 도성을 침략한다. 그 뒤를 이은 장수왕은 더

45 박중균.최경숙.최진석 등; 앞의 논문, 2014, p.58.
46 이형구; 앞의 책, 새녘, 2004, pp.331~337.
47 치양은 지금의 황해도 백천땅으로 보고있다.(이병도;역주; 『삼국사기』상, p.334 주15.)
48 『삼국사기』백제본기 근초고왕 24년조 기사.
49 『삼국사기』고구려본기 고국원왕 39년조 기사.
50 『삼국사기』백제본기 진사왕 6년조 기사.

욱 적극적으로 한강유역을 공략하여 475년 백제가 웅진(공주)으로 남천하기에 이른다. 이러한 대소 전쟁을 통하여 고구려계 양식의 문물이 백제에 전해 졌을 수 있다. 이후 계속되는 고구려와의 전쟁은 양국 간의 문화교류를 더욱 가속시켰을 것으로 추측된다.

2) 529년 고구려의 한강유역 장악

475년, 고구려는 장수왕이 군사 3만을 이끌고 백제에 침입하여 제왕의 수도인 한성(오늘의 풍납토성)을 함락하고 제왕을 죽이고 남녀 8천인을 사로잡아 돌아갔다고 『삼국사기』는 기록하였다. 고구려가 인질과 포로 8청명을 데리고 돌아갔다고 하였으나 신라의 '신주' 같은 지배 기구를 남겨 뒀다는 기록은 없다. 실제로 몽촌산성 발굴로 475년 백제가 웅진(공주)으로 천도한 이후에 고구려가 한강유역을 점령하여 적극적으로 몽촌산성을 사용한 고고학 자료가 확인된 유적이 없다. 모두 백제토기가 출토되는 유적이다. 북한 측의 주장은 고구려가 백제를 공격했을 때(475) 백제는 하는 수 없이 수도를 웅진으로 옮기였으며, 막대한 인적.물적 손실을 내고 고구려군을 한강유역으로부터 철수시키게 되었다고 하였다.[51] 실제로 『고구려사』를 보면 "그 후(475)에도 6세기 초엽까지 한산성.한성은 계속 백제 땅으로 남아 있었던 것으로 씌여 있다"고 하였다.[52]

고구려가 한강 유역을 완전 장악한 것은 백제 성왕 7년(529)의 오곡(五谷) 전투[53] 이후로 보고 있다.『삼국사기』에 529년 10월, 고구려 안장왕이 직접 군사를 거느리고 나아가 백제 북쪽 변경 혈성을 빼앗으므로 성왕이 좌평 연모에게 명하여 보.기 3만을 거느리고 오곡(五谷) 벌에서 고구려군과 싸우다가 죽은 자가 2000명이나 되었다"고 한다. 오곡성은 오늘날의 황해도 서흥(瑞興) 지방이다.

백제가 웅진으로 남천한 이후에도 줄곧 한강이북 지역을 자주 침공한 기사가 『삼국사기』에 자주 보인다. 북한의 손영종에 의하면 "475년 전쟁이후 482년, 499년에도 백제의 한산, 한(산)성에 대한 기사가 나오며 6세기 초에도 한성 관계 기사들이 나오는 것으로 보아 475년 전쟁이 있은 후 고구려는 한강 이북의 대부분 지역을 차지하였을 뿐임을 알 수 있다"고 하였다.[54] 그리고 "529년의 오곡성 전투의 대승리 이후 고구려는 새로 차지한 지역들에 통치 질서를 새우기 시작하였다"고 한다.[55]

『조선전사』에는 "고구려가 어떤 강화조약으로 백제수도 한성과 그 이북의 한강하류 지역을 도로 내 주었는지는 잘 알 수 없다"고 하였다.[56] 북한의 사회과학원 역사연구소가 편찬한 ' 국정사서(國定史書)' 에 하나같이 고구려가 475년에 백제수도를 함락한 후 그 이상 더 진격하여 백제수

51 사회과학원 역사연구소;『조선전사』3 중세편「고구려사」,과학백과사전종합출판사, 1991, p.151~152.
52 손영종;『고구려사』(1), 과학백과사전종합출판사, 1990, p.361.
53 『삼국사기』백제본기 성왕 7년조 기사
54 손영종:『고구려사의 제문제』(신서원 영인본), 사회과학출판사, 2000, p.88.
55 손영종:앞의 책, 2000, pp.87~91.
56 사회과학원 역사연구소; 앞의 책 1991, p.151 주.

도 한성과 그 이북의 한강하류지역을 점령하지 않고 철수하였다고 하였다. 이로 미루어 보면 고구려가 한강유역에서 전투를 벌였지만 고구려 군사가 한강유역에 상주하지 않고 철수한 후 한강유역은 유휴지처럼 남아 있었던 것으로 보인다. 실제로 한강유역을 장악한 것은 529년 오곡성전투 이후일 것이다.[57] 이와 궤를 같이하는 국내 학계의 연구도 주목된다.[58]

고구려가. 한강유역을 점령해서 주둔했다고 하는 기록은 찾아 볼 수 없다. 북한 측의 연구에 의하면, 529년 고구려와 백제의 오곡성 전투 이후에 비로소 한강유역을 실질적으로 장악했을 것이라고 했다.[59] 『조선전사』에 말하기를, "『삼국사기』고구려본기에는 이 전역에서 고구려군은 한성을 도로 내주고 8.000명의 백제사람들을 붙들어 온 것으로 되어 있고, 백제본기에는 고구려군은 비록 물러갔으나 한성은 크게 파괴되어 수도로 다시 이용할 수 없었으므로 웅진으로 수도를 옮긴 것으로 되어 있다. 그 후에도 6세기 초엽까지 한산성, 한성(한강이북)은 계속 백제 땅으로 남아 있었던 것으로 씌여있다"고 하였다.[60] 그리고『조선전사』에서는 "고구려가 어떤 강화조약으로 백제수도 한성과 그 이북의 한강하류지역을 도로 내 주었는지는 잘 알 수 없다"고 하였다.[61] 말하자면 응징적인 성격의 전쟁이다.

최근 몽촌산성의 재 발굴을 통해서 "통일신라 문화층 아래에 한성백제시기의 문화층이 존재하고 있다는 사실을 확인하였다"[62]고 하는 사실이 밝혀짐으로서 북한측의 '백제수도 비점령(非占領) '주장이 사실에 접근하고 있다고 하는 사실을 확인하게 되었다. 몽촌산성에서 출토된 이른바 ' 구의동유형 고구려토기 '의 사용시기도 이쯤으로 보아야 하는데, 일련의 토기의 연대와 많은 괴리 현상을 발견하게 된다. 이들 토기는 백제가 공주로 천도하기 이전의 백제 유적에서 출토된 백제토기이다.

1980년대 몽촌산성을 발굴한 사람들은 몽촌산성에서 출토된 백제토기 가운데 일부 고구려계통의 특성을 가진 토기가 보인다고 하여 고구려가 475년 백제 수도를 침범했을 때 남겨논 유물이라고 주창해 오고 있다. 발굴자는 '고구려토기' 는 475년 무렵 고구려의 한강유역 진출과 몽촌

57 『조선전사』에는 529년 이후 "오늘의 아산-천안-청원계선에서 백제와 대치하게 그 일대에 앞으로의 남방진출을 위한 거점, 방어기점으로서 수 많은 성들을 쌓게 되었다."고 하엿다 (『조선전사』3 중세편 「고구려사」, 1991, p.159). 이 계선에 수 많은 성들을 쌓았나고 하는 것은 이 일대의 일부 발굴보고서에 고구려계의 유물이 포함된 것으로 보고 인용한 것으로 보인다.

58 김영관;「백제의 웅진천도 배경과 한성경영」『충북사학』11.12합집. 2000, PP.81~83. 이 밖에 한강유역의 백제 유지설을 주장한 정운용의「나제동맹기 신라와 백제 관계」(『백산학보』 46, 1996, P.122) 그리고 무령왕대의 한강유역 회복설을 주장한 양기석의「웅진시대의 백제지배층연구」『사학지』14, 1980, PP.22~23)등이 있다. 본문에서는 이들 연구을 바탕으로 북한학계의 일련의 주장을 다시한번 경청하기 위해서 중점적으로 다루었다.

59 손영종: 앞의 책, 2000, pp.87~91.

60 손영종:『고구려사』(1), 과학백과사전종합출판사, 1990, p.340.

61 사회과학원 역사연구소; 앞의 책, 1991, p.151~152 주에서 "고구려가 어떤 강화조건으로 백제 수도 한성과 그 이북의 한강 하류 지역을 도로 내주었는지 잘 알 수 없다. 그러나 396년의 실례가 보여 주는 바와 같이 상당한 인적 및 물적 보상을 받아 내었을 것은 물론이고 많은 영토를 할양 받았을 것으로 추산된다고 하였다.

62 박중균.최경숙.최진석 등; 앞의 논문, 2014, pp.57~65. 박중균;「몽촌토성에서 백제 도로와 통일신라 마을유적 확인」『한백소식』03, 한성백제박물관, 2014,pp.8~9. 이외에 현장설명회 자료 등.

산성의 장악 이후의 산물로 보고 있다. 그러나 몽촌산성에서 확실한 진정한 고구려의 유적은 아직까지 발굴되지 않았다. 백제유적만이 발굴되었고 백제유적 안에서 고구려계의 유물이 수습되었을 뿐이다. 이와 같은 현상을 이미 석촌동 백제 전기 계단식[피라미드형] 돌무덤에서도 고구려식의 계단식 돌무덤 양식을 확인한 적이 있기 때문이다.

몽촌산성 출토의 광구 장경 사이호를 비롯해 구형호 · 장동호 · 원통형삼족토기 등 고구려계 토기가 백제로 유입(流入)될 수도 있지만 고구려 문화가 전파(傳播)된 것으로 볼 수 있지 않을까 생각한다.[63] 그것은 마치 송파구 '석촌동 백제초기 적석총'(사적 제 243호)의 축조방식이 중국 길림성 집안시 고구려 적석총과 유사한데도 고구려고분이라고 하지 않고 백제고분이라고 한다든가 석촌동 3호분을 백제 '근초고왕릉'[64]이라고 하는 것과 같다. 몽촌산성 내의 백제 유적에서 고구려계의 문물이 함께 발견된다고 하는 사실은 백제인 들이 현지에서 고구려계의 문물을 제작했다고 하는 사실을 증명해주고 있다. 고구려계양식의 문물이 한강유역에 적극적으로 들어오기 시작한 것은 4세기중후반 근초고왕의 평양 전투나 4세기말 광개토왕의 남침을 고려할 수도 있을 것이다. 이 점은 여러 방면에서 재고해 볼 필요가 있다고 생각한다.

5. 몽촌산성 발굴을 통해 본 통일신라시기의 한강유역

660년(문무왕 1) 백제가 멸망한 후, 신라는 664년(문무왕 4) 정월에 아찬인 군관으로 한산주(漢山州) 도독을 삼았다. 7월에 왕이 인문 등을 시켜 일선.한산 2주의 병을 거느리고 웅징부성의 군사와 함께 고구려 돌사성을 공멸하였다고 하는 기사에 한산주가 보인다. 한산주의 주치를 경기도 광주(廣州)로 보고 있다.[65] 신라가 통일 전에는 주치를 군사근거지의 기능이 주요시되었다.[66] 최근의 일련의 고고학 성과로 미루어 보아 그 주치(州治)는 북한산(北漢山) 남쪽, 오늘날의 서울 종로구 일대가 아닌가 추측해 보았다[67]

668년(문무왕 8)에 고구려가 멸망하고. 이 해에 한산주 소감 박경한을 치상하고, 한산주 소감 김상경을 추증했다는 기사에 한산주가 보인다. 670년(문무왕 10)에 한성과 한성주가 보이고, 671년(문무왕 11), 672년(문무왕 12)에도 한성주가 보인다. 670~672년 사이에 한성, 한성주가 보이는데 한산, 한산주를 잠시 한성, 한성주로 부른 것이 아닌지 모르겠다. 그리고 672년에는 한산주에 주장성(晝長城)을 쌓았다는 기사가 보인다. 이병도는 한산주를 지금의 광주로 보고 주장성

63 이형구; 앞의 책, 새녘, 2004, pp.331~337. 이형구;「한성백제왕도 연구의 현황과 과제-몽촌산성 명칭과 몽촌산성 출토 고구려계 백제토기-」『한성백제왕궁은 어디에 있었나』, 한성백제박물관, 2014, pp.9~64.

64 김원룡;「백제건국지로서의 한강하류지역」『한국고고학연구』, 일지사, 1987, P.891.

65 주치는 지금의 경기도 광주 고읍(이병도;역주 『삼국사기』상, p.115, 주)

66 김철준;「통일신라 지배체제의 재정비」『한국고대사연구』, 1990, P.189.

67 이형구;「서울 종로구 명륜동 신라 석실묘 발굴의 의의」『신라사학보』20, 신라사학회, 2010, pp.279~295.

은 광주 남한선성으로 비정하였다.[68] 676년(문무왕 16) 나.당 전쟁의 승리로 신라의 완전한 통일 완수, 718년(성덕왕 17) 한산주 관내에 제성을 쌓았다고 하였다. 757년(경덕왕 16)에 한산주를 한주(漢州)라고 고쳤다.[69]

789년(원성왕 5)에 한산주가 다시 보이기 시작하면서 794년(원성왕 10), 799년(소성왕 1), 816년(헌덕왕 8), 822년(헌덕왕 14), 828년(흥덕왕 3), 887년(정강왕 2)에 한산주가 보인다. 그리고 887년(정강왕 2), 896년(진성왕 9)에는 한주가 보인다. 문무왕이 삼국을 통일한 후 한산주.한주라고 하는 주명이 통일신라 후기에 궁예가 대두되기 전까지 남아 있었다. 한산주나 한주가 번가라가며 주명을 사용하고 있는데, 같은 지명으로 보고 이를 지금의 광주로 비정하고 있다.[70]

이번 몽촌산성 북문지 안에서 발굴된 지역은 몽촌토성 안에서는 가장 넓고 편평한 지역이다. 이 지역에서 18기의 통일신라 주거지가 확인되었다. 통일신라 주거지가 조성된 문화층은 지표 하 1.5m 내외의 깊이에서 확인되었다. 그리고 현 지표면에서 2.4m 아래에서 한성백제 문화층이 확인됨으로서 약 90~100㎝의 무유적(無遺蹟)의 간층(間層)이 존재하고 있다고 하는 사실을 알게 되었다. 가장 낮은 평탄한 지역에서 소수의 백제유적이 확인되었다고 하는 사실은 그동안 몽촌산성을 백제의 왕성으로 보아 왔던 인식을 바꿀 수밖에 없게 되었다.

한성백제가 공주로 남천한 이후에 몽촌토성이 상당기간 동안 공한지로 남아 있다가 백제의 잔흔이 소멸된 후에 신라인들이 몽촌산성에 진입하여 신라인들의 취락이 형성되었는데, 어떤 목적으로 사용한 것인지 앞으로 추구해 보아야겠다. 이들이 남긴 유물들은 통일신라시기 전기인 7세기 후반에서 8세기경의 유물로 추정되고 있다. 신라가 통일한 이후 7.8세기에 몽총산성을 중요거점으로 활용했을 것으로 추정된다. 신라가 통일 이후 한강유역에 진출하여 주둔 또는 행정 지역으로 장시간 존치되었음을 알 수 있었다. 그러나 지금까지 몽촌산성 내에서 발굴된 유적은 신라의 행정 기구나 조직이 상주하기에는 규모가 협소한 편이다.

신라가 통일 이후에는 지방행정구역의 성격이 안정적으로 정립되었다고 보았다.[71] 그리고 통일 전의 군사적 위기에서 벗어나 민정을 우선한 행정으로 변모해 갔다고 하였다.[72] 아마 정치적으로 안정기에 도달했기 때문인 것으로 보인다. 이러한 사회적 안정기에 몽촌산성 내에 신라의 어떤 형태의 지방행정 조직이 들어오지 않았을까 추측해 볼 수도 있다. 그러나 지금까지 발굴된 통일신라시기의 취락의 규모와 발굴 내용으로 봤을 때 치소 정도의 행정기구와 부속시설을 갖춘 행정도시가 경영되었을까 하는 의문이 들지 않을 수 없다.

---

68 이병도;역주; 『삼국사기』상, p.140 주.

69 『삼국사기』잡지, 경덕왕때 '9주 개칭' 시에 한산주를 한주(漢州)라고 고쳤다. 한주는 금광주(今廣州)라 하였다. 고려시기의 광주는 오늘 날의 경기도 광주이다.

70 이병도.김재원; 『한국사』고대편, 을유문화사, 1959, p.559.

71 김철준「통일신라 지배체제의 재정비」『한국고대사연구』, 1990, P.189.

72 통일 전의 주는 군사적 기능이 중시되었고, 통일 후에는 군사적 위기가 물러간 뒤라서 그런지 민정을 우선한 행정으로 변모된 듯하다.(최근영; 『통일신라의 지방세력연구』, 신서원, p.101)

맺는 글

본문에서는 몽촌산성을 중심으로 한성백제와 통일신라의 역사적 의의를 규명하고, 그동안 유포되고 있는 고구려인의 몽촌산성 점령설에 대하여 반론을 제기하였다. 지금까지 발굴된 고고학 자료에 의하면 몽촌산성의 실제 건물이나 주거지의 규모가 매우 작아서 왕궁의 역할을 하기에는 많이 부족하다는 사실을 알게 되었다. 한성백제는 왕성인 풍납토성의 주위에 몽촌산성을 쌓아 왕성이 위난할 때의 방어성의 역할을 하는 배후성(背後城)으로 보았다.[73] 그것은 마치 고구려의 왕궁인 국내성의 주위에 환도(丸都)산성이 있고, 평양의 안학궁 주위에는 대성산성이 있는 것과 같다.

몽촌산성에서는 1983년부터 1989년까지 6차에 걸쳐서 상당한 지역을 발굴하였다. 2014년부터 재발굴되면서 어느 정도 몽촌산성의 전모가 드러났다. 몽촌산성의 북문지 안에서 "통일신라시기 문화층 아래에 한성백제시기 문화층이 존재하고 있다는 사실을 확인하였다"[74]고 하는 고고학 성과가 나왔다. 이는 백제문화층과 통일신라문화층 사이에는 어떤 문화층도 존재하지 않는다는 사실을 알려주고 있다. 몽촌산성에서 확실한 고구려의 유적은 아직까지 발굴되지 않았다. 백제유적만이 발굴되었고 백제유적 안에서 고구려계의 유물이 수습되었을 뿐이다.

몽촌산성의 방형유구와 저장공에서 백제토기가 쌓여 있는 퇴적층 사이사이에서 고구려계통의 토기가 출토되었는데,[75] 발굴자들은 이를 고구려가 475년 한강유역을 점령한 후 고구려인이 남긴 '고구려토기' 라고 간주해 왔다.[76] 그러나 우리는 서울 송파구 석촌동 백제고분공원에서 백제의 계단식 적석총을 볼 수 있다. 이와 같은 계단식 적석총은 중국 집안시에 있는 고구려 고분군에서 흔히 볼 수 있는 이른바 라피미드형 돌무덤이다. 석촌동 적석총(사적 제 243호)은 엄연한 백제고분으로, 백제인들이 고구려의 고분 양식을 받아들여 축조한 백제고분이다.

몽촌산성 출토의 고구려계 토기가 백제로 유입(流入)될 수도 있지만 고구려 문화가 전파(傳播)된 것으로 볼 수도 있다. 그것은 마치 석촌동 적석총이 고구려 양식을 받아들인 백제고분인 것과 같다.[77] 이와 같이 몽촌산성 내의 백제 유적에서 고구려계의 유물이 함께 발견된다고 하는 사실은 백제인 들이 현지에서 고구려계의 문물을 제작했다고 하는 사실을 알 수 있다. 장차, 몽촌산성에서 출토된 토기의 태토에 대한 성분 분석 등 여러 방면에서 재검토해 볼 필요가 있다.

몽촌산성 북문지 내 내성농장부지의 백제문화층 위에서 발굴된 유물들은 통일신라시기 전기인 7세기 후반에서 8세기경의 유물로 추정되고 있다. 이는 백제문화층 위층의 통일신라시기

---

73 이형구; 앞의 책, 주류성, 2004, p.81.

74 박중균.최경숙.최진석 등; 앞의 논문, 2014, p.60.

75 김원룡.임효재 등; 앞의 보고서, 1988.pp.61~62. 보고자는 이들 토기를 백제 토기를 '몽촌유형' 이라 하고 고구려 계통의 토기를 '구의동유형' 라고 분류하였다.

76 김원룡.임효재 등; 앞의 보고서, 1988, p.61.

77 이형구; 앞의 책, 김영사, 2004, pp.331~337.

유적은 한강유역을 완전 장악하고 난 이후의 신라인들이 남긴 문화층일 것이다.

이번 발굴된 몽촌산성의 유적 분포 상황으로 볼 때 475년, 한성백제가 공주로 남천한 이후의 신라인들이 폐허화 된 백제의 수도에 대해 금기(禁忌) 같은 사유가 있었던 것 같다. 그래서 몽촌산성은 상당기간 공한지(空閒地)로 남아 있다가 근 2백년 후 7세기 후반에 신라인들이 몽촌산성에 들어와서 취락을 형성하고 8세기경까지 살았던 것으로 추측된다. 475년, 백제 왕성인 풍납토성의 함락 이후 풍납토성이 오래 동안 방치된 상태로 있었던 것처럼 몽촌산성도 한동안 공한지로 남아 있다가 7세기 후반에 와서 신라인들이 몽촌산성에 들어와서 살게 되었다고 추측된다.

지금까지 발굴된 규모와 내용으로 봤을 때 자연적인 지형이 계곡부가 북쪽으로만 흐르고 있어서 북문지 내에는 항상 물이 고여있기 마련이다. 뿐만 아니라 산성의 규모도 매우 협소하여 신라의 신주(新州)의 치소(治所)정도의 행정기구와 부속시설을 갖춘 행정도시가 경영되었을 것으로 보기에는 의문이다.〈비교표 참조〉

〈삼국시대 왕성 및 성곽 비교표〉(이형구 작성)

성 이름	소속	둘레 m	면적 m^2(평)	종류	속성	특징	비고
국내성	고구려 전기	2,686	427,517(129,550)	평지	석축	왕성	22~427
환도산성	고구려 전기	7km		산성	석축	배후성	22~427
안학궁	고구려 중기	2,488	372,100(117,757)	평지 토성	토축	왕궁	427~586
대성산성	고구려 후기	7.2km		산성	석축	배후성	586~668
평양성	고구려 후기	23km		복합성	석축	왕성 배후성	586~668
풍납토성	백제 전기	3,500	815,907(266,300)	평지 토성	토축	왕성	B.C.6~457
몽초난성	백제 전기	2,285	216,000(65,545)	산성	구릉토축	배후성	?~457
이성산성	삼국	1,665	128,890(39,057)	산성	석축	배후성	삼국
남한산성	삼국	8km		산성	석축	배후성	삼국
북한산성	삼국	12.7km		산성	석축	배후성	삼국
공산성	백제 후기	2,660	344,021(104,248)	산성	석축	왕성? 배후성	475~538
부소산성	백제 후기	2,200	740,000(224,240)	산성	토축	배후성	538~660
관북리	백제 후기		부분발굴	평지	?	왕궁지	538~660
반월성	신라	2,400	193,585(58,662)	산성	토축	왕성 배후성	101~?

몽촌산성 북문지 내 내성농장부지 재(再) 발굴에 즈음하여, 1980년대의 발굴과정[78]이나 보고서 내용, 유적 유물 분석 등[79]을 전반적으로 재검토하여 진정한 몽촌산성의 면모를 찾아내고, 나아가서 전문 연구 인력과 재원을 마련해서 한성백제사를 정립할 수 있는 새로운 연구가 시작되는 계기가 되길 바란다. 오늘 발표하는 이 작업도 그 중의 하나이다.

[본문은 필자가 『신라사학보』 제34집(2015년 6월, 신라사학회)에 발표한 「몽촌산성에서 발굴된 백제 유적과 통일신라 유적의 역사적 의의」라는 제목의 논문을 수정 보완한 것임]

---

78 몽촌토성발굴조사단;『몽촌토성 발굴조사보고서』, 1985, P.6.

79 김원룡.임효재 등; 『몽촌토성 동북지구 발굴조사보고서』, 서울대학교박물관, 1987, p.2. 1998년도 보고서 p.22.

【추 기】

2015년부터 년차적으로 발굴하고 있는 몽촌산성의 북문지 내(내성농장 부지)의 북단 북문지 부근에서 백제시기와 통일신라시기의 폭 20m의 '마차길' 이 발굴되었다고 대서특필한 적이 있다.[80] 그러나 2017년 발굴 시에 바로 '마차길' 의 하부에서 방형(각 면 10m) 집수시설이 발견되었다.[81][도면 3] 고대 산성에는 계곡부에 반드시 집수시설인 집수정(集水井)을 필요로 한다.[82]

이 지역은 자연지형상 몽촌산성에서 유일한 집수(集水) 지역일 뿐만 아니라 계류(溪流)의 出水口이다. 그렇기 때문에 이 지역은 '마차길' 을 개설하는 것은 처음부터 불가능하다.[도판 17]

[도판 17] 몽촌산성 북문지 내 통일신라시기 '도로' 와 '마차 흔적' (전면), 후면(검은 천)에서는 집수정이 발굴되었다. (2017.11)

만약 마차길이라면 북문지의 양 성벽이 중심으로 경사를 지게 내려와서 하단이 지금보다 약 2.5m 아래에 당시의 지상이 되므로,[83] 문지의 폭이 약 10m 정도로 좁아진다. 지금 발굴조사단에서 제시한 통일신라시기의 '도로유구' 의 마차길이 직선상으로 건너게 되면 북벽 하단에 막히게 된다. 뿐만 아니라 集水池를 형성하면서 출수구가 확보되어야하기 때문에 실제로 人馬가 통행할 수 있는 路幅은 5m 정도밖에 확보되지 않는다. 이 로폭으로 대형 마차길이 형성된다는 것은 불가능하다.[추후 상론]

---

80 「1600년전 백제인, 폭 20m 포장도로 깔았다」, 『동아일보』 2015.7.10.

81 한성백제박물관, 「몽촌토성-2017년 몽촌토성 북문지 일원 발굴조사 자료」, 2017.11.

82 이형구, 「인천 계양산성 3차 발굴보고-동문지 내 3집수정 발굴유물과 목간분석-」『계간 한국의 고고학』 창간호, 주류성, 2006.
이형구, 『계양산성』, 선문대학교 고고연구서, 2008, p.137.
김윤아, 「남한지역 고대산성의 집수시설 현황과 그 특징」『신라사학보』 11, 신라사학회, 2007, p.198.

83 한성백제박물관, 『몽촌토성』Ⅰ · Ⅱ, 2016. 「2017년 몽촌토성 북문지 일원 발굴조사 자료」, 2017.11.

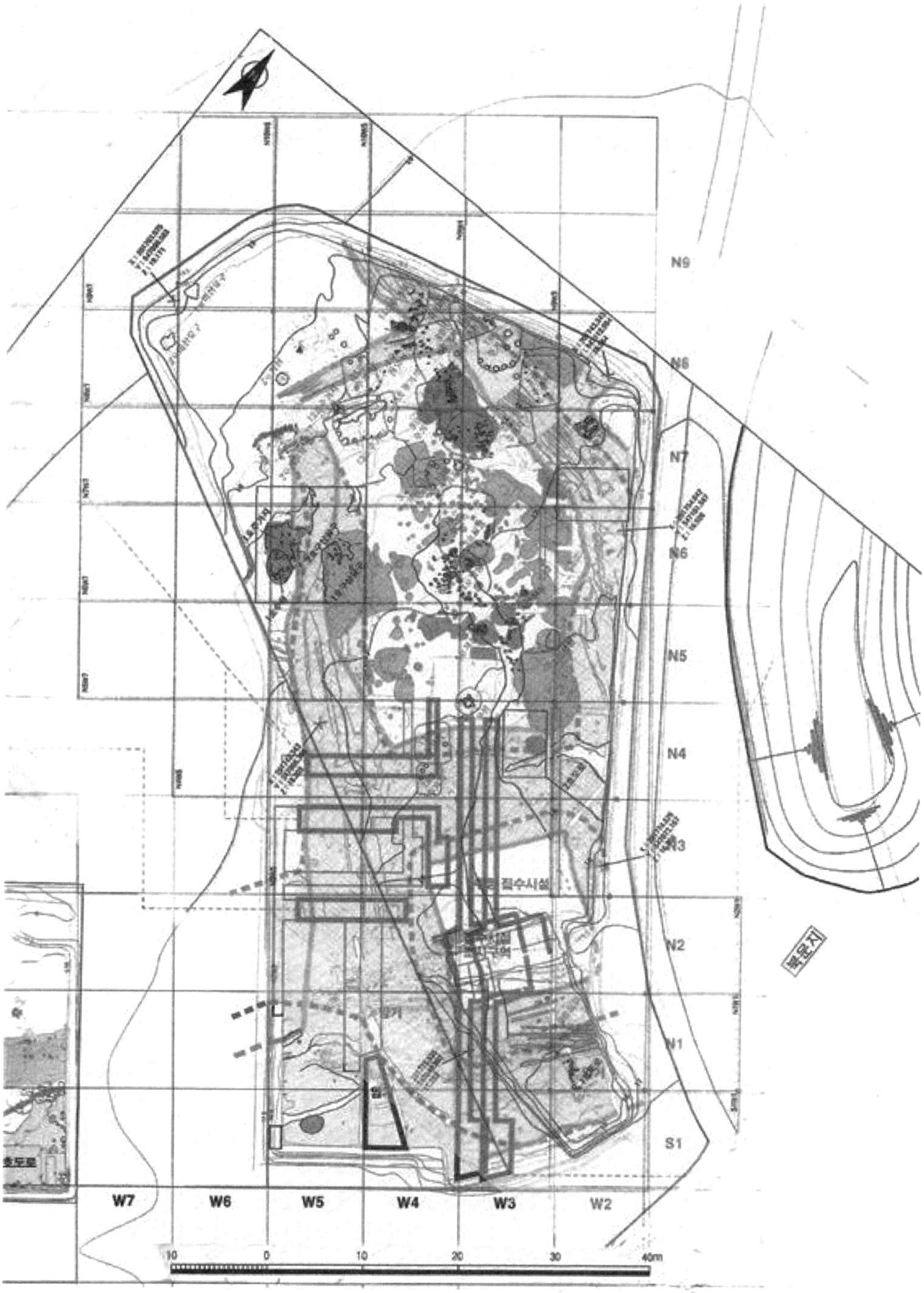

[도면 3] 2016년도 조사지역 유구 현황도 위에 2017년도 유구 현황도를 겹친 도면이다.(소위 통일신라시기 1호도로는 집수정 위로 지나가게 되고, 2호도로는 직진하면 북벽 하단에 막히게 된다)

#【참고 문헌】

박중균.최경숙.최진석 등;「서울 몽촌토성 서부지구 내성농장부지 유적」『중부지역 고고학조사의 최전선』, 중부고고학회.한성백제박물관, 2014

김원룡.임효재 등;『몽촌토성 동남지구 발굴조사보고』, 서울대학교 박물관, 1988

숭전대학교 박물관; 「몽촌토성 제2구역」『정비. 복원을 위한몽촌토성발굴조사보고서』, 몽촌토성 발굴조사단; 1984

박중균;「몽촌토성에서 백제 도로와 통일신라 마을유적 확인」『한백소식』03, 한성백제박물관, 2014

몽촌토성발굴조사단;『정비 · 복원을 위한 몽촌토성 발굴조사보고서』, 1984

;『몽촌토성 발굴조사보고서』, 1985

이형구;「몽촌산성의 고구려식 백제토기」『한국 고대문화의 비밀』, 김영사, 2004

이형구;「한성백제 왕도 연구의 현황과 과제-몽촌산성 명칭과 몽촌산성 출토 고구려계 백제토기-」『한성백제왕궁은 어디에 있었나』, 한성백제박물관, 2014

서거정(徐居正)의 '몽촌의 별장에 이르다(到夢村別墅)' 임정기 역;『사가집』(10권, 민족문화추진회, 2008

김원룡.임효재 등;『몽촌토성 서남지구 발굴조사보고서』,서울대학교박물관, 1989

임영진;『몽촌토성』, 송파문화원, 2001

국립문화재연구소; 『풍납토성』ⅩⅣ, 2012

이형구;「한성백제시기의 주거생활」『향토서울』63, 2003

국립문화재연구소; 『풍납토성』ⅩⅠ , 2009

성주탁;『백제성지연구(百濟城址硏究)』, 서경, 2002.

최몽룡;「한성시대 백제의 도읍지와 영역」『진단학보』60, 1985.

;「몽촌토성과 하남위례성」『백제연구』19, 1988.

;「한성시대의 백제」『한강유역사』, 민음사, 1993

;「몽촌토성과 하남위례성」『백제사의 이해』, 1991

이형구;『서울풍납토성[백제 왕성] 실측조사연구』, 백제문화개발연구원, 1997

이형구;『백제의 도성』,주류성, 2004

신희권;「백제 한성기 도성제에 대한 고고학적 고찰」『백제도성의 변천과 연구상의 문재점』, 서경, 2003

백제문화개발연구원;『백제토기도록』, 1984

사회과학원 역사연구소;『조선전사』3 중세편「고구려사」,과학백과사전종합출판사, 1991

손영종;『고구려사』(1), 과학백과사전종합출판사, 1990

김영관;「백제의 웅진천도 배경과 한성경영」『충북사학』11.12합집. 2000
정운용;「나제동맹기 신라와 백제 관계」『백산학보』 46, 1996
양기석;「웅진시대의 백제지배층연구」『사학지』14, 1980
김원룡;「백제건국지로서의 한강하류지역」『한국고고학연구』, 일지사, 1987
이형구;「서울 종로구 명륜동 신라 석실묘 발굴의 의의」『신라사학보』20, 신라사학회, 2010
이병도.김재원; 『한국사』고대편, 을유문화사, 1959
김철준;「통일신라 지배체제의 재정비」『한국고대사연구』, 1990
최근영; 『통일신라의 지방세력연구』, 신서원
몽촌토성발굴조사단;『몽촌토성 발굴조사보고서』, 1985
한성백제박물관, 「몽촌토성-2017년 몽촌토성 북문지 일원 발굴조사 자료」, 2017
한성백제박물관, 『몽촌토성』Ⅰ · Ⅱ, 2016.
, 「2017년 몽촌토성 북문지 일원 발굴조사 자료」, 2017.11.
이형구, 「인천 계양산성 3차 발굴보고-동문지 내 3집수정 발굴유물과 목간분석-」『계간 한국의 고고학』 창간호, 주류성, 2006.
이형구, 『계양산성』, 선문대학교 고고연구서, 2008.
김윤아, 「남한지역 고대산성의 집수시설 현황과 그 특징」『신라사학보』 11, 신라사학회, 2007.

『동아일보』 2015.7.10.

Abstract

The Historical Significance of the Remains of Unified Silla and Baekje Excavated from Mongchon Mountain Fortress

Lee, Hyeong-Koo

On the 31th of July 2014, the Baekje Institute of the Hansung Baekje Museum, after opening the excavation field to the public, confirmed the fact that the occupation layer of the Hansung Baekje exists under the occupation layer of the Unified Silla inside the Mongchon Mountain Fortress, Songpa-gu, Seoul. This notification instructs that there is no other occupation layer between those of the Baekje and the Unified Silla.

The Mongchon Mountain Fortress was a rear fortress which was used to defend a royal fortress of Baekje, the Pungnaptoseong. As Hwandosanseong was for the royal palace -Gungnaeseong- of Goguryeo and Daeseongsanseong was for the Anhak Palace of Pyongyang, the Mongchon Mountain Fortress was afortress of refugeof the Pungnaptoseong to escape from danger.

Starting from the year 1983 until the year 1989, for 6 times in 7 years, various parts were excavated from the Mongchon Mountain Fortress 1 structure of ground facilities, 1 structure ofondolfacilities, 1 structure of life hood sites, 12 structures of dwelling sites, 1 structure ofstylobate sites, 31 structures of underground store houses, 1 structure of square type sites, 8 structures of stone mounded sites and 2 structures of ponds. In addition, after the re-excavation on the year 2014, the full picture of the Mongchon Mountain Fortress came into view.

It was assumed that the relics of the Mongchon Mountain Fortress are from the army of Goguryeo due to their occupation, but up to present, there are no certain relics of Goguryeo found. Only the relics of Baekje from the Hansung Baekje period were collected and some from Goguryeo was to be discovered inside the remains of Baekje.

The earthenware of Goguryeo was unearthed from a sedimentary layer inside a square type site located in east southern region of Mongchon Mountain Fortres 30 meters above sea level.

The excavators regarded these as a 'Goguryeo' which the ancient Goguryeo left behind after their occupation upon the HanRiver basin on the year 475. But the fact that relics of Goguryeo was discovered together inside the remains of Baekje attests that the ancient Baekje locals produced the products of Goguryeo civilization. In Seokchon-dong, Songpa-gu, Seoul, we can find terraced stone moundedtombs of Baekje. These are the pyramid type stone mounded tombs which are easily found in the the Complex of the Koguryo Tombs located in Jiban district of China. The stone moundedtombs of Seokchon-dong was constructed by Baekje after adopting the style of Goguryeo.

According to the excavation investigation of the year 2014, the excavated relics of the Unified Silla are presumed to be the ones from the earlier age, approximately from the late 7th century to the 8th century. This means that the remains from the Unified Silla, which were excavated from the occupation layer of Baekje, are in fact remains of the Silla after the unification of the three states.

In accordance with the distribution map of the remains of the Mongchon Mountain Fortress, after the capital relocation of the Hansung Baekje in 475 to Gongju, the fortress was left vacant for a long time. Nearly 200 years later, Silla came in and formed a settlement. The main use of the Mongchon Mountain Fortress in the first half of the Unified Silla period has to be studied from now on. From the information received from the excavation datas, it could be possible that Silla expanded to the Han River basin in the time of unification and used it as an administrative district or as a ruling place of Hansanju.

제Ⅱ부 능묘유적

서울 백제고분百濟古墳의 조사調査와 보존保存
-석촌동고분군石村洞古墳群을 중심으로-

부록 : 한강유역 백제전기 수도유적 보존문제

서울 백제고분의 조사와 보존
-석촌동고분군을 중심으로-

차 례

Ⅰ. 머리글
Ⅱ. 일제강점기의 서울 백제고분 실측조사
Ⅲ. 서울 백제고분의 실상과 보존활동
Ⅳ. 「한강유역 백제전기 수도유적 보존문제」 학술연찬 개최 - 1983년 7월
Ⅴ. 서울 석촌동고분군 보존 결정
Ⅵ. 서울 백제고적보존 결정 후의 발전 과제
Ⅶ. 서울 석촌동고분군 보존과 언론의 역할
Ⅷ. 맺는 글
〈서울 石村洞古墳群 保存活動 言論報道 主要記事 資料〉
Abstract

부록 : 한강유역 백제전기 수도유적 보존문제

【국문초록】

고고학은 현장인데 종종 현장을 망각하는 경우가 있다. 서울 석촌동 고분군은 어려운 제5공화국의 강남지구 신도시개발 시기에 돌 하나 풀포기 하나라도 더 살려내려고 학계에 호소하고 정부와 관계기관에 설득하고 건의하여 정부(제5공화국)로부터 보존 결의를 이끌어 내 오늘과 같은 세계적인 문화유산으로 保全해 낸 것이다. 필자가 서울의 한성백제 유적과 문화재를 찾아내고 현장을 지키자고 주창하고 보존 활동을 벌려 온지도 벌써 40년이 가까워 오고 있다.

서울 石村洞은 백제 전기 백제 수도의 분묘지역이다. 지금의 서울 송파구 일대는 원래 돌이라고는 나오지 않는 넓은 충적 평야, 즉 廣州平原이다. 그런데도 돌이 많이 있다 하여 일명 石村이라는 지명이 붙어 있다. 석촌동 언덕배기는 원래 5개의 작은 산처럼 돌무더기가 쌓여 있어 일

명 五峯山이라고 하던 곳이다. 그 돌은 바로 백제 적석총에서 나온 돌이다. 이 일대에는 일제강점기까지만 해도 89기의 백제고분이 있었다고 한다.

1980년대 초에 들어서면서 강남에 노폭 35m의 큰길[지금의 백제고분로]이 뚫리고 국가 사적 제 243호로 지정된 백제 전기 왕릉으로 추정되는 석촌동 3호.4호분 사이를 뚫고 지나갔다. 이 때문에 돌로 쌓은 피라미드식 백제 '왕릉' 이 파괴되고 주변의 백제 고분이 훼손되고 심지어는 포크레인의 삽날로 인골이 잘려나가는 지경에까지 이르렀다.

1981년 가을 잠실 석촌동을 방문했을 때는 한창 강남개발이 진행되고 있을 때였다. 백제 왕릉으로 추정되는 고분이 포클레인에 잘려나가고 백제 지배층의 분묘들이 삽날에 찍혀 인골이 나뒹글고 있는 현장은 마치 전쟁터 같은 참혹한 광경이었다. 이를 보존하려고 언론과 함께 정부기관과 학계에 호소하고 일반에게 정부에 건의하고 설득하여 정부(제5공화국)로부터 보존 결의를 이뤄냈다.

1985년, 정부(제5공화국)는 서울 강남지구 도시개발의 문화재정책을 대대적으로 수정 보완하고 백제고분로는 기존의 지상도로계획을 바꿔 지하차도를 건설하여 도로로 잘려나간 백제 '왕릉' 을 복원하고, 사적의 범위도 10배(66.100㎡)나 확대하여 보전하였다. 정부가 석촌동 고분군을 보존하기로 결의한 후에 도로공사로 백제시기의 옹관과 인골이 잘려나간 석촌동 3호분 동쪽 구간에 대한 발굴 조사를 실시한 결과, 소위 '석촌동 3호분 동쪽 고분군' 에서 상.중.하 3개 유적층에서 모두 23기의 백제고분이 확인되었다.

그뿐만 아니라 '석촌동 3호분 동쪽 고분군' 의 남쪽으로 1만여 평의 보호구역이 추가로 확대되고, 확대된 보호구역 안에서 발굴조사가 이루어져서 남쪽으로는 발굴조사를 통하여 1호.2호분과 A호분이 확인되고 토광묘와 석곽묘도 함께 발견되었다. 이로 인해 석촌동 3 · 4호분이 연결되고 복원되고 3호분 동쪽에서 수많은 유적이 돼 살아나서 오늘날과 같은 대단위 사적공원으로 조성되었다.

2015년에는 석촌동 고분 공원 '노거수목' 부근에서 적석총의 유구가 확인되었다. 이들 지역은 1983년「한강유역 백제전기 수도유적 보존문제」에서 이미 유적의 존재를 고증했던 지역에서 이와 같은 유적이 발현된 것이다. 서울 석촌동 고분군의 보존의 성공은 바로 풍납토성에서 왕궁유적이 발견되는 前兆이다.

본문은 서울의 백제유적을 오늘만큼 보존하게 된 사실을 알리자고 하는 뜻에서 집필했다. 필자의 근 40년 동안의 서울 백제유적 조사 연구와 보존 활동은 口傳되는 것보다 기록으로 남아야 할 자료들이 더 많을지도 모른다. 그 많은 기록들이한데 모일 기회를 찾지 못하고 또 사라질지도 모르겠다는 노파심에서 작성한 것이 본문이다. 어떤 문제를 논증하기보다는 보존 과정에서 있었던 일들이 備忘錄으로 묻어 왔던 것을 끄집어내어 작성하였다. 한성백제사를 규명하기 위한 현대 '史草' 의 역할을 할 수도 있을 것이다.

한 사람의 의지로 국민의 힘을 이끌어 낸 사실도 숨길수 없는 사실이다. 오늘날 서울의 한성백제가 500년이나 존재하였다고 하는 역사적 사실을 구현해 낸 것은 국민의 힘이다. 이것은 偶然도 아니요 더욱이 奇蹟도 아니다. 그것은 必然이다. 이토록 위대한 힘을 이끌어 낸 것은 국민이다. 국민의 뜻을 받아들인 국가의 절대 작품이다.

주제어 : 석촌동고분, 가락동고분, 방이동고분, 도로공사, 적석총, 옹관, 인골, 비망록, 허문도, 학술연찬, 지하차도, 고분공원, 한성백제5백사

Ⅰ. 머리글

최근, 서울시와 문화재청은 한성백제 유적을 유네스코 세계문화유산에 등재하는 것을 목표로 서울 강남지역(강남구 · 강동구 · 송파구 · 서초구를 통칭)에서 문화재 발굴과 문화재 정비가 한창이다.

본문은 서울의 백제유적을 오늘만큼 보존하게 된 과정을 알리고자 하는 뜻에서 집필했다. 필자의 근 40 동안의 서울 백제유적 조사 연구와 보존 활동은 口傳되는 것보다 기록으로 남아야 할 자료들이 더 많을지도 모른다. 그러나 그 많은 기록들이 한데 모아놓을 기회를 찾지 못하고 또 사라질지도 모르겠다는 노파심에서 작성한 것이 본문이다. 어떤 문제를 논증하기보다는 보존과정에서 있었던 일들이 備忘錄으로 묻어 왔던 것들을 끄집어내어 작성하였다. 역사를 규명하기 위한 '史草'의 역할을 할 수도 있을 것이다.

지금의 서울 송파구 풍납토성이 백제 前期 수도의 왕궁유적이므로 석촌동 일대는 백제 전기 수도의 능묘(陵墓)구역에 해당한다. 石村洞은 원래 돌이라고는 나오지 않는 넓은 충적 평야 즉, 廣州平原이다. 그런데도 돌과 연관되어 일명 돌마리 · 돌마루 · 돌마을 · 石村이라는 지명이 붙어 있다. 석촌동-지금의 고분공원 지역은 일명 五峯山이라고 하던 곳으로 원래 5개의 작은 봉우리처럼 생긴 돌무더기가 쌓여 있어 붙여진 이름이다. 작은 봉우리처럼 보이는 돌무더기는 바로 백제 적석총이다. 이 일대에는 일제강점기까지만 해도 많은 백제고분이 있었다고 한다.

서울 석촌동은 백제 왕실과 귀족들의 무덤이 집중적으로 영조되었던 백제의 왕실의 조역(兆域)과 같은 지역이다. 그러나 강남지역이 서울시에 편입되면서 도시개발로 인해 백제고분이 많이 파괴되어 이제는 몇 기만 남아 있을 뿐이다. 풍납토성은 백제가 기원전 18년에 나라를 세운 후 475년에 고구려에 의해 밀려 공주로 천도할 때까지 무려 493년간 수도였다. 북쪽으로 약 3km 지역에 서울백제 왕궁유적인 풍납토성이 있다.

한성백제시기의 묘제는 적석총, 석곽묘, 석실분, 즙석봉토묘, 토광묘, 옹관묘 등으로 나눌 수 있다. 본문에서는 서울 석촌동 고분군의 보존과정에 대해서 중점적으로 서술하고자 한다. 그

중에서도 積石塚은 백제 전기의 지배세력이 사용한 대표적인 묘제이다.

적석총은 크게 기단식 적석총과 무기단식 적석총으로 대별된다. 기단식이 한강하류에서 만들어지고, 무기단식은 남한강 및 북한강의 유역에 주로 분포되고 있다. 적석총은 북한강유역에서는 경기도 양평군 문호에서 적석총이 발견된 것을 비롯하여 상류의 강원도 춘천시 천전리, 의암댐 중도, 화천군 하남면 원천리, 간동면 간척리 등지에서 발견되었다. 남한강에서는 충청북도 제천시 청풍면 양평리, 계산리, 도화리에서 발견되었고, 상류의 강원도 평창군 여만리, 응암리 등지에서 발견되고 있다. 이들 적석총 중 문호리와 도화리는 기단식이고 대부분 무기단식이다.

임진강 유역의 경기도 연천군 삼곶리에서 백제 전기의 적석총이 발견되었다.[1] 임진강 유역에서 적석총이 발견되었다는 것은 다시 한 번 백제 적석총이 북에서 남으로 내려 왔다는 가설을 확인시켜 주고 있다.[2]

1981년 가을, 잠실지구 석촌동을 방문했을 때는 한창 강남개발이 진행되고 있을 때였다. 당시 제5공화국이 들어서자마자 강남지역에 신도시개발이 적극 추진되면서 강남일대에서 많은 유적들과 마주치게 되었다 특히 서울 백제유적들과 자주 만나게 되었다. 백제 '왕릉' 으로 추정되는 고분이 포클레인에 잘려나가고 백제 지배층의 분묘들로 추정되는 고분이 삽날에 찍혀 인골이나 뒹글고 있는 현장은 마치 전쟁터 같은 참혹한 광경이었다. 아무리 신도시개발이라고 하지만 인륜을 저버린 행위는 천벌을 받는 짓이라고 믿고 이를 지켜내야 한다고 그 자리에서 다짐하였다. 벌써 36년이다.

1980년대 초에 들어서면서 강남 올림픽경기장 부지 근처에 노폭 35m의 큰 길[지금의 백제고분로]이 뚫리면서 국가 사적 제243호로 지정된 백제 전기 '왕릉' 으로 추정되는 석촌동 3호분을 잘라내고 지나갔다. 이 때문에 남한지역에서는 보기드믄 돌로 쌓은 피라미드형 적석총이 잘려나가고 주변의 백제 유적이 파괴되고 심지어는 옹관과 인골이 포크레인의 삽날로 잘려나가는 지경에까지 이르렀다. 특히 사적인 제243호인 석촌동 제3호 적석총의 기단부를 상당부분 절단시키고 적석부분을 걷어 내다버렸다.

석촌동 제3호 적석총은 남쪽의 제4호 적석총과 축조방법이나 네 면에 이른바 護墳石을 세운 것까지 유사하다. 뿐만 아니라 중국 길림성 집안시 국내성에 있는 고구려의 묘제와 유사하다. 특히 천추총과 규모나 축조방법이 매우 닮았다. 그래서 석촌동 일대의 고분은 고구려 적석총과 비슷한 형식인 '피라미드형 석실묘' 로, 백제고분 연구뿐만 아니라 삼국시대 묘제 연구에 귀중한 자료로 평가되고 있다.

1980년대 초 지표조사 시에 제4호 적석총의 남쪽으로 3,4기의 백제고분으로 보이는 유구가 일직선상으로 분포돼 있었지만 이들 적석 유구 위에 舊屋이 들어차 있었다. 제5호분의 남쪽 일명

1 국립문화재연구소, 『연천 삼곶리 백제적석총 발굴조사보고서』, 1994.
2 이형구, 「고구려와 백제와의 문화적 관계」『백제사의 비교연구』, 충남대학교 백제연구소, 1993.

'파괴분' 이라고 하는 백제 고분도 인멸될 위기에 있었으며 '파괴분' 근처에도 도로가 신설되면서 '파괴분' 과 함께 '불도저' 에 의하여 백제시대 건물지도 곧바로 인멸되었다.

1983년의「한강유역 백제전기 수도유적 보존문제」학술연찬을 기점으로 그동안 언론계의 전폭적이고 지속적인 협조와 학계의 도움으로 정부(제5공화국)에 건의하여 서울 강남지구 신도시 개발의 화재정책을 대대적으로 수정 보완하고 백제고분로는 기존의 지상도로계획을 바꿔 지하차도를 건설하여 도로로 잘려나간 백제 '왕릉' 을 복원하고, 사적의 범위도 10배나 확대하여 보전하게 되었다. 1985년, 정부가 고분군의 보존하기로결의한 후에 도로공사로 옹관과 인골이 잘려나간 석촌동 3호분 동쪽 구간에 대한 발굴 조사를 실시한 결과, 소위 '석촌동 3호분 동쪽 고분군' 으로 불리는 지역에서 상.중.하 3개 유적층에서 모두 23기의 백제고분이 확인되었다.

그뿐만 아니라 남쪽으로 1만여 평의 보호구역이 추가로 확대되고, 확대된 보호구역 안에서 발굴조사가 이루어져서 남쪽으로는 발굴조사를 통하여 1호.2호분과 A호분이 확인되고 토광묘와 석곽묘도 함께 발견되고 4호분.5호분이 복원되었다. 이로 인해 석촌동 3.4호분이 연결되고 복원되고 3호분 동쪽에서 수많은 유적이 돼 살아나서 오늘날과 같은 대단위 사적공원으로 조성되었다.

2015년에는 석촌동 고분 공원 '노거수목' 부근에서 적석총의 유구가 확인되었다. 이들 지역은 1983년「한강유역 백제전기 수도유적 보존문제」에서 이미 유적의 존재를 고증했던 지역에서 이와 같은 유적이 발현된 것이다.

본문은 서울의 백제유적을 오늘만큼 보존하게 된 역사적 사실을 알리자고 하는 뜻에서 집필했다. 필자의 근 40년 동안의 서울 백제유적 조사연구와 보존활동은 口傳되는 것보다 기록으로 남아야 할 자료들이 더 많은지도 모른다. 그 많은 기록들이 한데 모일 기회를 찾지 못하고 또 사라질지도 모르겠다는 노파심에서 작성한 것이 본문이다. 어떤 문제를 논증하기보다는 보존과정에서 있었던 일들이 備忘錄에 묻어 왔던 것들을 33년 만에 끄집어내어 작성하였다. 한성백제사를 규명하기 위한 현대사의 '사초' 의 역할을 할 수도 있을 것이다.

당시(제5공화국)는 민주화운동이다 언론자유화운동이다 여러 형태의 사회운동이 있었지만 그 시기에 '문화재 보존운동' 도 있었다는 것을 잘 모르고 있다. 어떤 사람은 서울 석촌동 고분군이 오늘날과 같이 살아남은 것을 두고 '奇蹟' 이라고 한다. 그러나 한 사람의 의지로 당시 어려운 시기에 백제유적을 도시개발로 부터 살려내려고 '鬪爭' 하다시피 한 과정을 잊고 있다. 필자는 언론에 호소하고 관계기관을 설득하고 정부(제5공화국)에 건의하여 결국 정부로부터 보존결의를 이끌어 냈다. 그것은 결코 기적이 아니다. 국민의 힘이다. 그 과정을 처음으로 공개하고자 한다.

Ⅱ. 일제강점시기의 실태 조사

서울 松波區石村洞일대에 백제 고분이 분포되고 있다는 사실은 일제강점시기에 간략하나마 알려졌었다. 1916년에 발간된 『朝鮮古蹟圖譜』三에 수록된 '석촌부근 백제고분군 분포도'에 보면, 甲塚과 乙塚을 분포도에 표시해 놓았다. 분포도에 실린 갑총은 66기이고 을총은 23기로 집계되었다. 그리고 을총의 '석촌부근 백제고분 실측도'를 수록하고, 고분실측도와 함께 철정 3점을 같이 수록하였다.[3] 을총과 갑총의 단면이 실려 있는데, 을총의 상부에 돌이 덮여 있고 갑총은 원형봉분으로 그려 저 있는 것으로 보아 을총이 積石塚이고, 갑총이 土塚으로 추정된다.

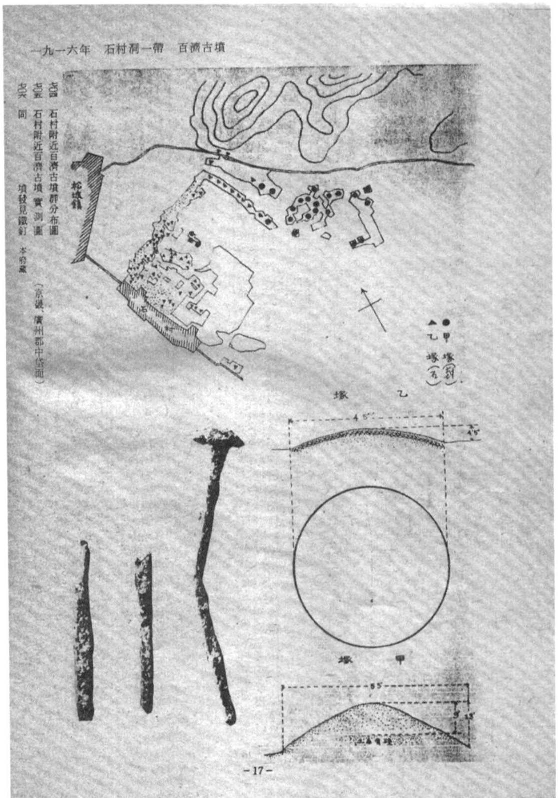

〈자료 1〉「한강유역 백제전기 수도유적 보존문제」에 소개된 도면
(원도: 『조선고적도보』 三, 1916, 298쪽)

『조선고적도보』 三의 '고분분포도'도 표시된 고분은 모두 89기는 『조선고적도보』 三이 간행된 1916년 3월에 이전인 1915년경에 제작된 것으로 보인다.[4] 이 분포도는 1983년 7월 6일 한국정신문화연구원에서 개최된 제3회 학술연찬에서 발표한 필자의 「한강유역 백제전기 수도유적 보존문제」에 소개되었다.[5]〈자료 1〉

『大正五年度(1916) 조선고적조사보고』 '第六古墳中垈面石村馬墳'에 실린 세끼노(關野貞)의 조사기록에

---

3 朝鮮總督部, 『朝鮮古蹟圖譜』 三, 1916, 298쪽, PL,204, 705. 도보 三의 해설문 7쪽에 보면 동부에 형토분이비교적 넓게 분포돼 있고, 석촌 서부의 민가에 접해서 봉토의 표면에 주먹만한 크기의 가갈(川石)이 덮여 있다. 그래서 고분의 표변에 돌들이 많이 노출되어 '石村'이란 이름을 얻게 되었다고 소개하였다. 어떤 고분에는 내부에서 철정이 출토되는 것으로 보아 목관을 사용했던 것으로 보인다고 하였다.

4 이병호, 「일제강점기 백제 고지에 대한 고적조사사업」『한국고대사연구』 61, 2011, 124쪽 도3. 최근에 국립중앙박물관에 소장된 일제강점기의 문서가 공개되면서 석촌동 일대에 약 290기의 고분의 위치와 봉분 형태가 표시된 '고분분포도'가 공개된 것을 알게 되었다.

5 한국정신문화연구원, 『한강유역 백제전기 수도유적 보존문제』 학술연찬 자료집, 1983.7.6., 17쪽. 이형구, 「한강유역 백제전기 수도유적 보존문제」『정신문화연구』 21, 1984년 여름호, 125쪽.

제1적석총은 目側으로 본 현재의 높이가 20尺가량이나 되고 기단은 15間정도가 된다

제2적석총은 제1적석총에서 동쪽으로 약간 치우쳐 있는데, 현재 높이는 10척 정도이다.

제3적석총은 제1적석총의 동남, 제2적석총의 동쪽에 있다.

제4적석총은 제1적석총의 동남, 제2적석총의 서부에 가까운 지점에 있다. 기단은 약 8.9간이고 높이는 약 10척이며, 기저는 원형을 이루고 있다.

고, 4기의 백제시대 적석총을 간략하게 서술하고 있다.[6] 제1적석총은 목측으로 높이가 20척(약 6m) 가량 된다고 하고 기단은 15칸(약 30m) 된다고 하였다. 이는 지금의 제3호 적석총을 일컫는 내용이다.

그리고 土塚은 높이가 目測으로 약 10척 약 3m에 달하며 적석총의 남방에 위치하고 있으며 원형봉토에는 礫石과 石塊를 혼합하여 덮었다고 하였다. 고분은 적석총과 토총으로 구성되었는데, 적석총은 크고 석촌 부락에 군집해 있고 토총은 작은 형태이고 부락의 남방과 동방에 군집 혹은 산재해 있다고 하였다.

필자는 1983년 7월 6일 한국정신문화연구원에서 개최된 제3회 학술연찬「한강유역 백제전기 수도유적 보존문제」에서 이 자료를 검토하여 이 대형 석축구릉의 남쪽으로 '제2적석총' (지금의 제4호분)이 있고, 이어서 '제3적석총', '제4적석총' 이 있는 사진을 간략한 조사약보와 함께 소개하였다.[7]

〈사진 1〉「大正6年度조선고적조사보고」(1917)에 실린 '석촌리 제1적석총' (현 제3호 적석총)의 흑백사진

6 조선총독부, 『大正五年(1916) 度古蹟調査報告』, 1917, 83~88쪽. 력석은 자갈돌(川石)을 말하며 석괴는 割石을 말한다. 이들 고분을 馬墳즉, 말무덤이라고 하는 것은 이 지방사람 들이 이들 무덤을 丙子胡亂때 청군의 군마를 묻은 것으로 전해 졌기 때문이라고 한다. 적석총은 이 때도 석촌 부락민이 가옥을 지면서 석재로 사용 하던가 담장을 쌓았다고 한다. 이 1척 내외의 돌들은 南漢山의 암석과 같은 석질이라고 한다.

7 이형구,「한강유역 백제전기 수도유적 보존문제」『정신문화연구』 21, 1984년 여름호, 125쪽.

이 세미나에서 "제4호분과 제5호분 사이의 古家의 대지상에는 제3 · 4 적석총(고적조사보고)의 形迹이 남아있어 장차 일대도 조사 발굴되어야 마땅하고, 아울러 '사적공원' 으로 확대 보존되어야 할 지역이다."라고하였다. 그 결과, 1985년 석촌동 고분군의 보존 결정 이후, 새로 발굴되어 오늘과 같은 고분공원으로 조성되었다.

「大正六年度(1917) 조선고적조사보고」에는 한 줄 반의 간략한 소개와 함께 귀중한 '석촌리 '제1적석총' (지금의 제3호분)의 사진을 싣고 있다. 〈사진 1〉 이 사진에는 초가집 뒤로 대형 석축 구릉이 배경으로 대비되었는데, 초가집 보다 훨씬 높이 적석 되었음을 알 수 있다. 아마 원래에는 5층이나 7층 정도로 쌓아 올렸던 것이 아닌가 생각된다. 필자가 이 사진을 검토하면서 이 지방의 촌노 들과 대화해 본 결과 지금의 편호인 제3호분을 서쪽에서 촬영한 사진임을 알게 되었다. 토착명으로 이 일대를 五峰山이라고 하는데 아마 오봉 중에 하나 인듯하다.

Ⅲ. 서울 백제고분의 실상과 보존 활동

1. 1970년대 조사

1970년대 와서 서울 강남지구가 도시개발로 한창 진출하면서 석촌동 고분군은 많이 파괴, 훼손되었다. 그 중에서 석촌동 제3호 적석총도 예외는 아니었다. 1974년에는 지표상에서 봉분이 확인된 석촌동 3호분에 대한발굴조사가 실시되었다.[8]

이 조사를 토대로 1975년에 사적 제243호로 지정하면서 제3호 적석총은 521평, 제4호 적석총은 552평, 제5호 봉토분은 440평 등 불과 1,513평만을 사적 보호구역으로 묶었다. 그러나 고분의 분포 양상과 관련된 정확한 내용이 파악되지 않은 상태에서 사적의 범위를 3호분의 일부와 4호분의 1,500평만을 지정하였다. 3호분은 고분 위에 무허가 건물들이 들어서 10여 가구가 상주하고 있는 상태에서 발굴된 서쪽 일부(400㎡) 만을 철책을 두르고 부분적인 보호 조치가 이루어지게 되었다. 1차 부분 발굴한 다음 '보호구역' 을 紙上으로 설정하였기 때문에 보호구역 내를 관통하는 도로가 개설되었다.

1970년대 후반부터 일기 시작한 석촌동 일대의 도시개발로 석촌동 고분 주변의 토지는 일반에게 불하되고 1981년에 제3호와 4호 적석총사이에 폭 35m나 되는 도로가 개설되고 제3호와 4호 적석총 1,500평 이외는 도시계획에 들어갔다. 1981년부터 강남지구 신도시개발이 진행되면서 서울 강남 백제유적이 파괴돼 가고 있었다.

8 서울대학교 박물관 · 서울대학교 고고학과, 『석촌동 적석총 발굴조사보고』, 1975.

2. 1980년대 조사와 보존 활동

필자는 1981년 10월 늦은 가을, 『동방학지』(연세대 국학연구원)에 게재할 '고구려의 향당제도연구' 를 작성하면서 백제의 享堂을 조사하기 위하여 석촌동 고분을 찾아 갔을 때 대형고분(제3호분)이 도로계설에 의하여 반파되고 있는 사실을 목격하게 되었다.[9] 〈사진 2〉

〈사진 2〉 『동방학지』 32집(연세대, 1982, 57쪽)에 게재된 석촌동 3호 적석총 파괴 현장 사진(왼쪽 위)

이듬해 답사시에는 3호분의 동쪽 15m 지점에서 백제 甕棺이 포크레인에 잘려나가고,〈사진 3〉 인근에서 백제고분의 人骨이 찍혀 나가고 있는 참상이 눈에 들어 왔다〈사진 4〉.이와 같은 사실을 관계당국에 알렸으나 관리당국의 전문위원은 포크레인에 찍혀 나간 인골을 '民墓' 라면서

〈사진 3〉 석촌동 3호 적석총 15m동쪽의 파괴된 백제 옹관(1983.5, 조사자: 필자)

〈사진 4〉 석촌동 3호 적석총 인근의 '백제귀족' 의 인골이 노출된 상태(1983.5, 조사자: 필자)

9 이형구, 「고구려의 향당제도연구」『동방학지』 제32호, 1982, 28~36쪽.

대수롭지 않게 취급하였다.

이후 필자는 1980년대 초 수년 동안 학술연찬이나 학술세미나를 개최한다든가 언론과 학계에 지속적으로 관심을 환기시켰다. 1983년에 와서 필자의 주도로 석촌동 일대의 '백제전기 수도유적 보존운동'을 활발하게 전개하였다.[10]

필자가 1983년 봄, 석촌동 일대의 문화유적을 조사하던 시기에 석촌동 유적발굴조사단에서 도로개설로 잘려나간 제3호분의 남쪽 기단부분을 수습하는 발굴이 진행되었으나 3호분에서 동쪽으로 불과 10여m 벌어져있는데도 아무런 조치가 없었다.

1983년 5월 25일, 한국정신문화연구원 한국학대학원 석 · 박사과정학생 등 17명을 대동하고 현장강좌를 실시하면서 최근에 뚫린 문제의 제3호 적석총과 제4호 적석총 사이로 뚫린 도로가 도시계획에 의하여 또다시 북쪽으로 확장공사가 진행됨으로 해서 제3호 적석총의 기단부가 파괴되고 남면 석축의 상당부분이 멸실되어 약 10m 폭의 판축대지를 '불도저'로 들어내다버렸음을 확인했다.〈사진 5〉

5월 26일 오전에는 재차 현장조사에 나서고 오후에는 연구원에 돌아와 柳承國 원장과 金炯孝 부원장에게 서울의 백제 '王陵'이 도로공사로 파괴된 사실을 보고하는 한편, 청와대 趙 비서관을 통해 신극범 교육문화수석보좌관에게도 보고하였다. 마지막으로 도로공사로 '왕릉'이 파괴되는 화급한 사태를 중지시켜야 하는 절박한 사정으로 여론에 호소하기로 결정되어 당일 밤 KBS TV 李鳴九기자에게 알리는 것으로 몇 년을 지나온 것 같은 하루가 끝났다.

다음날 5월 27일, KBS TV에서 즉각 현장을 동행 취재하여 당일 밤 9시뉴스를 통하여 백제

〈사진 5〉 서울 석촌동 제3호 적석총 남쪽 기단부가 짤린 부분을 정리하고 있는 전경 (남→북, 1983, 5)

10 이형구, 「한강유역 백제수도유적의 현상과 보존문제」『한강유역 백제전기 수도유적 보존문제』 1983년 제3회 학술연, 한국정신문화연구원, 1983, 1~26쪽 ; 「한강유역 백제전기 수도유적 보존문제」1384년 여름호(통권21호), 1984, 121~148쪽.

'왕릉' 의 참상이 세상에 알려지게 되었다.

KBS TV에 보도된 다음날(5.28) 오전에 다시 석촌동 현장을 답사하고 관할 경찰관파출소장과 통장을 방문하여 포크레인으로 잘린 유적을 보호해 줄 것을 당부하였다. 오후에는 문화공보부 許文道차관의 내방 요청을 받고 서울 창성동 문공부 청사를 방문하여 최근에 서울 석촌동에서 일어났던 일련의 과정을 설명하고 도로공사를 중지시키고 백제의 '왕릉' 유적을 보존할 수 있도록 조치해 줄 것을 건의하였다. 허 차관은 문제의 심각성을 인식하고 즉각 공감 지지해 주었다.

제5공화국 하에서 허 차관의 결심을 얻어내는데 성공한 순간이 오늘날과 같은 한성백제유적이 보존되고 한성백제사를 복원하는데 결정적인 계기가 되었다. 33년 전, 일촉즉발 할 것 같은 순간순간의 일들이 이 자그마한 野帳에 적혀 있었다. 김개하기 그지없다.[자료 2]

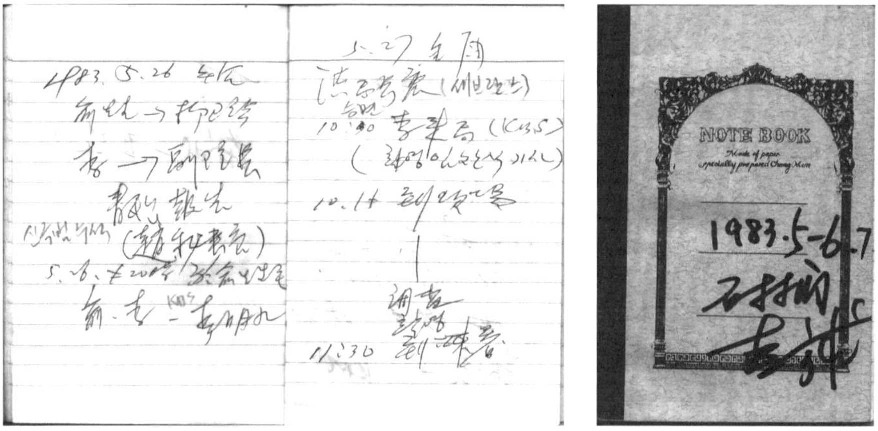

〈자료 2〉 1983년 5월 26일 청와대 보고 일지(왼쪽)와 야장 표지(오른 쪽)

〈서울 百濟古墳調査日誌(1983.5~7)〉

1983년 5월 25일 (수요일) 맑음

9시 30분 본원(한국정신문화연구원) 출발

대학원 역사학과 이형구 교수 주관 석촌돈 고분군 학술답사－교수 2명(이형구, 유준영), 대학원 1 · 2학년 1명, 촬영기사 1명(황한일), 기사 1명(윤근) 총 17명

10시 20분 석촌동 도착

사적 제243호 석촌동 제3호분

서울대 박물관 5월 16일~부분발표 조교(방기홍)1인 외 인부 약간. 서울시 주관 롯데건설 시공의 도로확장공사 시(1983.3) 이미 3호분 기단부 파괴 현장확인 제3호분 남면 하단 기단부 판축 유지

동해루(중국음식집) 옆 고분 남면 도로 경계석 설치
도로 남면 하수관 매립
고분(3호분) 상면 동해루 외 민가 10여 가구 상주
제3호분 1974년 서울대 박물관 발굴부분 서북쪽 부분 철책시설(1/20)
시설 내「사적 제243호 경고판」경고판 설치
3호분 동쪽 석촌동 62번지 배차준씨댁 마당 단면－옹관 파괴
옹관에서 약 10 동쪽 단면－인골 확인

사적 제243호 석촌동 제4호분
주소: 강동구 석촌동 246－6
철책시설
시설 내 경고판 설치
4호분 상부 석축 이미 파괴,
판축 역시 파괴됨－묘도(묘실) 역시 전부 파괴(마치 분화고 같이 파임)
4호분 남면 전정－서울대박물관 발굴시 백제주거지 확인, 현재는 이미 삭평되어 흔적도 없음
제4호분 전면 남단 석축 高台－적석총(왕릉) 주정됨
민가 후정 대형석판－장독대 사용－장 2m×1.5m
석촌동 미륵암 건물 지하 구조－ 백제유적 파괴?

석촌동 남쪽 香壇 부근
주소: 강동구 석촌동 248~251
향단 후면 고대－민가 건축물 지반－대형 석축
향단 · 광배 우측 김원룡 발굴(제5호분) 부근 석단 봉토분
석단봉토분 남측－고대 및 건축물
정동 토축
이상 제 고분 남북일식선상 분포(배치)
17시 30분 귀원

1983년 5월 26일 (목요일)
오전 兪俊英 교수→유승국 원장 보고
이형구 교수→김형효 부원장 보고
오후 (총무과 정봉환 과장 청와대 내전 통보)
이형구 교수→청와대 보고－趙비서관

조사자료와 보존안 제출→신극범 교육문화수석
20시 00분 ~강남구 역삼동 개나리Apt, 유준영 교수 협의
-KBS 李鳴九기자 대담 및 현장 보도건 등

1983년 5월 27일 (금요일) 비, 갬
9시 홍승면 국장(전 동아일보 편집국장) 문상(세브란스 병원)
9시 30분 KBS 방문
이명구 기자(사회부) · 임찬식 촬영 기자 동행
10시 15분 현장 도착
11시 30분 조사 촬영
11시 45분 강동경찰서 방문
12시 30분 석촌동 현장 재 탐방 촬영
인골(3호분 동쪽 절단면) 조사 촬영
13시 30분 KBS CAR→국회의원 동우회
14시 30분~15시 30분-경향 이 용 기자 내전
16시 00분 석촌동 현장 재 탐방
옹관(3호분 동쪽 절단면) 조사 촬영
주변 유적 계속 촬영
미륵광배 조사
18시 00분 촬영 완료
19시 00분 귀가
21시(P.M.9) KBS TV '9뉴스' 보도
23시 50분 KBS TV '뉴스본부24시' 보도

1983년 5월 28일 (토요일) 맑음
9시 傷心
10시 00분 고 홍승면 국장 영결식
(문화재)현장보호주의 확고
11시 00분 석촌동 파출소장, 통장 방문
(석촌동 고분) 보호시설 부탁
11시 30분 황 기자(황규호) 석촌동 현장 도착
적석총 외 옹관, 인골 촬영
삼전도비 촬영

15시 30분 이형구 교수 문공부 방문

이형구 교수→문공부 측 보고

허문도 차관－보호 약속.

학술연찬 협력

1983년 5월 29일 (일요일) 맑음

14시 30분~17시 00분 박정진 기자 내방

석촌동 현장 동행 취재

1983년 5월 30일 (월요일) 맑음

10시 00분 한양대 강의

대학원생(최호림, 임명진, 안덕임) 현장 답사 및 조사 · 수습 정리(철기 등)

14시 00분 유승국 원장 통화

1983년 5월 31일 (화요일) 맑음

14시 30분~17시 30분 이사 강남→서초

오후 김형효 부원장 통화

1983년 6월 1일 (수요일) 맑음

오후 부원장(강남 낙동강) 만찬

1983년 6월 2일 (목요일) 맑음

09시 00분 준비－스라이드, 자료

10시 00분 원장(류승국) 보고회

11시 00분~12시 30분 접견실 보고회

학술연찬 개최 협의

1) 추진계획

2) 학술연찬

3) 건의서 제출

1983년 6월 3일 (금요일) 맑음

오전 문정동 일대 답사

대학원 권덕영 이순구 동행

오후 석촌동 중앙부동산(대표 유근웅) 청취
　　석촌동 토지거래 중개

1983년 6월 30일 (목요일)
"한강유역 백제전기 수도유적 보존문제" 학술연찬 초청장 발송

1983년 7월 6일 (수요일)
"한강유역 백제전기 수도유적 보존문제" 학술연찬 개최

1983년 7월 7일 (목요일)
관계기관 · 관계학자 등 건의서 발송

Ⅳ.「한강유역 백제전기 수도유적 보존문제」 학술연찬 개최 – 1983년 7월

1983년 7월 6일 한국정신문화연구원에서 개최된 제3회 학술연찬「한강유역 백제전기 수도유적 보존문제」에서 한강유역에 산재한 백제유적을 보존하는 문제가 학계에서 심각하게 거론되었다. 이에 따라 한국정신문화연구원은 6일 '한강유역 백제전기 수도유적 보존문제'를 주제로 한 학술연찬회를 열고 백제전기의 유적 현황과 보존대책을 논의했다.〈자료 3〉

학술연찬에는 이형구(정신문화연구원 교수)의「한강유역 백제수도유적의 현상과 보존문제」, 김병모(한양대 교수)의「한강유역 고분의 고고학적 고찰」, 차용걸(충북대 교수)의「백제도성 유적 보존문제」를 발표하였다.[11] 이어서 건의문을 작성하여 대통령을 비롯하여 관계기관장에게 건의문을 배포하였다.

필자가 주관한 이 학술연찬에서 주제의 제목으로 "한강유역의 백제 500년 도읍지의 유적들이 도시개발이라는 미명아래 날로 파괴되어가고 있는 실정이다. 서울 한복판에서 파괴되어가고 있는 고대 백제유적에 대해서 시급한 보존대책이 꼭 필요하다"고 주창했다. 이 글과 건의문은 『정신문화연구』 21, 1984년 여름호에 게재되었다.[12]

---

11 한국정신문화연구원,『한강유역 백제전기 수도유적 보존문제』학술연찬 자료집, 1983.7.6.
이형구,「한강유역 백제전기 수도유적 보존문제」『정신문화연구』 21, 1984년 여름호, 134쪽.
12 이형구,「한강유역 백제전기 수도유적 보존문제」『정신문화연구』 21, 1984년 여름호, 134쪽.

〈한강유역 백제전기 수도유적 보존문제 건의문〉

1. 강동구 일대의 유적분포지역의 개발을 중지시킴은 물론 '긴급 구제 발굴' 방식을 지양,모든 유적을 철저히 재조사하여 이미 파괴가 심한 곳은 학술적인 발굴을 거쳐 보호토록하고 원상을 유지하고 있는 유적은 그대로 보존토록하며 다음으로 복원이 가능한 유적은 학술적인 고증을 거쳐 복원토록 해야 할 것임.
2. 사적 제243호인 석촌동 제3 · 4호 왕릉을 비롯하여 제4호 왕릉의 전방에 있는 2기의 고분유구와 제5호분 · '파괴분' 및 최근 파괴된 석촌동 일대의 백제문화포함층을 다시 발굴 조사해야 할 것임.
3. 사적 11호로 지정돼 있는 풍납리토성은 현재 대로변의 약 300m의 북쪽면만 있는데 이에 대한 보존 복원 대책을 강구해야 할 것임.
4. 현재 '사적공원' 으로 조성사업을 벌이고 있는 방이동고분군중 제 7 · 8호가 제외되고 있는데 이를 연결하여 공원면적을 확대 조성해야 할 것임.
5. 둔촌동에 건설될 '올림픽 주경기장' 후보지 내의 지표조사를 철저히 할 것과 인접 몽촌토성의 원형을 찾아 복원하여 토성 내에는 일체의 시설을 불허해야 할 것임.
6. 특히 석촌동 지역의 사방 1km 내의 모든 지상건물과 토지를 매입하고 '역사공원' 으로 지정하여 역사교육도장으로 활용하는 동시에 국가적인 문화유적공원으로 조성해야 할 것임.
7. 강남지구에 '慰禮城博物館' (가칭)내지 '사적관리사무소' 를 신설하여 명지에 흩어진 한강유역 출토유물을 한데 모아 전시하여 역사교육도장으로 활용하고, '문화올림픽' 시에 우리 문화 선양의 계기를 마련하는 한편 한강유역의 유적을 보호 · 감독해야 할 것임

1983년 7월

「한강유역 백제전기 수도유적 보존문제」 학술연찬 참석자 일동

〈자료 3〉「한강유역 백제전기 수도유적 보존문제」 학술연찬 논문집 표지(1983.7.6.)와 필자의 同名 논문 별쇄본(『정신문화연구』 1984년 여름호)

건의문은 즉시 대통령을 위시하여 정부 유관 부처와 국회 및 관계기관에 배포하였다. 「한강유역 백제전기 수도유적 보존문제」학술연찬 이 후 일련의 보존운동을 계속 전개하는 가운데 1985년 7월 1일에 당시 대통령의 특별령에 의하여 강남 일대의 「백제유적보존령」이 발표되면서 519억이라고 하는 천문학적인 국가예산이 책정되고 석촌동 고분군은지하터널을 뚫고 잘려진 고분을 복원하여 보호구역을 처음 1,514평에서 15,126평으로 무려 10배의 면적을 확대하게 되었다.

V. 서울 석촌동 고분군 보존 결정

「한강유역 백제전기 수도유적 보존문제」세미나를 통하여 전국적으로 일반의 관심이 높아지자 관계당국은 1983년 7월에 사적 243호인 제3호분과 4호분 주변을 4,929평으로 확대 지정하였다.[13] 1983년7월 29일, 문화재위원회는 「한강유역 백제전기 수도유적 보존문제」학술연찬에서 서울시 석촌동 백제고분의 심각성을 지적하자마자 회의를 갖고 서울시 석촌동의 백제초기 적석총 3 · 4 · 5호분들을 보존하기 위해 현재 이 일대에서 진행 중인 도시개발을 변경하고 보호지역을 확대해주도록 결의했다. 문화재위원회는 3 · 4호분 사이의 도로공사를 중지하고 대신 지하도 공사 등의 비상수단을 강구해 주도록 결의하였다. 사적의 지정면적은 1,513평에서 4,928평으로 넓힘과 동시에 3 · 4호분을 한 권역으로 묶어 고분공원으로 가꿀 것을 건의했다.[14]

백제유적 보존문제 세미나를 마친 후에도 도로공사는 연일 계속되었다. 필자가 포크레인 앞에서 저지하면 밤에 포장하였다.〈사진 6〉 그런 와중에도 몇몇 언론과 관심있는 분들의 문의가 있었고, 어떤 분들은 현장 답사를 요청하는 사례가 종종 있었다. 그 중에 손보기(연세대) · 김영덕(서강대 물리학) · 정명호(동국대) 교수 등은 유월 뙤약볕에도 불구하고 석촌동 고분군 도로공사장의 백제유적 파괴 현장을 답사하고 많은 조언을 해 주었다.〈사진 7〉

〈사진 6〉 석촌동 고분군 도로공사 현장(1983.5, 필자 촬영)

〈사진 7〉 포크레인으로 절단된 백제인의 인골을 조사하는 손보기 교수(좌)와 필자(우, 1983.5)

13 『고고미술』, 1983.12, 147~148쪽. 문화재위원회 회의록

14 『한국일보』 1983년 7월 31일 (일요일) 자 1면 톱기사.

필자는 계속 靑瓦臺를 비롯해서 관계기관, 언론사 등에 그동안의 조사 내용을 提供하던가, 직접 설명하면서 앞으로의 대책을 건의하는 한편, 도로공사로 백제 '왕릉급' 유적인 3호분을 잘라내고 지나가는데 당장 도로를 폐쇄하고 도로를 地下化해서 지상에 3호분을 복원하고 3호분 · 4호분을 연결하여 이 일대의 사방 1km를 백제유적 보존지구로 설정해서 백제유적을 보호해야 한다고 설득하고 다녔다.

이후 문화재위원회는 사적의 지정면적을 1,513평에서 4,928평으로 넓힘과 동시에 3호분 · 4호분을 한 권역으로 묶어 사적공원으로 지정할 것을 결의하였다. 문화공보부는 문화재위원회의 건의를 받고 이 일대를 사적공원이나 고분공원으로 꾸며 보존한다는 계획을 세우고 서울시 당국과 협의를 하고 있다고 밝혔다.

한편, 문공부 관계자관은 더 이상 백제유적을 방치할 수 없다는 강경한 방침아래 무슨 수를 써서라도 도시개발을 변경시켜 이 일대의 유적을 보존하겠다고 밝혔다.

1985년 7월 1일, 마침내 全斗煥대통령은 정부로 하여금 서울 '백제고도'를 되살리기 위한 특별지시를 하기에 이른다.[15] 李元洪 문공부장관과 廉普鉉 서울시장은 7월 1일, 서울 강동구 석촌동의 고분군과 방이동의 고분군, 몽촌토성 등을 519억 원의 예산을 들여 대대적으로 정비해 나가겠다고 하는「서울고도 민족문화 유적 종합복원 계획안」을 공동 발표하게 된다.[16] 〈자료 4〉

석촌동 고분, 몽촌토성 등의 유적이 1985년부터 1991년까지 일제히 정비 복원할 계획이라고 발표하였다. 백제 왕릉으로 추정되는 석촌동 고분군은 현재 1,500평의 사적 면적을 17,000평으로 확대하여 공원화한다고 하였다. 특히 유적지를 횡단, 경관을 해치고 있는 35m도로를 91억 원의 예산을 들여 地下車道로 바꿔 둘로 갈라진 고분영역을 하나로 연결시킨다. 몽촌토성(산성)은 백

〈자료 4〉 지하 터널화 하는 석촌동 고분공원 복원도(서울시, 1985.7.1)

15 이형구, 「서울 백제왕궁의 발견」『한국고대문화의 비밀』, 2012, 새녘출판사, 323쪽.
16 『동아일보』 1985년 7월 2일 (화요일) 사회면 톱기사.

제성으로 길이는 2.3km, 13만 3천634평으로 31억 원을 들여 성을 보수하고 유적이 훼손되지 않도록 녹지화 하여 산책로를 조성하기로 하고, 백제역사관을 건립하기로 했다.

풍납토성은 일부 복원돼 있으나 주위 환경이 좋지 않고 정비지역 내사유지를 보상하고 5억 원을 들여 보수 정비하기로 하였다. 풍납토성은 화급한 석촌동이나 몽촌산성에 비해 좀 빠진 감이 있다. 이와 같은 조치는 문화유적 복원으로는 건국 이래 최대의 규모다. 이 같은 정부의 용단이 있기까지는 필자를 위시해서 언론계와 · 학계의 끈질긴 노력이 뒷받침되었다.

이 순간이 오늘의 한성백제역사가 '재탄생' 하는 순간이라 해도 과언이 아닐 것이다. 이 시기는 '제5공화국' 에서 강남개발이 적극 진행되던 시기이다. 기적이 아니라 국민의 승리이자 정부의 승리를 이끌어낸 순간이다.

그러나 일부 유적이 충분한 검토 없이 종합계획안이 세워지기도 전에 복원돼 재복원을 해야 할지도 모른다.

Ⅵ. 서울 백제고분 보존 결정 후의 발굴 결과

1. 서울 석촌동 고분군

1) 석촌동 제3호 적석총

제3호 적석총은 1975년에 제4호 적석총과 한데 묶어 사적 제243호로 지정된 고분이다. 비록 국가 사적으로 지정은 되었지만 근 10년이 다 될 때까지 무덤 위에는 주택들이 빽빽이 들어찼고,〈사진 8〉 1974년 발굴했던 3호분의 일부만을 철망을 처 놓았을 뿐이다.〈사진 9〉

〈사진 8〉 석촌동 3호분 북쪽 전경(1982.3, 필자 촬영)

〈사진 9〉 석촌동 3호분 사적부분(1982.3, 필자 촬영)

이 적석총은 광주평원의 약간 언덕진 평평한 대지 위에 지면을 고르고 약 40cm 두께의 판축으로 다진 다음 동서 50.8m, 남북 48.4m 크기의 사방으로 대형 판석을 깔아 기단석을 만들고, 그 안에는 할석을 채웠다. 제2, 제3단도 이와 같은 방법으로 축조해 올라갔는데, 현재 높이 4.5m에 맞추어 5단으로 설계하였다.[17] 제3단의 중앙에서는 길이 2m, 너비 1.5m, 깊이 0.8m 크기의 석곽이 확인되었다고 한다. 그리고 동쪽 제1단에는 측면으로 호석(호분석)을 세운 석재가 발견되었다.

최근에 복원한 상태로 지상 3층으로 높이 4.5m에 불과하나 아마도 원래는 이보다 훨씬 더 높았을 것이다. 왜냐하면『大正六(1917)년도 조선고적조사보고』[18]에 실린 당시 석촌동적석총(제3호 적석총으로 추정)의 바로 앞에 초가집이 하나 있는데, 적석총의 높이가 이 초가지붕보다도 더 높게 보이기 때문이다.〈사진 1〉 그리고 이미 지적한 바 있지만『대정5(1916)년도 조선고적조사보고』에 제1호(당시 편호)의 높이는 目測으로 20척이상이나 된다고 하였다. 그렇다면 최소한 6m이상은 된다고 보아야 할 것이다. 그러나 현재 복원된 높이는 4.5m이다.

1984년「석촌동 3호분 복원을 위한 발굴」작업 중에 적석을 덮고 있는 토사 속 또는 적석 사이에서 각종 기와편이 출토되었다.[19] 아마 적석총 정상부에 어떤 목조건축물이 있었던 흔적이 아닌가 짐작된다. 필자는 이 목조건축물을 陵上宗廟와 같은 '享堂' 건축이라고 하였다. 백제의 향당제도에 대해서는 1982년 이미 연세대 국학연구원에서 발표한바 있고,[20] 1993년에는 '고구려와 백제의 적석총과 향당(享堂)제도'에 대해서 충남대 백제연구소에서 발표한바 있다.[21]

2) 석촌동 제4호 적석총[22]

제4호 적석총도 1974년 일부 발굴 이후, 1975년에 제3호 적석총과 한데 묶어 사적 제243호로 지정된 고분이다. 제4호 적석총은 제3호 적석총에서 남쪽으로 약 40m정도 위치하고 있는데, 지금은「백제고분공원」으로 조성되어 3·4호분이 동일 평면상에 있다.

4호분도 비록 국가 사적으로 지정되었지만 1980년대 들어와서 보존활동을 전개할 때까지 근 10년 동안 거의 放置상태에 있었다.〈사진 10~11〉

적석총은 3호 적석총과 마찬가지로 황갈색점토층 평지 위에 1면의 길이가 17m의 방형으로, 3단으로 적석한 높이가 2.24m가 된다. 동쪽 제1단의 적석 상부에 제2단의 측면을 보호하는 護墳石이 다섯 개가 남아 있다.

적석 안에는 진흙으로 묘곽과 연도를 만들고 정상부에는 평평한 방대형으로 큰 石塊들을 한 줄로 깔았는데, 1984년 5월 24일 목요일 이 연도 充塞石 사이사이에서 21×16.6×6cm 크기의 靑

---

17 서울대박물관,『석촌동 3호분(적석총) 복원을 위한 발굴보고서』, 1984, 29~30쪽, 도 22.

18 조선총독부,『대정6년도조선고적조사보고』, 1917.

19 서울대박물관,『석촌동 3호분(적석총) 복원을 위한 발굴보고서』, 1984, 23쪽 및 도 19.

20 이형구,「고구려의 享堂제도 연구」『동방학지』 32, 연세대학교 국학연구원, 1982, 28~36쪽.

21 이형구,「고구려와 백제와의 문화적 관계-고구려와 백제의 적석총과 享堂제도-」『백제연구총서』 3집, 충남대학교 백제연구소, 1993.

22 서울대박물관·서울대 고고학과,『석촌동적석총발굴조사보고』, 1975, 1~35쪽.

〈사진 10〉 석촌동 4호분 서쪽 전경(1982.3, 필자 촬영)

〈사진 11〉 석촌동 4호분 남쪽 '사적 보호구역' 표말 (1982.3, 필자 촬영)

灰色 無紋塼과 여러 장의 전돌이 출토되고 있는 점이 매우 주목할 만하다.[23] 그리고 제2층 동쪽 끝에서는 제3단에서 쓸려 내려온 청회색 軟質의 백제 기와편이 다량으로 출토되었다[24]는 점도 무문전의 출현과 함께 매우 귀중한 유물이다. 호분석을 두른 것이나 적석 안에는 진흙으로 묘곽과 연도를 만드는 사례는 중국 집안시 만보정 M242에서 찾아볼 수 있다.[25]

이들 무문전과 와당은 3호 적석총에서 출토된 기와 편과 마찬가지로 혹시 적석총의 정상부에 세워진 목조건물의 시설물이 아닌가 추정된다.[26]

3) 석촌동 제1호 적석총

1987년 서울대 박물관에서 발굴한 제1호 적석총은 필자가 1983년 7월 6일 한국정신문화연구원에서 발표한 「한강유역 백제전기 수도유적 보존 문제」에서 '제5적석총'으로 추정한 고분으로 보인다.[27]

제1호 적석총의 지금 남아있는 전체 규모는 남북이 22.3m, 동서가 13m로 기저부가 장방형인 雙墳인데, 현재의 높이는 1m 정도만이 남아있다. 북문은 동서9.9m, 남북 8.9m이고, 남문은 동서 9.6m, 남북이 9.8m이다.

쌍분의 중앙에는 3.7m 넓이의 점토질 판축으로 된 연결부분이 있다. 그리고 남분의 기타 3면에는 넓이 3.2m정도의 석축을 단처럼 덧 붙여 달아냈는데, 보고자는 아마 기단석이 아닌지 모르겠다고 한다. 아니면 葬壇의 성질의 것이 아닌지도 모르겠다.

남분에서는 1층 석축 내부에서 석곽시설이 발견되었는데, 중앙에 길이 2.5m, 넓이 2.03m 크

23 서울대박물관 · 서울대 고고학과, 『석촌동적석총발굴조사보고』, 1975, 19쪽.

24 서울대박물관 · 서울대 고고학과, 『석촌동적석총발굴조사보고』, 1975, 20쪽 도판 15. 배기동, 「석촌동 4호분 옆 주거지출토 백제토기류」『古文化』 20, 1982, 51쪽.

25 周云台外, 「集安萬寶汀M242號古墓整理簡報」『吉林集安高句麗墓葬報告集』, 文物出版社, 2009.

26 이형구, 「고구려의 享堂제도 연구」『동방학지』 32, 연세대학교 국학연구원, 1982, 28~36쪽.

27 이형구, 「한강유역 백제전기 수도유적 보존문제」『정신문화연구』 21, 1984년 여름호, 134쪽.

기의 대형 석곽이 안치되어 있고 북쪽으로 3개의 소형 석곽이 동서 배열로 나란히 배치되어 있다. 지금 남아 있는 부분은 많이 파괴된 뒤라서 2층 이상은 불명하다. 이와 같은 쌍분은 중국 환인시 高力墓子村 M15에서 볼 수 있다.[28]

4) 석촌동 제2호 적석총

제2호 적석총 역시 제1호 적석총(즉 필자기 추정했던 「제5적석총」)과 마찬가지로 필자가 「제3적석총」이라고 예시했던 고분이다.[29] 이 적석총을 서울대 박물관에서 1987년에 발굴하면서 필자가 추정한데로 기단식 방형적석총이 조사되었다. 제2호 적석총은 제4호 적석총의 남쪽 45m거리에 있는데, 발굴 전에는 이곳에 민가가 있었고 민가의 동쪽 담 안에는 구릉으로 된 언덕이 있었다. 바로 이 언덕이 제2호 적석총인데, 당시 남아있는 기저부의 길이는 약 25m이고 넓이는 약 20m이며 높이는 4m 규모이다.

적석총은 기저부 위에 동서 17.4m, 남북 16.2m 크기의 구획을 정하고, 20~30cm크기의 할석으로 약 1m 높이의 기단(제1단) 석축을 쌓고, 내부에 진흙을 판축형으로 채워 올라가면서 제1단 석총의 상면 주위에 안으로 2m정도 들어가서 제 2단 석축을 쌓고 다시 안에 진흙을 채워가는 방법으로 제3단까지 쌓았다. 지금 남아 있는 높이는 3.8m이다. 적석의 4방 외부에는 몇 개의 호석을 쌓아 놓았다. 제2호 적석총의 크기며 구조가 마치 제4호 적석총과 비슷하다. 그러나 내부 구조는 알 수 없으나 서북쪽 모서리에서 1기의 2.5×0.6m 크기의 木棺이 조사되었다고 한다. 그리고 작은 할석으로 된 바닥면에서 적갈색 연질도기편이 출토되었다. 보고자는 이 적석총의 연대를 4세기 후반 경으로 추정하고 있다.

제2호 적석총의 주변에서 여러 점의 기와편이 출토되고 있다고 하는 점은 매우 주목된다. 2호분 출토 와편 중에는 석촌동 고분군 남쪽 건물지 출토 와편(방격문)과 매우 유사하다.[30]

5) '석촌동 3호분 동쪽 고분군'

석천동 3호분 동쪽, 옹관과 人骨이 잘려나갔던 도로(백제고분로)의 북쪽은 지하차도 건설 구간에 대한 발굴조사가 이루어지면서 소위 '3호분 동쪽 고분군' 으로 불린다. 필자기 1983년 5월 제3호 적석총 동쪽 도로로 상의 절단된 단면에서 백제시기의 대형 옹관과 인골이 잘려나간 것을 발견하고 관계당국과 인근 경찰관파출소에 보호를 당부했던 유적이다.[31]〈자료 5〉

---

28 陳大爲, 「桓因縣考古調査簡報」 『考古』1960-1.
29 한국정신문화연구원, 『한강유역 백제전기 수도유적 보존문제』 학술연찬 자료집, 1983.7.6.
이형구, 「한강유역 백제전기 수도유적 보존문제」『정신문화연구』 21, 1984년 여름호, 134쪽.
30 이형구, 「한강유역 백제전기 수도유적 보존문제」『정신문화연구』 21, 1984년 여름호, 146쪽 도판 12.
31 이형구, 「한강유역 백제전기 수도유적 보존문제」『정신문화연구』 21, 1984년 여름호 129쪽 도면 3,

이 유적은 1986년 7월 서울시의 의뢰로 서울대박물관에서 발굴하였다.[32] 필자가 추정한데로 대형 옹관묘, 적석총, 즙석봉토묘 등이 발견되었다. 동쪽 약 700m2 범위에서 토광묘 11기, 옹관묘 6기, 토광적석묘 1기, 석곽옹관묘 1기 8개의 목관을 가진 대형토광묘 1기, 즙석봉토분 1기, 적석총 1기, 석곽묘 1기 등 모두 23기의 고분과 화장을 실시하였다고 여겨지는특수한 유구가 조사되었다〈자료 6〉.

이들 유구는 비교적 좁은 범위 안에서 층위를 이루어 분포되어 있고, 상호간에 명백한 선후관계를 보이면서 중첩된 것이 있어 대체적인 변화를 짐작할 수 있게 한다. 전체적인 층위는 크게 상층, 중층, 하층의 3개로 구분 할 수 있었다. 하층에서는 토광묘, 옹관묘, 즙석봉토분가, 중층에서는 토광묘, 옹관묘, 토광적석묘, 석곽옹관묘가 상층에서는 합구식옹관묘, 적석총, 석곽묘 등으로 구성되었다. 歷代층위별로 형성된 이 유적은 앞으로 한성백제사 복원에 대단히 중요한 고고학 자료가 될 것이다.

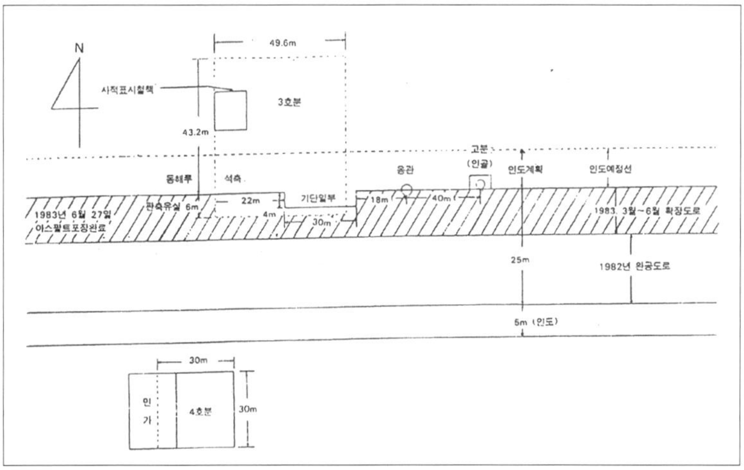

〈자료 5〉 1982년. 도로공사로 석촌동 3호분 동쪽에서 옹관 · 고분 · 인골이 훼손된 평면도 (이형구 작성)

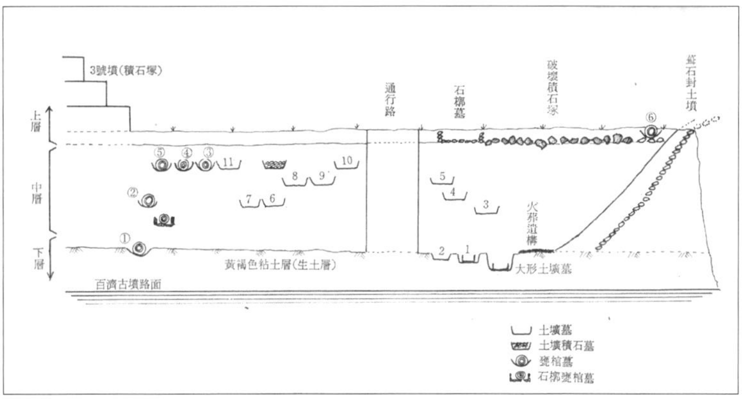

〈자료 6〉 1986년. 석촌동 3호분 동쪽 발굴시 확인된 옹관 및 고분 단면도 (서울대박물관)

32 서울대박물관, 『석촌동3호분 동쪽 고분군 정리조사보고』, 서울특별시, 1986, 40쪽.

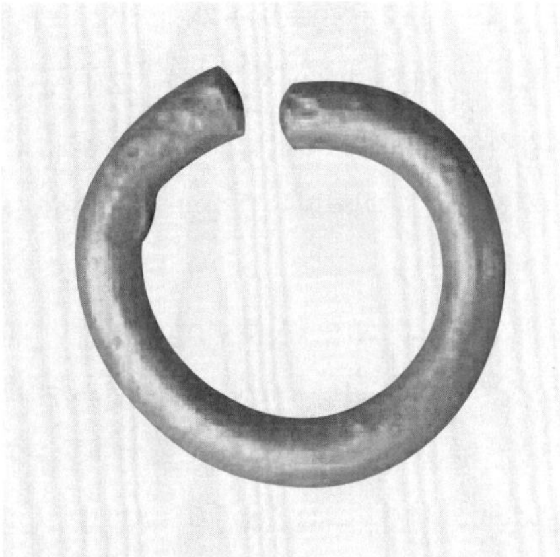

〈사진 12〉 2015년도 발굴 적석총의 유물집중부 출토 금동제 귀걸이(한성백제박물관)

〈사진 13〉적석총 석축기단부 뒷채움 부분 출토 와당(한성백제박물관)

한편, 도로공사로 파괴된 3호분 동쪽 지역을 수습 정리하는 긴급 조사를 통해서 석촌동 3호분의 규모가 동서 50.8m, 남북 48.4m, 현재 높이 4.5m로 수정되었다.[33]

6) 최근 발굴 적석총

1983년 「한강유역 백제전기 수도유적 보존문제」에서 석촌동 고분군의 중간지점의 '노거수목' 부근의 '제5적석총'이라 추정한 지역에서 새로 적석총 유구가 2015년도에 발굴되었다.[34] 적석총은 대체적으로 남-북 방향의 석렬과 동-서 방향의 석렬이 유기적으로 조합되어 방형의 단위를 이루고 있으며, 이러한 단위 구조는 일정한 방향성을 가지고 서로 연접되어있다. 이와 같은 방형 단위는 점토부를 둘러싸고 있는 양상이다. 석렬과 점토부 사이는 중대형 할석으로 채워져 있는데, 다소 무질서한 양상을 띠기도 하나 비교적 정연하게 쌓은 양상도 확인되고 있다.

조사구역 내에서 출토되는 유물은 적석부를 중심으로 집중적으로 출토되고 있다. 유물은 집중부에서 꺾쇠와 철정 10점이 출토되었으며, 귀금속류는 유구의 남쪽 외곽 석렬 전면에서 금동제 귀걸이 1점이 출토되었다. 이 귀걸이는 구리봉에 금판을 말아 입힌 동지금장 세환이식(銅地金裝細鐶耳飾)이다.〈사진 12〉 적석총 석축기단부의 뒷 채움 부분에서 유물이 밀집되는 양상을 보이는데 대다수의 유물은 기와이다. 평기와가 파편 상으로 확인되며, 내면 상에 모골와통을 사용한 흔적을 확인할 수 있다.

기와는 와당과 평기와 파편 1,500여 점이 출토되었다. 동서방향 적석총 석축기단부의 면석 앞쪽(남쪽)에서 막새기와 편으로 보이는 유물 1점이 출토되었다.〈사진 13〉 막새기와 편은 반구형

33 서울대박물관, 『석촌동3호분(積石塚) 발굴 조사보고서』, 1983, 18쪽, 동서 49.6, 남북 43.7, 높이 4.5m로 확인된바 있다.
34 한성백제박물관, 「서울 석촌동 고분군 시굴조사 완료 약보고서」, 2015.6
한성백제박물관, 「서울 석촌동 고분군 발굴조사 자문회의자료」, 2016.6

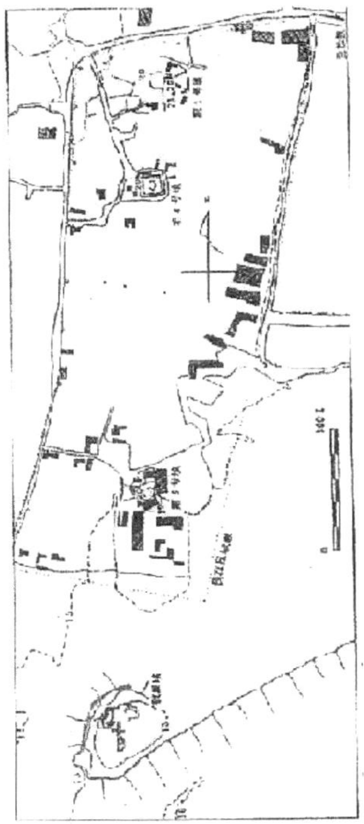

1. 서울대박물관(1974)

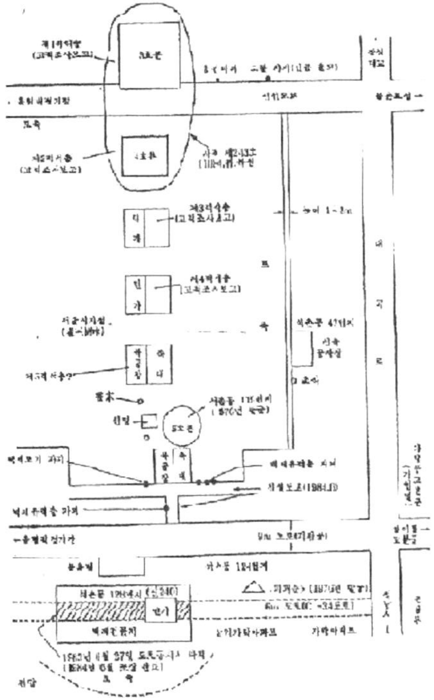

2. 이형구 교수(1983)

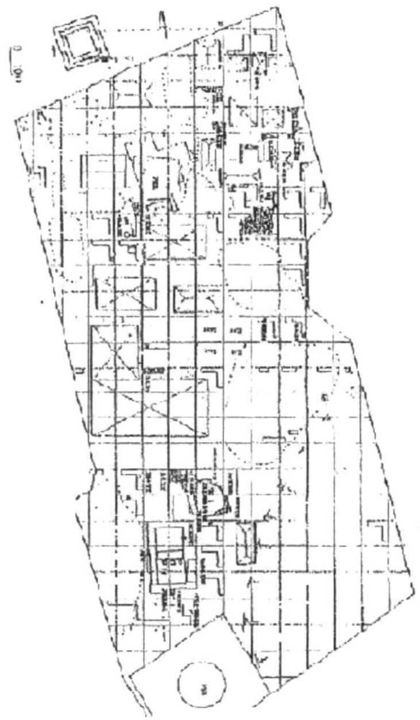

3. 서울대박물관(1989)

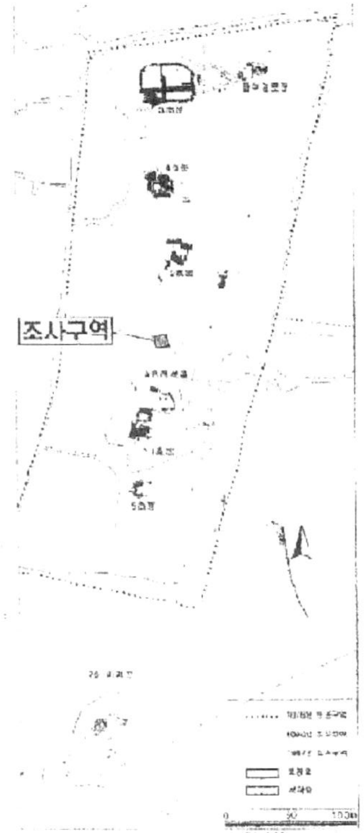

4. 한성백제박물관(2015)

<석촌동 고분군 백제고분 발현 단계 도면>

〈자료 7〉 석촌동 고분군 백제고분 발현 단계 도면

의 도드라진 돌기부가 있으며 그 돌기부의 주위를 6각의 형태로 둘러싸고 있는 돌대 형태의 양각선이 보인다. 각진 모서리에서 시작되는 돌대가 확인되고 있다. 풍납토성 안에서 출토되는 기하문와당과 같은 유형으로 보인다.

2015년도 발굴 적석총은 필자가 1983년 석촌동 고분 조사시 민가의 지반에 남아 있는 석재들을 '제4적석총'으로 추정한 곳에서 적석유구가 새로 확인되었다.[35] 〈자료 7 석촌동 고분군 백제고분 발현 단계 도면 참조〉

2. 서울 가락동 고분군

1969년, 가락동에서 발굴된 2기 고분 중에 1호 토광묘 2기, 목관묘 1기, 옹관묘 1기로 4기가 하나의 봉분에 매장되었다. 2호묘는 바닥부가 12×15m, 높이 2.2m의 비교적 큰 봉토 안에 4기가 합장된 특이한 구조를 가지고 있다. 보고자는 이 토광묘의 하한은 B.C.1 · 2세기경, 상한은 A.D.2세기경으로 보았다[36] 그러나 뒤늦게 재편집된 발굴보서에서는 한 봉분 안에 조성된 고분의 연대는 기원 4세기 전반~5세기 후반으로 편년하였다.[37] 원보고서와 많은 시차를 보이고 있다. 가락동 1.2호분은 지적도상 가락동 494번지는 석촌동과 가락동의 교계지역으로 2012년 지형도에 의하면 석촌동 261번지 일대로 확인되었다. 석촌동 고군공원과 불과 10m 내외의 지근거리에 있다. (2016.7.12. 현장 확인함) 서울 백제고분 연구에 있어서 가락동 1 · 2호분은 석촌동 고분군에 속하는 백제고분으로 분류되어야 할 것이다.

한편, 1975년 8월부터 10월까지 가락동과 방이동 일대를 7개 지역으로 나눠 2차 발굴조사를 시행하여 선사시대 유적 5개소, 석실분 6기, 방이동 백제고분 1기를 찾았다. 가락동 고분 중 4 · 5호분은 도굴됐으며 석실 일부가 남아 있었고, 6호분은 석실 하부만이 남아 있었다.

가락동 석실묘는 작은 구릉 상에 4기가 분포되었는데, 평면구조는 대략 두 사람 정도를 매장할 수 있는 직사각형으로 출입구가 달린 횡혈식 석실묘이다. 그 중 가락동 3호분은 봉토가 없어지고 도괴되어 석실의 밑바닥 부분이 드러나 있었는데 구조는 동서길이가 3.65m, 남북의 길이가 3.7m인 방형인 현실을 이루고 있고, 현실의 동편에서 남쪽에 치우쳐서 길이 2.5m, 너비 1.3m의 연도를 설치하였다. 현실 바닥에서는 死者의 시상대 · 석찰 · 촉대 등의 시설물과 관재 · 관정이, 현실 북단에서는 두개골이 수습되고 다수의 토기 파편이 출토되었는데, 토기는 모두 암회색의 경질토기이다.[38]

가락동 4호분은 할석으로 4.5단까지 쌓은 석축이 있었다. 상하 2.3m, 좌우 2.6m크기며 동남

---

35 이형구, 「한강유역 백제전기 수도유적 보존문제」『정신문화연구』 21, 1984년 여름호, 134쪽, 도면 5.

36 윤세영, 「가락동 백제고분 제1 · 2호분 발굴조사 략보」『고고학』 3, 1974, 139쪽.

37 김일규 외, 『가락동 2호분』, 고려대학교 박물관, 2012, 99쪽.

38 잠실지구유적발굴조사단, 「잠실지구유적발굴조사 보고」『한국고고학보』 3. 1977, 17~80쪽.

〈사진 14〉 인멸되기 전 가락동 고분을 조사하고 있는 필자(우, 1983. 6. 3.)

향으로 羨道가 달린 橫穴式고분이다. 천장구조는 사각형 무덤 네 귀퉁이에 기다란 돌을 사선으로 덮어 모서리를 줄여 나가는 고구려 모줄임 양식을 사용했고, 가장 위에는 널찍한 큰 돌을 덮었을 것으로 보인다. 출토유물은 회색빛을 띤 파란색 큰 항아리 조각과 삿자리 무늬 회색빛을 띤 누런색 연질토기 등 백제토기 조각 여러 점이다.

가락동 5호분은 원래 4호분에서 동북쪽으로 22m 떨어져 있으며 가장 낮은 곳에 위치해 있고 연도는 남향이며 출입구에 문을 달지 않고 돌로 막은 독특한 구조로 길이는 1.8m 이였다. 출토유물은 고배개 조각과 금동환 4점, 기와 편 12점이다. 널방은 방형에서 한쪽 면이 약간 길어진 형태였다. 방형 석실에서 장방형 널방으로 변화하기 시작한 고구려 무덤 양식이 백제에 영향을 준 것으로 보이며, 4호분과 동일한 천장 모줄임 양식도 고구려 영향이다. 횡구식에서 횡혈식으로 변화해 가는 과도기로 보고 있다. 5호분을 만든 시기는 4세기경으로 추정되며 금동환 출토는 매장자가 왕족이나 · 귀족일 수 있다는 점을 통해 알 수 있었다.[39] 그러나 발굴조사후 아무런 보호 대책을 못하고 있는 사이에 한양아파트(1단지) 조성과 함께 1983년 모두 인멸되고 말았다.〈사진 14〉

필자가 1983년 5월에 한국학대학원 조사원들과 가락동 고분을 찾아 갔을 때는 가락동파출소 뒤의 낮은 구릉위에 백제시기 고분 1기가 파괴된 채로 방기돼 있었는데 이 해 7월에 한양아파트 공사가 시작되면서 가락동 고분군 중에 유일한 고분마저 없어지고 말았다. 이는 서울백제 수도 유적의 고분 변천사 연구에 귀중한 자료였다.

발굴자들이 조금만 신경을 썼어도 보존될 수 있었을텐데 하는 아쉬움이 제일 많이 남는 곳이다. 지금은 대형 아파트단지의가 조성되었지만 단지냐의 '똥산고원' 일부에 서울 한성배제시기의 묘제의 변천사를 규명할 수 있는 석실묘 한 기라도 복원되었으면 하는 바람이다. 그러려면 서울시가 백제고분이 혐오시설이 아니라 주민과 친근감을 가질 수 있는 자그마한 역사공원으로 만들었으면 좋을 것 같은 생각이 든다.〈사진 15〉

39 잠실지구유적발굴조사단, 「잠실지구유적발굴조사 보고」『한국고고학보』 3. 1977, 58쪽.

〈사진 15〉 가락동 고분이 인멸되고 대형 아파트가 조성된 단지 내의 '똥산공원

3. 서울 방이동 고분군

방이동 고분군은 표고 40m 남짓한 얕은 능선에 조성되어 있는데, 8기가 알려졌는데 1976년 6기(1~6)거 발굴 조사되었다.[40] 방이동 고분의 외형은 석실봉토분인데, 1 · 4호분은 穹窿形의 천정을 하고 있고, 6호 고분은 주실과 부곽이 겸비한 터널형의 横穴式석실묘이다. 보호 직전에 사하져 버린 4호분은 현실과 연도로 구성된 전형적인 석실묘인데 현실의 천정은 궁륭형이다. 그리고 5호분은 방이동 고군군의 가장 높은 곳(해발 50m)에 위치하고 있는데 고분의 구조는 장방형의 石槨으로 축조한 석곽묘이다.

1982~3년 사이에 4 · 5호분이 택지와 공용 건물(한전 방이동 변전소)의 용지로 사용하기 위하여 削平되었다. 나머지 6기 가운데 북쪽 구릉 위에 몰려 있는 3기(1~3호)와 약간 남쪽에 있는 1기(6호)만을 남겨 놓고4기를 마치 섬처럼 보호구역으로 정하고 그 외 지역은 모두 해제하였다.[41] 〈자료 8〉

1980년대 초부터 시작된 필자의 보존운동의 성과로 마침내 1985년 7월 1일에 정부가 '서울 백제고도 문화유적 종합복원계획' 을 발표하게 되고 이 계획안에 방이동 고군군도 포함되어 보호구역이 6배로 확대되었다. 1988년 정비 시에 2기(현재 7.8호)의 고분이 새로 확인되었다.

1983년 7월 6일 "한강유역 백제전기 수도유적 보존문제" 학술연찬을 마치고 제출한 〈건의문〉 중에

40 잠실지구유적발굴조사단, 『잠실지구 유적발굴조사 보고』, 1976, 6~44쪽.
김병모, 「방이동고분군」『고고학』 4, 1977, 1~35쪽.
잠실지구유적발굴조사단, 「잠실지구 유적발굴조사 보고」『한국고고학보』 4, 1978, 7~51쪽.

41 조사단은 서울시장에게 건의하기를 "방이동지구의 5기의 석실분 이외지구는 파괴석실분과 기타 유적들이 있으나 그 파괴도로 보아 이를 기록으로 남기고 採土, 削山하여도 可함"이라고 하였다.(잠실지구유적발굴조사단, 「잠실지구유적발굴조사보고」『한국고고학보』 3, 1977, 65쪽) 이게 당시의 서울 백제유적 보존 수준이다.

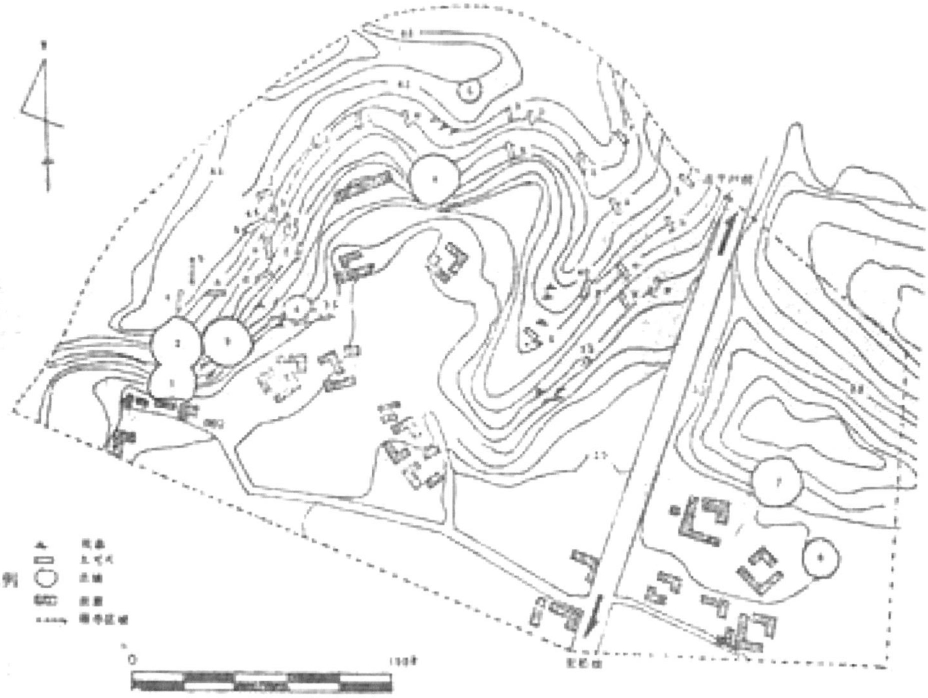

〈자료 8〉 방이동 고분군 분포도(『고고학』4, 1976)

〈사진 16〉 방이동 고분군 조감도. 왼쪽 고분만 지정되었다.(1984.4, 필자 촬영)

〈사진 17〉 방이동 고분군 조감도. 오른쪽 고분이 1988년 복원되었다.(1995.7, 필자 촬영)

4. 현재 '사적공원' 으로 조성사업을 벌이고 있는 방이동고분군 중 제 7 · 8호가 제외되고 있는데 이를 연결하여 공원 면적을 확대 조성해야 할 것임.

이라 하였다.

원래 방이동 고분군의 제 7 · 8호가 제외되고 1~3호, 6호만 보호구역으로 설정하고(〈사진 16〉의 왼쪽) 나머지 보호구역에서 제외됐던 7 · 8호분(구 번호) 지역을 연결하여 확대 보존하도록 건의하였다.[42] 1985년 7월 1일 정부의 '서울 백제고도 문화유적 종합복원계획' 이 발표된 이후 6호분에서 남쪽으로 약 100m 거리에 일찍이 발굴 조사단이 "採土, 削山하여도 可하다"[43]고 결정한 7.8호분(구 번호) 부근에서 2기(현재 7 · 8호)의 고분이 새로 발견되었다.

서울시는 이미 불하된 지역(구 7 · 8호)을 재매입하고〈사진 16〉 두 구역 사이의 공간을 연결하여 보호구역이 원래의 면적보다 6배로 확대되어 1988년 9월 10일 방이동고분공원이 준공되었다.[44]〈사진 17〉

Ⅶ. 서울 석촌동 고분 보존과 언론의 역할

1983년 봄 해동하기가 무섭게 공사가 들어가기 때문에 필자도 현장으로 출근하다 시피 주주 석촌동 일대를 답사하였다. 계속 확장공사가 진행 되고도로 포장공사가 시작된 것을 목격하면서 관계당국에 알리기도 하였지만 속수무책 이였다.

1983년 5월 26일 한국학대학원 석.박사과정 학생들을 인솔하여 현장답사를 통하여 문제의 심각성이 노출되었다. 당일로 필자의 소속 대학원과 연구원의 책임자에게 보고하고 나서 바로 청와대에 보고하고 이후 사태의 시급성을 고려해서 언론의 협조를 요청하였다.

이를 중지시켜야 하는 사태의 화급한 사정으로 여론에 호소하기로 결정되어 우선 KBS TV에 의뢰하여 5월 27일 오전에는 현장을 동행 취재하였다. 한편, 13시 30분 강동구 국회의원 동우회 이동하여 14시 30분부터 15시 30분까지 보고회와 기자 간담회를 마련하였다. 당일 KBS TV9시뉴스를 통하여 백제 왕능급 고분의 참상이 세상에 알려지게 되었다.

5월 27일 취재를 마친 경향신문은 중앙지로는 처음으로 5월 28일자 조간신문에 '백제고분 크게 훼손－서울 석촌동 도로공사로 기단 잘려－묘역엔 무허건물 10여 채－' 라는 제목으로 "사적 243호인 백제초기의 피라미드형 왕릉이 훼손되고 있다. 서울 강동구 석촌동 77일대에 있는 4

42 이형구, 「한강유역 백제전기 수도유적 보존문제」『정신문화연구』 21, 1984년 여름호, 138쪽.
43 잠실지구유적발굴조사단, 「잠실지구유적발굴조사보고」『한국고고학보』 3, 1977, 65쪽.
44 『경향신문』 1988년 9월 13일, '(송파구 방이동)백제고분군 복원 끝나'

기의 고분은 서울시가 도로공사를 하면서 기단부분을 파괴하였다. 보호철책이 부서져있고 봉분 윗부분은 완전히 헐려나갔으며, 현재 흔적만 남아있는 자리에도 집을 짓거나 밭을 일구고 있는 실정이다."이라고 지적하였다. 특히 석촌동 일대의 고분은 고구려 적석총과 비슷한 형식인 '피라미드형 석묘' 로, 귀중한 고분 자료로 평가되고 있다"고 보도하였다.

국영방송인 KBS에서 석촌돈 고분의 심각한 문제를 처음 지적한데이어 중앙지에서는 경향신문이 먼저 보도하고 서울신문, 조선일보, 한국일보, 동아일보가 계속 석촌동 고분의 중요성을 강조하고 하루 빨리 이를보존해야한다고 대서특필하였다.

1983년 7월 6일 (수요일)에는 한국정신문화연구원 주최로 「한강유역백제전기 수도유적 보존문제」라는 제목으로 제3회 학술연찬을 개최하였다.[45]

중앙의 많은 언론들이 어느 날은 서너 신문이 일제히 대서특필하고 어떤 때는 반복되는 기사라도 계속 성원해 주었다. 그뿐만 아니라 신문마다 사설을 통하여 백제유적을 지키자고 역설하였다. 특히 한국일보 사설은 백제유적의 지도를 삽입하는 획기적인 사설을 실었다. 필자가 알기로는 초유의 일이다.〈자료 9〉

1983年7月10日 (日曜日) (2)

社說

首都는 機能보다 象徵이다

—百濟史跡지켜 서울矜持 살리자

4세기 후반인 369년 한강 남쪽에서 近肖古왕은 대대적인 軍事閱을 벌였었다. 이때 깃발은 모두 누런 빛깔을 썼다고 삼국사기는 기록하고있다. 아마도 백제의 왕은 이때 천하를 호령하는 「天子」임을 자랑했던것같다. 近肖古왕은 그로부터 2년뒤 고구려로 쳐들어가 평양에서 故國原왕을 죽였다.

1백년뒤 蓋鹵왕이 성을 쌓고 궁실과 누각과 대사를 지으니 장엄하지않은 것이 없었다고한다. 그는 또한 郁里河에서 큰 돌을 가져다가 곽을 만들고, 父왕의 뼈를 모셨다고 기록돼있다. 그가 복수의 칼을 든 고구려군에게 포위돼 죽은 것은 5세기 후반인 475년이었다.

백제 前期 5백년동안의 찬란한 역사는 그렇게해서 비극적으로 막을 내렸었다. 그무대는 지금의 廣州와 서울에 걸치는 한강가였다. 이제는 蓋鹵왕의 그장엄한 궁실도 누각도 찾을길이 없지만, 무덤들만이 황폐한채 흩어져있다. 고구려의 장군塚보다도 큰 石村洞의 3호분은 혹 그가 郁里河의돌로 만들었다는 그 무덤이 었을까?

어쨌든 우리는 세계의 대부분이 어둠속을 헤매고 있을때 한강가에서 찬란한 왕국과 문명을 이룩했음을 자랑할수있는 것이다. 스스로 문화민족이라고 일컫고, 수도 서울을 「古都」라고 자랑할수 있는것도 朝鮮왕조 5백년이 있기때문은 아니다. 이지역은 그 예앞서기를 1천년에 벌써 이땅에 문명의 햇살을 비춘 창조와 기적의 고향이었다.

그러나 그 기적의 흔적들, 1천5백년동안의 풍파끝에 살아남은 가냘픈 흔적들은 최근에 이르러 불도저의 폭력앞에 무참히 꺼져갔다. 66년전 89기의 무덤이 있었다고 기록돼있지만, 이제는 겨우 20여기가 남아있을 뿐이다. 그 상당부분은 60년대 이후 무분별한 도시확장에 밀린 것이다. 성터에는 학교가 들어서고, 무덤을 밀어내고 길이 뚫리는가하면 별장과 주택가가 들어섰다 (지도參照).

우리 고대문화 최대의 모뉴먼트의 하나인 石村洞 3호분이 불도저에 찢긴 것은 지난6월27일이었다. 「사적공원」을 만들겠다는 말이 오가는 사이에 문화재관리법을 비웃는듯 아스팔트가 깔렸다.

뒤늦게 고분공원을 만들겠다고 나섰지만 거대한 고분을 되살리기엔 당치도 않을만큼 겉치레 링게르주사에 지나지않는 규모다.

이제 대도시개발, 특히 수도권 개발의 개념과 조직을 근본적으로 뜯어고쳐야된다. 70년대이래 우리가 목격해온 경험을 내일을위해 살리는 자각의 마지막 기회가 지금이다. 대도시중에서도 수도란 「기능」보다 「정신적 가치」에 보다 큰생명이 있다는것을 모두가 깨달아야된다. 특히 남북분단상태에 있는 우리는 더욱 그렇다.

수도 서울은 민족의 상징이요, 역사의 본바닥이다. 기능적인 대도시는 아프리카의 정글에도 세울 수가 있지만 「2천년 古都」는 오직 서울에만 있다는것을 자랑할 수 있어야 된다. 그동안 수도권문화재행정이 朝鮮왕조의 궁궐에 집중됐던 어리석음을 고쳐야된다.

지난6일 한강유역 백제前期수도유적 보존을 위한 학술회의 (정신문화연구원)에서 나온 「강동지구 사적관리소」 설치안이나, 석촌동 일대를 개발보류지역으로 묶자는 제안은 충분히 고려할만한 제안이다. 이 지역이 특히 올림픽촌에 이웃해있다는 점을 지적한것도 뒤늦은 깨달음이다.

후회는 빠를수록 좋다. 수도 서울이 아프리카의 신흥도시와 다르다는 것을 우리 자신과 올림픽의 손님들에게 보여줄수 있게하자.

〈자료 9〉『한국일보』 사설 1983년 7월 10일

도로공사를 맡고 있는 서울시는 석촌동 도로 확장공사를 중단했다. 서울시로 부터 이 같은 통보를 받은 문화재관리국은 즉각, "이 지역이 사적 제 2백43호로 지정된 백제 초기 적석총 3호분 근처로서 문화재가 매장 되었을 가능성이 있다고 보고, 28일 공사 중단을 요청, 학술조사에 나서기로 했다"고 발표하였다.

마침내 정부(5공화국)는 강남신도시개발의 문화재정책을 대대적으로 수정 보완하고 '백제고분로' 는 기존의 계획을 수정하여 지하에 터널을 건설하여 잘려나간 왕릉을 복원하고 사적의 범위도 대하였다. 이로부터 석촌동 고분군의 재조사하기에 이르렀다. 4호분의 남쪽으로 1만여 평이 보호구역이 지정 확

45 한국정신문화연구원, 『한강유역 백제전기 수도유적 보존문제』 학술연찬 자료집, 1983.7.6.
이형구, 「한강유역 백제전기 수도유적 보존문제」『정신문화연구』 21, 1984 여름호, 134쪽.

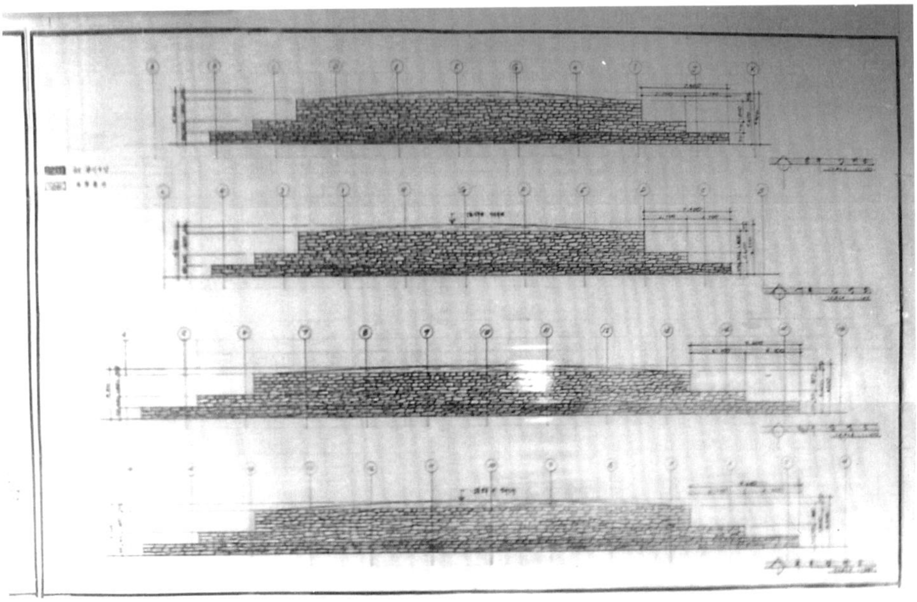

〈자료 10〉 석촌동 제3호 적석총 복원 설계도(시공 높이 3.2m, 1985, 신성)

대되고 지속적으로 발굴조사가 이루어져서 오늘날과 같은 대단위 사적공원이 되었다.

1985년, 정부가 고분군의 보존하기로 결의한 후에 도로공사로 백제시기의 옹관과 인골이 잘려나간 석촌동 3호분 동쪽 구간에 대한 발굴조사를 실시한 결과, '석촌동 3호분 동쪽 고분군' 으로 불리는 지역에서 상 · 중 · 하 3개 유적층에서 모두 23기의 백제고분이 확인되었다.[46]

그뿐만 아니라 '석촌동 3호분 동쪽 고분군' 의 남쪽으로 1만여 평의 보호구역이 추가로 확대되고, 확대된 보호구역 안에서 발굴조사가 이루어져서 오늘날과 같은 대단위 사적공원으로 조성되었다. 이로 인해 석촌동 3 · 4호분이 각자 복원되고, 3호분 동쪽에서 수많은 유적이 살아나고, 1987년도 발굴조사를 통하여 1 · 2호분과 A호분이 확인되고 토광묘와 석곽묘도 함께 발견되었다.[47]

석촌동 3호분의 경우 과거에 민가가 들어서고 지난 1983년에는 「백제고분도로」가 개설되면서 남쪽기단이 10여m 잘려나간 부분을 제대로 복원되지 않았다. 또, 조선총독부가 1920년에 펴낸 「大正六年度(1917) 조선고적조사보고」의 사진[자료 2] 에 보면, 3호분의 높이가 약 10m 된다면 7段 정도 규모의 방형 계단식 피라미드로 추정되는데, 설계도에는 높이 4.5m로 설계 되었으나[48] 시공 시에는 불과 3.2m의 3층 석축으로 축소돼 있어 체감률(遞減律)도 맞지 않는다.[49]〈자료 10〉

46 서울대박물관, 『석촌동3호분 동쪽 고분군 정리조사보고』, 서울특별시, 1986,40~45쪽.

47 석촌동발굴조사단이 구성되어 서울대가 4호분 남쪽(후에 1 · 2호분으로 편명)을, 경희대가 5호분 주변 그리고 숭실대가 4호분 주변을 맡아 유구분포 조사를 실시하였다.

48 서울대 박물관, 『석촌동 3호분(적석총) 복원을 위한 발굴보고서』, 1984, 도 22.

49 이형구, 「민족긍지 심는 백제유적 복원」『경향신문』 문화면 컬럼(1985.7.4).

어느 기자의 "말무덤의 밑 부분에 봉토가 벗겨져 積石이 드러나 있었으며 그 돌들을 부지런히 캐내 근처 샛강의 둑을 쌓는데 실어 나르고 있었다. 제방공사는 서울시가 추진하는 공사였다."[50]고 석촌동 3호분의 적석을 샛강(新川)의 제방공사에 사용했다고 고발한 현장르포를 주목할 필요가 있다. '말무덤' 은 석촌동 3호분의 토속어이다.(『大正五年度古蹟調査報告』, 1917, 84쪽)

몇몇 적석총은 종합계획안이 나오기 전에 충분한 검토 없이 복원돼 있어 앞으로 '세계문화유산 등재신청' 하려면 충분한 검토와 고증을 거쳐 재복원해야 할 것이다.

발굴자도 "3段이상의 段의 존재에 대해서도, 現高가 4.5m에 달하므로 충분히 1 · 2단 정도 더 있은 것으로 상정할 수 있으나 현재의 상태로서는 단의 수를 정확히 알 길이 없다"고 실토하고 있다.[51] 당시 복원 설계 규모는 동서 55m 남북 43.7m 높이 4.2m이다.〈자료 11〉

그 후 1986년도 석촌동 3호분 동쪽 고분군 정리 조사 시에 동서 50.8m로 확정되고, 남북 길이는 48.4m로 하는 것이 타당할 것으로 판단된다."고 하였다.[52]

3호분은 1985년 8월 준공하게 되었는데,〈자료 12〉 준공 이후에 나온 1986년도 실측치가 반영되어 실제로 修正복원되었는지 궁금하다. 정상부의 토축 부분을 뺀 석축 높이는 불과 3.6m이다. 심각한 왜곡이다.[53]

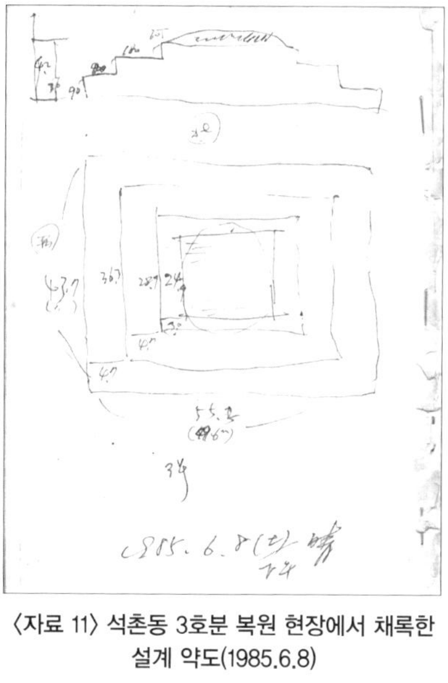

〈자료 11〉 석촌동 3호분 복원 현장에서 채록한 설계 약도(1985.6.8)

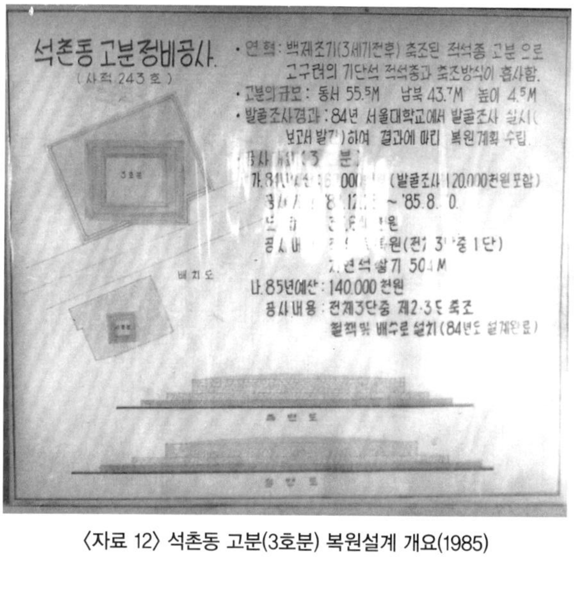

〈자료 12〉 석촌동 고분(3호분) 복원설계 개요(1985)

50 반영환, 「고분 위에 집을 짓고 살다니…」『고분 위에 집을 짓고 사는 나라』, 다인 미디어, 2003, 107~108쪽.

51 서울대학교박물관, 『석촌동 3호분(적석총) 복원을 위한 발굴보고서』, 1984, 30쪽.
1986년 보고에서도 "현재의 상태로서는 段의 數를 정확히 알 길이 없다"고, 1984년 보고와 똑같은 말을 하고 있다.(서울대학교박물관, 『석촌동 3호분 동쪽 고분군 정리조사보고』, 서울특별시, 1986, 12~13쪽)

52 서울대학교박물관, 『석촌동 3호분 동쪽 고분군 정리조사보고』, 서울특별시, 1986, 12~13쪽.

53 이형구, 「민족긍지 심는 백제유적 복원」『경향신문』 문화면 컬럼, 1985.7.4.

Ⅷ. 맺는 글

고고학은 현장인데 종종 현장을 망각하는 경우가 있다. 서울 석촌동 고분군은 어려운 제5공화국의 강남지구 도시개발시기에 돌 하나 풀 한 포기라도 더 살려내려고 언론과 학계에 호소하고 정부에 설득하고 건의하여 오늘과 같은 세계적인 문화유산으로 保全해 낸 것이다.

필자는 서울백제 왕궁유적을 보존하고 잊어버린 역사를 복원하기 위해서는 역사의 현장을 지켜야한다고 주창하면서 보존활동을 벌려 온지 벌써 40년이 가까워 오고 있다. 1980년대 초에 서울백제의 '왕릉' 이 파괴되고 옹관이 잘려나가고 인골이 노출돼도 관리당국은 수년간이나 放棄하고 있었다.〈사진 18〉 이 시기에 여러 대학이 발굴에 참여했지만 발굴 유적의 중요성을 제일 잘 아는 발굴자는 "발굴자가 보존까지 해야 하느냐"는 식으로 보존문제에 대해서는 침묵으로 일관하였다. 지금도 如前하다.[54]

1985년, 그동안 언론계의 전폭적이고 지속적인 협조와 학계의 도움으로 정부(제5공화국)는 서울 강남지구 도시개발의 문화재정책을 대대적으로 수정 보완하고 百濟古墳路는 기존의 지상도로계획을 바꿔 地下車道를 건설하고, 사적의 범위도 12배나 확대하여 보전하였다.[55]〈사진 19〉

정부가 석촌동 고분군의 보존 결정한 후에 도로공사로 잘려나간 옹관과 인골이 노출된 구간에 대한 발굴조사를 실시한 결과, 석촌동 3호분 동쪽에서 상 · 중 · 하 3개 유적층이 확인되고 모두 23기의 백제고분이 발굴되었다. 그뿐만 아니라 '석촌동 3호분 동쪽 고분군' 을 비롯해서 추가로 1만7천여 평으로 확대된 보호구역 안에서 발굴조사되고 지하차도 터널이 조성되어 1990년 5월에 대단위 '사적공원' 으로 완성되었다.

이로 인해 석촌동 3 · 4호분이 각자 복원되고 3호분 동쪽에서 수많은 유적이 돼 살아나고, 4호분.5호분이 복원되고, 1987년에는 유구조사를 통하여 1 · 2호분과 A호분이 확인되고 토광묘와 석곽묘도 함께 발굴되었다. 이들 지역은 1983년 「한강유역 백제전기 수도유적 보존문제」에서 이미 유적의 존재를 추정했던 지역이다. 2015년에는 석촌동 고분공원의 '老巨樹木' 인 보호수 부근에서 적석총의 유구가 발견되었다. 이 지역도 1983년에 필자에 의해 이미 유적의 존재를 추정했던 지역이다.

서울 송파구 일대의 한성백제시기의 묘제는 대체로 석촌동 고분군의 토광묘와 토광목관묘에서 석곽묘와 적석총으로, 그리고 가락동 고분군의 횡혈식석실묘와 'ㄱ' 자형 석실묘로, 여기에 방이동 고분군의 연도식(羨道式) 석실묘로 이어지고 있음이 주목된다.

서울 석촌동 고분군의 보존의 성공은 바로 풍납토성에서 왕궁유적이 발견되는 前兆이다. 군사정권시기에 한 사람의 의지로 국민의 힘을 이끌어 낸 사실도 숨길 수 없는 사실이다. 오늘날 서울의 한성백제가 500년이나 존재하였다고 하는 역사적 사실을 구현해 낸 것은 偶然이 아니다.

---

54 이형구, 『박근혜 대통령께 드리는 춘천 중도유적 보존을 위한 백서』(ebook, 2015, 동양고고학연구소) 참조.

55 이형구, 「서울 백제왕궁의 발견」『한국고대문화의 비밀』, 2012, 새녘출판사, 323쪽.

〈사진 18〉 석촌동 백제고분(오른쪽)을 절단하고 개설한 도로(1982, 이형구 촬영)

〈사진 19〉 석촌동 지하터널이 개설되어 백제고분이 복원되었다(1991, 이형구 촬영)

〈서울 石村洞古墳群 保存活動 言論報導 主要記事 資料〉

1983년 5월 28일 (토요일)『경향신문』사회면〈자료 13〉

백제 고분 크게 훼손－서울 석촌동 도로공사로 기단 잘려－묘역엔 무허 건물 10여 채－(이형구 교수 동행)

“사적 243호인 백제초기의 피라미드형 왕릉이 훼손되고 있다. 서울 강동구 석촌동 77일대에 있는 4기의 고분은 서울시가 도로공사를 하면서 기단부분을 파괴하였다. 보호철책이 부서져있고 봉분 윗부분은 완전히 헐려나갔으며, 현재 흔적만 남아있는 자리에도 집을 짓거나 밭을 일구는데 이용하고 있는 실정이다. 백제초기의 도읍지라고 주장하고 있는 석촌동, 방이동, 가락동, 암사동 등의 일대에 산재해 있어 일제 때는 89기로 조사됐으나 70년대 후반 강남지역개발로 대부분 사라졌다.”

1983년5월28일 토요일 1版

百濟 고분 크게 훼손

서울石村洞 도로공사로 基壇잘려

묘역엔 無許건물 10여채

〈자료 13〉『경향신문』사회면 1983년 5월 28일

1983年5月29日 (日曜日)

百濟초기 王陵群 도시계획에 "受難"

중학생 대낮에 피살

〈자료 14〉『서울신문』사회면 1983년 5월 29일

1983년 5월 29일 (일요일)『서울신문』사회면〈자료 14〉

백제초기 왕릉군－도시계획에 ‘受難’ (이형구 교수 동행)

“서울 강동구 석촌, 가락, 방이동 일대에는 백제초기에서 중기까지의 고분이 산재해있는데 사적 243호로 지정된 석촌동77 일대의 고분군은 백제초기 ‘피라미드형’ 적석총 비롯해 89기가 조사된 바 있으나 현재 4기만이 남아있다. 이 적석총들은 서울시의 도로확장공사로 기단부분 10여

m가 파괴되었고 인도가 만들어질 경우 15m정도 더 잘려나갈 위기에 놓여있다고 한다."

1983년 5월 29일 (일요일) 『조선일보』 사회면

백제 적석총 학술 조사－서울 석촌 공사 중단

"서울 강동구 석촌동 61의6번지 일대 도로 확장공사 중 오래된 사람 뼈가 나와 공사를 중단했다. 도로공사를 맡고 있는 서울시로 부터 이 같은 통보를 받은 문화재관리국은 이 지역이 사적 제2백43호로 지정된 백제초기 3호 적석총 근처로서 문화재가 매장되었을 가능성이 있다고 보고, 28일 공사 중단을 요청, 학술조사에 나서기로 했다."

1983년 5월 31일 (화요일) 『서울신문』 사설

개발과 보존의 조화

1983년 5월 31일 (화요일) 『한국일보』 1면 지평선

석촌동 고분 훼손

1983년 6월 6일 『동아일보』 1면 횡설수설

백제사적 도로 건설로 희생

1983년 6월 11일 (토요일) 『경향신문』 사회면

손발 안 맞는 사적보호－방이동 백제 고분군 문공부 보존 추진에 서울시선 철거－구획정리 2기 쓸려

1983년 6월 14일 (화요일) 『한국일보』 사회면

석촌동 3호분 · 방이동 고분군 유적공원으로 구성－백제초기의 피라밋 적석총 등 올해 말까지 2억 원 투입 정비

1983년 6월 15일 (수요일) 『한국일보』 사설

문화재를 아끼는 근본 뜻－석촌동 고분공원 소식을 반기며

"지금 문제되고 있는 것은 서울 근교 한강유역에 흩어져 있는 백제고분들이다. 촌동 · 가락동 · 방이동 일대에는 1915년 만해도 23기의 적석총과, 66기의 봉토분이 확인됐었다. 그러나 최근 무책임한 도로공사 때문에 적석총의 한 모서리가 헐렸다고 한다. 사적을 보존해야 된다는 양식도 법을 어겨선 안 된다는 준법정신도 불도저의 힘 앞에 무너진 꼴이다.『문화재보호법』은 불도저 앞에 死文化할 판이다."

1983년 6월 27일 (월요일) 『경향신문』 사회면

문화재 행정 바로 잡는다－이 문공 새 정책 제시－「개발에 밀리는 편의 · 타성」에 제동 "들러리" 벗고 소신껏 일 추진 당부(박석홍 기자)

1983년 6월 30일 (목요일) 『경향신문』 사회면

백제시대 건물터 도로 공사로 훼손

"한국정신문화연구원 이형구 교수는 삼국시대 건물지로 추정되는 서울 강동구 석촌동 240번지 일대의 200여 평이 도로개설공사로 파괴되고 있다고 하면서 백제문화층이 아무런 대책 없이 파괴되는 것은 백제사 연구에 커다란 손실이라고 지적하였다."

1983년 7월 6일 (수요일)

한국정신문화연구원 주최 제3회 학술연찬 「한강유역 백제전기 수도유적 보존문제」개최

"한강유역의 백제500년 도읍지의 유적들이 도시개발이라는 미명아래 날로 파괴되어가고 있는 실정이다. 서울 한복판에서 파괴되어가고 있는 고대 백제유적에 대해서 시급한 보존대책이 꼭 필요하다고 생각된다. 그래서 백제유적의 현황 및 역사적 성격에 대한 발표와 이의 보존에 관한 여러 가지 문제점과 대책방향을 논의하기 위해 1983년 7월 6일 수요일에 한국정신문화연구원 주최로 관계 학자들을 초청하여 한국정신문화연구원 세미나실에서 13시부터 17시30분까지 학술연찬을 가졌다.

주최자 측에서는 류승국(한국정신문화연구원) 원장과 김형호(한국정신문화연구원) 부원장이 참여하였으며, 발표자는 이형구(한국정신문화연구원) 교수와 김병모(한양대학교) 교수, 차용걸(고려대학교) 교수가 맡았고, 발표 사회는 문명대(한국정신문화연구원) 교수가, 종합토론 사회는 윤세영(고려대학교) 교수가 맡아서 진행하였다. 발표를 마친 후에는 건의서를 작성하여 대통령 및 정부기관과 각계 연구자들에게 배포하기로 하였다. 그리고 세미나 일정에 맞춰 발표자와 참석자들은 서울 석촌동 고분군과 방이동 고분군을 답사하였다."

1983년 7월 7일 (목요일) 『서울신문』 문화면

서울 백제유적지 도시개발 재고를

－한국정신문화연구원서 「실태와 보존」학술연찬회－

－강동 · 강남지역 초기 5백만 도유지－토광묘, 적석총 등 귀중한 사료 묻혀－위례성터 등 삽질에 마구 훼손 (황규호 기사)

"한강유역에 산재한 백제유적을 보존하는 문제가 학계에서 심각하게 거론되고 있다. 이에 따라 한국정신문화연구원은 6일 '한강유역 백제전기 수도유적 보존문제'를 주제로 한 학술연찬회를 열고 백제전기 한성시대의 유적현황과 그 보존대책을 논의했다. 학술연찬에 참여한 교수와

발표논문은 이형구 교수(한국정신문화연구원)의 「한강유역 백제수도유적의 현상과 보존문제」, 김병모 교수(한양대)의 「한강유역 고분의 고고학적 고찰」, 차용걸 교수(충북대)의 「백제도성 유적 보존문제」이다."

1983년 7월 7일 (목요일) 『한국일보』 문화면

서울 한강유역의 백제유적 보존을-40명 학술조사 … 관광자원 활용역설-고분 · 성 도시개발로 매년 파괴 · 갈등에 사적관리소 설치 촉구 (이충우 기자)

"서울의 동쪽인 강동구 가락동, 방이동, 석촌동 일대에는 고분군이 여기저기 흩어져 있고 이 사이로 여러 개의 성들이 보인다. 이형구씨(정신문화연구원 연구위원)에 의하면 한강유역의 유적들은 약 반세기 전부터 일인들에 의해 주목되기 시작했다고 하였다. 1917년에 발행된 「조선고적도보」에는 서울 동부지역에 적석묘 66기 봉분 23기 등 89기가 있었다고 보고되어있다. 1917년에 보고된 고분들은 파괴된 끝에 20여기가 겨우 남아있을 뿐이며 문화재관리국과 서울시는 잠실지구 유적 보존을 위한 지표조사를 실시한 뒤 석촌동과 방이동일대에 1억 2천 만원, 8천 만원을 들여 정비하기로 하였다."

1983년 7월 7일 (목요일) 『경향신문』 문화면

"한강유역 백제유적 보존 시급"

-학계서 빗나간 개발정책 규탄-석촌동 고분 파괴는 반문화적 행위반경 2km이내 개발 보류지역으로-위례성 시대의 생활상, 고대 한반도 세력 분포 연구의 보고 (박정진 기자)

"한국정신문화연구원이 지난 6일 개최한 「한강유역 백제전기 수도유적 보존문제」학술세미나에서 석촌동고분의 파괴현상을 처음으로 지적한 이형구 교수(정문연)는 석촌동 일대의 사방 2km이내를 우선 개발보류지역으로 묶고 유적의 파괴가 심한 3 · 4호분은 발굴 · 복원해야하며 나머지 유적은 보존대책을 세우는 것이 시급하다고 하면서 서울시가 불하한 강동지구 석촌동 일대의 토지매입을 서둘러야 한다고 요구했다."

1983년 7월 10일 (일요일) 『한국일보』 사설[자료 8 참조]

수도는 기능보다 상징이다-백제사적 지켜 서울 긍지 살리자-유적분포지도 삽입

"수도 서울을 '古都' 라고 자랑할 수 있는 것도 조선왕조 5백년이 있기 때문은 아니다. 그러나 1,500년 동안의 풍파 끝에 살아남은 가냘픈 흔적들은 불도저의 폭력 앞에 무참히 꺼져갔다. 66년 전 89기의 무덤이 있었다고 기록돼있지만, 이제는 겨우 20여기가 남아있을 뿐이다. 그 상당부분은 60년대 이후 무분별한 도시 확장에 밀린 것이다. 우리 고대문화 최대의 모뉴먼트의 하나인 석촌동 3호분이 불도저에 찢긴 것은 지난 5월이었다. '사적공원' 을 만들겠다는 말이 오가는 사이에 아스팔트가 깔렸다. 지난 6일, 한강유역 백제전기 수도유적 보존을 위한 학술회의에서 나

온 강동지구 사적관리사무소 설치안이나, 석촌동 일대를 개발보류지역으로 묶자는 제안은 충분히 고려할만한 제안이다."

1983년 7월 15일 (금요일) 『조선일보』 1면 팔면경

올림픽타운 건설한다고 백제유적지 훼손. 전통 찾자고 소리만 요란한 건가.

1983년 7월 15일 (금요일) 『조선일보』 사회면〈자료 15〉

"백제유적을 파괴 말라" 올림픽촌 일대 고분 등 마구 파헤쳐－착공 전에 조사 … 공사합의 말썽나자 서로 책임 미뤈－당 · 학자들－버려진 고도 … 개발 계획 전면 재검토를

"도로 확장공사로 파헤쳐진 백제유적을 둘러보고 충격을 받은 고고미술사학자들이 14일 문화재 건의문을 작성하고, 관계당국에 제출키로 하였다. 지난 6일 한국정신문화연구원에서 「한강유역 백제전기유적 보존문제」라는 학술연찬을 가진 뒤 도로공사로 중간이 잘려나가 길바닥에 노출되어있는 적석고분의 단면과 석축을 답사하던 학자들은 한결같이 어이없어 하였다. 이형구 교수(한국정신문화연구원)는 서울시가 도로공사를 중단한다고 발표했으나 몰래 야간공사로 포장 확장을 하여 나머지 유적들을 뭉개버렸다고 지적하였다. 건의문에 서명한 학자들은 올림픽 구획정리사업에 우선시 하는 것은 문화유적지를 훼손시키는 것처럼 어리석은 행정은 없을 것이라고 하였다."

"百濟遺蹟을 파괴 말라"

올림픽村 일대 古墳등 마구 파헤쳐

着工전에 조사…工事합의 말썽나자 서로 責任 미뤄

當局·학자들

버려진 古都… 개발計劃 전면 재검토를

콜택시, 高速버스 받아

3명 죽고 2명 重傷

〈자료 15〉 『조선일보』 사회면 1983년 7월 15일

1983년 7월 16일 (토요일) 『조선일보』 사설

상처 입은 백제유적－훼손개발 중단하고 책임자 가려야

"문화재와 개발과는 상충되는 경우가 잦다 선진국은 문화재를 절대적으로 우위에 두는데 비해 후진국일수록 개발을 우위에 두고 문화재를 깔아뭉갠다. 서울시의 경우 도시개발을 할 때 문화재가 개발선상에 머물러있으면 이전 해버리는 것이 다반사였다. 수천 년 역사와 5백년 고도의 역사를 과시하기에는 너무나 미미한 문화재, 그나마도 초라하게 지니고 있을 따름이나 강동지구의 백제 유적군 지대를 올림픽촌 개발 명목으로 깔아뭉개고 있다는 보도는 한심한 마음을 금할 수 없게 하고 있다."

1983년 7월 17일 (일요일) 『서울신문』 사설

유적과 유물의 보존

“우리 사회에서는 아직도 문화재 보호의 실제가 많이 허술한 형편에 있다. 최근에도 한강유역 백제유적지의 보존문제가 심각하게 논의되었고 아직도 해답을 못 얻고 있는 형편이며, 사적지로 지정된 곳을 불도저로 밀어버려 인골이 드러나고 석실이 무너져버리기도 하였다. 모든 유적과 유적지는 학술조사가 실행되기 전에는 ‘개발’이라는 이름의 변이가 가해져서는 안 된다. 역사공원으로 살리는 것이 돈으로 급조한 현대 시설보다 오히려 국부를 돕기도 하기 때문이다.”

1983년 7월 18일 (월요일) 『동아일보』 사설

바다유물과 백제유적

“서울시는 최근 석촌동에서 올림픽타운 건설과 관련, 폭 40m의 도로를 내면서 백제시대의 왕릉인 3, 4호분을 잘라냈다. 이런 문화파괴행위는 전통문화의 창달과 문화유산 보존이라는 정부의 구호를 헛되게 했구나 하는 생각을 좀처럼 떨쳐버릴 수가 없었다. 석촌동 일대의 백제유적들은 한국사의 뿌리와 원류를 캐는 좋은 자료라는 점이며, 서울을 현대와 고대가 조화를 이루어 국제적인 문화도시로 나아가기 위해서는 문화전통의 보존과 계승발전문제에도 심각하게 눈을 돌려보는 격조높은 시정이 돼야 할 것이다.”

1983년 7월 19일 (화요일) 『동아일보』 1면 횡설수설

석촌동 고분의 파괴는 ‘밴덜리즘’ (문화파괴주의)

1983년 7월 31일 (일요일) 『한국일보』 1면 〈자료 16〉

서울 석촌동 일대 백제 유적지 사적공원으로－“개발 즉각 중지를” 문화재위 건의 … 문공부 추진 올림픽 관광지화

한국일보 1983年7月31日 (日曜日)

서울石村洞일대 百濟유적지

史蹟공원으로

"開發 즉각中止를"

文化財委 건의-文公部 추진

올림픽 觀光地化

〈자료 16〉 『한국일보』 1면 1983년 7월 31일

1983년 8월 1일 (월요일) 『동아일보』 사회면

석촌동 고분지역 고분공원 추진

1983년 8월 4일 (목요일) 『한국일보』 천관우 목요칼럼 ‘담배 한 대 물고’

－살아야할 백제초기－

‘석촌동의 3호분, 4호분이 윗부분은 다 허

물어졌지만 밑에 남아있는 유구로 보아서는 역시 흔치 않는 피라미드형이다. 1910년대에는 그래도 약 90기의 고분이 남아있었다는데 근래의 강남개발에서 대부분이 없어지고 이제 겨우 남은 몇기마저 하마터면 큰일날뻔 한 것이다. 석촌동 3호분의 윗부분은 무참히 무너져 있었고 아랫부분은 최근에 포장된 신설도로에 한 귀퉁이가 삐져나온 채 처분만 바라는 상황에 있다.'

1984년 6월 22일 (금요일) 『경향신문』 사회면〈자료 17〉

「개발」에 밀리는 백제 유적 – 서울 잠실 석촌동 일대 … 가을부터 재개발 고분군 일부는 도로 뚫리며 이미 훼손로 – 학술조사 동 서둘러야 학계 "사적공원 확장 바람직"(이용 기자)

"서울시는 지난해 처음 문화유적들을 보전해야한다는 여론에 부딪히자 2억 원을 들여 3 · 4호분 일대의 5백 여 평만을 사적공원으로 지정했다. 학자들은 석촌동 일대의 개발제한구역으로 설정하여 전체적인 학술조사를 서둘러야 한다고 하였다. 이형구 교수(한국정신문화연구원)는 완벽한 조사를 마쳐 중요 유적임이 확인되면 정부가 이를 다시 사들여 유적을 복원하고 사적공원을 대규모로 조성해야한다고 주장하였다."

京鄕新聞 1984년6월22일 금요일

「開發」에 밀리는 百濟유적

서울잠실 石村洞 일대–가을부터 再開發

古墳群 일부는 道路 뚫리며 이미 훼손도

學術조사등 서둘러야

學界 '史蹟공원 확장 바람직'

朴朝駿목사 拘束令狀신청

20萬弗 밀반출기도 空港서 적발

대리점詐欺 6명구속

有名제품 總販위장 億臺계약금 챙겨

〈자료 17〉「경향신문」 사회면 1984년 6월 22일

1984년 8월 8일 (수요일) 『한국일보』 사설

한강가 유적 광역보존 – 몽촌성 등 … 도시계획도 다시 짜야

1984년 8월 27일 (월요일) 경향신문 3면

「백제숨결」 되살릴 길 없나 – 서울 강남 · 강동 초기유적 훼손의 현장 – 한번 부수면 다신 복원 못해 … 시행착오 되풀이 말아야 – 佛 개선문 반경 2백m "고층 금지"

"석촌동의 고분지구는 피라미드형 방형석축 왕릉 3기를 비롯해 각종 유물들이 잇달아 쏟아져 나오고 있는 문화의 보고로 지난 1983년 3호분과 4호분사이의 도로가 북쪽으로 확장되면서 3호분의 석축기단부가 손상되고 10m폭의 판축대지가 포크레인으로 파괴되는 수난을 겪었다. 이형구 교수(한국정신문화연구원)는 '강남.강동 지역의 철저한 문화재 보호는 바로 한국사의 복원'이라며 역사교육장으로, 석촌호~석촌동고분~삼성토성~몽촌토성~풍납토성으로 이어지는 문화관광코스를 개발하는 것이 바람직하다고 주장했다."

1985년 7월 2일 (화요일) 『동아일보』 사회면〈자료 18〉

서울 「백제고도 되살린다」－이 문공 · 염 서울시장 강동일대 유적 복원 계획 발표

－관통도로 없애고 사적 공원으로 건설 [고분]

－훼손된 곳 보수 산책로로 … 역사관 건립 [토성]

－신석기시대 주거지 재현…전시관 세워 [유적지]

서울 「百濟古都」 되살린다

李文公·廉서울시장 江東일대遺蹟 복원계획 발표

관통道路 없애고 史蹟공원으로 조성 古墳

훼손된곳補修 散策路로-歷史館건립 土城

新石器時代주거지 재현-展示館세워 유적지

大宇어패럴 농성가담 서울大學生 7명 拘束

公害배출大企業 16업체 告發조치

〈자료 18〉 「동아일보」 사회면 1985년 7월 2일

"서울 강동구 일대에 흩어져있는 석촌동 고분, 몽촌토성 등의 유적이 올해부터 오는 91년까지 일제히 정비 복원된다. 올림픽경기장에 인접한 서울 강동구 석촌동의 고분군과 방이동의 고분군, 몽촌토성 등 519억 원의 예산을 들여 대대적으로 정비해 나가겠다고 밝혔다. 백제 왕릉으로 추정되는 석촌동 고분군은 현재 1,500평의 사적 보호구역을 17,000평으로 확대하여 공원화한다고 하였다. 특히 유적지를 횡단, 경관을 해치고 있는 35m 도로를 91억 원의 예산을 들여 지하차도로 바꿔 둘로 갈라진 고분영역을 하나로 연결시키기로 하였다."

1985년 7월 2일(화요일) 『경향신문』 1면〈자료 19〉

서울 5개고대유적지 복원

이 문공 밝혀 「86、88」대비 국고→시비 총519억투입

7년계획

석촌동고분군등 사적공원화

암사지구엔 선사마을재현

"전대통령 민족문화창달의지 구체화"

1985년 7월 3일(수요일) 『조선일보』1면〈자료 20〉

서울 백제、신석기유적 복원

이 문공-서울시, 강동5개소에

91년까지 5백억 투입

1985년 7월 3일(수요일) 『경향신문』 2면 사설

한강변에 고대문화의 숨결이…

-백제사의 공백메우는 문화입국의 형상화

서울 5개古代유적지 復元

京鄕新聞

石村古墳群등 사적공원화

岩寺지구엔 先史마을再現

10年이상 근속敎授

安息年制 내년실시

國會 소집 절충 계속

〈자료 19〉『경향신문』 1면 1985년 7월 2일

地下鐵 기본요금

거리制를 區間制로

서울百濟 新石器유적 復元

〈자료 20〉『조선일보』 1면 1985년 7월 3일

〈사진 20〉 KBS TV 남태영 기자의 이형구 교수 인터뷰 장면(석촌동 제4호 적석총 앞에서, 1985.7.10)

1985년 7월 4일 (목요일)『경향신문』 문화시론

민족 긍지 심는 백제유적 복원－석촌동 고분군 원형 잃어…중지 모아 용의주도하게(글 이형구)

1985년 7월 10일 (수요일) KBS TV 보도〈사진 20〉

오전 KBS TV 남태영 기자 대동 석촌동 · 방이동 고분군 현장 답사 촬영

21시 KBS TV 밤 9시 뉴스－민족문화의 뿌리 방영

1985년 7월 25일(목요일)『서울신문』 5면

“민족의 본향 서울” 4 백제초기 한성시대

천혜의 요지 차지…5백년왕도 문열어

금달개、토기등 훌륭한 문화유산 남겨(황규호 기자)

1985년 8월 3일 (토요일) 『서울신문』 문화면

백제고분 고증 신중히 – 「서울 강동구 석촌동 3호」복원 원형과 틀리다 "학계지적 – 일제의 보고서엔 높이 7m … 시선 4.5m로 설계 – 민가 들어선 뒤 작아진 듯 … 도로공사로 남쪽 부분 없어진 채 공사"(황규호 기자)

1986년 7월 22일(화요일) 『조선일보』 7면

석촌동 3호분, 근초고왕릉 가능성

서울대 김원룡교수팀, 유물 새로 발굴

옹관묘–대규모 적석층 발견…금관장식도

"4세기 백제의 「가장 강력한 왕」 무덤"확실

1988년 5월 3일 (화요일) 『경향신문』 문화면

복원 석촌 고분 원형보다 낮다 – 이형구 정문연 교수 주장 … 논쟁재연 – 3호분 3.2m로 축소 "기관길이 50m면 높이 10m 이상 돼야" 관계 당국 "기울기 19%로 계산"(박정진 기자)

1988년 9월 13일 (화요일) 『경향신문』 서울 · 지방종합

(방이동)백제고분군 복원 끝나

"(사적 제 270호) 서울 송파구 방이동 백제고분군 복원공사가 끝나 13일 일반에 공개됐다."

1989년 4월 12일 (수요일) 상수도 단수 안내 – 서초구청장〈자료 21〉

–단수일시 : 1989년 4월 12일 (수) 09시 ~ 1989년 4월 13일 (목) 14시(29시간)

–석촌동 백제고분군 지하 차도 건설 공사

"1989년 4월에는 파괴된 3호분 고분군을 복원하기 위한 지하차도 개설공사로 인해 서울 서초구 구민이 4월 12일 09시~4월 13일 14시까지 29시간 동안이나 단수되는 일이 있었다. 〈상수도 단수안내문〉에 "서울시에서는 민족문화의 유산을 계승 보전하고 청소년에게 역사의 산 교장으로 삼기위하여 석촌동의 분리된 백제 고분군을 단일 권역으로 복원정비 하는 지하차도 건설 공사를 추진 중에 있습니다. 그러나 이 건설구산에 대형 상수도관의 저촉으로 그 이설이 불가피하여 부득이 수돗물의 공급을 일시나마 중단하게 되는 것을 죄송스럽게 생각합니다"고 전단을 살포하였다.

1990년 7일 16일(월요일) 『동아일보』 14면

석촌고분 훼손 심하다

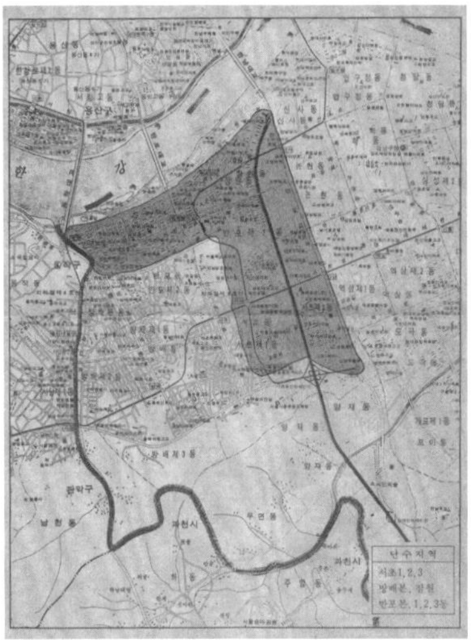

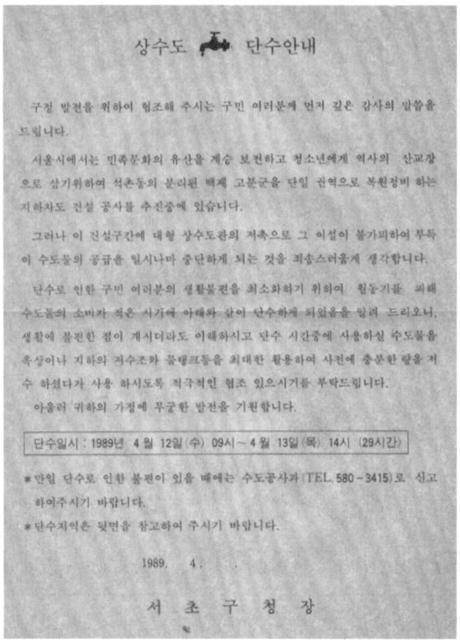

상수도 단수안내

구정 발전을 위하여 협조해 주시는 구민 여러분께 먼저 깊은 감사의 말씀을 드립니다.

서울시에서는 민족문화의 유산을 계승 보전하고 청소년에게 역사의 산교장으로 삼기위하여 석촌동의 분리된 백제 고분군을 단일 권역으로 복원정비 하는 지하차도 건설 공사를 추진중에 있습니다.

그러나 이 건설구간에 대형 상수도관의 저촉으로 그 이설이 불가피하여 부득이 수도물의 공급을 일시나마 중단하게 되는 것을 죄송스러웁게 생각합니다.

단수로 인한 구민 여러분의 생활불편을 최소화하기 위하여 활동기를 피해 수도물의 소비가 적은 시기에 아래와 같이 단수하게 되었음을 알려 드리오니, 생활에 불편한 점이 계시더라도 이해하시고 단수 시간중에 사용하실 수도물을 옥상이나 지하의 저수조와 물탱크등을 최대한 활용하여 사전에 충분한 량을 저수 하셨다가 사용 하시도록 적극적인 협조 있으시기를 부탁드립니다.

아울러 귀하의 가정에 무궁한 발전을 기원합니다.

단수일시 : 1989년 4월 12일(수) 09시 ~ 4월 13일(목) 14시 (29시간)

＊만일 단수로 인한 불편이 있을 때에는 수도공사과(TEL. 580-3415)로 신고하여주시기 바랍니다.

＊단수지역은 뒷면을 참고하여 주시기 바랍니다.

1989. 4. .

서 초 구 청 장

〈자료 21〉 서초구청장이 석촌동 3호분 고분군을 복원하기 위한 지하차도 개설 공사로 인해 상수도 단수를 알리는 전단지

5년끈 지하차도 공사

상수도관 이설문제 걸려 공사지연

도로 파헤쳐 교통난 극심

연탄재 쓰레기 마구 버려

1990년 10월 1일(월요일)『중앙일보』사회면

1990년 10월 석촌동 자하차도 완공 예정

“석촌동 백제고분군 연내복원 공원으로’

–석촌동 백제고분군 복원공사를 12월 초까지 끝내

1991년 5월 22일 (수요일)

석촌동 백제고분군 복원공사 준공(『서울육백년사』 연표 참조)

1994년 9월 28일(수요일)

‘1994년 백제 정도 2000년’ 서울백제수도유적보존회의 개최

동양고고학연구소(대표: 이형구)가 주관하여 ‘백제 정도定都 2000년’을 기념하기 위하여 ‘서울 백제 수도유적 보존회’를 결성하고 서울 한글회관 강당에서 보존대책 회의와 학술토론회를 갖고 즉각 학계와 관계기관에 이에 대한 시정과 보존대책을 촉구하는 건의서를 제출하였다. 이 해 10월 28일 서울시가 ‘서울의 날’을 기하여 ‘서울정도600년’ 기념행사를 계획하고 있었다. 1994년 10월 21일 등교길에 성수대교가 붕괴되는 불상사가 발생하여 서울시가 계획한 ‘서울정도600년’ 기념행사는 취소되었다.

1994년 9월 29일(목요일) 『동아일보』 수도권
풍납토성 방치 훼손심각
백제수도유적보존회 학술회의
성깎아 도로내고 대형아파트등 신축
아차산성 동남쪽 골프연습장 들어서(고진하 기자)

1996년 5~6월
풍납토성의 서남벽 외부 현대아산병원 아파트 부지 보존 및 시굴 성사

1996년 7월~ 1997년 1월
선문대학교 역사학과 학술조사단(단장 이형구 교수) 풍납토성의 제원 실측 및 실태조사

1997년 1월 1일(新正)
선문대학교 역사학과 학술조사단(단장 이형구 교수) 풍납토성 실측조사 再開

1997년 1월 4일(금요일)
이형구 교수(선문대학교 역사학과 학술조사단장) 풍납토성 내 백제왕궁유적 發見

1997년 5월 7일(수요일) 『조선일보』 사설
「문화파괴부」라는 汚名

"서울의 경우 백제의 도성자리인 풍납토성을 60년대에 발굴함으로써 그 가치를 확인하고도 토성 자체만 달랑 사적으로 지정해 놓고 주변은 주거지역과 쓰레기장으로 있었다든가, 적어도 2천년에 걸쳐 형성된 역사 도시 서울의 유적을 겨우 몇 개 고궁만 남겨 놓고 모두 신흥 도시로 분식하는 식이니 개탄스러운 일이다."

1998년 3월 16일(수요일) 『조선일보』 문화면
3세기 백제칠기 5점 출토 - 서울 송파구 석촌동 토광묘서
한반도 제작 最古 칠기 추정

1999년 12월 24일(금요일) 『문화일보』 오피니언
"풍납백제토성 조사 보존하자"(글 이형구)

2000년 1월 26일 『대전일보』 4면 시론

"서울 백제왕궁터 보존해야"(글 이형구)

2000년 5월 8일(월요일)
풍납토성[백제왕성] 보존을 위한 학술회의 개최
동양고고학연구소(대표: 이형구) 주최〈사진 21〉

1997년 풍납토성 내 왕궁유적 발견 이후 풍납토성 백제왕궁유적을 학계와 일반에게 알리고 "풍납토성을 보존을 위한 학술회의"를 동양고고학연구소가 2000년 5월 8일 서울 광화문 한글회관에서 개최하였다.

〈사진 21〉 풍납토성[백제왕성] 보존을 위한 학술회의 『풍납토성[백제왕성] 연구논문집』(2000.12)

2000년 5월 8일(월요일) 『경향신문』 인물면
'경향이 만난 사람 월요 인터뷰 대담 이 용 편집부국장'
"한국판 '봄페이' 풍납토성 꼭 보존해야" 이형구 백제 초기사 영구에 열정쏟는 '외로운' 고고학자
"2000여년전에 축성한 왕궁터 토기·목탄등 유물출토 잇달아 아파트 재개발로 훼선위기에 정부차원 지원대책 서둘러야"
"『삼국사기』의 하남위례성 확실 잃어버린 백제사 풀 연결고리"

2000년 5월 19일(금요일) 『세계일보』 기획면
"잃어버린 百濟王城 되찾기20년"
車俊暎(문화 전문위원)의 심층인터뷰 '풍납토성보존운동 앞장 李亨求 교수'
"탁상행정에 수차례 좌절-학계도 중요성 인식"

2000년 5월 19일(금요일) 『세계일보』 사람들
"풍납토성 22만평 사적지 지정 시급"
'백제 유적보존 문훈장 받은 이형구 선문大 교수'
"송파구 일대 개발로 유적 계속 훼손 천년을 내다본는 역사의식 가져야"(조정진 기자)

2000년 6월 5일(월요일) 『교수신문』 17면 學而思
"서울 풍납동 백제왕성"(글 이형구)

2000년 7월 25일(화요일) 『한겨레신문』 문화면
풍납토성 근처 '도랑못' 있었다

“적 공격 막기위해 만들어 일제 강점기 사진 존재 확인”

2000년 9월 10일(금요일) 『서울신문』 오피니언 시론
“2000년전 왕성유적을 저주하게 만드는 나라”(글 이형구)

2000년 12월 27일(수요일) 『세계일보』 학술-문화재
풍납토성 발굴-보존 결정은 고고학이 이뤄낸 최대업적.
“풍납토성 보존에 공이 큰 선문대 이형구 교수는 문화훈장을 받았다.”(조정진 기자)

2001년 2월 25일
『풍납토성-500년 백제를 깨우다』 출간(연합뉴스 김태식 기자, 김영사)

2003년 6월 20일 (금요일)
동양고고학연구소 · 서울백제수도유적보존회 주관 「한강유역 백제전기 수도유적 보존문제」 제기 20주년 기념 국제학술세미나 개최〈사진 22〉
-서울역사박물관 강당

2003년 6월 23일(월요일) 『세계일보』 학술 · 문화면
풍납토성 보존 국제학술대회
동양고고학연구소(대표: 이형구) 주최
서울기반 500년사 ‘한성백제’ 잊지 말라
“너비 70m-높이 15m 석축 못잖아 기원전후 건국시기의 왕궁 망각 전지역 국가사적으로 지정해야“(추영준 기자)

〈사진 22〉 「한강유역 백제전기 수도유적 보존문제」 제기 20주년 기념 국제학술회의장 (좌로부터 조유전 · 윤세원 · 노태섭 · 이형구, 2003. 6. 20)

2003년 12월 5일『고분 위에 집을 짓고 사는 나라』출간(반영환, 다인 미디어)〈사진 23〉
서울신문 문화부장과 주필을 지낸 반영환(1936~2004) 기자는
“말무덤(적석총3호분의 토속어)의 밑 부분에 봉토가 벗겨져 적석(積石)이 드러나 있었으며 그 돌들을 부지런히 캐내 근처 샛강의 둑을 쌓는데 실

〈사진 23〉「고분 위에 집을 짓고 사는 나라」표지
(반영환, 다인 미디어, 2003)

“백제 초기역사 300년 수용해야”

〈자료 22〉「서울신문」 문화면 2007년 6월 7일

어 나르고 있었다. 제방공사는 서울시가 추진하는 공사였다.”

석촌동 적석총의 적석들이 잡석으로 샛강(잠실 신천)을 메우는데 실려 나갔다고 증언하였다.(pp.107~108, 「고분위에 집을 짓고 살다니…」에서, 원재 『열매』 1986년 1월호)

2007년 5월 1일(화요일) 『세계일보』 사람들

‘이 사람의 삶 문재위원 이형구 선문대 교수’

“사라질 뻔한 백제 유적 지켜낸 게 큰 보람”

“30년간 최장수 문화재전문위원 지내 풍납토성 발굴하다 주민과 갈등 격기도 ‘개발 필요하지만 유적 보존이 더 중요’”(정진수 기자)

2007년 6월 7일 『서울신문』 문화면〈자료 22〉

“배제 초기역사 300년 수용해야”

‘풍납토성 유적 발견 10주년 이형구 교수’(서동철 문화전문기자)

2007년 6월 8일(금요일)

풍납토성 내 왕경유적 발견 10주년 기념 국제학술회의 개최

동양고고학연구소(대표: 이형구) 주최

2007년 6월 8일에 풍납토성 내 왕경유적 발견 10주년을 기념하기 위하여 “서울 풍납동 백제 왕성의 발견과 보존”이라는 주제로 “풍납토성 내 백제 왕경유적 발견 10주년 기념 국제학술 세미

나"를 서울역사박물관 대강당에서 개최하려고 하였으나 풍납동 주민 300여 명이 세미나 개최 사실을 미리 알고 慶熙宮 내에 있는 서울역사박물관에 몰려와 농성하는 바람에 발표자나 청중이 강당에 진입할 수 없는 사태가 벌어졌다. 부득이 인근 중구 태평로에 있는 프레스센터의 19층 '국제기자클럽' 이라고 하는 宴會式 회의장을 거금으로 긴급 임대하여 국외에서 온 발표자나 국내발표자 그리고 내빈들을 모시고 학술회의를 개최할 수밖에 없었다.

2007년 6월 8일(금요일) 『경향신문』 문화면
"한성백제 폄훼 여전 나의 싸움 끝나지 않아"
'풍납토성 유적 발견 10주년 이형구 교수'
"고대 한반도 日·中 영토편입 식민사관 추종 학계 역사왜곡 참을수가 없다"(이기환 선임기자)

2013년 10월 22일 『경향신문』 문화면
백제 왕성 '풍납토성' 사적 지정 50년, 문화재 보존 · 주민 재산권 갈등 16년
、25일 학술세미나…갈등 논의도

이형구 교수는 "사적 지정 당시 성벽만 문화재로 지정하고 내부는 지정하지 않음으로써 오늘날의 비극이 초래됐다"며 "풍납토성 발굴의 의미, 주민 생활권 보호와 문화재 보존 사이에 일어나는 대립을 논의해 보자는 취지에서 학술대회를 마련했다.(도재기 선임기자)

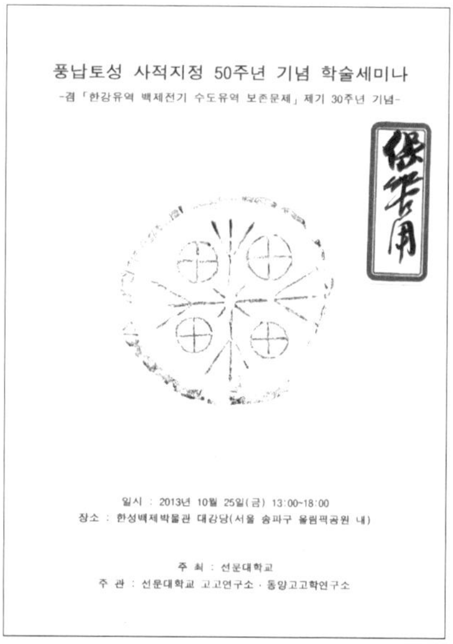
풍납토성 사적지정 50주년 기념 학술세미나
-겸 「한강유역 백제전기 수도유역 보존문제」 제기 30주년 기념-
일시 : 2013년 10월 25일(금) 13:00~18:00
장소 : 한성백제박물관 대강당(서울 송파구 올림픽공원 내)
주 최 : 선문대학교
주 관 : 선문대학교 고고연구소 · 동양고고학연구소

〈자료 23〉「한강유역 백제전기 수도유적 보존문제」제기 20주년 기념 논문집 표지(2013. 10. 25)

2013년 10월 25일 (금요일)
동양고고학연구소 · 서울백제수도유적보존회주관
「한강유역 백제전기 수도유적 보존문제」제기 30주년 기념 학술세미나 개최
－한성백제박물관 강당〈자료 23〉

이하생략

[본문은 『한국고대사탐구』 23집(한국사탐구학회, 2016)에 발표된 논문을 수정 · 보완한 것임]

【참고 문헌】

1. 저서

조선총독부, 『大正五年度朝鮮古蹟調查報告』, 1916.

조선총독부, 『大正六年度朝鮮古蹟調查報告』, 1920..

조선총독부, 『朝鮮古蹟圖譜』 三, 1917.

고고미술사학회, 『고고미술』 1983-12.

한국정신문화연구원, 『한강유역 백제전기 수도유적 보존문제』 제3회 학술연찬자료집, 1983.7.6.

이형구, 『서울 풍납토성 [ ] 실측조사연구』, 백제문화개발연구원, 1997.

이형구, 『서울 백제왕성 풍납토성』, 송파문화원, 2003.

이형구, 『백제의 도성』, 주류성, 2004.

이형구, 『한국고대문화의 비밀』, 김영사, 2004(증판, 새녘출판사, 2012).

이형구, 『서울 백제왕성 풍납토성』, 송파문화원, 2003.

이형구, 『한성백제시기의 문화와 생활』, 송파문화원, 2008.

이형구, 『한성도읍기의 왕도와 방어체계』 한성백제사 제3권, 서울특별시사편찬위원회, 2008.

이형구, 『박근혜 대통령께 드리는 춘천 중도유적 보존을 위한 백서』(ebook), 동양고고학연구소, 2015.

이도학, 『서울 백제고분 석촌동고분』, 송파문화원, 2004.

2. 연구논문

이형구, 「고구려의 享堂제도 연구」『동방학지』 32집, 연세대학교 국학연구원, 1982.

이형구, 「한강유역 백제전기 수도유적 보존문제」『정신문화연구』 21, 1984년 여름호, 한국정신문화연구원.

이형구, 「고구려와 백제와의 문화적 관계-고구려와 백제의 적석총과 향당(享堂)제도-」『백제연구총서』 3집, 충남대학교 백제연구소, 1993.

李亨求, 「漢城風納洞百濟王城之發現及기歷史的認識」『石璋如院士百歲祝壽論文集』, 台北南天書局, 2002.

李亨求, 「朝鮮の三國時代の古墳」『古墳時代の研究』 13, 日本雄山閣, 1993.

이병호, 「일제강점기 백제 고지에 대한 고적조사사업」『한국고대사연구』 61 2011.

3. 발굴조사보고서

진대위, 「환인현 고고조사 발굴간보」『고고』, 1960.1.

윤세영, 「가락동 백제고분 제1호 · 2호분 발굴조사 략보」『고고학』 3, 1974.

김병모, 「방이동고분군」『고고학』 4, 1977.

서울대학교 박물관 · 고고학과, 『석촌동 적석총 발굴조사보고－1975년도－』, 1975.

서울대박물관, 『석촌동3호분(積石塚) 발굴 조사보고서』, 1983.

서울대박물관, 『석촌동 3호분(적석총) 복원을 위한 발굴보고서』, 1984.

서울대박물관, 『석촌동3호분 동쪽 고분군 정리조사보고』, 서울특별시, 1986.

국립문화재연구소, 『연천 삼곶리 백제적석총 발굴조사보고서』, 1994.

잠실지구유적발굴조사단, 『잠실지구 유적발굴조사 보고－1976년도－』, 1976.

잠실지구유적발굴조사단, 「잠실지구유적발굴조사 보고」『한국고고학보』 3. 1977.

잠실지구유적발굴조사단, 「잠실지구 유적발굴 조사보고」『한국고고학보』 4, 1978

배기동, 「석촌동 4호분 옆 주거지출토 백제토기류」『고문화(古文化)』, 제20집, 1982.

김일규 외, 『가락동 2호분』, 고려대학교 박물관, 2012.

한성백제박물관, 「서울 석촌동 고분군 시굴조사 완료 약보고서」, 2015.6.

한성백제박물관, 「서울 석촌동 고분군 발굴조사 자문회의자료」, 2016.6.

서울대학교박물관, 『석촌동고분군 Ⅰ』, 2013.

서울대학교박물관, 『석촌동고분군 Ⅱ』, 2014.

한성백제박물관, 『서울의 백제유적 석촌동 고분군』, 2016.

周云台外, 「集安萬寶汀M242號古墓整理簡報」『吉林集安高句麗墓葬報告集』, 文物出版社, 2009.

陳大爲, 「桓因縣考古調査簡報」『考古』 1960-1.

Abstract

Preservation and excavation of Baekje tombs of Seoul

-Royal Tombs in Seokchon-dong-

Lee, Hyeong-Koo

Archaeology is at field but it is forgotten from time to time. Royal tombs in Seokchon-dong, Seoul were preserved as an international heritage by persistent appeal to the academia and suggestion/persuasion to the government to keep every single piece of rock and grass during the Gangnam development period of the 5th republic. It has been almost 40 years of preservation and excavation of the historic sites of Hansung Baekje, Seoul.

Seokchon-dong(石村洞), Seoul is a grave field of the capital in the early period of Baekje dynasty. This area is a wide alluvial plain, Gwangju plain, where no rocks are to be found. However, it is called Seokchon (Stone village, 石村) because stones are easily found. Small hills in Seokchon-dong has been named Obong-san (five peak mountain, 五峯山) because there were five piles of hill-like stones. Those stones came from Baekje's stone mound tomb. There were 89 Baekje tombs around the area until the Japanese colonial era.

In early the 1980's, 25m-wide main road (current Baekjegobun-ro) was built through national historic relic No. 243, between 3rd and 4th tomb which were assumed to be royal tombs of the early Baekje dynasty. Due to this fact, Baekje's pyramid type 'royal tombs' made of stones were damaged and even the buried bones were destroyed by the blade of the excavators. It was in the middle of the Gangnam development when I visited Seokchon-dong in autumn of 1981. It was an extreme tragedy to see the development sites where the tombs assumed royal were destroyed and the human bones were scattered all around . To restore this, I appealed to the government and the academic authorities through the press and finally got approved by the government (5th republic).

The government (5th republic) widely re-designed the policies of cultural asset about the Gangnam development plan. Baekjegobun-road was preserved by adjusting the road plan to built it underground, and by rebuilding the historic relic site expanding it ten times bigger in size. In 1985, after the government initiated the preservation project of this area, they got investigation results of the east side of the 3rd tomb of the *earthenware coffin* which were damaged from the road construction. They found out that in the area so called 'east tombs of the Seokchon-dong 3rd tomb', 23 Baekje tombs in total were confirmed to be in three (top, middle, bottom) layers.

Furthermore, around 33,000㎡ of the conservation area was additionally designated in the south part of 'east tombs of the Seokchon-dong 3rd tomb' and the research was done in this new conservation area. The 1st, 2nd and 'A' tombs were confirmed as pit burial tomb and stone-lined tomb, and the 3rd and 4th tomb which were disconnected by the road were reestablished and many of the relics were restored in the east area of the 3rd tomb. Finally a huge size of the relic park was created as today.

부록

한강유역 백제전기 수도유적 보존문제

漢江流域 百濟前期 首都遺蹟 保存問題

한강유역 백제전기 수포유적 보존문제

차 례

1. 머리글
2. 한강유역 백제전기 수도유적의 현황
3. 문화유적의 파괴와 개발
4. 석촌동유적의 중요성과 그 보존 대책
5. 맺는 글
〈건의사항〉

1. 머리글

百濟 678년 王朝 가운데 近 500年(B.C.18~A..D.475)에 가까운 세월동안 百濟 前期 首都인 慰禮城이 자리잡고 있었던 漢江下流地域 즉, 서울 城東區 · 東大門區 및 江南區 · 江東區 一帶 송파구 분구전(松坡區 分區前)에는 先史時代로부터 오늘에 이르기까지 漢江의 풍부한 水量과 강남 · 江東 및 城南 一帶의 비옥한 沖積平野의 自然的인 잇점을 이용하여 많은 人類가 살았던 곳이다. 그리고 이 地域은 근 500년간의 百濟 前期 首都로서의 중요성 말고도 三國時代에는 百濟 · 高句麗 · 新羅가 이 곳을 장악하려고 하였던 노력〔戰爭〕은 歷史를 통하여 이미 잘 알려져 있다.

漢江流域은 百濟가 首都로서 근 500년동안 영유하고, 다음으로 高句麗가 70여 년 가까이 점령하다가, 이어서 百濟와 新羅가 연합하여 잠시(551~553) 탈환하였으나 新羅에 탈취된 후 935년 신라 敬順王이 高麗 太祖에게 讓位할 때까지 계속 新羅의 영토였다.

漢江流域에서는 주로 百濟 前期의 遺蹟이 많이 발견되고 있지만 三國의 勢力이 교차하는 동안 三國의 文化類型이 비교적 고루 갖추어진 特有한 地域이다. 그렇기 때문에 漢江流域의 文化遺蹟은 最大限 保存되어야만 하는 當爲性을 갖고 있다.

필자가 본문을 처음 발표하게 된 동기는 현대문명에 의하여 파괴되어 가고 있는 문화유적을 현시점에서 나마 그대로 보존하고자 하는 의도에서 쓰여 진 일종의 정책보완적인 논문이다.

본문은 필자가 주관하여 1983년 7월 6일 한국정신문화연구원에서 개최된 '漢江流域 百濟 前

期 首都遺蹟 保存問題' 라는 제목의 學術硏鑽[1]을 통하여 같은 제목으로 발표된 글을 바탕으로 하되 1984년 6월말까지 재조사된 부분은 脚註 중에 追記하여 작성되었다. 본문에 수록된 사진은 대부분 필자가 현장 조사 시에 촬영하였다. 一年餘의 地表調査 活動을 하는 동안 계속 필자와 동행하면서 조사활동에 협조한 한국정신문화연구원의 尹根씨(총무과), 黃漢一씨(기획조정실), 李舜九씨(자료조사실 조교), 權悳永씨(부속대학원 석사반)에게 감사한다.

2. 漢江流域 百濟前期 首都遺蹟의 現況

百濟가 500년 가까이 도읍했던 漢江流域의 백제 수도유적이 1970년대초 서울특별시의 都市計劃에 따라 江南地區 開發과 더불어 파괴되기 시작하여 지금 이 시점에 와서 살펴 볼 때 단 한 군데도 완전한 곳이 없이 모두 파손 내지 변형되고 있음은 참으로 놀라지 않을 수 없다. 더구나 '開發' 이라는 미명 아래 문화유적의 파괴를 서슴없이 자행하고 있어 서울의 관심있는 문화인은 물론 일반인의 분노를 자아 내게 하고 있다. 지금은 '文化서울' 의 한 복판일 뿐만 아니라 세계의 耳目이 집중되고, '先進祖國' 을 대변하는 '올림픽타운' 이 건설되고 있는 등 서울의 핵심적인 지역이 되고 있는 江東 · 蠶室地區에는 우리 모두의 조상의 '恨文化'가 담긴 유적이 현금의 우리 손에 이해 송두리째 뿌리 뽑히는 '恨江의 奇蹟' 을 창조(?)하고 있다.

한강유역의 廣州平原(강남 · 강동지구)에 百濟 前期 500年 도읍지가 있었다고 하는 기록은 『三國史記』등에서 찾아 볼 수 있다. 그 都城의 위치가 어느 지점인지는 여러 說이 있지만 百濟 遺蹟이 한강을 끼고 江北地域으로 北漢山城을 위시하여 龍山 · 鷹峯 · 玉水洞 · 中谷洞 · 뚝섬 · 面牧洞 · 阿且山(워커힐 근처) 등에, 江南地域에는 京畿高가 자리잡고 있는 三城洞을 위시하여 舍堂洞 · 驛三洞 · 鴨鳩亭洞 · 風納洞 · 夢村洞 · 城內洞 · 遁村洞 · 岩寺洞 그리고 京畿道 廣州郡의 南漢山城 · 二聖山城 · 渼沙里 등에 散在해 있다는 것은 學界의 관심 밖에 있었던 것은 아니나 일반인에게는 전혀 생소했던 지역이다. 특히 石村洞 · 可樂洞 · 芳荑洞지역에 百濟 前期의 古墳이 分布되어 있다고 하는 사실은 일찍이 日帝 '朝鮮總督府' 가 부분적으로 나마 밝힌 바 있다.

1917년에 발행된 『朝鮮古蹟圖譜鑑』 권3에는 이 지역에 積石墓系 66基 · 封土墳系 23基 등 모두 89기가 존재하고 있음을 간략하게 보고하고 있다.

『大正 6年度(1917) 朝鮮古蹟調査報告』에는 한 줄 반의 간략한 소개와 함께 귀중한 石村洞 '第一積石塚' (서울大 발굴시 번호는 제3호분)의 사진을 싣고 있다. 이 사진에는 大型 石築丘塚(피라미트형 石築古墳)과 초가집을 對比하였는데, 지금 보다 훨씬 높이 積石되었음을 알 수 있다. 아마 원래에는 5층이나 7층 정도로 쌓아 올렸던 것이 아닌가 생각된다. 필자가 이 사진을 검토하면서 이 지

---

1 1983년 7월 6일 당시 學術硏鑽은 筆者 이외에 金秉模 교수(한양대)의 한강유역 백제고분과 車勇杰 교수(충북대)의 한강유역 백제성곽에 관한 글이 함께 발표되었다.

방의 村老들과 대화해 본 결과 지금의 편호인 제3호분을 서쪽에서 촬영한 사진임을 알게 되었다.

그리고 『大正5年度(1916) 古蹟調査報告』에는 이 大型 石築丘塚의 남쪽으로 '第二積石塚'(지금의 제4호분)이 있고, 이어서 '第三積石塚', '第四積石塚'이 있는 사진이 간략한 조사약보와 함께 소개되었는데, 그 이후에는 이렇다할 상세한 보고가 나오지 않았다.[2] 그러나 지금도 제4호분(서울대 발굴고분)와 제5호분(서울대 발굴고분)사이의 古家의 臺地上에는 제3 · 4 積石塚(『고적조사보고』)의 形迹이 남아있어 장차 一帶도 조사 발굴되어야 마땅하고, 아울러 '史蹟公園'으로 확대 보존되어야 할 지역이다(삽도 1).

이로부터 日帝時代가 지나고 조국 광복의 밝은 천지에서부터 1970년대 江南지구가 개발되기 이전까지의 근 30년 동안에는 전혀 관심을 두지 않았다.

그 대표적인 예로 廣州 全史나 다름없는 廣州文化史協會의 『百濟舊都 南韓秘史』(1956)에는 일제시에 보고된 89기의 백제 고분에 대한 단 한 자의 언급도 없다. 그리고 비슷한 시기(1957)에 나온 당시 최고의 地方誌라고 자처했던 『京畿道誌』(上 · 中 · 下)의 방대한 地方誌에도 一言半句가 없음은 참으로 놀라지 않을 수 없다.

그리고 江南 · 江東지구가 서울특별시에 편입되던 해(1963.1.1)에 발행된 909페이지나 되는 『서울특별시사』古蹟編에 보면,

> "百濟는 그 首都가 바뀜에 따라서 漢城時代 · 公州時代 · 夫餘時代의 三期로 나누어지는데 第一期인 漢城時代의 고분은 서울 東部인 廣州郡 中垈面 可樂里 · 石 村里 · 高陽郡 中谷里 · 驪州郡 梅龍里 등지에 散在하고 있다. 이들 初期 百濟 古墳은 조그만 封土墳과 일종의 석총이 있는데 규모도 작고 조사도 불충분하여 뚜렷하게 나타나는 것이 없고 王陵으로 생각되는 점은 보이지 않는다."

고 하였는데, 이와같이 무책임한 오류를 범한 몇 줄이 漢江流域의 百濟 遺蹟을 다룬 전부이다. 이는 해방후 20년 가까운 시기가 지났는데도 앞서 언급한 日帝時의 古蹟調査報告에 간략하게 언급한 것을 그나마 과소평가해서 취급하고 있음을 여실히 드러내고 있는 것이다.

또한 1963년 江南 · 江東地區가 서울시에 편입된 이후 1972년에 서울특별시사편찬위원회가 上 · 下卷으로 편찬한 『서울通史』(上)의 第一章 '古代의 서울'에 보면 역시 단 한 字의 언급이 없음은 지극히 놀라운 일이다.

한편 1970년대 초엽에 도시계획에 따라 江南地區 도시확장사업을 시작하면서 잠실지역에 散在해 있는 百濟 遺蹟(古墳)에 대한 일부의 관심이 있게 되자 '緊急救濟發掘'이라고 하는 기발한 발굴작업을 재촉하게 되면서 '발굴을 위한 발굴'이 당분간(1974~1977)이루어지고 있었다. 당시 잠실지구 유적발굴조사단이 진작 2基(芳荑洞 4 · 5號墳)를 제외시키고 있기는 하지만 나머지

---

2 『大正 5年度 朝鮮古蹟調査報告』(p.683)에는 石村洞古墳에 대한 關野貞의 중요한 기록이 실려 있다.

유적의 보존 건의[3]에도 불구하고 당국의 무책임한 처사가 결국 발굴을 위한 발굴이 되고 말았는데, 이와같은 발굴을 위한 발굴이 얼마나 위험한 것인가를 지금 이 시점에서 볼 때 '發掘이 곧, 破壞' 라고 하는 절망에 부딪치게 되었다.[4]

이무렵『서울六百年史』(1977)라고 하는 '奇書' 가 나오게 되었는데, 제1 권 제1장에 비로소 江南地區(江南區 · 江東區)의 文化遺蹟(先史 · 百濟 · 三國)에 대한 관심을 갖게 되지만 역시 石村洞 · 可樂洞 · 芳荑洞 등지의 百濟 王陵이나 古墳 등에 대하여는 특별히 언급하거나 강조된 바가 없다.

여기서 이를 '奇書' 라고 하는 것은 우리가 흔히 부르는 '서울' 이란 명칭은 近世의 이름인데도 아마 自古의 首都를 '서울' 이라고 하여 朝鮮 500여년과 近世 몇십년을 더하여『서울六百年史』라고 한 모양이다.

우리가 흔히 지금의 서울의 옛 이름을 漢城이나 漢陽, 또는 京城이라 이름함은 대개 新羅 景德王代부터 부르기 시작한 漢陽[5]을 옛 서울의 初名으로 생각하기 때문이다. 그러나 지금의 서울은 歷史上 都邑地로 맨 처음은 百濟의 初都 慰禮城이라 하였고, 다음으로는 한성이라 하였다. 慰禮城이라 함은 百濟의 건국을 기술한『三國史記』百濟本紀 溫祚王 卽位(B.C. 6) · 17년(B.C. 2) · 41年(A.D. 23), 責稽王 卽位(286)條에 보이고,[6] 漢城이라 하는 初名 역시 같은 책 溫祚王 14年(B.C. 6)條에 이미 보이기 시작한다. 그리고 溫祚王 25年(A.D. 66), 阿莘王 元年(392), 腆支王 원년(405) · 2년(406), 蓋鹵王 21年(475)條 등에 모두 漢城이라 하는 百濟 王城이 보이고,[7] 특히 蓋鹵王 21년(475)條에 '王都漢城' 이라고 하여 漢江流域의 百濟 王都를 지칭하여 漢城이라고 하였다.[8] 그

---

3 「蠶室地區遺蹟發掘調査報告」,『韓國考古學報』4,(1978,p.42)에 보면, 이러한 古墳의 重要性에 비추어 우리 조사단원일동은 석촌동(3基)과 방이동(6基)에 있는 고분만은 이를 원지형과 함께 보존하되 (圖3과 13의 點線部分) 풍납동토상성, 몽촌산성과 함께 강남 삼국시대 유적공원을 만들어 아파트단지건설에 의한 역사파괴를 방지하고 또 거꾸로, 메마른 아파트단지내에 역사의 정자가 흐르는 록지대를 만들어 두기를 문화공보부와 서울시에 건의하는 것이다.
이 강남의 유적지가 없어지면 서울에는 조선 후반기의 궁과 건물들 이외에는 아무 역사의 증거가 없어지게 되는 것이다. 삼국의 고도 서울은 이씨조선의 수도만으로 격하되어야 할 것인가. 이 강남 유적지는 수도 서울을 찾는 국내외의 관광객, 수학여행학생들에게 유적순례 코스로서 역사의 학습장일 뿐만 아니라 우리의 문화와 역사의 전통을 보여줄 수 있는 새로운 명소가 될 수 있을 것이다. 우리 조사단일동은 한강하류의 유일무이한 고적지대를 보존하는데서 한발 더 나악 이것을 사적공원으로 발전시킬 것을 다시 한 번 건의하고 강조하여 두는 바이다.

4 1977年 석촌동에서 잠실대교를 지나 한강북방의 성동구 화양동에서 백제초기이 귀중한 대형 積石墓가 발굴된 바 있는데『華陽地區遺蹟發掘調査報告』(1977년도, 유인물, p.30)에 보면 다음과 같이 결론 짓고 있다.
"이 유적은 이상과 같은 점으로 그 보존이 바람직 했으나 그 위치가 산정이어서 그 보존에는 광대한 주변지역이 필요하고 그것은 화양지구 구획정리사업을 실질적으로 막는 것이 되기때문에 유적의 구조나 원상을 기록으로 남기고 유적자체는 삭평(削平)할 것을 조사단 최종회의에서 합의하였다."

5 『三國史記』백제본기 위례성관계사.
온조왕 즉위조, 8년조, 13년조, 17년조, 41년조.
책계왕 즉위조.

6 『三國史記』백제본기 온조왕즉위(B.C.18년)조.

7 『三國史記』백제본기소재 한성관계기사.
온조왕 14년조, 25년조. 아신왕 즉위조. 전지왕 즉위조, 2년조. 개로왕 21년조.

8 『서울六百年史』序文에 다음과 같이 서술하고 있다.
조선왕조를 세운 태조 이성계가 1394년 정도할 당시만 하더라도 한적한 한 개의 지방도시에 불과했던 서울이 이제는 인구 750만을 넘는 명실공히 세계의 대도시로 발전했습니다.

렇다면 歷史上으로 분명히 『서울二千年史』가 되어야 할터인데 그렇지가 못하고, 이렇듯 지금의 서울이 겨우 朝鮮王朝 500여년의 首都로만 인식[9]된 데어서 오늘날과 같이 한강유역의 廣州平原에 분포된 百濟 前期 遺蹟이 한갖 田野의 土石으로 서울특별시 도시개발용의 雜土나 雜石에 불과하게 된 것이 아닌가 한다.

3. 文化遺蹟의 破壞와 開發

앞서 논급한 바 있는 『서울六百年史』의 序文을 보면,

> "서울특별시사는 鄕土史이며 地方史인 동시에 民族 全體의 文化史이며 生活史 이기도 합니다."

라고 하였다. 이는 물론 『서울六百年史』라고 자처한 '奇書' 이기는 하지만 이율배반적으로 서울특별시사를 우리 民族史의 전체를 압축한 듯이 말하고 있는 것이다. 그렇다면 비록 近世의 유적으로서 日帝의 만행으로 파괴 변질된 것을 제외하고는 그런대로 朝鮮朝 遺蹟이 江北에만 유지되고 있기는 하지만 시간적으로는 百濟 前期 五百年史는 조선시기에 맞먹는 시간이요, 한편 '한국미술5천년사' 편년의 10분의 1에 해당하는 시간이요, 기원전후를 역사시대로 친다고 하더라도 2천년역사의 4분의 1에 해당하는 시간이 바로 한강유역의 百濟 前期 수도시기인 것은 『三國史記』등 사서만 보더라도 이를 증명할 수 있다. 그러나 조선시기와 近代의 歷史만을 가지고 우리 민족 전체의 역사를 함축한 것처럼 착각한 데에서 우리의 文化行政이 조선기 일변도로 치닫고 있음을 부인하지 못할 것이다.

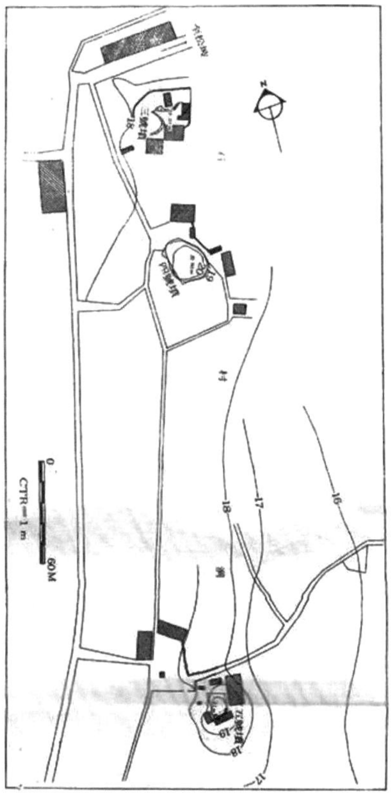

〈삽도 1〉 서울 송파구 石村洞 三號墳 · 四號墳 사이에 '百濟古墳路'가 개설되기 이전의 지도 (『석촌동 적석총 발굴조사보고』, 1975)

여기에서 파생되는 결과가 바로 지금 우리 모두가 주지하는 바와 같이 한강유역의 百濟 前期 遺蹟이 破壞 湮滅되어 가고 있는 것이다.

필자는 1982년 『東方學志』第32號(「高句麗의 亨堂

9 『서울六百年史』序文에 다음과 같이 서술하고 있다.
조선왕조를 세운 태조 이성계가 1394년 정도할 당시만 하더라도 한적한 한 개의 지방도시에 불과했던 서울이 이제는 인구 750만을 넘는 명실공히 세계의 대도시로 발전했습니다.

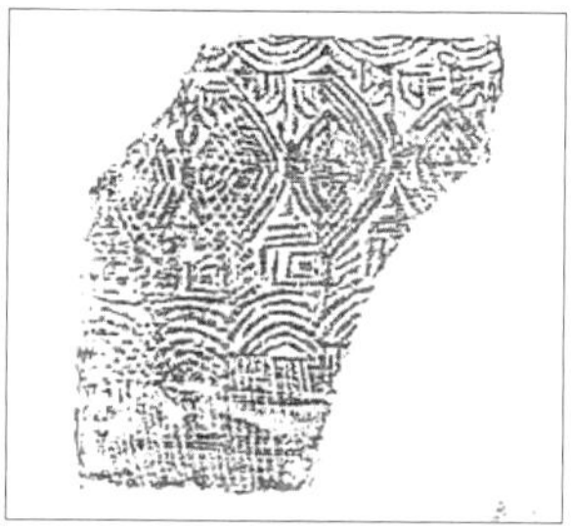

〈삽도 2〉 석촌동 3호분 출토 기와 편(『석촌동 3호분(적석총) 복원을 위한 발굴조사보고서』, 1984)

〈삽도 3〉 석촌동 4호분 주변 출토 와당(지름 12.7㎝, 서울대 박물관, 1975)

制度硏究』 六, 百濟의 享堂制度)를 통하여 石村洞 第3호분이 도로계획에 의하여 파괴되고 있음을 현장사진과 함께 지적한 바 있다. 약 50m 간격으로 남북에 위치한 석촌동 제 3 · 4호분(百濟王陵으로 추정)을 한데 묶어서 1975년에 이미 사적 제 243호로 지정된 바 가 있는데,(1975.5.27) 제3 · 4호분 사이에 1981~1982년에 도로가 개설된 것이다.〈삽도 1〉

여기에서 필자가 특별한 관심을 불러일으키는 점은 석촌동 第3號墳과 제4호분의 形制[10]가 중국 길림 집안의 고구려의 '階段式 피라미트형 적석총' 과 유사할 뿐만 아니라 석촌동 3호분(적석총)에서 약간의 기와 편이 출토되고 있는 것도[11]〈삽도 2〉 고구려의 적석총과 유사하다고 하는 점이다. 특히, 1974년 발굴 시에 석촌동 4호분에서 다량의 청화색연질 기와 편과 청화색 無紋塼이 출토되었으며, 4호분의 봉토 속에서 여러 점의 와당 편이 발견되었다.[12]〈삽도 3〉 이들 기와 편과 무문전이 '階段式 피라미트形 적석총' 위의 '享堂' 建築에 사용되었던 것으로 추정하였다.[13]〈삽도 4〉 현재 석촌동 제3호 적석총은 원래보다 많이 축소, 복원되었다.〈삽도 5〉 마땅히 재검토 해야 할 것이다.

석촌동 백제 적석층이 中國 吉林省 集安縣 일대의 高句麗 古墳의 구조와 기본적으로 일치함[14]

---

10 1984년 3월 1일부터 신일건업에 의하여 석촌동 제4호분 복원공사가 시작되어 6월중에 복원이 완료되었는데, 지난 4월초 해체공사중 고분의 제2층기단 동쪽면에서 5개의 '護墳石' 이 발견되었으며, 제2층기단 북쪽면의 동쪽편에서도 '護墳石' 1개가 발견되었다. 이는 고구려 수도인 만주 집안현일대에 소재하고 있는 '장군총' (제1층기단 4면에 각 3개의 '護墳石' 이 있음)과 태왕릉(제1층기단 4면에 '護墳石' 이 남아 있음)등에서 보는 양식과 같은 유형으로 고구려에서는 제1층기단에 세우고, 백제에서는 제2층기단에 '護墳石' 을 비슷듬이 기대 놓고 있다.(도면4-1.2 및 도판 3)

11 서울대박물관, 『석촌동 3호분(적석총) 복원을 위한 발굴보고서』,1984, p.23.

12 서울대박물관 · 고고학과, 『석촌동 적석총 발굴조사보고』, 1975, pp.19~20.
1984년 5월 필자가 공사현장을 답사했을 때 고분의 제2층석축안에서 길이 17㎝·폭 15㎝·두께 5㎝ 정도의 와전(瓦塼)을 확인한 바 있다. 앞서 지적한 '護墳石'의 발견과 더불어 매우 획기적인 발견이라고 할 수 있다. 특히 이는 고구려수도인 집안현일대의 '계단식 피라미트형 적석총'에서 와당이 와편과 함께 출토되고 있는 예와 동일하다.

13 석촌동 제3 · 4호분에 대한 보고서는 서울대 박물관과 고고학과에서 펴낸 『석촌동積石塚발굴조사보고』(1975)와 『석촌동 3호분(積石塚)발굴조사보고서』(1983.유인물)가 있다. 석촌동 제3호분의 크기에 대하여 후서는 동서가 49.6m, 남북이 43.7m라고 하였다. 남북의 길이가 작은 것은 아마 남면이 후대의 파손에 의한 것으로 짐작되는데 원래는 고구려의 '계단식 피라미트형 적석총' 의 정방형과 같이 49.6m로된 정방형이였을 것이다. 이 크기는 '장군총' 의 34m보다 훨씬 크고 태왕릉(4면 각 60m)과 비슷한 규모이다. 그리고 제4호분의 자세한 크기는 1984년 해체복원 시에 밝혀졌는데 제1층기단은 일면의 길이가 17.2m, 높이는 0.5m이고, 제2층기단은 일면의 길이가 13.2m, 높이가 0.95m이며, 제3층기단은 일면의 길이가 9m, 높이는 0.45m이다. 여기서 주의되는 점은 제2층의 길이가 제1층과 제3층을 합한 길이의 반이고, 재2층의 높이는 제1층과 제3층높이를 합한 숫치가 나온다는 점이다.

14 이형구, 「민족 긍지 심는 백제유적 복원-석촌고분군 원형 잃어…중지 모아 용의주도하게-」『경향신문』문화시론, 1985. 7.4.
이형구, 「고구려와 백제와의 문화적 관계-고구려와 백제의 적석총과 향당제도-」『백제연구총서』3집, 충남대백제연구소, 1993.
李亨求, 「朝鮮の三國時代の古墳」『古墳時代の硏究』13, 雄山閣, 日本,1993.pp.43~59.

은 물론, 기와 편과 전돌이 출토되는 것으로 보아 陵上에 宗廟를 올리는 古代 東北아시아의 東夷族의 공통된 제도인 享堂을 설치하고 있을 것으로 추정한 바 있다.[15]

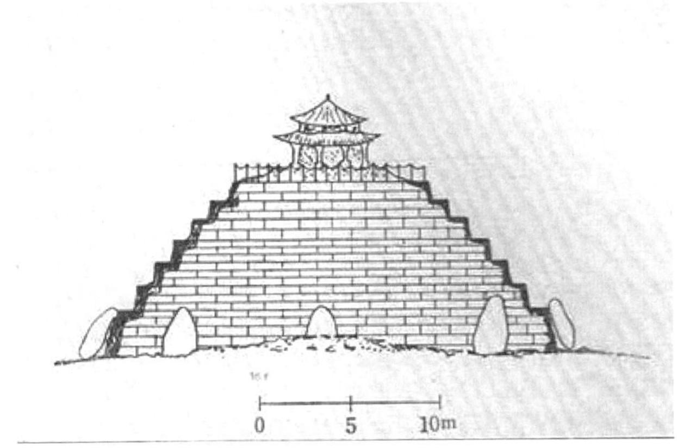

〈삽도 4〉 중국 길림 집안 고구려 적석총(일명 장군총)의 향당(享堂) 복원도(이형구 추정도, 『동방학지』 32, 1982)

그후 1983년 봄(5월 25일) 韓國精神文化研究院 附屬大學院 석·박사과정학생 등 17명을 대동하고 현장강좌를 실시하면서 年前에 뚫린 문제의 제 3호분과 제 4호분 사이의 도로가 도시계획에 의하여 또 다시 북쪽으로 확장공사가 진행됨으로 해서 제3호분의 石築 基壇部가 손상되고 약 10m 폭의 版築臺地가 이번에 전부 '부르도저'로 들어 내 버렸음을 확인했다(도판 1~8). 그래서 익일로 연구원과 관계기관에 이를 中止시킬 것을 건의하고, 5월 27일 재차 조사에 나서는 한편 이를 중지시켜야 하는 火急한 사정으로 K.B.S. TV를 통하여 여론화 시키게 되었다. 같은날 필자는 제 3호분의 동쪽 17m 지점에서 도시계획의 일환으로 '롯데' 건설의 포크레인에 의하여 두달전(1983년 3월)에 무참히 절단된 百濟時代의 대형(폭 60cm) 厚肉無紋甕棺(도판 9~10)과 百濟時代의 것으로 보이는 고분이 약 3분의 2가량 잘려 人骨이 어지러운 상태로 흩어져 있는 현장을 발견 확인했다.(도판 13~14) 이 고분의 단면을 보면 부식토가 약 70cm, 높이 80cm 확인되고 있으며 고분의 맨 아랫부분은 版築層이 있고, 그 위에 판석을 깔아 木棺을 앉혔음이 조사되었다. 그리고 판석 옆에서 鐵製釘(길이 6.3cm)과 鐵製劍端(길이 7.8cm)이 발견되었다.

발견 직후 관리 당국과 관할 파출소에 이의 보존 내지 긴급 발굴을 의뢰한 바 있었으나 5월 28일자 일간지 지면을 통해 임기응변식으로 石村洞 도로공사를 중단한다고만 발표하였다. 그러나 6월 2일에 다시 각종 장비를 동원하여 석촌동 제3호분(王陵)의 左·右에서 地盤을 다지는 도로포장공사가 진행되었다. 한편 6월 14일에는 다른 일간지 지면을 통하여 도로를 제3호분 전방으로 10m 우회시키고, 이를 '사적공원'으로 조성한다고 하였다. 그러나 마침내 6월 27일 모든 도로포장공사를 완료시키고 말았다. 이러한 일은 해방 이후 진행한 文化財 파괴의 가장 전형적이

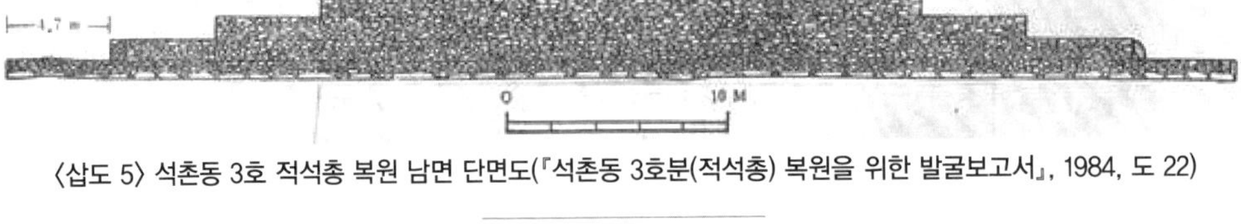

〈삽도 5〉 석촌동 3호 적석총 복원 남면 단면도(『석촌동 3호분(적석총) 복원을 위한 발굴보고서』, 1984, 도 22)

15 이형구, 「고구려의 향당제도(享堂制度)연구」『동방학지』 32, 연세대 국학연구원, 1982, pp.28~36.

고 공식화 된 방법이다. 이와 똑같은 수법으로 東大門의 지하철 통과가 이루어진 것은 周知의 사실이다.

이 밖에도 같은 방법으로 도시계획이 진행된 예는 남대문 지하철 통과 · 七宮 반파, 독립문 이전 · 社稷壇表門 후퇴 · 大漢門 후퇴 이전 ,三城洞 백제 산성지에 경기고등학교 이전 신축, 近年에는 8기의 可樂洞 百濟 고분(도판 27)이 인멸되고[16], 芳荑洞 4 · 5호분의 소실,[17](도판 28) 문정동의 百濟 건물지의 파괴(1983년 6월 3일 필자 조사)등 이루 헤아릴 수 없다. 이는 일제가 과거 36년간 저지른 景福宮의 朝鮮總督府 · 昌慶宮의 동물원화 · 慶熙宮의 京城中學(서울고 전신)등 이루 헤아릴 수 없는 전통문화 말살책의 만행을 보아 온 우리로서는 착잡한 심정을 느끼지 않을 수 없으며, 지금도 자행되는 이러한 조치는 하루 빨리 시정되지 않으면 안 될 것이다.

그러나 같은 시기에 日本의 大阪市에서는 百濟 遺民들의 고분으로 여겨지는 유적지가 발견되어 이를 보호하자고 야단이다(Japan Times. 1983.5.31). 그리고 그들은 이미 수십년 동안 大阪 시내 한복판의 90,000m^{2}에 달하는 7~8세기 경의 難波宮유적을 발굴 · 보호하고 있으며, 奈良市에서도 平城宮과 藤原宮을 발굴 · 보호하고 있고, 京都市에서는 平安宮과 長岡宮 등을 발굴 · 보존하고 있다(『고대사발굴』1981, 講談社, 3). 또한 神戸 市內에서는 全長 197m의 대형 前方後圓墳을 복원하였고,(같은 책 6) 橫濱 市內에서도 도시개발 도중에 발굴된 彌生時代의 대단위 大塚遺蹟과 歲勝土遺蹟을 보존하고 있다(『日本歷史展望』第1卷, 1981). 모두가 他山之石이라고만 할 수 없다고 본다.

지난날 中國은 1958년 5월에 '文化大革命' 을 일으키면서 紅衛兵들은 첫째 '후금박고(厚今薄古)' 라는 기치를 들고 나왔다. 즉, 옛 것은 모두 때려 부수고 현재의 개발을 위하여 매진하자는 사상이다. 그래서 파괴하여 다시 건립하자고 하는 '破立' 이라고 하는 奇想天外의 새로운 용어가 나왔다.

중국당국은 '文化大革命' 의 기치 아래 건설을 위해서는 孔子廟라 할지라도 고적은 마땅히 파괴되어야 한다고 하는 이른바 '후금박고' 의 사상[18]으로 마침내는 고구려 옛 서울인 현재의 중국 길림성 환인현에 두 개의 댐을 건설하면서 고구려 초기의 고분 164기의 발굴을 취소시키고 이를 수몰시켜 우리 韓民族의 문화유적을 파괴시킴 사건이 발생하였다.[19]

---

16 1983년 5 · 6월의 조사당시에도 가락동 송파파출소옆 산상(일명 '소왕자산')에 최후로 석실분의 하부구조 1기가 남아 있었으나 그것마저도 같은 해 7월에 택지를 조성하면서 완전 소실되었다(도판 8).

17 방이동에는 원래 1호부터 8호까지 8기의 석실분이 소재하고 있었으나(도판 9-1) 1982~3년 사이에 4 · 5호분이 택지와 공용건물(한전 방이동 변전소)의 용지로 사용하기 위하여 삭평되었다.(도판 9-2) 방이동석실분의 발굴보고서는 김병모교수의 '방이동고분군' (『고고학』제4호, 1977년 6월)과 잠실지구유적발굴조사단의 '잠실지구유적발굴조사보고' (『한국고고학보』, 제4호, 1978. 4)가 있다.

18 世界反共聯盟中華民國分會 : 『亞洲人民反共聯盟中華民國總會會報』, 1981년, p.12.

19 광주(廣州)라고하는 지명은 의역대로 넓은 들판인데, 남한산성 동쪽의 광주고읍(故邑)은 협곡으로서 뜻에 맞지 않는다. 아마 지명의 이동에서 온 탓일 것이다. 원래의 고광주(古廣州)는 과거의 광주군, 지금의 강남 · 강동지구와 성남시 서쪽의 충적평야를 지칭한 것일 것이다.

이와 같은 「文化革命」시의 만행을 10여년간 치르고 난 중국의 현 爲政者들은 이를 크게 후회하여 다시 중국의 傳統文化와 精神文化를 살리고자 노력하고 있다. 따라서 우리의 도시계획도 중국이 20여년 전에 저지른 과오를 교훈삼아 전통문화유산이 잘 보존되는 방향에서 추진되어야 할 것이다.

4. 石村洞遺蹟의 重要性과 그 保護 對策

석촌동 일대를 중심으로 한 漢江流域은 사방이 모두 산으로 둘러 싸인 대평원(廣州平原)으로 조성되어 있는 沃土이다. 『三國史記』溫祚王 卽位(B.C.18)條에 보이는,

> 大臣諫曰 惟此河南之地 北帶漢水 東據高丘 南望沃澤 西阻大海 其天險之利 難得之勢 作都於斯 不亦宜乎

문장의 南望沃澤이 바로 여기요, 이의 기사가 내포하는 곳이 또한 여기 이외에는 합당한 곳이 없다고 생각된다. 그리고 同王 13年(B.C.6)條에.

> 夏五月 王謂臣下曰 國家東有樂浪 北有靺鞨 侵軼疆境 少有寧日 況今妖祥屢見 國母棄養 勢不自安 必作遷國 豫昨出巡親漢水之南 土壤膏腴 宜都於彼 以久安之 計

라고 漢水之南의 沃土가 遷都地로 宜當하다고 하였는데 이는 곧, 廣州平原을 말함일 것이다.[20] 그리고 그 이듬 해인 溫祚王 14년에 河南慰禮城으로 遷都하였다. 이 시기의 河南慰禮城은 바로 이 平原의 어디가 아닌가 생각한다.

그리고 廣開土大王이 친히 水軍을 거느리고 漢江을 따라 來侵한 곳이며,[21] 또한 蓋鹵王때에는 土築으로 왕성을 쌓고 그 안에 宮室 · 樓閣 · 臺謝 등을 장엄하게 지은 왕성인 漢城이 이곳일 것이며,[22] 그리고 郁里河(漢江)에서 大石을 가져다가 槨을 만들어 父王의 尸身을 모신 곳이 바로 이곳 江東地區(즉 石村洞 · 可樂洞 · 芳荑洞)일대가 아닌가 생각된다.[23]

이와 같은 생각이 江東地區 地表調査에서 얻은 결론인데 지금도 우리는 석촌동 일대의 西方 1km 이내에서 주위 평지와 구별되는 1~2m 높이의 土築으로 된 넓은 대지를 발견하게 되고, 곳

20 광주(廣州)라고하는 지명은 의역대로 넓은 들판인데 남한산성동쪽의 광주고읍(故邑)은 협곡으로서 뜻에 맞지 않는다. 아마 지명의 이동에서 온 탓일 것이다. 원래의 고광주(古廣州)는 지금의 강남 · 강동지구와 성남시서쪽의 충적평야를 지칭한 것일 것이다.

21 광개토대왕릉비문 제1면 제9행 제26자부터 제2면 제5행 제32자까지의 6년(396년)병신조.

22 『三國史記』백제본기 개로왕 21년(475)조

23 『三國史記』백제본기 개로왕 21년(475)조.

곳에서 발견되는 파괴된 단면에는 당시(百濟 前期)의 문화층을 무수히 발견하게 된다. 대표적인 예가 제3호 왕릉 옹관과 인골이 노출된 百濟 文化層이고, 석촌동 동쪽 일대에서도 토축 내에 文化層이 보이며, 또한 남쪽에도 토축이 남아 있었다.(도판 20)

그리고 필자는 서울대 박물관에서 발굴한 '파괴분'(『考古美術』129 · 130호, 1976)의 서쪽 100m 이내 지점인 石村洞 남단의 토축 부근인 석촌동 128(신 240)번지 일대에서 百濟 때의 것으로 보이는 건물지를 발견했는데,[24] 이는 도시계획사업에 투입된 롯데 건설의 노폭 9m(공사명 C-34 도로건설) 도로건설로 인하여 수백평의 건물지가 파괴되면서 장방형의 판석과 石築을 비롯하여 방격문과 적도자국이 있는 수 많은 百濟 瓦當과 百濟 初期의 灰靑色軟質無紋平底壺(도판 21) 등이 수습되고 있는 점으로 미루어 보아 百濟 한성시기의 중요한 건물지로 추정되고 있다. 이 건물지에서 출토되고 있는 토기는 '파괴분'(서울대 발굴)에서 나온 것과 같은 계통이다. (도판 21)

특히 古瓦 중에는 方格紋平瓦(도판 22), 反文으로 陽刻한 '高德'이라는 銘文瓦(도판 23)가 발견되었는데, 이는 앞으로의 연구대상이 되는 매우 귀중한 자료이다. 이와 같이 석촌동을 포함한 가락동 · 방이동 · 몽촌동 일대가 곧, 百濟都城과 관계되는 지역이 아닌가 생각된다.

특히 제4호분으로부터 남쪽으로 계속 유적지와 고분들이 분포되어 있는 대지에는 지금은 지표에 주춧돌을 올려 지은 舊屋들이지만 이곳에서는 도로를 개설하고 지하실을 파고 새로운 고층 건물들을 지음으로 인하여 百濟時代의 문화층이 모두 파괴되어 가고 있다.[25]

새로운 도시계획은 지금이라도 늦지 않다고 판단하고 우선 석촌동 일대의 사방 1km 이내를 묶어서 개발을 보류하고 百濟時代 遺蹟을 조사하여 파괴가 심한 경우에는 발굴을 하고 그런데로 보존이 양호한 경우는 그대로 보존하며 마지막으로 중요 유적은 원형을 찾아 복원해야만 할 것이다. 그러기 위해서는 정부에서 '慰禮城博物館'(假稱)내지 '江南地區史蹟管理所'(假稱)를 설치하여 百濟 遺蹟 · 遺物의 보호 관리에 상호 협심해야 할 것이다. 이러한 작업이 곧, '古今의 和合'을 이룩하는 좋은 본보기가 될 것이다.

그리고 가장 바람직한 것은 百濟時代의 원래의 文化層位가 保存될 만한 臺地를 현재 상태로 묶어서 조사를 거친 후에 제4호분(서울대발굴)과 제5호분(서울대발굴)사이에 있는 석촌동 97번지 韓國式콘크리트건물인 '彌勒庵'을 정부가 매입하여 '慰禮城博物館'(假稱)을 설립하고, 그동안 發掘된 百濟古墳出土品은 물론 한강유역에서 발굴된 遺物을 한데 모아 전시하는 方法도 강구되었으면 한다.

한강유역의 百濟 500년 도읍지 유적에 깊은 관심을 갖고 있는 한 사람으로서 물론 한강유역의 '開發'을 이 시점에서 중단하자고 만은 할 수 없을 것이다. 그러나 遺蹟保存과 도시개발은 분

---

24 이 건물지는 본격적인 발굴 조사가 실시되기도 전에 1984년 4월 완전 아스팔트로 포장되었다.

25 지난 6월에는 석촌동 제5호분(서울대 발굴고분)의 남쪽 석촌동 243번지 일대를 동서로 도로를 개설하면서 백제시대 유적층위가 파괴되어(도판14)당시 탄화미와 목탄이 발견되고 백제초기의 연질회도항아리(직경 13.5cm, 높이 23cm)가 절반 절단돼 나간 채 발견도었으며 약 7m가량의 적석층이 파괴되었다(도판 15).

명히 한쪽에 치우쳐서는 안될 것이다. 그렇다면 2천년대의 '先進祖國'을 지향하는 우리로서는 찬란히 빛나고 있는 우리의 옛 문화를 알뜰히 지키면서 미래의 세계적인 '문화도시 서울'을 건설해야만 할 것이다.

도시계획에 의한 최근의 일련의 청사진을 보면 '잠실 생활권' 계획(『朝鮮日報』, 1983년 4월 7일)을 통하여 석촌동을 상업업무와 관광시설을 집중시킬 것을 계획하고 있으며, 강남 그린벨트에 공원을 造成한다고 하며, 문제의 강동지구와 잠실대교 근처에 소형 「댐」을 건설하고(『東亞日報』, 1983년 6월 7일), 한강에 대형 하수구를 뚫고, 나아가서는 한강 연안에 '위락 관공시설지구'로 개발한다고 한다.[26]

이 많은 사업과 예산 투입의 先後를 따진다면 우리는 당연히 이미 불하한 바 있는 강동지구 석촌동 일대의 百濟 유적 내에 있는 도지의 매입이 가장 시급하다고 생각된다.

2억원을 들여 제 3호분(520평)·제4호분(552평)·제5호분(440평)만을 '史蹟公園'으로 조성한다는 것[27]은 나머지 사방 1km 이내의 귀중한 문화유적(文化包含層臺地)은 어찌하겠다는 것인지 이해할 수 없다.

5. 맺는 글

漢江流域의 廣州平原에 자리잡고 있는 지금의 서울특별시 강동구 석촌동·가락동·방이동을 중심으로 문정동·몽촌동·성내동·둔촌동·마천동·풍납동·암사동·고덕동 일대에는 百

---

26 1984년 1월 5일자 『경향신문』에 보면 서울특별시는 3억 5천만원을 들여 석촌동 석촌호수 서쪽에 '민속예술전당'을 오는 9월 10일까지 완공할 예정이라고 한다. 역시 화급의 선후가 도치된 느낌이다.

27 다행히 필자의 초고(유인본)가 1983년 7월 6일 발표된 직후 한강유역의 백제전기 수도유적에 대한 일반의 주의가 환기되고 관계기관의 적극적인 노력으로 보존과 복원이 진행되고 있다. 특히 석촌동고분군(3,4,5호분)의 경우 1,513평이 사적 제243호로 지정되었으나 1983년7월 29일 문화재위원회의 의결을 거쳐 3,415평이 추가로 지정되었다.(『고고미술』 160, 1983. 12, p.p.147~148).

① 指定區域擴大指定範圍

(가) 3號古墳 : 새로 確認된 古墳 基底部로부터 道路邊을 除外한 3面은 各 30m內外 擴大 指定

ㅇ現指定面積 521 坪
ㅇ追加指定面積 2,581 坪
計 3,102 坪

(나) 4號古墳 : 現指定面의 基底部 南側으로부터 20m 擴大指定

ㅇ現指定面積 552 坪
ㅇ追加指定面積 251 坪
計 803 坪

(다) 5號古墳 : 現指定面積에서 南北으로 各 25m 擴大指定

ㅇ現指定面積 440 坪
ㅇ追加指定面積 583 坪
計 1,023 坪

(라) 現指定面積(3·4·5號墳)合計1,513 坪

追加指定面積(3·4·5호분) 3,415 坪
總計 4,928 坪

(圖面 ; 別途提示說明)

② 道路線 調整

서울特別市와 協議하여 三號墳과 四號墳 사이를 通過하는 現直線 道路(잠심운동장→송파)는 三號古墳 基底部 保存에 지장없도록 曲線으로 調整.

濟 678년 역사 중 B.C.18년 初都 河南慰禮城으로부터 A.D.475년 文周王이 公州로 遷都하기까지의 493년간이라고 하는 장구한 세월을 수도로 정하고 고구려와 대등한 국가를 건설했던 유서깊은 百濟 500년 왕도이다.

그러나 昨今의 도시개발 우선 정책은 한강유역의 수많은 百濟 유적을 破壞 湮滅시키고 있는 실정이다. 특히 일명 '돌마리' 라고 하는 석촌동 일대의 俗稱 五峰山(5基의 王陵을 指稱)에는 남한에서는 오직 이 곳에만 '피라미트형 石築古墳(王陵)' 이 남아 있다. '文化財保護法施行規則' 제9조에 보면 "王陵 古墳墓 등은 封土 下段에서 10m 내지 1,000m 이내의 구역을 史蹟保護區域으로 지정한다"고 하였다. 그러나 서울시는 이와같은 법령을 무시하고 사적인 2기의 王陵 사이로 도로(백제고분로)를 개설함은 물론 확장공사를 벌려 제3호 왕릉의 基壇部를 破壞시키고, 또한 百濟시대의 甕棺과 人骨을 절단시킨 채 모든 포장공사를 완료하고 인도를 개설하고 있다.(도판 24)

그리고 '階段式 피리미드형 石築王陵' 의 남쪽으로 3기의 百濟 王陵 구조가 있지만 그 위에 가옥들이 들어 차고 제5호분과 일명 '파괴분' 이라고 하는 百濟 古墳도 破壞, 또는 湮滅될 위기에 있었다.(도판 19) 천신만고 끝에 백제고분로가 지하차도로 개설되고, 제3호 적석총이 복원되고(도판 25) 석촌동 고분군은 1만 7천여 평으로 확대, 사적공원으로 조성되었다.(도판 26)

한편 가락동 일대에는 원래 8기의 百濟 고분과 5기의 先史時代 住居址가 조사되었으나 역시 근년의 도시개발로 모두 消失되고 오직 1기 고분의 石室부분만이 남아 있었으나 그것마저 최근에 消失되었다.(도판 27) 그리고 문정동에서도 택지조성사업으로 百濟시대의 건물지가 잘려 나간 상태로 발견되었다. 특히 방이동의 일명 '大王子山' 에는 원래 8基의 三國時代 石室古墳이 조사되었으나 작년에는 제 4 · 5호분이 소멸되었으며, 제 7 · 8호분은 이번 '史蹟公園' 조성작업에서도 제외돼 방치상태이다(도판 28). 이를 연결하여 중간지역을 확장하거나 綠地化하는 방법을 강구할 수 있으면 한다. 다행히 1988년 9월 13일 '방이동사적공원' 으로 조성하였다.(도판 29)

현대의 건축이나 建設은 얼마든지 재생이 가능하지만 古代文化遺蹟은 절대로 재생이 불가능하다고 하는 것은 누구나 잘 아는 사실인데도 이와 같이 今世의 우리 손으로 계속 破壞 내지 湮滅시킨다고 한다면 문화민족을 자부하는 우리로서는 이해 할 수 없는 처사라고 생각된다. 더구나 우리나라 古代史 연구에 있어서 가장 零細한 부분이 百濟時代의 歷史資料인 점을 고려한다면 한강유역의 百濟前期 首都遺蹟이야말로 無價之寶라 아니 할 수 없다. 또한 근년에 물의를 빚고 있는 일본인들의 歷史歪曲만 하더라도 우리의 史料가 부족한 탓도 없지 않아 있다고 생각된다. 특히 韓 · 日, 韓 · 中關係史에서 가장 歪曲이 심한 부분이 역시 百濟關係史인 점을 감안한다면 한강유역의 百濟前期 首都遺蹟은 만에 하나(一)라도 절대로 소홀히 해서는 안된다고 생각한다.

지난 날과 같이 민족의 장래에 千秋의 恨을 남기지 않기 위해서 政府는 물론 學者들간에 상호 협력하는 국가적 · 민족적인 차원에서 한강유역의 百濟 전기 수도유적을 調査硏究하고 개발하여 永久 保存하는 것이 先進祖國을 건설하는 지름길일 것이다.

우리는 1960년대 어려운 시기에도 불구하고 일찍이 UNESCO를 통하여 이집트의 '아스완댐'

건설로 수몰위기에 있었던 '아부심벨(Abu Simbel)' 신전을 移建하기 위한 많은 성금을 지원한 바 있는 민족이다.

[본문은 필자가 주관하여 1983년 7월 6일 한국정신문화연구원에서「한강유역 백제전기 수도유적 보존문제」라는 제목으로 학술연찬을 개최하고 같은 이름으로 발표하였다.(『정신문화연구』 21호, 한국정신문화연구원, 1984)]

〈建議事項〉

1. 江東區 一帶의 遺蹟分布地域의 開發을 中止시킴은 물론 '緊急救濟發掘' 방식을 止揚, 모든 遺蹟을 철저히 再調査하여 이미 파괴가 심한 곳은 學術的인 發掘을 거쳐 保護토록하고 原狀을 維持하고 있는 유적은 그대로 보호토록하며 다음으로 復元이 가능한 유적은 학술적인 고증을 거쳐 復元토록 해야 할 것임.
2. 史蹟 第243號인 石村洞 제3 · 4호 王陵을 비롯하여 제4호왕릉의 전방에 있는 3기의 古墳遺構와 제5호분 · '破壞墳' 및 최근 파괴된 석촌동 일대의 百濟文化包含層을 다시發掘調査해야 할 것임.
3. 史蹟 第11號로 지정돼 있는 風納里土城은 현재 大路邊의 약 500m의 북쪽면만 復元保存 되고 동내에 있는 약 1.5km에 달하는 동쪽면은 방치 되어 湮滅 위기에 있는데 이에대한 保存 復元策을 강구해야 할 것임.
4. 현재 '史蹟公園' 造成事業을 벌이고 있는 芳荑洞고분군중 제7 · 8호가 제외되고 있는데 이를 연결하여 공원면적을 확대 조성해야 할 것임.
5. 둔촌동에 건설될 '올림픽 주경기장' 후보지 내의 地表調査를 철저히 할 것과 인접 夢村土城의 原形을 찾아 復元하여 土城내에는 일체의 시설을 불허해야 할 것임.
6. 특히 석촌동 지역의 사방 1km내의 모든 지상건물과 토지를 매입하고 '歷史公園'으로 지정하여 역사교육도장으로 활용하는 동시에 국가적인 文化遺蹟公園으로 조성해야 할 것임.
7. 강남지구에 '慰禮城博物館'(假稱)내지 '史蹟管理事務所'를 신설하여 각 지에 흩어진 漢江流域出土遺物을 한데 모아 전시하여 역사교육도장으로 활용하고, '문화올림픽' 시에 우리 文化 宣揚의 계기를 마련하는 한편 한강유역의 遺蹟을 保護 · 監督해야 할 것임.
8. 만일 이와 같은 일련이 政府의 노력이 미치지 못한다고 한다면 民間單位에라도 유도 · 권장해야 할 것임.

[도판 1] 百濟 前期 王陵으로 추정되는 石村洞 제3호 積石塚 앞 도로 포장 공사 광경(1983.3, 이하 필자 촬영)

[도판 2] 石村洞 제3호 積石塚과 제4호 積石塚 사이에 開設되고 있는 도로 포장 공사 광경(1983.5)

[도판 3] 石村洞 古墳群 사이의 道路 개설 광경(1983.5)

[도판 4] 百濟 前期 王陵으로 추정되는 石村洞 제3호 積石塚이 都市 計劃으로 잘리고 포장된 모습(1983.5)

[도판 5] 石村洞 제3호 積石塚 남쪽 잘린 부분(이 時期에 남아 있는 積石塚의 높이만도 5미터가 넘는다.)

[도판 6] 人道 開設을 위하여 잘린 石村洞 제3호 積石塚 남쪽 부분

[도판 7] 石村洞 제3호 積石塚 남쪽의 잘린 모습

[도판 8] 石村洞 제3호 積石塚 남쪽을 잘라내고 地下에 각종 施設을 埋設하는 모습

[도판 9] 石村洞 제3호 積石塚 동쪽의 百濟前期 甕棺이 잘려 나간 斷面(중앙 부분)

[도판 10] 도로 개설로 인하여 잘려 나간 石村洞 제3호 積石塚 동쪽부분 이곳에서 百濟前期 甕棺이 노출되었다.(조사자는 필자, 1983.5)

[도판 11] 石村洞 제3호 積石塚 동쪽의 百濟前期 遺蹟 保存層 斷面

[도판 12] 石村洞 百濟前期 遺蹟이 잘려 나간 斷面

[도판 13] 道路 開設로 잘려 나간 百濟人의 人骨(1986년 발굴 결과 百濟 前期의 古墳으로 確認됨)

[도판 14] 道路 開設로 잘려 나간 百濟前期의 무덤과 人骨(조사자는 필자, 1983.5)

[도판 15] 石村洞 百濟前期 遺蹟 보존층을 조사 하고 있는 필자(우)와 조사원 (이순구 씨)

[도판 16] 石村洞 古墳群 4호분 부근의 古墳 分布 地域(왼쪽 숲 전면이 4호분, 1983.5)

[도판 17] 石村洞 제4호 積石塚 앞의 保護區域에서 除外되었던 積石塚(1985년도에 保護區域으로 확대되었음)

[도판 18] 1986년 發掘 結果 積石塚(2호)으로 確認되었다.(1988.1)

[도판 19] 石村洞 당집 부근의 5号墳(1988년 발굴 결과 葺石封土墳으로 確認됨)

[도판 20] 石村洞 남쪽 百濟 遺物 包含層이 제대로 조사가 이루어지지 않고 都市化되었다.(조사자는 권덕영 씨)

[도판 21] 石村洞 남쪽 百濟 遺物 포함층에서 출토된 軟質無紋平底壺(1984. 6)

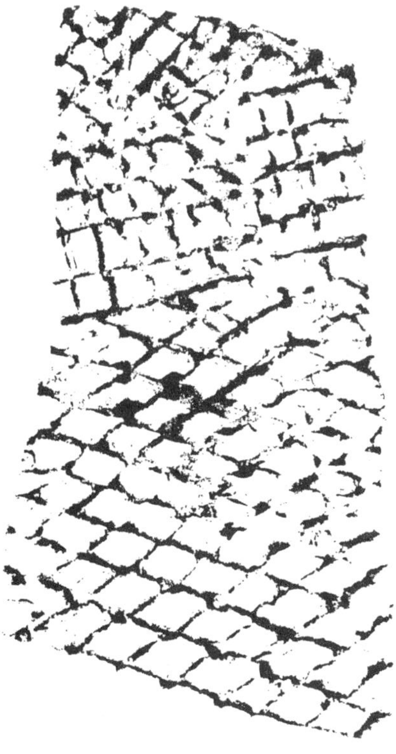

[도판 22]
石村洞 남쪽 百濟 遺物 포함층에서 출토된 方格紋 平瓦 拓本

[도판 23] 石村洞 남쪽 百濟 遺物 포함층에서 출토된 '高德' 銘 平瓦

[도판 24] 석촌동 제3호 적석총(오른쪽 위)과 그 동쪽 백제고분군의 절단면 전경(1982)

[도판 25] 史蹟公園으로 造成된 石村洞 古墳群 모습(1,500평에서 17,000평으로 확대되고 지하차도도 개설되었다. 1991)

[도판 26] 史蹟公園(제243호)으로 整備된 石村洞 百濟 前期 古墳群 駐車場 모습

[도판 27] 可樂洞 古墳群 가운데 유일하게 남아 있던 百濟 石室墳(1983. 6. 왼쪽으로부터 이순구, 필자, 권덕영 씨)

[도판 28] 左側 4基의 古墳群만이 사적으로 지정되고 다른 지역은 保護區域에서 解除되어 건물들이 들어서고 있는 모습. 당시 4,5호분은 이미 삭평 소실되고 오른쪽 2기도 삭평 직전에 있었다.(1984.4)

[도판 29] 保護區域이 擴大되어 새롭게 整備된 모습. 오른쪽 2기의 古墳을 발굴한 결과 다른 古墳 2기가 추가로 발견되었다.(1995.7)

제Ⅲ부 왕도연구

서울백제 왕도 연구

漢城百濟 王都 硏究

서울백제 왕도 연구

차 례

1. 『삼국사기(三國史記)』기록으로 본 한성백제시기의 도성
2. 풍납토성(風納土城)
3. 풍납토성에서 발견된 건축 재료와 왕궁건축
4. 몽촌산성(夢村山城)
   1) 몽촌산성의 명칭
   2) 몽촌산성 출토 고구려계 백제토기
5. 풍납토성과 몽촌산성과의 비교
6. 한성백제시기 도성의 특징
7. 백제도성의 변천사적 의의
8. 중국과 일본의 도성제도(都城制度)와의 비교
   1) 중국의 고대도성
   2) 일본의 고대도성
   3) 한국의 고대도성
맺는 글

1. 『삼국사기(三國史記)』기록으로 본 한성백제시기의 도성

풍납토성(風納土城)은 1925년에 있었던 이른바 을축년(乙丑年) 대홍수로 한강변에 축조된 토성의 서벽이 무너지면서 백제시기의 유물이 출토되어 『삼국사기(三國史記)』백제본기 온조왕(溫祚王)조에 보이는 백제의 도성과 관련된 유물일 것으로 추정된 바 있었다. 그러나 이병도(李丙燾)의 백제시기 사성설(蛇城說)에 묻혀 주목을 받지 못했다.[1] 이 성을 『삼국사기』 백제본기 책계왕(責稽王)조에 보이는 '사성(蛇城)' 에 비정하였고, 이 주장은 오랫동안 '정설' 이 되었다. 이병도의 주장은 '풍납(風納)' 이라는 어원(語源)에 근거한 것이기 때문에 처음부터 많은 문제점을 안고

1 이병도; 「광주 풍납리토성과 백제의 사성」, 『진단학보』10, 1939. 『한국고대사연구』, 박영사, 1976, pp.498~506.

있었다. 따라서 『삼국사기』백제본기 온조왕조에 보이는 백제초기 왕성인 하남위례성(河南慰禮城)의 위치를 찾는 것이 중요했다.

1996년 필자에 의해 처음으로 실시된 풍납토성 성벽에 대한 정밀실측조사와 토성 내부의 현황조사를 통해 그동안 막연히 백제 초기의 토성으로 알려져 왔던 풍납토성의 제원(諸元)과 실체를 밝혀낼 수 있는 계기가 되었다. 마침내 1997년 1월 초, 필자가 풍납토성 내 현대아파트 신축부지 터파기 공사장에서 백제초기 유물을 발견하였다.[2] 이로서 한성백제시기(漢城百濟時期)의 수도인 하남위례성의 실체를 확인하는 계기가 되었다.

백제전기 즉, 한성백제시기의 도성(都城) 및 그와 관계되는 문헌기록인 『삼국사기』백제본기의 기록을 통해 구증(求證)해 보기로 한다. 우선 온조왕 즉위년(B.C. 18)조에 하남위례성의 위치를 정하는 일종의 복택(卜宅) 기사가 보인다.

> 마침내 한산에 이르러 부악에 올라 살 만한 곳을 내려다 보았다. 비류는 바닷가에 살고 싶어했다. 이에 10신들이 '하남의 땅은 북으로는 한수를 두르고 동으로는 높은 산에 의지하고 있으며 남으로는 기름진 땅을 바라보며 서로는 대해로 막혀있습니다. 이처럼 천연의 지리적 이점은 얻기 어려운 지세로 이곳에 도읍을 정하는 것이 마땅하지 않을까 생각합니다.' 라고 아뢰었다. 비류는 듣지 않고 백성을 나누어 미추홀로 가서 살았다. 온조는 하남 위례성에 도읍을 정하고 10신의 보좌를 받으며 나라이름을 십제(十濟)라 하니 그 때가 전한 성제 홍가 3년이다.

홍가(鴻嘉) 3년은 기원전 18년이다. 그리고 온조왕 13년(B.C. 6)조에 천도와 궁궐 축조에 관한 기사가 있다.

> 여름 5월 왕이 신하들에게 '우리나라의 동쪽에는 낙랑이 있고 북쪽에는 말갈이 있어 국경을 침략하니 편안한 날이 드물다. 하물며 지금 불길한 징조가 자꾸 나타나고 국모가 돌아가니 스스로 안정 될 수 없는 정세라 도읍을 옮겨야만 하겠다. 내가 일전에 순시를 하다가 한수 남쪽의 땅을 보니 땅이 기름진 것이 그곳에 도읍을 정하고 오래 안정할 수 있는 대책을 꾀하는 것이 옳을 것 같다' 라고 말했다. 7월에 한산에 책(柵)을 세우고 위례성의 백성을 옮겨 살게 하였다. 8월에는 마한에 사신을 보내 천도를 알리고 강역을 확정하니, 북으로는 패하에 남으로는 웅천에 서로는 대해에, 동으로는 주양(走壤, 오늘의 춘천)에 이르렀다. 9월에는 성과 궁궐을 세웠다.

이처럼 온조왕 13년(B.C. 6) 5월에 한강 남안에 수도를 정하고, 9월에 성과 궁궐(宮闕)을 세웠다고 하였다.

그 다음 해인 온조왕 14년(B.C. 5)에 천도(遷都)하고, 온조왕 15년(B.C. 4)봄 정월에도 새로이 궁궐을 축조한 기사가 보인다.

---

2 이형구;『서울풍납토성[백제왕성]실측조사연구』, 백제문화개발연구원, 1997.

봄 정월에 새 궁궐을 지었는데 검소하되 누추하지 않게 지었다.(春正月作新宮室 儉而不陋 華而不侈)

이어 온조왕 41년(23) 에는 위례성을 수리한 사실이 있다.

2월 한수 동북 여러 부락 사람 중 15세 이상을 뽑아 위례성을 수리했다.(二月 發漢水東北諸部落人年十五歲以上 修營慰禮城)

온조왕 41년(23) 기사는 온조왕 13년(B.C. 6)부터 15년(B.C. 4)까지 3년간에 걸쳐 완성한 왕궁인 하남위례성을 28년만에 수리했음을 알 수 있다. 그렇다면 우선 하남위례성이 어떤 지형(地形)에 축조되었느냐가 궁금한데, 풍납토성이 위의 기사에서 표사된 대로의 지리형세(地理形勢)라면 한수(漢水, 한강) 이남의 비옥(肥沃)한 땅은 바로 광주평야(廣州平野)인 오늘날의 강남지구(江南地區)와 일치(一致)하고 있다.

그리고 진사왕 7년(391)조에도 궁실을 중수한 기사가 있다.

봄 정월(正月)에 궁실(宮室)을 중수(重修)하고 못(池)을 파고 산(山)을 만들어서 이상한 짐승과 화초(花草)를 길렀다.(春正月 重修宮室 穿池造山 以養奇禽異卉)

진사왕 7년(391)은 광개토대왕릉비문(廣開土大王陵碑文)에 의하면 아신왕(阿莘王) 원년이 되는 해이다. 이 해에 백제는 왕궁을 수리하면서 성안에 연못을 파고 산을 만들어 기이한 짐승들과 이상한 화초들을 심었다고 하는데, 이는 연못을 만들기 위해 흙을 파내고 그 파낸 흙으로 산을 만들었다고 하는 기록에서 우리가 분명히 짐작할 수 있는 사실은 하남위례성이 만약 몽촌산성과 같이 산상(山上)이라면 계곡(溪谷)을 막아서 연못으로 이용할 것이지 굳이 땅을 파서 연못을 만들 필요 없다는 것이다. 그리고 산골짜기에 또다시 인위적으로 산을 만든다는 것은 그 자체가 모순된 일이다. 이 기사는 분명히 평지에 땅을 파서(天地) 인공적으로 산을 만들었다(造山)는 얘기다. 그렇다면 이 기사에서 보이는 왕성은 평지성(平地城)일 수밖에 없다.

비유왕 21년(447)조에 보면,

여름 5월에 궁성(宮城) 남쪽 못(池) 속에서 수레바퀴와 같은 불꽃이 일어나 밤새도록 타다가 꺼졌다.(夏五月 宮南池中有火 焰如車輪 終夜而滅)

궁성의 남쪽 연못(宮南地)에서 큰 불꽃이 있었다고 하였는데, 아마 이 연못이 혹시 진사왕 7년(391)에 판 연못이 아닌지 모르겠다.

그리고 개로왕 21년(475)조에 보면,

가을 9월에 고구려왕 거연[장수왕]이 군사 3만을 거느리고 와서 서울 한성을 에워싸므로 왕이 성문을 닫고나가 싸우지 못하였더니 고구려 사람들이 군사를 네 길로 나누어 협공하고 또 '바람' 결을 따라 불을 놓아서 성문을 태우매, 인심이 위구스러워서 나가 항복하려는 자들도 있었다. 왕은 형세가 곤란하게 되어 어찌할 바를 몰라서 기병 수십명을 거느리고 성문 서쪽으로 나가 달아나려 하였더니 고구려 사람들이 쫓아 와서 왕을 죽였다.

라고 하였다.

여기에서 고구려인이 군사를 내어 네 길로 나누어 협공(夾攻)하면서 바람결을 따라 불을 놓아 성문을 태웠다고 하는데, 이 때에 바람을 이용하여 성문이나 궁궐을 불태울 수 있는 성은 이름 그대로 '바람[風]들이[納]' 성인 풍납토성으로 생각된다.

위의 사료들에서 가장 주목되는 것은 역시 온조왕 즉위년조 사료와 13년조의 사료이다. 이 두 기사는 여러 학자들에 의해 같은 해의 일을 나누어 기술한 것으로 고증된 바 있기 때문에 온조가 처음 도읍한 곳은 즉위조에 의거해 하남위례성으로 보아도 괜찮을 것이다. 그렇다면 하남위례성이 지금의 어디에 해당하느냐가 문제가 되고 그 위치는 몽촌산성과 풍납토성으로 압축되어 왔다.

온조왕 14년조의 기록에서 한수[漢水, 한강] 서북에 성을 쌓고 한성의 백성들을 나누어 살게 한 것으로 보아 이 때부터 이미 하남위례성을 한성으로 불렀던 것으로 생각된다. 그리고 아신왕의 11년조의 기록으로 보아 산성에는 별궁도 딸렸던 것으로 추측되나 언제 축조했는지는 알 수 없다.

온조왕 41년(23)에 한수 동북의 여러 부락 사람 가운데 15세 이상의 청년들을 뽑아 위례성을 수축하였다고 하는 것을 보면, 하남위례성을 처음 쌓고(6년) 난 후 17년 만에 위례성을 수축한 것을 알 수 있다. 그리고 책계왕 원년(286)에 왕이 장정들을 징발하여 위례성을 고쳤다고 하였다. 책계왕 원년은 처음 위례성을 쌓은(B.C. 6) 후 280년 뒤가 되는데, 그 동안에 여러 차례 수축이 있었을 것으로 보인다.

또 근초고왕 26년(371)조를 보면,

겨울 왕은 태자와 함께 정예병 3만을 이끌고 고구려 평양성을 공격했다. 고구려왕 사유가 힘껏 싸우며 저항하다 화살에 맞아 전사했다. 왕은 군대를 이끌고 되돌아와 한산으로 도읍을 옮겼다.

라고 하였는데, 이 기록에서 보면 한산으로 도읍을 옮긴 것처럼 보이나 천도(遷都)와 이도(移都)의 의미는 조금 다른 것 같다. 다만 그 이후의 기록으로 보아 혹 근초고왕 때 위례성보다 더 남쪽으로 별도(別都)를 두었을 가능성을 배제할 수는 없을 것 같다. 고구려 국왕(고국원왕)을 전사시킨 백제의 입장에서는 고구려의 반격에 대비하지 않을 수 없었을 것이다. 혹, 한산은 지금의 남한산 쯤 되지 않을까?

백제초기의 도성의 후보지에 관한 기록으로는 온조왕 즉위년조 · 13년조 · 14년조 · 15년조에 의해 도성을 판단할 수밖에 없을 것이다. 이 사료에 묘사된 지리 형세대로라면 한수(漢水 즉, 한강) 이남의 비옥한 땅은 광주(廣州) 평야인 오늘날의 강남지구[강동 · 송파 · 강남 · 서초]와 일치하고, 이 평야에 성을 쌓았다면 평지성인 풍납토성일 수밖에 없다.

풍납토성을 발굴 보고한 김원룡은 "풍납토성의 실연대에 대해서는『삼국사기』의 기록대로 그 초축은 1세기경으로 보고, 475년 공주 천도까지 전후 약 5세기로 추정" 한 바 있으나 이후 이병도의 사성설을 좇아 풍납토성을 3세기 후반의 사성(蛇城)으로 인식하였다.

한편, 풍납토성이 평지성이고 우리나라 성이 대개 산성이라는 이유를 들어 풍납토성이 도성일 수 없다는 견해도 보인다. 이는 바꾸어 말하자면 평지성의 유례가 없기 때문이라는 것인데, 이는 평지성은 여러 원인으로 오늘날까지 남아 있을 가능성이 거의 없다는 근본적인 한계를 무시한 주장이라 하지 않을 수 없다. 또한 산성에 대한 선입견이 너무 앞서 있기 때문이기도 하다.

〈표 1〉 한성백제시기 도성 하남위례성의 위치 비정표

	저 자	지 명	문 헌
1	일연(一然)	직산	「왕역(王曆)」,『삼국유사』권1, 1281~83
2	정약용(丁若鏞)	광주고읍	「위례고(慰禮考)」,『여유당전서(與猶堂全書』제6집, 1811.
3	야유까이(鮎貝房之進)	풍납토성	「백제고도안내기」,『조선』제234호, 1934.
4	윤무병(尹武炳)	이성산성	「한강유역에 있어서 백제문화연구」, 제2회 백제연구 국제학술대회, 1974.
5	천관우(千寬宇)	광주고읍	「삼한의국가형성(하)」,『한국학보』제3집, 1976.
6	이병도(李丙燾)	광주 춘궁리	『진단학보』10,1939.『한국고대사연구』, 1981.
7	김정학(金廷鶴)	풍납토성	「서울 근교의 백제유적」,『향토서울』제39집, 1981.
8	차용걸(車勇杰)	몽촌산성 이성산성사이	「위례성과 한성에 대하여(1)」,『향토서울』,제39집, 1981.
9	김용국(金龍國)	광주 춘궁리	「하남위례성고」,『향토서울』, 1983.
10	성주탁(成周鐸)	몽촌산성	「한강유역 백제초기 성지연구」,『백제연구』제14집, 1984.『백제성지연구』, 2002.
11	김원룡(金元龍)	몽촌산성	『한강유역사』
12	최몽룡(崔夢龍)	몽촌산성	「한성시대 백제의 도읍지와 영역」풍납토성,『진단학보』60, 1985.
		풍납토성	「풍납동 토성의 발굴과 문화 유적의 보존」,『흙과 인류』, 2000.
13	이형구(李亨求)	풍납토성	『서울 백제 수도유적 보존회의』, 1994. 9. 26. 「풍납토성의 역사적의미」,『풍납토성 인접지역 시굴조사 보고서』, 1996. 『서울풍납토성[백제왕성]실측조사연구』, 1997『서울 백제왕성 풍납토성』, 2003.

풍납토성을 초기 백제왕성[도성]으로 볼 수 있는 이유는 이밖에도 몇가지 더 있다. 우선 평지성이라는 점을 들 수 있다. 여기에 왕궁 · 관청 및 집자리가 함께 조성된 도성이다. 이는 풍납토성이 그 규모만 보아도 충분히 납득할 수 있을 것이다.

다음으로 축조기법인 '판축법' 을 들 수 있는데, 이 기법은 중국 전국시대와 한 대의 왕성과 제후성에 적용되고 있다. 제 나라의 수도인 산동임치 · 노나라의 수도인 곡부 등지의 발굴결과 이들 도성이 모두 평지성에 판축기법으로 축조되었음이 밝혀졌다. 이는 풍납토성과 관련하여 시사하는 바가 적지 않다.

또 풍납토성은 높이 15m 이상에 둘레 약 3.5km의 규모는 물론 해자를 파낸 흙으로 성벽을 쌓아 올렸겠지만 뻘 흙과 황토를 상당히 먼 곳에서 운반해 와서 수 십층 다져 쌓은 엄청난 역사(役事)였다. 이는 왕성[도성]이 아니고서는 할 수 없는 대역사라 할 수 있다. 초기 백제의 국력이 총동원되다시피 했을 것이다. 이 왕성 안에는 『삼국사기』온조왕 15년(B.C. 4)조에서 말한 것처럼 정월에 새 궁궐을 지었는데, '검소하되 누추하지 않고, 화려하되 사치하지 않은(儉而不陋 華而不侈)' 많은 건물들이 형성되어 있었을 것이다. 이와 같은 사실은 바로 1997년 1월 1일에 필자에 의하여 발견된 풍납동 231-3번지 일대의 현대아파트 터파기 현장에서 사실로 드러났다.[3] 이로써 풍납토성이 백제 전기의 왕성일 것이라는 추정이 가장하게 되었다.

사서에서 일컫기를 백제는 고구려의 한 갈래라고 하였다. 고구려에서 갈라져 나와 새로운 나라를 세우고자 할 때 고구려의 문물제도를 영향을 받지 않을 수 없었을 것이다. 이런 점에서 풍납토성과 그 주변의 백제유적들은 고구려 수도인 국내성과 그 주변 유적과 좋은 비교가 된다. 즉, 백제의 도성제에서 볼때 도성을 중심으로 도성의 주변에 왕릉 혹은 왕릉급에 해당하는 고분군들이 흩어져 있고, 평상시에는 도성을 방어하는 배후성이고 전쟁과 같은 비상시에는 왕과 행정부가 대피할 수 있는 산성들이 도성의 주변에 존재하고 있는 상황이 고구려의 경우와 거의 일치하고 있기 때문이다. 그리고 고구려 수도인 국내성(國內城) 역시 평지성이다.

1939년, 이병도는 풍납토성을『삼국사기』백제본기 책계왕 원년(286)조에 보이는 백제시대의 사성(蛇城)으로 비정하였다. 이병도가 풍납토성을 사성으로 단정짓는 바람에 풍납토성은 백제왕성으로 비정될 수 있는 가능성을 잃어 버렸다. 거기에 더하여 풍납토성은 지금까지 흙(土)으로 만든 성이라는 이유 때문에 등한시된 바가 많다.

해방 이후 풍납토성은 제대로 보존되지 못하고 방치돼 오다가 1961년 5.16 혁명 직후 문화재보호법이 재정되고 나서 1963년 1월 21일 대한민국 사적 제11호로 지정하였다. 지정 당시의 사적 명칭은 '광주풍납리토성(廣州風納里土城)' 이라고 하였다. 1964년 10월에는 서울대학교 고고인류학과 조사단이 풍납토성 내 북쪽의 여러 지점을 시굴한 바 기원 전후 시기의 기와를 비롯하여 이른바 풍납리 무문토기(風納里無紋土器)라고 하는 경질 무문토기가 출토되었다. 김원룡은 풍납토성을 이병도가 주장한 대로 백제의 사성으로 보는 한편 방어용성(防禦用城)이라고는 하지만 평시에서 많은 일반인이 살고 있었던 '반민반군적(半民半軍的) 읍성(邑城)' 이었다고 하였다.[4] 그러나 김원룡은 처음 생각을 이병도와 같이 바꾸어 풍납토성을 3세기 이후의 '사성(蛇城)' 으로 인식

---

3 이형구;『서울 백제왕성 풍납토성』, 송파문화원, 2003.

4 김원룡;『風納里包含層調査報告書』, 서울대학교 고고인류학과, 1967.

되고 말았다. 그 뿐만 아니라 고고학이 역사를 복원할 수 있는 명분을 잊어 버렸다.

1964년 서울대학교 고고인류학과에서 발굴 조사한 이후 이렇다 할 관심을 보이지 않는 사이에 방치되고 있다가 1970년대에 와서 서울시의 도시개발과 더불어 풍납토성 내부가 시민의 주거지로 변모해 갔다. 1960년대에 풍납동 151번지 일대에는 몇 채의 농가만이 들어섰던 곳인데, 약 23만 평(토성: 35,350평, 토성내부: 195,62평)에 달하는 토성 내부에 2, 3층 건물이 즐비한 블록형 주택지가 되었다. 1980녀대에 와서는 아파트가 들어서기 시작하면서 주민이 4만 명이 넘는 대도시로 변했다. 설상가상으로 1980년대 중반부터 서울대학교 박물관 등에서 몽촌산성을 발굴[5]하면서 몽촌산성을 하남위례성이라고 주장[6]하는 바람에 풍납토성은 무관심속에 더욱 방치되었다.

2. 풍납토성(風納土城)

필자가 풍납토성을 처음 답사한 것은 1963년 여름이다. 은사인 최순우(崔淳雨) 선생(전 국립박물관장)과 김영상(金永上) 선생(전 동아일보 편집국장)을 따라 처음으로 풍납토성을 답사하였다. 그 후 오래 동안 해외 유학을 마치고 1981년에 돌아와 논문을 작성하기 위해 강남 일대의 백제 유적을 답사하는 가운데 풍납토성은 물론 석촌동 백제고분이 강남지구 도시개발로 파괴 · 인멸돼 가고 있는 것을 목격하게 되었다. 이때부터 강남지구의 한성백제 유적을 보호 · 보존하기 위하여 노력해오길 오늘에 이르고 있다.

이런 과정에서 필자는 서울 석촌동 백제초기 고분들이 도로(지금의 백제고분로)가 새로 나고 주택이 신축되면서 파괴되고 인멸되는 것을 막기 위해 1981년, 먼저 '석촌동 백제초기 고분보존운동'을 전개하였다. 그래서 '한강유역 백제전기 수도유적 보존문제'라는 제목으로 학술회의를 개최[7]하여 오늘과 같은 '석촌동 고분공원'과 '방이동 고분공원'이 조성되기에 이르렀다.[8] '서울백제수도유적보존회'를 결성하고 지속적으로 풍납토성 보존운동을 벌여 온조왕 14년(기원전 6)에 풍납토성으로 천도한 2000년이 되는 해인 1994년 9월 28일, 서울 한글회관에서 '하남위례성 정도(定都) 2000년'을 기념하기 위해 자비로 학술회의를 개최하였다.[9] 1995년에는 지금까지 한 번도 실태조사와 제원(諸元)을 밝히기 위한 조사를 실시하지 않은 풍납토성의 정밀 지표조사를 계획하고 백제문화개발연구원에 연구과제를 신청하고 나서 1996년 3월 선문대학교 역사학과

---

5 몽촌토성발굴조사단;『정비 · 복원을 위한 몽촌토성 발굴조사보고서』, 1984.
;『몽촌토성 발굴조사보고서』, 1985.
서울대학교 박물관;『몽촌토성 동남지구 발굴조사보고』, 1988.
;『몽촌토성 서남지구 발굴조사보고』, 1989.

6 성주탁;『백제성지연구(百濟城址研究)』, 서경, 2002.
최몽룡;「한성시대 백제의 도읍지와 영역」,『진단학보』60, 1985. 「몽촌토성과 하남위례성」,『백제연구』19, 1988.

7 이형구; 「한강유역 백제전기 수도유적 보존문제」,『정신문화연구』』제21호, 한국정신문화연구원, 1984.

8 이형구; 『서울풍납토성[백제왕성]실측조사연구』, 백제문화개발연구원, 1997.

9 이형구; 「서울백제수도유적보존회의」, 서울백제수도유적보존회, 1994.

로 자리를 옮긴 후, 이 해 '선문대학교 역사학과 학술조사단' (단장: 이형구)을 구성하고 여름방학을 이용하여 풍납토성의 정밀측량조사를 실시하였다.

이 해 겨울방학에도 계속 측량조사를 실시하던 중, 1997년 1월 1일, 오늘의 풍납토성이 있게 한 역사적인 역대 사건이 발생하였다. 풍납토성의 실측조사를 실시하던 학술조사단이 풍납동 231-3번지 일대 신우연립 재건축부지의 '현대 리버빌 아파트' 신축공사 현장에서 유적이 발견되었기 때문이다. 공사현장을 진입하기위해 수차 시도하였으나 번번이 저지당하고 1월 3일에 공사현장에 진입할 수 있었다. 터파기공사로 지하 4.5m까지 파내려간 단면에서 백제 토기 편과 기와편 등 초기백제시기 유물들을 다수 발견하였다.[10] 당시 500여 평에 대한 터파기공사가 이루어져 지표 하 4~5m 정도까지 제토가 완료된 상태였고, 벽 단면상에는 지표 하 2.5m 정도까지 기존 연립주택 건축물의 기저부가 드러나 있었으며, 그 밑으로 백제시대의 유물포함층이 1.5m 이상 퇴적된 것을 볼 수 있었다.

1997년 1월 4일, 백제시기 유물을 발견한 즉시 관계기관에 보고해서 공사가 중단되고 1997년 1월 16일부터 9월 5일까지 국립문화재연구소가 현대 리버빌 아파트신축 터파기공사간에 대한 수습 발굴조사를 실시하여 초기백제시대 집자리 3기와 토기가마 1기,수혈유구(竪穴遺構) 그리고 기원전후(紀元前後)로 추정되는 삼중(三重)의 환호유구(環濠遺構)를 확인하였다.[11] 그 중 5호 집자리는 장축 길이 10.7m, 단축 폭 7.3m의 대형으로 마치 철성분(鐵成分)이 깔린 듯 바닥을 단단하게 다졌다. 특히 상부에서 수막새 2점 내부에서 암키와편 2점이 출토됨으로써 한성백제시기에 실제로 기와를 사용하였던 것을 알 수 있다. 이 발굴에서 백제초기의 여러 유적이 확인되었다.

풍납토성 내부에서 발견된 백제초기의 집자리와 출토유물은 기원 전후의 풍납동식(風納洞式) 무문토기(無文土器) 위주의 환호(環濠) 유구와 연질(軟質) 타날문(打捺文)토기 · 연질 무문토기 위주의 1~2세기 경의 백제초기 집자리 유적이 확보되었다. 또한 층위상으로 환호보다 약간 시기가 떨어지는 6각형 집자리는 구조와 출토되는 유물로 볼 때 대체로 2세기 대에서 3세기 대에 집중되어 있는 것으로 판단된다. 그리고 토기 산포지와 폐기장 등은 4세기에서 5세기 대 정도로 편년되고 있다. 이러한 풍납토성 내의 왕궁유적의 C^{14} 연대는 『삼국사기』등 문헌상의 한성백제시기의 존속기간과도 대체로 일치하고 있음을 명확히 보여주는 자료이다. 이러한 집자리들의 평면 형태와 지금까지 확인된 한강유역의 백제시대의 어떤 집자리들 보다 발달된 형태와 큰 규모로 볼 때, 이곳 거주민들은 상당히 높은 지배층이었을 것으로 추정할 수 있다. 더욱이 여기서 출토된 많은 양의 기와편과 전돌 · 초석 등은 이러한 사실을 뒷받침할 수 있는 결정적인 자료라고 할 수 있다.[12]

1996.7년 필자에 의한 풍납토성의 실측조사에서 최대 폭 70m, 평균 40m, 현존 최대 높이

---

10 신형준; 「서울 풍납토성 內 아파트공사 백제 유물이 사라진다」,『조선일보』사회면,1997.1. 6.

11 국립문화재연구소;『풍납토성 Ⅰ』, 1998.

12 발굴 결과, 유적의 중요성이 밝혀졌음에도 불구하고 발굴완료(1997.9.5) 후 아파트 신축공사가 속계되어 1999년 10월 '풍납동 현대 리버빌 아파트' 가 완공되었다.

11m, 토성의 전체 길이 3.5km로 밝혀졌다. 1997년 1월 초에 풍납토성 내에서 왕궁유적이 발견된 후, 곧바로 국립문화재연구소에 의해 풍납토성 내부 발굴조사가 이뤄지고, 1999년에는 풍납토성의 동남벽의 2개 지점에 대한 성벽 단면 발굴 결과, 폭 43cm, 높이 11m 로 밝혀졌다. 이와 같은 제원은 1996.7년 필자에 의한 풍납토성의 실측조사에서 밝힌 제원과 일치하는 수치다. 풍납토성은 성의 기저부의 정치작업을 한 후 뻘 흙으로 성토하는 성토법(盛土法)으로 중심부를 쌓은 다음 중심토루(中心土壘)의 내벽과 외벽에 3~5차례 정도에 걸쳐 사질토와 모래 · 점토 그리고 다짐 흙 등으로 구축하는 판축토루(版築土壘)를 덧붙이고, 마지막에는 성벽 양측의 기저부에 여러 단의 석력(石礫)과 석축으로 마감한 것이 확인되었다.[13] 풍납토성의 동남쪽 성 밖에 해자(垓子)로 추정되는 도랑이 있었던 흔적이 있는데,[원색지도 1 참조] 최근 이를 확인하기 위해 국립문화재연구소가 발굴을 진행하고 있다.

풍납토성 성벽에서 출토된 판축 부재[목재 · 목탄]의 절대연대 측정결과 기원후 1~2세기으로 나와 기원 전후한 시기에 성벽을 축조하기 시작하여 늦어도 3세기 중반이전에는 모든 성벽의 축조가 완료되었을 것으로 보고 있다.[14]〈표 3 참조〉

〈삽도 1〉 풍납토성 내 경당지구 출토 '大夫' 명 토기(좌)와 복원된 원저단경호(우)

1999년 9월~2000년 5월에는 풍납토성 내 풍납동 136번지 경당연립 재건축부지에서 중요한 발글이 한신대학교 박믈관에 의해 실시되었다.[15] 이 발굴성과로 풍납토성이 한성백제시기의 도성일 것이라는 추정이 확실해 진 발굴이었다. 왕궁의 중요 건축물의 하나로 보이는 전면 16m나 되는 건물지와 석판구거(石板溝渠)가 발견되었으며 그리고 많은 대소 건물지와 저장공, 이외 220여 기의 유구가 발굴되었다. 출토유물로는 제사용으로 사용된 것으로 보이는 말의 하악골을 비롯하여 토기, 석기, 옥기, 유리 제품과 많은 양의 기와 편이 출토되었다. 특히 원저단경호에는 '大夫' 라는 명문이 새겨져 있는데,〈삽도 1〉 '대부' 는 관직명(官職名)으로 백제 전기의 제도와 국가조직을 추측할 수 있는 한성백제시기의 최초의 금석문이다. 이로써 풍납토성이 한성백제시기의 왕성일 가능성이 더욱 높아졌다.

필자는 풍납토성 내에서 도시개발로 더 이상 한성백제시기의 왕궁유적이 파괴 인멸 되는 것을 저지하고 아파트를 신축하려는 주민들과 일반 여론을 이해시키기 위해 2000년 5월 8일 '풍납

---

13 신희권;「풍납토성의 판축기법과 성격에 대하여」,『풍납토성의 발굴과 그 성과』, 한밭대학교 향토문화연구소, 2001.
14 강형태 · 나경임, 「풍납동 유적의 절대 연대 측정」『한국삼고사학보』 34, 2001.5, p.91.
15 한신대학교 박믈관;『풍납토성 Ⅲ』, 2003.

〈表 2〉 風納土城 調査 - 發掘(試掘) 現況表

調査年度	調査 - 發掘團體	調査 - 發掘時點	調査 - 發掘期間	出土遺物	遺構	備考
1964	서울대 考古人類學科(김원룡)	風納土城 北壁 下段	64.10.19 ~ 64.11.04	風納里無文土器 等	住居面 2個層	『風納里包含層調査報告』(1967)
1996	漢陽大 博物館(김병모)	風納洞 388 現代中央病院 寄宿舍 敷地	96.05.22 ~ 96.06.05	百濟土器, 朝鮮子器 等	其他	『風納土城 隣接地域 試掘調査』(1996)
1996 ~ 1997	鮮文大 歷史學科 學術調査團(이형구)	風納土城 城壁 細部 測量 - 遺蹟保存 實態調査, 現代아파트 工事現場에서 百濟土器發見	96.07.01 ~ 97.01.07	風納里 無文土器, 百濟土器	城壁	『서울 風納土城「百濟王城」實測調査硏究』(1997)
1997	國立文化財硏究所(홍성빈)	風納2洞 231-3番地 外 39筆地 신우聯立 再建築 敷地	97.01.16 ~ 97.09.05	三族배, 圓瓦當 等	住居地 11期, 3重環戶, 要地 等	『風納土城 Ⅰ』(2001)
1997	風納地區緊急發掘調査(한병삼, 서울대)	風納洞 122-1番地 남양聯立 再建築 敷地	97.07.21 ~ 97.07.30	無	其他	行政報告
1997	風納地區緊急發掘調査(한병삼, 韓神大)	風納洞 172番地 外 2筆地 삼화聯立 再建築 敷地	97.08.12 ~ 97.09.01	遺構石趺, 漁網錘等	土器要地, 臼狀遺構 等	『風納土城 Ⅲ』(2003)
1997	風納地區緊急發掘調査(한병삼, 國立文化財硏究所)	風納洞 246-3番地 外 122筆地 제 1地區 再建築 敷地	97.10.13 ~ 97.11.30	圓瓦當, 起臥 等	住居地 8期, 3重 環戶 等	『風納土城 Ⅰ』(2001)
1999	國立文化財硏究所(조유전)	風納洞 236 外 15筆地 風納土城 東壁	99.06.07 ~ 99.10.06	鉢, 卵形壺 等	城郭	『風納土城 Ⅱ』(2002)
1999 ~ 2000	韓神大博物館(유봉학)	風納洞 136番地 外 經堂聯立 再建築 敷地	99.09.14 ~ 00.05.	'大夫' 明 土器 等	建物地, 住居地 等	史蹟指定(2000. 7. 28)
2000	國立文化財硏究所(조유전)	風納洞 281-1 外 換銀行 직장組合아파트 新築 敷地	00.06.28 ~ 00.08.05	삼족배, 대옹편 等	燒土遺構 等	史蹟指定(2001. 4. 28)
2000	國立文化財硏究所(조유전)	風納洞 197樊祗 外 143筆地 未來磨乙 再建築組合 敷地	00.08.10 ~ 00.09.18	苦杯, 瓦片 等	起臥무지 等	史蹟指定(2001. 4. 28)
2002	國立文化財硏究所(김봉건)	風納洞 309-6番地 外 5筆地 삼표産業 社屋 新築敷地 試掘 發掘調査	02.10.314 ~ 11.06.03.01.20 ~ 03.15	風納洞式 無文土器	城郭 - 垓字 推定	史蹟指定豫告(2003. 5. 23)
2001 ~ 2003	國立文化財硏究所(김봉건)	風納洞 154番地 外 70筆地 小規模 建築 豫定地 救濟發掘	01.09.18 ~ 03.05.23	大壺 等 百濟 遺物層 發見	住居地 - 遺構	10곳 史蹟指定豫告, 60곳 5層以內 建築

토성[백제왕성] 보존을 위한 학술회의' 를 서울 한글회관에서 개최하고,[16] 토론내용을 김대중 대통령에게 건의하였다. 김 대통령은 6월 16일 국무회의를 통해 "풍납토성이 백제 위례성의 성지라면 후손 들이 조상들의 귀중한 문화유산을 훼손시켜서는 않된다."는 훈령을 내려 풍납토성을 보존하도록 하였다.

2000년 8~9월에는 풍납동 197번지 외 134필지 일대 속칭 미래마을 재건축조합부지에 대한 국립문화재연구소의 시굴조사에서 기와 무더기가 발견되었다. 대단위 부지 면적에 비해 출토유물이 빈약하다고 해서 조합 측에서는 예정대로 아파트를 신축하려는 분위기였다. 그러나 이 해 5월에 대통령령으로 풍납토성[백제왕성]을 보존하도록 하였기 때문에 아파트 신축은 어렵게 되었다. 그 후 국립문화재연구소에서 10년 계획으로 전면발굴에 들어가 금년(2011)에 '미래마을' 발굴은 일단락되었다. 2001년 첫 발굴 이후 지금까지 이루 형용할 수없이 많은 왕궁유적 발굴성과를 올렸다.[17] '미래마을' 에서 기와 퇴적군, 도로유적, 대형 건물지, 적심석, 대형 초석 등 유적과 와당, 토기, 옥기, 유리기, 시유자기, 청자, 은제 관식 등 유물 들이 쏟아져 나왔는데 그 중에서도 2008년에 출토된 소 견갑골 복골이다. 이것은 백제왕궁유적에서 처음발견이다.

필자는 2003년 6월 20일에는『'한강유역 백제전기 수도유적 보존문제' 제기(提起) 20주년 기념「서울 풍납동 백제왕성연구 국제학술세미나-서울 풍납동 백제왕성의 발견과 보존」』이라는 제목으로 서울역사박물관 대강당에서 개최하였다.[18] 그리고 2007년에는 풍납토성[백제왕성] 보존과 이에 따른 풍납동 주민 대책을 논의하기위해 '풍납토성 백제왕성 발견 10주년 국제학술회의' 를 서울역사박물관 대강당에서 개최하려고 하였으나 풍납동 주민 들이 회의장에 몰려와 농성하는 바람에 부득이 당일 서울 프레스센타 외신기자 프레스 룸을 빌려 국제학술회의를 마무리한 바 있다.[19]

3. 풍납토성에서 발굴된 건축 재료와 왕궁건축

1997년 이후 풍납토성 발굴조사 결과, 수 백점에 달하는 기와가 출토되어 문양과 제작기법등 여러 가지 측면에서 다른 시기와 비교 검토할 수 있게 되었다.

경당연립주택 신축부지에서 기하문(幾何紋) 와당이 많이 발견되었는데, 이들은 불교가 들어오기 이전의 기와이다. 수막새는 회색 연질로 높지 않은 온도에서 굽고 고운 점토질 태토로 제작하였다. 크기는 직경 12~14cm 정도의 소형이고 암막새가 출토되지 않았다. 수막새의 문양은 소

16 이형구;『풍납토성[백제왕성]연구논문집』, 동양고고학연구소, 2000.

17 국립문화재연구소;『풍납토성 XI』, 2009.

18 이형구;『'한강유역 백제전기 수도유적 보존문제' 제기(提起) 20주년 기념「서울 풍납동 백제왕성연구 국제학술세미나-서울 풍납동 백제왕성의 발견과 보존」논문집』, 동양고고학연구소,, 2003.

19 이형구;『풍납토성 백제왕성 발견 10주년 국제학술회의논문집』, 동양고고학연구소, 2007.

문(素紋), 초화문(草花紋), 수지문(樹枝紋), 기하문과 원문, '십(十)' 자형 무늬를 혼용한 것 등 여러 가지 무늬가 있다.

평기와는 대부분 회색 연질이 많으며 태토는 정선된 점토질에 소량의 사랍과 석립 등이 혼입된 것이 대부분이다. 평기와의 두께는 0.8~1.1cm정도로 얇은 편이며, 표면에는 특별한 문양없이 깍거나 긁어서 정면(整面)한 것과 토기와 동일한 기법으로 타날문을 시문하였다. 무늬는 격자문이 대부분이고, 내면은 1mm 남짓 되는 가는 포목흔(布木痕)과 모골흔(模骨痕) 등이 보인다.

현대 아파트부지 내의 주거지의 바닥에서는 회흑색 연질 암키와 편과 상부에서 수막새 수점이 출토되었다. 그 중 한 점은 독특한 문양의 것으로 내부를 6등분한 상태에서 양 끝에 동그란 돌기 같은 것이 달린 수직선을 그었는데 이와 같은 문양의 기와가 주거지 상부에서도 출토되었다. 이 문양이 당시의 특징적인 막새 문양의 한 종류임을 알 수 있다. 또 한 점은 작은 편에 불과하나 주연 가장자리에 보이는 십자문양이 이미 보고 된 석촌동 4호분 출토 막새와 유사한 문양으로 추정된다. 이러한 수막새들의 크기는 대체로 직경 13~14cm 정도의 소형으로 이는 당시 초석 등이 보편화되지 않은 주거지의 취약한 하부구조를 감안할 때 상부의 중량을 최소하하기 위한 현상이라 할 수 있다.

풍납토성 내 경당연립부지에서 발굴된 대형 건물지(44호)는 동서축 16m, 남북측 14m 이상의 방형 평면에 남측으로 한 변 3m 정도의 입구부가 연결된 '여(呂)' 자형처럼 생긴 대형 건물지이다. 북쪽의 건물 외곽은 '구(口)' 자형의 구거(溝渠)가 감싸고 있는데, 구거의 폭은 1.5~1.8m, 깊이는 1.2m 정도로 일정하며, 바닥에는 2~3중의 대형 판석(板石)을 깔았다.

축조과정을 살펴보면, 평면은 '여(呂)' 자형으로 굴토하였는데 건물의 바닥면이 고운 모래층 아래로 내려가기 때문에 힘을 받지 못하는 모래를 제거하고 외부 흙을 충전하기 위해서이다. 그리고 굴토한 평면 중 입구부를 제외한 중심부에 안쪽으로 판자(板子)를 대고 이와 평행하게 안으로 1.5~1.8m 정도 떨어져 판자를 세웠을 것이다. 이 판자 열의 안쪽에 외부 흙을 충전하고, 중심부에는 점도가 높은 점토를 깔아 바닥면을 마련하였다. 점토는 구거 쪽으로 한단 높게 단을 이루고, 이단의 안쪽에 인접하여 주공열(柱孔列)을 마련하고 기둥을 세웠을 것이나 상부 구조는 알 수 없다. 마지막으로 남측의 출입시설은 판석을 세워서 작은 방형 공간을 구획하고 외곽에 기둥을 세운다. 출입부와 중심부는 다리 또는 용도(甬道)로 연결했을 것으로 보인다.

건물지 안에서는 유물을 찾아 볼 수 없고 단지 구거 내부에 골제로 추정되는 구슬과 철제 낫(鐵鎌)이 각 1점이, 중심부에서 완 1점과 철기 1점이 출토되었다.

이 유구는 치밀한 설계와 많은 공력이 투입된 대형 구조물이란 점에서 제사유구로 보기도 하지만 어떤 특수 공공시설일 가능성이 높다.

풍납토성 내 주거지 외에 유물 포함층에서도 수막새를 비롯한 100여 점 이상의 기와편이 출토되었다. 많은 양의 기와 출토는 풍납토성에 보편적인 사용을 의미한다. 기와를 왕궁이나 관천, 사찰 등 특수한 시설에 한정적으로 사용하였다고 하는 기록과 연관지어 볼 때 풍납토성은 당시

대단히 중요한 위상을 가진 유적이었음을 말해주고 있다. 전(塼)은 벽 또는 바닥 등의 구조물을 보강하고 표면을 장식하는데 사용한 것으로 방형, 장방형, 능형 등 그 형태가 다양하다. 풍납토성 내 경당연립부지의 폐기장 유구에서 '직(直)' 자명 전돌이 출토되었고, 현대아파트부지의 수혈에서는 십각(十角) 토제 초석이 출토되었다. 그리고 '미래마을' 에서는 대형 적심석과 대형 주초석이 출토된 건물지가 발굴되었다. 풍납토성에서 기와가 비교적 큰 규모의 주거지에서 출토된 것으로 보아 일부 특수한 궁궐 · 관아 · 제사시설(건물지) · 고관의 주택(주거지)과 같은 건물에 기와를 사용했을 가능성이 높다. 2007년 발굴에서 도로유구가 발굴되었다.[20]

한강유역의 1~3세기경의 주거지에서는 비록 적은 양이나마 대부분의 유적에서 철기 유물이 출토되고 있다. 그러나 그 양으로 볼 때 토기 유물에 비해 적은 양이지만 매우 중요한 유물이다. 목재의 이음부를 연결하는 철제 꺽쇠는 이미 1964년 풍납토성 발굴시에도 출토된 바 있다. 최근에는 풍납토성 내 주거지, 건물지 등에서 철제 꺽쇠가 출토되었다. 주거지 이외의 유물포함층에서 자귀로 추정되는 철기 및 용도를 알 수 없는 철기 여러 점이 출토되었다. 철기 유물의 출토량은 적지만 주택이나 건축물의 벽체 및 가구 등의 판자와 기둥을 깍고 조립하는 등의 목제 가공에 사용된 도끼와 자귀 같은 발달된 철제공구를 사용했음을 보여주고 있어 그 당시 목공 및 건축기술의 수준을 알 수 있다.

『삼국사기』권 33 잡지 옥사(屋舍)조에 보면, "(신라)진골은 방의 길이와 넓이를 24자를 넘지 못하며, 당 기와[막새기와]를 얹을 수 없다(眞骨 室長廣不得過二十四尺 不覆唐瓦)"라고 하였다. 이는 진골은 기와를 얻을 수 없고 성골(聖骨)인 왕만이 기와를 얻을 수 있다는 의미이다. 그리고 『구당서(舊唐書)』 동이전 고려(고구려)조에 말하기를, "(고구려)사람들은 산 계곡을 의지하여 살고 있으며 모두 풀로 지붕을 인다. 그러나 불사나 신묘, 그리고 왕궁과 관부는 기와를 사용한다(其所居必依山谷 皆以茅草葺舍 唯佛寺神廟及王宮官府乃用瓦)"고 하였다. 이로 미루어보아 삼국시대의 백제에서도 왕궁에 기와를 얹었을 것으로 추측된다. 풍납토성에서 고고학적으로 증명되었다.

풍납토성은 한강변에 연한 평지에 전체적으로 정지작업을 실시하여 기저부를 형성하고 그 위에 성토한 평지토성이다. 우선 사다리꼴에 가까운 형태의 중심토루를 성토하고 그것을 중심으로 내벽과 외벽을 판축으로 덧붙여 쌓아 나갔는데 성벽의 중심토루를 기준으로 안팎에서 경사지게 판축토루를 덧붙여 나가는 방법은 중국의 전국시대 이래 진한(秦漢) 시기의 중국 도성의 축조 기법이다.[21]

풍납토성의 실측조사 결과를 보면,[22] 풍납토성 내 각 건물의 기본 구조는 중국 서한시기의 古制를 따라 중앙에 궁전건물이 배치되고 이를 중심으로 남면에 관아가 있고 북쪽에 후시가 배치

---

20 국립문화재연구소, 『풍납토성Ⅳ』, 2009, p.335~346.

21 이형구;「풍납토성[백제왕성]에 관한 조사연구」『풍납토성[백제왕성]연구논문집』, 동양고고학연구소, 2000.「서울 풍납동 백제왕성의 역사적 의의」,『풍납토성의 발굴과 그 성과』, 한밭대학교 향토문화연구소, 2001.

22 이형구,《서울 풍납토성[백제왕성]실측조사연구》, 백제문화개발연구원, 1997, 240쪽.

〔面朝後市〕되었을 것이다. 그리고 궁전의 남쪽으로 대로[朱雀大路]를 중심으로 좌우에 종묘·사직이 배치되었을 것으로 보이며, 궁성의 남쪽에는 工房과 糧庫와 武庫가 자리잡은 것으로 추측된다. 풍납토성에서 토기와 철기 등을 생산하는 것과 관련된 가마와 수혈 유구[제철 관련]가 다수 발견되고 있기 때문에 전문 수공업 공방 지역이 있었을 것이다. 남벽 가까이에는 궁남지가 있었을 것으로 추정된다. 서쪽에 사대(射臺)가 설치되고 성곽의 사면 모서리에는 적대(敵臺)를 두어 주변 상황을 감시하도록 하였다. 이러한 풍납토성의 성내 시설과 건물지의 양상은 풍납토성이 왕성으로서의 기본구조를 충분히 갖추고 있음을 입증해주고 있다.[23]

중국의 도성은 성벽을 축조하여 궁성의 범위를 획정하고, 내부에 궁전 건축과 제사 건축을 건설하고 도로를 조성하였다. 풍납토성 역시 전문성을 고려하여 구역을 분할하여 귀족과 일반인의 거주지역, 수공업·공방지역 등을 두고 있는 도시계획이 이루어졌다.〈도면 1〉

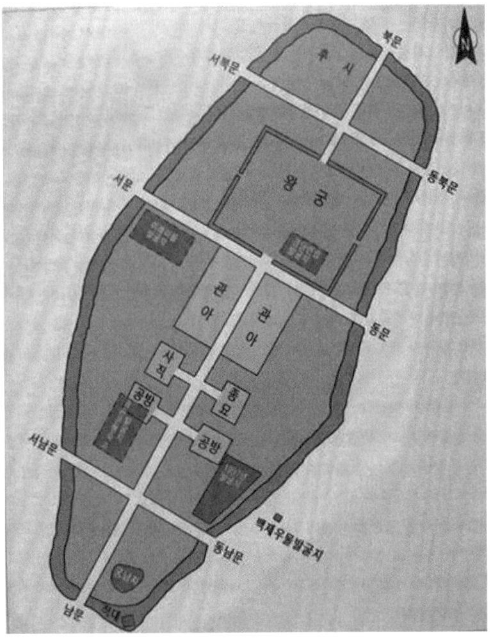

〈도면 1〉 풍납토성 왕궁유적 내 궁궐포국(宮闕包局) 추정 상상 배치도(이형구 작성, 『한성백제사 3』, 2008)

4. 몽촌산성(夢村山城)

1) 몽촌산성의 명칭

풍납토성의 동쪽으로는 약 700m 거리에 낮은 구릉으로 형성된 성이 하나 있다. 이 성지는 현재 그 완전한 모습을 잃었지만 구릉으로 연결된 성곽임을 알 수 있다. 서쪽으로 한강변에 있는 풍

23 이형구, 「풍납토성」『한성백제사 3』, 서울시사편찬위원회, 2008, p.176.

납토성을 내려다 볼 수 있다. 이 성이 이른바 '몽촌토성(夢村土城)'이라고 하는 성이다. 이 성은 남쪽 남한산(남한산성이 있는 산)에서 뻗어 내려 온 해발 44.8m의 낮은 구릉(殘丘)을 이용하고 부분 부분 흙으로 보축한 한성백제시기의 성이다. 이 성은 속칭 '몽촌토성(夢村土城)'이라고 하나 엄밀하게 말하면 '산성(山城)'이다. 몽촌산성은 1982년 7월 22일 사적 제 297호로 지정되었고, 이듬해 1983년부터 1989년까지 6차에 걸쳐 발굴조사가 이루어 졌다.[24]

남한산에서 뻗어 내려 온 구릉에 지형이 다른 지점보다 낮거나 자연 구릉이 연결되지 않은 지점에 판축(版築)기법 또는 성토법(盛土法)으로 보축한, 극히 일부분만 토성(土城)으로 축조한 일종의 포곡식산성(包谷式山城)이라고 할 수 있다. 몽촌산성의 계곡부로 형성된 부분에는 건물을 축조하기가 어렵다. 몽촌산성은 서쪽의 삼성동산성과 힘께 풍납토성을 감싸고 있고, 북쪽으로는 성내천(城內川)이 자연 해자로 경계하고 남쪽에는 멀지 않은 곳에 남한산성이 있다. 풍납토성의 주위에는 몽촌산성을 비롯해서 도성인 풍납토성을 방어할 수 있는 요새와 같은 산성들이 이중 삼중으로 둘러싸고 있다.

몽촌산성은 주성과 외성으로 이루어졌다. 몽촌산성의 주성은 남북 최장 730m, 동서 최장 570m의 마름모꼴 형태로 되어 있으며, 성벽의 길이는 성벽 정상부를 기준으로 서북벽 617m, 동북벽 650m 서남벽 418m, 동남벽 600m 총 연장 2,285m가 된다. 그리고 동북벽에 연이어 동북쪽으로 약 270m 뻗어나간 성벽이 있는데, 이는 일종의 치(雉)와 같은 역할을 한 것으로 보기도 하나 외성으로 보고 있다. 성 내부 면적은 성벽 정상부를 기준으로 하면 216,000㎡ 가량 된다. 구릉은 북~서~남~동으로 높낮이가 있는 구릉이 이어졌고, 동쪽의 중앙에서 낮아져서 다시 낮은 구릉이 근접하여 존재한다. 이 구릉지대의 남쪽에도 얼마간의 거리로 떨어져 구릉이 존재하고 있는데, 이 성을 형성한 구릉은 서에서 동으로 흘러내려 전체적으로는 서고동저 · 북고남저의 지세를 이루며, 거의 중앙에서 동으로 내민 능선과 북에서 남으로 내민 능선이 전체의 성을 크게 동서남북 네 구역으로 구분하고 있다. 성 밖은 동에서 북으로 한강으로 흘러드는 냇물이 휘감고 있는 이 냇물이 자연 해자를 형성하고 있다. 몽촌산성 서북단과 약 700m 정도 직선거리에 풍납토성이 있으며, 몽촌산성 정상(망월봉)에서 풍납토성이 한 눈에 내려다 보인다.

1980년대 몽촌산성이 발굴되어 하남위례성으로 비정된 바 있는데, 이는 한강변의 충적대지에 대규모의 노동력을 투입하여 축조한 풍납토성과 달리 구릉(丘陵)의 지형을 그대로 이용하여 부분적으로 판축(版築) 성토한 산성(山城)이다. 시간적으로도 3세기말을 상한 연대로 5세기 중엽까지 지속하고 있었으며, 내부 조사에서도 왕성으로서의 근거를 찾아보기가 어려운 반면 군사적 성격이 강한 유물이 출토되었다.[본서 제 I 부 2 참조]

24 몽촌토성발굴조사단;『정비 · 복원을 위한 몽촌토성 발굴조사보고서』, 1984.
;『몽촌토성 발굴조사보고서』, 1985.
서울대학교 박물관;『몽촌토성 동남지구 발굴조사보고』, 1988.
;『몽촌토성 서남지구 발굴조사보고』, 1989.

2) 몽촌산성 출토 고구려계 백제토기

몽촌산성은 1983년부터 1989년까지 6차에 걸쳐 이루어진 발굴조사를 통해 알려진 바에 의하면, 북쪽 성벽과 성벽의 정상부에 목책(木柵)을 설치하였으며 동쪽 성벽에는 해자(垓子)를 설치하였던 것으로 나타났다. 1984년 1차 발굴조사에서 산성 최고지점의 고도가 해발 42.9m이며 대부분의 지점이 30m 미만이고, 급경사면을 깎고 다듬어 급경사와 단을 만들고 성벽 외측 경사면에 목책을 설치하였다. 이 급경사와 단은 성벽 정상부에서 기연부(基緣部)까지 2~3회 되풀이되었다가 해자와 만나고 있다. 외성에서는 산성 정상부에 설치한 것으로 보이는 목책의 기둥 구멍이 확인되었다. 토단(土壇)은 성벽 네 모서리 정상부에 3~5m의 높이로 만들고 있다. 3기의 토광묘(土壙墓)도 조사되었는데 토기 몇 점만 수습되었다. 1985년도의 조사에서는 주거지 3기와 저장공 13기, 토광묘와 옹관묘 각 2기, 토광적석묘(積石墓) 1기와 목책 시설 일부가 조사되었다.

85-1호 수혈주거지에서는 직구단경호(直口短頸壺) · 개배(蓋杯) · 기대(器臺) · 삼족토기(三足土器) · 시루 등과 함께 4세기 전반대로 비정되는 금동과대금구(金銅銙帶金具)가 출토되었다. 85-2호 수혈 주거지에서도 직구 단경호 · 조질粗質) 유문토기(有紋土器) · 흑색토기(黑色土器) 등과 함께 철제 말 편자(鞭子)가 출토되었고, 83-3호 주거지에서는 삼족토기를 비롯한 소량의 토기편이 출토되었다. 산성 내 동북구역에서는 중국 서진(西晋, 265~316)시기의 회유(灰釉) 전문(錢紋) 도기편이 수습되었다.

13기의 저장공의 대부분 성내 고지대에 위치하여 있고, 그 형태는 입구보다 바닥이 넓은 복주머니형이 주류를 이루고 있으나 원통형도 있다. 출입시설물은 확인되지 않았다. 85-1호 토광묘는 말각(抹角) 장방형이며 퇴적토에서 고배 · 풍납리식 조질 유문토기와 파상집선문(波狀集線紋)이 시문된 경질토기 구연부가 출토되어 5세기 중엽 경으로 판단하고 있다. 85-2호 역시 토광의 규모와 반형 삼족토기 및 소호가 출토되어 5세기 중엽의 토광묘로 추정하고 있다. 85-1호 옹관묘는 출토유물로 미루어 보어 83-1 · 2호 옹관묘와 같은 시기에 조성되었고, 85-1호 토광 적석묘도 84-1 · 3호 토광 적석묘와 같은 시기에 조성된 것으로 판단하고 있다. 동부에서 조사된 목책은 동북벽 목책과 같이 1.8m의 간격을 가지고 있다. 그리고 북문지 조사에서는 이 성이 2차에 걸쳐 축조되었음을 알려주고 있다.

1987년도 동북지구 조사에서는 5기의 주거지와 9기의 저장공이 발굴 조사되었다. 이때 백제토기 · 원통형토기 · 와당 · 도제(陶製) 벼루 · 철촉(鐵鏃) · 골제찰갑(骨製札甲) 이외에 중국 육조시기 자기 등이 출토되었다.

1988년도 조사는 몽촌산성 발굴을 통해 확인된 유물은 백제토기 · 철기 · 기와 등 다양하다. 이 해에 발굴된 유적에서는 이른바 고구려계 토기가 많아 출토되었다. 그 중에서 광구장경사이호(廣口長頸四耳壺)는 19개체분이 출토되었는데 특히 방형유구에서 1개체분의 완형으로 복원된 광구장경사이호 편이 출토되었다.

〈삽도 2〉 몽촌산성방형유구 출토 광구장경사이호(1988)

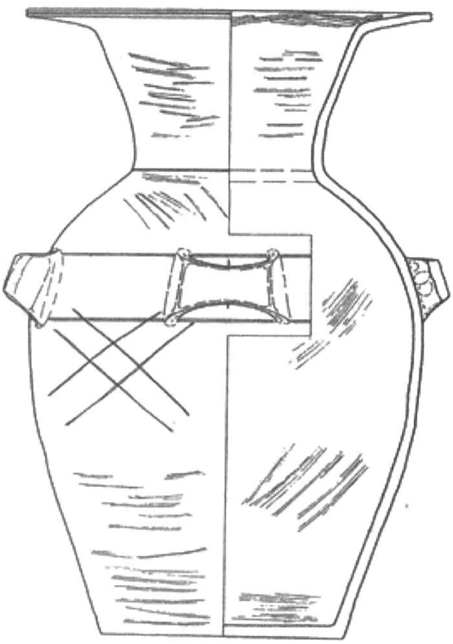

〈도면 2〉 몽촌산성 방형유구 출토 광구장경사이호 실측도

이 들은 몽촌Ⅰ기유형와 몽촌Ⅱ기유형으로 구분하였는데, 몽촌Ⅰ기는 대체로 3세기 말~4세기 초 무렵부터 4세기 중엽에 해당되고, 몽촌Ⅱ기는 4세기 중엽부터 5세기 중엽으로 추정하였다.

1989년 조사에서는 건물지 · 판축대지 · 온돌 건물지 · 저장공 · 연못지 등이 조사되었다. 이때 수습된 유물은 백제토기가 주류를 이루고 있으며, 토기류 외에 와당 및 전(塼)도 출토되었다. 몽촌토성 내의 성토층에서 1985년도에 수습한 것과 같은 중국 서진시기의 회유 전문(錢文) 토기편과 육조시기의 자기편이 수습되었다.

한편, 몽촌산성의 저장용 수혈(竪穴)이나 방형유구에서 출토된 광구장경사이호(廣口長頸四耳壺) 등을 '고구려토기'로 분류하는 경향이 있는데, 1예로 1988년 서울대학교박물관에서 발굴한 방형유구에서는 동일 유구의 서로 다른 층에서 광구장경사이호편이 각각 출토되었는데 복원한 결과 완전한 1개체의 토기임이 밝혀졌다.〈삽도 2〉 이들은 같은 유구의 백제토기(보고서에서 말하는 '몽촌유형')가 출토되는 아래층이나 중간에 백제토기와 섞여서 출토되고 있는 점으로 보아 백제토기가 묻인 시기와 같은 시기에 묻인 유물로 보아야 할 것이다.〈도면 2〉 이와 같은 출토양상은 한성백제와 고구려와의 문화교류의 현상에서 찾아 볼 수 있는 '고구려계(高句麗系)' 혹은 '고구려양식(高句麗樣式)'의 백제토기로 보아야 할 것이다. 그것은 마치 송파구 석촌동 '석촌동 백제초기 적석총'(사적 제243호)의 축조방식이 중국 길림성 집안시 고구려 적석총과 유사하다고 하여 고구려고분이라고 하지 않고, 백제고분이라고 하던가 또는 백제왕릉이라고 하는 것과 같다. 이 점은 여러 방면에서 재고해 볼 필요가 있다고 생각한다.

5차례에 걸친 몽촌산성의 발굴조사에서 확인된 몽촌산성의 역사적 성격은 백제가 공주로 남천할 때까지 한성백제시기의 전(全) 기간에 걸쳐 중요한 성곽으로 사용되었던 것으로 보고 있다. 한편, 중국제 자기류가 출토되고 있는 것으로 보아 한성백제의 교역활동이 활발했음을 알 수 있다.

흔적이 밝혀진 점을 주목하여 한성백제시기의 도성이었을 것으로 보는 견해도 있었다.[25] 그러나 아직 정치집단이 거주할 만한 궁궐지나 관청지 등 직접적이고 확실한 증거는 나오지 않았다.

몽촌산성의 조사를 통해 잘 알려진 주요 시설물은 지상 건물지 1기, 판축성토 대지 1개소, 수혈 집자리 9기, 저장공 31기, 적석유구 7기, 연못(池塘) 터 2개소 등이 았다. 이 중 지상 건물지와 판축 성토 대지 등은 서남지구의 고지대에 세워진 조경 관련 시설물로 이해되고 있으며, 수혈 집자리는 다른 집자리보다 규모가 크고 내부에서 철도 · 철촉 등의 무기류가 출토되고 있다. 이들 유물은 1987년도 발굴에서 출토된 골제찰갑 · 철촉 등 많은 무기류가 출토되었다. 몽촌산성의 위치와 규모 · 축조방법 · 해자 · 목책시설 등 정황으로 보아 이 산성이 도성(풍납토성)을 방위하는 전략적인 성일 것으로 추정된다. 몽촌산성이 한성백제시기의 술성(戍城)의 역할을 했을 것으로 판단할 수 있다.

몽촌산성은 풍납토성과 밀접한 관련이 있는 산성이다. 왕성인 풍납토성을 보호하고 위난시(危難時)에는 피난할 수 있는 피난성(避難城)으로 왕성인 풍납토성의 배후성(背後城)이다. 웅진(熊津, 공주)의 공산성(公山城)이나 사비(泗沘, 부여)의 부소산성(扶蘇山城)도 대체로 이와 같다. 그리고 집안 환도산성(丸都山城)도 같은 조건이다. 환도산성의 환도(丸都)는 말 그대로 "도성(都)을 둘러싸인(丸)" 산성이다. 즉, 도성인 국내성(國內城)을 보호하기 위한 성이란 뜻이다.

1985년도에 몽촌산성 내 동북구역에서 중국 서진시기(265~316)의 회유 전문도기 편이 수습되었고 또, 방사성 연대측정도 240±60과 370±70년으로 나와 이 성이 3세기 후반 경에 이미 축조되었음을 알려주고 있다. 몽촌산성의 하한 연대는 토광묘에서 출토된 유물들이 5세기 중엽의 유물로 편년되고 있는 것으로 볼 때 이 성은 대체로 5세기 중후반까지 존속하였을 것으로 보인다. 이것은『삼국사기』백제본기 기록과 일치한다.

몽촌산성 발굴로 475년 백제가 웅진(공주)으로 천도한 이후에 고구려가 점령하여 사용한 적극적인 자료가 확인된 것이 별로 없다. 그것은 풍납토성에서도 마찮가지 현상이다. 이 점은 앞으로 많은 논의가 있어야 할 것이다.

실제로 몽촌산성 북문지 내 내성농장부지의 백제문화층 위에서 발굴된 유물들은 통일신라

25 성주탁;『백제성지연구(百濟城址研究)』, 서경, 2002.
최몽룡;「한성시대 백제의 도읍지와 영역」,『진단학보』60, 1985.「몽촌토성과 하남위례성」,『백제연구』19, 1988.

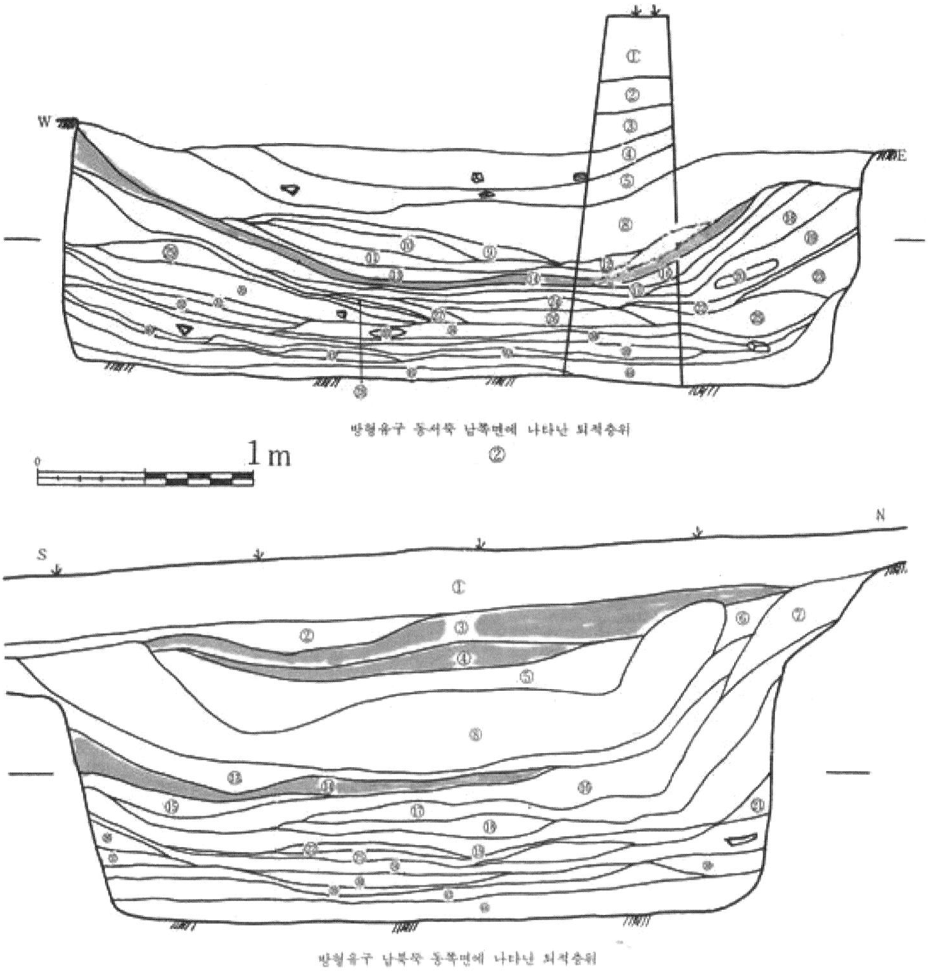

〈도면 3〉 몽촌산성 내 방형유구(1988) 단면도와 광구장경사이호(삽도 1)편이 출토된 위치(진한 부분)도면
(서울대학교 박물관;『몽촌토성 동남지구 발굴조사보고』, 1989, p.167)

층위 / 개체	2	3	4	5	6	7~12	13	14	15	16	17	18	19	20~24	25~33	34~37	38~40	41	42	43	44	도 면	사 진
1		●	●					●														95-14	사이호
2		○		○				○														105-2	103-1
3			○					○		○	○	○										116-2	116-2
4		○	○	○	○			○	○	○		○	○		○	○						115-1	114-1
5		○		○	○	○				○	○	○				○						109-21	

〈표 3〉 적색표시는 광구장경사이호(개체 1은 완형복가능)의 파편이 출토된 위치
(서울대학교 박물관;『몽촌토성 동남지구 발굴조사보고』, 1989, p.63)

시기 전기인 7세기 후반에서 8세기경의 유물로 추정되고 있다.[26] 이는 백제문화층 위층의 통일신라시기 유적은 신라가 삼국을 통일한 이후에 한강유역을 장악하고 난 이후의 신라인들이 남긴유적일 것이다. 이번 발굴된 몽촌산성의 유적 분포 상황으로 볼 때 475년, 한성백제가 공주로 남천한 이후의 몽촌산성은 상당기간 동안 공한지로 남아있다가 근 2백년 후 7세기 후반에 신라인들이 몽촌산성에 들어와서 취락을 형성하고 8세기경까지 살았던 것으로 추측된다.

몽촌산성 출토의 고구려계 토기가 백제로 유입될 수도 있지만 고구려 문화가 전파된 것으로 볼 수도 있다. 그것은 마치 석촌동 적석총이 백제고분인 것과 같다. 이와 같이 몽촌산성 내의 백제 유적에서 고구려계의 유물이 함께 발견된다고 하는 사실은 백제인 들이 현지에서 고구려계의 문물을 제작했다고 하는 사실을 알 수 있다.

5. 풍납토성과 몽촌산성과의 비교

풍납토성이 한강변에 연한 평지에 판축 성토한 토성임에 반해, 몽촌산성은 구릉지의 자연구릉 상에 부분적으로 판축 보축한 잔구상(殘丘上)의 산성이다. 이는 공주의 공산성과 부여의 부소산성의 경우와 일치한다. 풍납토성은 성 밖으로 해자를 파고 성의 기저부의 정치작업을 한 후 뻘 흙으로 성토하여 기초를 다지고 사질토와 모래 · 점토 그리고 다짐 흙 등으로 구축하는 판축기법으로 중심부를 쌓은 후 내벽과 외벽에 3~5차례 정도에 걸쳐 구축한 판축 토루를 덧붙이고 마지막에는 성벽 양측의 기저부에 여러 단의 석력(石礫)과 석축으로 마감한 것이 확인되었다.

성곽의 내부 면적과 관련하여 평지에 축조된 풍납토성과 구릉지에 축조된 몽촌산성의 공간 활용도를 추정해 보면 양자 간의 차이를 쉽게 알 수 있다. 풍납토성의 발굴결과를 바탕으로 살펴보면 도성의 중앙부를 왕궁 또는 종묘와 사직 등과 관련된 중요 건물이 자리하고 하고 있다고 볼 수 있다. 몽촌산성은 비록 발굴조사 지점이 부분 고지대에 국한되어 뚜렷한 성과가 제시된 것은 없으나 성 내부의 면적이 협소한 데다 평탄한 곳 역시 많지 않아 상대적으로 공간 활용도가 떨어진다. 몽촌산성은 소형 집자리와 수형 저장공 등이나 풍납토성에서 발견된 것은 대형 건물지와 제사유구 · 수십 기의 대형 집자리이다. 이로써 풍납토성이 왕을 중심으로 한 왕정과 관련된 관아와 거주 기능을 갖춘 거성(居城)이라면 몽촌산성은 방어 기능을 갖춘 전략적 산성인 술성(戌城)일 것이다.

몽촌산성에서 발굴된 유적이나 유물은 지금까지 풍납토성에서 발굴된 유적이나 유물보다

---

26 이형구, 「몽촌산성에서 발굴된 백제 유적과 통일신라 유적의 역사적 의의」『新羅史學報』, 신라사학회, 2015, p.368. 보주: 2015년부터 년차적으로 발굴하고있는 몽촌산성의 북문지 내(내성농장 부지)의 북단 북문지 부근에서 백제시기와 통일신라시기의 '마차길' 이 발굴되었다고 대서특필한 적이 있다. 그러니 2017년 발굴에서 바로 '마차길' 의 하부에서 방형(각 면 10m) 집수시설이 발견되었다. 이 지역은 지형상 몽촌산성에서 유일한 집수(集水)지역일 뿐만 아니라 계류(溪流)의 출구이다. 그렇기 때문에 이 지역은 대형 '마차길' 을 개설하는 것은 처음부터 불가능하다.

비교 할 수 없을 만큼 매우 빈약하다. 그리고 몽촌산성에서 출토된 유물은 대부분 3세기 중반 이후에 출현하는 토기류가 다수를 차지하고 있으며, 수혈 집자리 일부에서 철제 칼 · 철제 화살 등의 무기류가 약간 출토되었다. 이밖에 소량의 기와편과 전돌 · 중국의 서진(西晋)시대 회유(灰釉) 전문(錢文) 도기편 · 도자기류가 출토되었다. 풍납토성에서는 기원전 1~2세기대에 출현하는 풍납동식 무문토기를 비롯하여 2 · 3세기경의 연질토기에 이르기까지 비교적 이른 시기의 백제토기가 출토되었다. 이들 풍납토성에서 출토되는 토기들은 몽촌산성보다 빠른 것으로 밝혀졌고, 풍납토성에서 출토된 유물의 양과 종류도 몽촌산성보다 훨씬 다양하고 많다. 그러나 풍납토성에서는 고구려계 백제토기가 거의 출토되지 않고 있는 점으로 보아 이는 고구려의 영향을 별로 받지 않았던 시기의 성이라 할 수 있다.

몽촌산성의 축조연대는 성벽 자체에서 출토된 유물이 거의 알려지지 않고 있어 내부 출토 유물의 연대로 상정해 볼 수 있다. 백제토기의 편년 기준이 되었던 몽촌산성 토기의 연대는 대략 3세기말~5세기말경으로 편년되고 있으며, 그 상한 연대는 서진시대 회유 전문 도기편의 출현 연대를 기준으로 그 연대를 3세기말경으로 보았다.그리고 5세기대의 유물 출토 양상으로 보아 한성백제시기 말(475)까지 존속했을 것으로 보았다. 그러나 풍납토성에서 기원(0) 전후시기에 백제토기가 이미 형성되고 있었기 때문에 이 점은 재고(再考)할 필요가 있다고 본다.

풍납토성에서는 늦어도 기원전 1시기부터 한성백제시기의 마지막 시기인 5세기 후반까지의 유물이 고르게 출토된 것으로 밝혀져 풍납토성의 실존 연대는 대체로 문헌 기록상의 한성백제 존속 기간과 거의 일치하고 있다. 풍납토성의 성벽 자체의 연대에 대해서도 내벽 Ⅲ토루 하단에서 마지막 토루와 동일한 성격의 석렬이 확인되고 성벽에서 출토된 유물로 볼 때 풍납동식 무문토기의 비중이 높아 이 구간까지도 초축에 포함된다. 전체 성벽에서 출토된 토기 가운데 3세기 중반에 출현하는 것으로 알려진 기종이 출토되지 않았고, 판축 부재[목재 · 목탄]의 절대연대 측정결과 대부분 기원후 1~2세기로 보이고 있으므로 늦어도 200년을 전후한 시기에는 토성의 축조가 완료되었을 것으로 보인다. 이것이 바로 왕성인 풍납토성의 배후성이다.

고고학적 발굴로 이루어진 성과로 살펴볼 때, 풍납토성이 몽촌산성 보다 이른 시기에 축조되었음을 알 수 있다. 또한 출토 유물이나 유구의 성격으로 보아 풍납토성이 왕이 평상시에 거주하던 왕성으로 보이며, 몽촌산성은 군사적인 방어성으로 사용한 술성(戍城)의 성격을 띤 산성으로 추정된다.

6. 한성백제시기 도성의 특징

한성백제시기의 도성(하남위례성)은 평지의 풍납토성을 왕성으로 하고, 몽촌산성을 배후산성으로 하는 양성체제를 갖추었다. 우리나라 삼국시대에는 백제뿐만 아니라 신라 · 고구려의 도성은 모두 평지성에 판축기법으로 쌓은 토성이고, 도성의 배후에 산성과 결합된 것이 특징이다.

고구려의 국내성이 평상시 왕이 거주하던 거성이었으며 배후의 환도산성은 방어성이다. 평지의 국내성과 배후의 환도산성 즉, 평지 왕성과 배후 산성으로 결합한 도성 구조는 427년 고구려의 평양 천도 이후에도 그대로 이어지고 있는데, 평지성인 안학궁과 배후산성인 대성산성으로 구성된데서도 이러한 고구려 도성의 특징을 그대로 나타낸다. 신라도 왕성인 경주 왕경(王京) 유적과 그 주변을 보호하고 있는 명활산성과 남산성 등이 축조되어 신라 도성에도 고대 도성의 특징을 나타내고 있다. 왕성과 산성이 조합을 이루는 도성제도는 동양 삼국의공통적인 특징이다.

이러한 특징을 기본으로 한 한성백제시기의 첫 도읍지인 하남위례성을 종전에는 광주 춘궁리 일대나 하남시 이성산성 일원으로 생각해 왔었다. 그러나 『삼국사기』백제본기 온조왕조를 보면, 하남위례성의 위치는 한강을 끼고 남으로 넓은 평야지대가 펼쳐져 있는 곳 이다. 이와 같은 지형은 서울시 송파구 일원(옛 廣州) 일 것으로 볼 수밖에 없다. 한성백제시기의 유적 가운데 고고학 발굴성과로 보아 풍납토성이 바로 이러한 지형위에 축조된 왕성인 하남위례성이다.

『삼국사기』백제본기 개로왕 21년(475)조를 보면 하남위례성의 특징을 짐작 할 수 있다.

> 병사를 거느리고 와서 북성을 쳐 칠일만에 함락하고 옮겨 남성을 치니 성중이 흉흉하였다. 왕이 도망해 나가는데 고구려의 장수 걸루등이 · · · 아차산 밑으로 묶어서 보내어 성 아래에서 왕을 살해하였다.(帥兵來 攻北城 七日而拔之 移功南城 城中危恐王出逃 麗將傑婁等 · · · 縛送於阿且城下狀之)

위 기록을 살펴보면 왕성으로서 북성(北城)과 남성(南城)이 공존했던 것으로 볼 수 있다. 초도 이후 어느 시점에는 새로운 성을 축조하여 양성체제를 유지했던 것으로 추정하는 주장도 있는데, 그러한 측면에서 보더라도 서로 약 700m의 거리를 두고 있는 풍납토성과 몽촌산성이 바로 한성백제 멸망 당시의 북성과 남성으로 보는 경우도 있다. 이는 남성으로 추정되는 몽촌산성의 고고학적 성과에 비추어 3세기 중반에 축조가 완료된 것으로 볼 수 있다. 하지만 일부 학자들은 개로왕이 남성에서 도망치다 붙잡혀 죽임을 당했기 때문에 남성이 곧, 왕성이라는 설을 제기하기도 하였다. 고구려의 침공에 대해 북성에서 7일간의 항쟁을 펼치는 동안 왕은 남성으로 피신하였을 수도 있다. 그러나 피신하기에는 너무 가까운 거리에 위치하고 있고 규모도 작은 성이다.

한강유역에 하남위례성(풍납토성)을 쌓고 도읍을 정한 다음 왕궁과 관청, 고위 관직자 들의 주거지를 조성하여 정무를 관장하던 백제는 어느 정도 체제를 구비한 후 배후산성으로 전략적 이점을 지닌 몽촌산성을 축조한 것이다. 혹자는 북성을 북한산성, 남성을 풍납토성으로 보는 견해도 있어 이 또한 주목할 필요가 있다.

풍납토성 주변에는 몽촌산성 이외에도 도성과 관련된 유적들이 많이 분포돼 있다. 특히 한강변을 따라 축조 된 제방(堤防)은 한강의 범람으로 인한 홍수의 피해를 방지하는 한편 한강을 타고 침략해오는 적군으로부터 왕성을 방어하기 위해 축조하였을 것이나 지금은 그 흔적을 찾아보기 어렵다. 아마 이 제방이『삼국사기』백제본기 책계왕조에 보이는 사성(蛇城)일 수도 있을 것이다. 마치 나성(羅城)의 역할을 하지 않았을까 추측된다.

한강 변에는 사성 이외에 암사동토성, 삼성동토성이 있고 광주 평야의 배후에는 이성산성과 남한산성이 있다. 이성산성은 벌굴 초기에 통일신라시기의 유적으로 알려졌지만 그 후 추가 발굴에서 고구려식 축조기법으로 쌓여진 성벽이 보이고 또, 고구려계 목척(木尺)이 나와 고구려의 점유시기의 유적으로 보고 있기도 하다. 그러나 오히려 그 이전에 축조된 것으로 추정되는 성벽도 발견되어 혹,『남한지(南漢志)』에 보이는 '이성산유온조성지(二聖山有溫祚城址)' 라 하는 성이 백제성을 표현한 것이 아닌지 모르겠다. 이성산성을 백제시대에 초축되었을 보는 견해와 근초고왕대의 임시 도성인 '한산(漢山)' 에 비정하는 견해도 있다. 이성산성 역시 지리적으로 보나 구조적으로 보아 왕성으로 보기 보다는 전략적인 산성으로 보인다. 이러한 특성은 몽촌산성과 같이 한성백제시기에 도성(풍납토성)의 배후에서 도성을 방어하는 군사적인 역할을 담당하고 있었을 것으로 보인다.

그리고 최근에 남한산성에서 백제시대 토기편이 출토되어 주목되고 있다.[27]『남한지』에 '남한산성백제지구(南漢山城百濟之舊)' 라고 한 기록에서 보는 것처럼 남한산성도 백제의 옛 성이라고 한 기록을 실증적으로 보여주는 고고학적 성과이다. 또한, 남한산성 내에는 백제 시조 온조왕을 제사지내는 사당(溫祚祠堂, 지금의 숭열전)이 있음은 바로 이러한 역사적 바탕에서 찾아 볼 수 있다. 이 역시 한성백제시기에 도성인 풍납토성의 배후에서 도성을 방어하는 배후성의 성격의 산성일 것이다. 이렇게 한성백제시기의 도성 주변의 여러 곳에 산성을 쌓아 도성(풍납토성)을 방어 보호하는 일종의 나성(羅城)과 같은 성격을 띤 독특한 도성제도를 고고학적 자료를 통해서 짐작할 수 있다.

7. 백제도성의 변천사적 의의

1996년 7월 필자에 의한 풍납토성의 실측조사를 필두로, 1997년 1월 초에 풍납토성 내에서 왕궁 유적이 발견된 후, 그로부터오늘에 이르기 까지 한성백제시기의 왕궁 유적이 확인되고 있다. 1997년에 발굴조사가 본격적으로 시작되어 왕궁 유적이 확인되고, 1999년의 성벽 단면 발굴 결과, 폭 43cm, 높이 11m 이상의 거대한 규모로 둘레 3.5km 가량을 판축 성토한 것으로 밝혀진 풍납토성은 내부에서도 16m 이상의 대형 건물지와 수백 점 이상의 대형 건물지와 수백 점 이상의 토기류 · 말뼈 등이 출토된 제사유구 · 견고한 집자리 들이 발굴되었다. 그리고 수백 점의 와당과 전돌 · 토제관 등은 당시 일반 민가에서 사용할 수 없었던 특수한 유물들로서 풍납토성의 위상(位相)을 상정해 준다. 중국제 도자기편과 가야계 토기들은 백제 전기의 활발한 대외 교류를 보여주고 있다. 이러한 풍납토성은 기원(0) 전후~5세기대에 걸쳐 사용되었던 것으로 보이며 절

27 한국토지공사;『남한산성 행궁지 제 4.5차 발굴조사보고서』, 한국토지공사 박물관, 2003.

대 연대 측정결과 기원 전후부터 늦어도 3세기 전후한 시기에는 성벽의 축조가 완료된 것으로 판단된다. 이러한 성과로 보아서 풍납토성은 백제한성시기의 첫 도읍지인 하남위례성이 틀림없을 것이다.

한편, 풍납토성의 축조 이후 왕권 강화와 체제를 정비한 백제는 북방 세력에 대처하기 위해서 배후에 몽촌산성을 축조하였다. 풍납토성과 몽촌산성을 중심으로 한성시기의 왕성을 방어하기 위한 도성 방어체제로 몽촌산성 이외에 도성의 북쪽에는 한강 건너에 응봉산성 · 아차산성 · 북한산성 등이 있고, 서쪽에는 삼성동토성, 동쪽에는 암사동토성 그리고 한강 연안을 따라서 암사동에서 삼성동에 이르는 긴 구간에 제방적 성격의 토성(즉, 사성)을 쌓았다. 동쪽과 남쪽의 전략적 요충지로서 대모산성과 이성산성 · 남한산성을 축조하였다. 그리고 도성의 주변에 석촌동 · 가락동 · 방이동 고분군 등의 왕릉급 고분을 조성함으로써 특징적인 한성백제시기의 도성제도가 갖추어졌다고 볼 수 있다.

웅진(熊津, 공주)으로의 천도는 긴급한 상황에서 행해진 만큼 천혜의 요새지인 공산성을 중심으로 이루어졌다. 한강이라는 최후 방어선이 무너진 것은 한성이 지닌 방어상의 취약점을 여

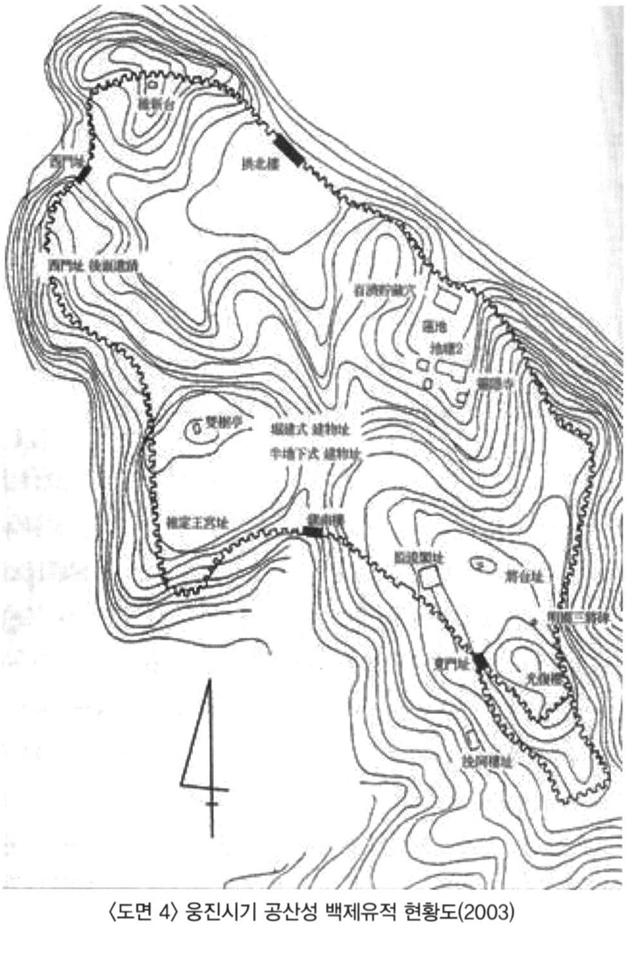

〈도면 4〉 웅진시기 공산성 백제유적 현황도(2003)

실히 보여주었던 것이므로 방어적 성격이 강한 공산성이 주목되었다. 웅진기의 왕궁지의 위치와 관련해서는 다양한 견해들이 있다. 현재의 공산성 내의 추정 왕궁지는 굴립주(掘立柱) 건물지 · 적심석(積心石) 건물지 등 여러 건물들이 선후관계를 가지면서 중복되어 있어 단위 건물의 형태가 분명하지 않은 점이 많다. 굴립주 건물지 1기, 적심석 건물지 2기 만을 평면형으로 제시하고 있다.[28] 적심석 건물지의 적심 가운데 굴립주 건물의 주공을 메운 다음 적심을 설치한 것도 있어 굴립주 건물이 선행하였을 것으로 볼 수 있다. 그리고 추정 왕궁지 가운데 가장 큰 건물지의 규모는 정면 6칸 · 측면 4칸으로 보고하였으나 임류각지는 정면 6칸 · 측면 4칸으로 보고하였으나 임류각지는 정면 6칸 · 측면 5칸으로 추정 왕궁지보다 크다. 따라서 백제왕궁의 모습을 구체적으로 도안할 수 있는 근거는 없지만 전각인 임류각(臨流閣)보다 초라하였으리라고 보기는 어려울 것이고, 4차례 이상의 재건축이 이루어진 점 등을 들어 현재의 공산성 내 추정 왕궁지가 웅진시기 동안 줄곧 사용되었을 가능성은 없다. 점장대라든가 저장혈이 있는 것으로 보아 도성을 방어하는 방어성일 가능성이 높아 도성과 연계된 보조성일 가능성이 많다.〈도면 4〉 공산성은 산지형(山地形)으로 입지가 굴곡이 심하고 협소하여 이곳을 왕궁과 관아 건물지가 들어설만한 도성지로 볼 수 없기 때문에 성 밖의 평지에서 찾을 수밖에 없을 것이다. 그곳은 바로 공산성 남쪽으로 펼쳐진 공주시내(公州市內)에서 찾아야 할 것이다.[29]

웅진도성은 고구려의 남침으로 긴급한 상황이 발생하여 처음에는 도피처로 공산성을 찾았을 가능성이 있으나 곧바로 한성시기 도성과 마찬가지로 평지(平地)에 왕성을 축조하고 궁궐을 지었을 것이다. 시내 반죽동 대통사지(大通寺地) 부근도 그 대상의 일부일 수 있을 것이다. 지금은 모두 도시화되어 확인할 길이 없지만 제민천(濟民川) 동쪽 공주고읍(公州古邑)자리 부근으로 추정해 볼 수 있지 않을까 생각된다.

이러한 도성제도는 이미 한성백제시기에 줄곧 사용되었던 것으로, 공산성은 하나의 방어성으로 변했을 것으로 보인다. 이 시기에는 방어적인 측면을 고려하여 고구려에서 집안으로의 천도 이후부터 줄곧 채택해 온 평지성과 배후성으로 구성된 이른바 고구려식 도성제이기도 하다.

사비(泗沘)도성의 축조는 웅진기의 성왕대(聖王代)에 시작 되었는데, 527~528년 무렵부터 538년 사이에 완성되었다. 도성과 나성(羅城)을 갖춘 이른바 이중성(二重城)이기 때문에 혹자는 평양의 고구려 장안성과 비교하기도 하지만 장안성은 552년부터 축조되기 시작하여 42년만인 593년에 완공되었으므로 사비도성은 고구려의 장안성보다 이른 시기에 축조되었다. 사비도성은 협소했던 웅진도성과 한성백제시기의 도성을 보완하였다. 사비도성은 부여읍내 평지에 왕궁을 경영하고 북쪽의 부소산에 산성을 쌓아 배후성으로 삼았다. 최근 부소산 아래 부여읍 관북리에서 발굴된 백제 유적이 바로 사비도성의 왕궁유적의 일부이다.[30]〈도면 4〉 사비도성의 서쪽은 금

---

28 안승주 · 이남석;『공산성 백제추정왕궁지 발굴조사보고서』, 공주사범대학 박물관, 1987.
29 이형구, 『백제의 도성』, 주류성, 2004, p.137.
30 윤무병, 『부여 관북리 백제유적 발굴보고』(Ⅰ)(Ⅱ), 충남대박물관, 1985, 1999.

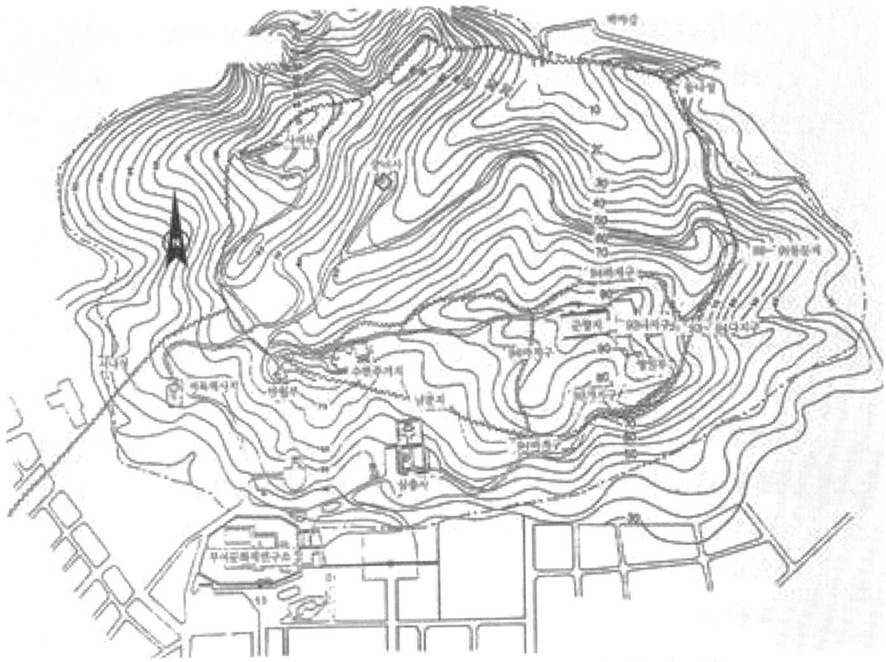

〈도면 5〉 사비시기 부소산성과 관북리 백제왕궁유적 지형도(1995)

강이 접하고 있어 자연(自然) 해자(垓子)를 형성하고 동쪽에는 도성 전체를 보호하기 위한 나성(羅城)을 축조하여 왕도의 방어체제를 형성하였다. 이로써 도성의 외곽, 바로 나성으로 도성을 둘러싼 새로운 백제 도성이 출현하였다.

475년 고구려의 남침으로 백제는 웅진으로 도읍을 옮기게 되는데, 이곳은 자연 구릉으로 된 지형에 요새형으로 이루어진 산성이다. 공산성은 평지(공주 읍내)에 도성을 축조하고 이를 보호하기 위한 산성으로, 공산성 자체가 마치 요새와 같다. 한성백제시기의 방어체계를 번안한 웅진도성은 고구려의 공격에 의한 급박한 상황에서 이루어졌기 때문에 요새와 같은 자연지형을 택했을 것이다. 그러나 끊임없는 고구려의 남쪽 진출 야옥을 이겨내지 못하고 64년간의 짧은 웅진도읍시기를 마치고,또다시 사비로 도읍을 옮기지 않으면 않되었다. 사비도성도 처음에는 웅진도성과 마찬가지로 북쪽으로 백마강을 끼고 부소산성을 배후성으로 삼고 남쪽의 평지에 궁궐을 지었다. 동쪽 구릉에는 나성을 쌓아 외적으로 부터 사비도성을 철저히 보호하였다. 최근 부여읍 관북리에서 백제 왕궁유적이 발굴되었다. 관북(官北)은 곧, 관아의 북쪽이란 말이다. 또한, 관북(官北)은 '궁(宮)의 북(北)' 을 의미하는 궁북(宮北)과도 통한다. 그것은 바로 부소산성아래 부여읍내 평지에 사비시기의 백제왕성이 있었음을 의미하기도 한다. 지금의 부여읍 남북대로를 중심으로 좌측에 어느 정도 규모를 확인할 수 있는 정림사가 사비시기 백제의 종묘역할을 하지 않았을까? 그리고 우측의 시외버스 정류장 일대에 사직과 같은 구조물이 있었지 않았을까 추측된다. 마치 좌묘우사(左廟右社) 제도와 같은 고대 도성제를 연상해 볼 수 있을 것 같다.

고구려의 수도인 집안(輯安)에서는 평지성(平地城)인 국내성(國內城)을 평상시의 왕성(王城)으로 삼고 그 배후의 환도산성(丸都山城)을 피난성(避難城)으로 삼았다. 이는 한성백제시기나 웅진백제시기의 도성제(都城制)와 유사성을 보여주고 있는데, 평지성과 산성의 결합으로 이루어진 도성제는 427년 평양천도 이후에도 유지되고 있어 평양의 안학궁(安鶴宮)과 대성산성(大城山城)에서 조합에서 확인할 수 있다. 그리고 평양성(일명 장안성)의 외성과 내성 그리고 북성(北城, 모란봉에 있는)이 연결되어 하나의 성으로 이루어진 조합은 평상시의 거성과 위난시의 배후산성이 같은 장소에 결합한 형태로 축조되는 새로운 도성제이다.[31]

신라는 시종 경주분지(慶州盆地)에 도성(都城)이 천년 동안 고정되어 있었으나 그 도성제의 변천양상(變遷樣相)은 백제와 유사한 측면이 있다. 신라는 처음부터 경주 평원에 왕경(王京)을 경영하고, 왕경을 중심으로 주위의 명활산성(明活山城)이나 남산성(南山城)을 배후성으로 활용하였을 것이다. 이와 같은 신라의 도성제도의 특징은 백제의 도성제도와 기본적으로 같은 특징을 가지고 있다.

우리나라 삼국시대의 도성의 비교 연구와 더불어 중국의 고대 도성 연구를 병행하여 배제의 도성 제도를 규명하는 것이 과제이나 국가연구기관의 단독 연구를 지양하고 국가연구기관이 주도적인 역할을 하되 학계 일반이 함께 참여하여 학문적 성과를 올리는 것이 앞으로의 더 큰 과제라고 생각한다.

8. 중국과 일본의 도성제도(都城制度)와의 비교

1) 중국의 고대도성

풍납토성의 주요 축조기법으로 사용된 판축법(版築法)은 중국 춘추전국시대(春秋戰國時代)의 제후성(諸侯城)과 한 대(漢代)의 왕성에 상용되고 있다.[32] 전국시대 제(齊)나라의 수도인 산동성 임치(臨淄)의 제국고성(齊國故城), 노(魯)나라의 수도인 산동성 곡부(曲阜)의 노국고성(魯國故城), 조(趙)나라의 수도인 하북성 한단(邯鄲)의 조왕성(趙王城), 연(燕)나라 수도인 하북성 이현(易縣)의 연하도(燕下都) 등 주로 중국의 동쪽 지역의 고대 왕성[諸侯城]에서 사용되고 있다. 또한 이들 도성이 모두 강이나 하천을 끼고 평지에 판축으로 축조되었음이 밝혀졌다.

(1) 임치(臨淄) 제국고성(齊國故城)

춘추전국시대의 제(齊)나라 수도인 산동성 임치 제국고성은 산동반도 중북부 지방에 위치하

---

31 이형구;『백제의 도성』, 주류성, 2004, p.197.
32 李亨求,『서울 風納土城[百濟王城] 實測調査硏究』, 百濟文化開發硏究院,1997, p.67.

고 있는데, 남으로 산악을 등지고, 北으로 넓은 평야가 펼쳐져 있다. 이 평야를 가로지르는 치하가 발해로 흘러 들러 간다. 제국고성은 바로 임하(淄河)의 강안 서쪽을 바짝 끼고 축성되었다. 〈도면 6〉

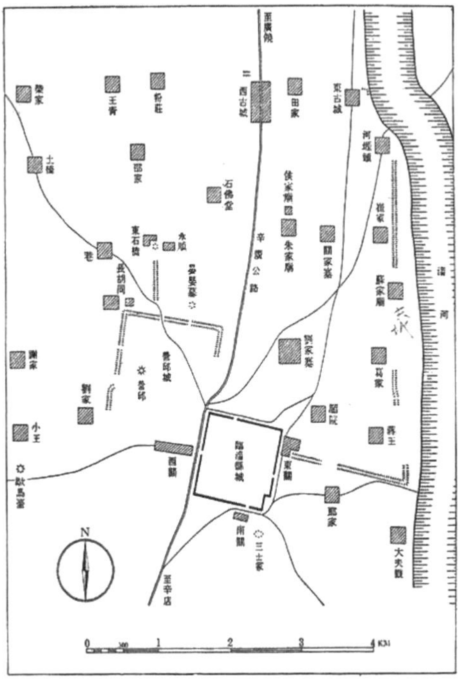

〈도면 6〉 중국 산동성 인치시 제국고성(임하 좌안의 이중점선이 고성이다. 關野 雄, 1956, p.247)

제국고성은 춘추오패(春秋五覇), 전국칠웅(戰國七雄)의 하나답게 그 규모가 남북 약 4km, 동서 약 3km에 달하는 대단히 큰 대성이다. 그러나 지금은 강안을 끼고 1.5km정도는 토성의 흔적을 찾아볼 수 있고 그 외는 단속적(斷續的)으로 남아있다.[33] 임하(淄河)는 자연해자(自然垓子)의 역할을 하고 있다.[34]

토성의 내측의 높이는 2m, 외측의 높이는 3m 정도가 남아있고, 넓이는 대개 13~14m이다. 이외에 3 벽에도 토성의 흔적을 찾아 볼수는 있다. 모두 약 5cm정도 판축층으로 쌓았다. 임하 연변의 제국고성이 물길에 많이 씻겨 나갔다. 토성의 서남쪽은 후대에 와서 쌓은 현성(縣城)이 고성의 일부를 자르고 있다.

(2) 곡부(曲阜) 노국고성(魯國故城)

노국고성은 서주(西周) 초기부터 전국시대 말기까지 약 800년간의 노(魯)나라 수도였다. 곡부는 산동반도 중서부에 있는 평야지대의 고도이다. 노국고성은 공자(孔子)의 고향으로 더 유명하다. 지금도 공묘(孔廟)와 공림(孔林)이 있어 유교(儒教)의 성지(聖地)이다.

〈삽도 3〉 중국 산동성 곡부시 노국고성의 절단된 판축토성(1993.6, 필자 촬영)

노국고성은 사수(泗水)의 지류인 수수(洙水)를 끼고 축성되었다. 1977, 78년에 발굴한 기록에 의하면 고성은 동서로 약간 길게 놓여있는데, 주위가 11.7km나 되는 대성이다.[35] 그리고

33 關野 雄,「齊都臨淄の調査」『中國考古學研究』, 東京大學出版部, 1956.
34 중국에서는 해자를 성을 보호하는 하천이라는 뜻에서 호성하(護城河)라고 한다.
35 山東省文物考古研究所 等,『曲阜魯國故城』,齊魯書舍, 1982.

성벽은 모두 판축으로 축성되었는데, 대개 성의 높이는 10m 전후이고, 성의 기저부분의 넓이는 약 50m이다. 4면에 모두 해자를 팠는데, 특히 성의 서북쪽에는 수수가 흘러 자연해자를 이루고 있지만 수수와 성벽 사이에 해자를 파서 이중해자(二重垓子)의 성격을 띠고 있다. 지금은 많이 파괴되고 있어 우리와 비슷한 실정이다.〈삽도 3〉 필자는 1993년 6월과 1994년 5월에 이들 두 성을 현지 답사한바 있다.

(3) 한단(邯鄲) 조왕성(趙王城)

하북성 감단 조왕성은 현성으로 부터 서남쪽으로 약 4km지점에 위치하고 있는 전국시대의 조나라 도성이다. 한단은 하북성의 가장 남단에 위치한 도시로 하남성과 인접한 지역이다.

발해로 흘러들어가는 부양하(滏陽河)가 넓은 하북평원을 가로질러 감단의 동쪽으로 흐르고 있다. 성의 크기는 약 1.4km의 방형으로 축성되었는데, 동쪽을 半分하여 또 하나의 적은 성곽을 구성한 특이한 형태이다. 성벽은 7~8m 높이로 성벽은 모두 판축으로 쌓았다.[36]

(4) 이현(易縣) 연하도(燕下都)

〈삽도 4〉 중국 하북성 이현 연하도 성벽과 판축 흔적(『燕下都』下, 1996)

이현 연하도는 하북평원을 동서로 흐르는 대청하(大清河)의 지류인 이수(易水)를 끼고 이현의 현성이 자리 잡고 있으며, 현성 동남으로 2.5km에 중이하(中易河)와 북이하(北易河) 사이에 남북으로 연하도(燕下都) 고성이 있다.

현재 약 10분지 3, 4정도의 면적만이 남아있다. 1957~58, 1961~62년 2차에 걸쳐 발굴조사한 고성의 크기는 남북 길이 4~6km, 동서 길이 8km이다.[37] 토성은 약 10~20cm 두께의 판축으로 높게 쌓았다. 성벽의 기저부의 넓이는 약 40m이고, 가장 높은 성벽 높이는 약 6.8m정도이다.〈삽도 4〉 동벽의 주위에서는 폭 20m, 길이 4.76km의 해자가 발굴되었다. 그리고 서벽의 주위에서도 폭 40~50m, 깊이 4.5~5m, 길이 4.9km나 되는 해자가 발굴되었다.

2) 일본의 고대도성

일본의 고대 도성들도 모두 평지에 축성되었다. 7, 8세기의 오사카(大阪)의 나니와노미야(難

36 앞의 주, 「邯鄲遺蹟發見記」

37 河北省文物研究所, 『燕下都』, 文物出版社, 1996.

波宮)를 위시하여 가시하라(橿原)의 후지하라궁(藤原宮), 나라(奈良)의 헤이죠궁(平城宮), 교토(京都)의 헤이안궁(平安宮)들이 모두 평지도성이다.[38]

특히 나니와노미야(難波宮)라는 이름은 7 · 8세기의 일본 고대 궁전으로 문헌기록에 자주 보이지만 오랫동안 그 위치를 모르고 있었다. 1953년, 우에마찌(上町)의 북단에서 發見된 한 점의 나라(奈良)시대의 기와조각이 계기가 되어 오사까(大阪)시립대학 야마네(山根德太郎) 교수에 의하여 나니와노미야(難波宮)의 발굴조사가 시작되었다.[39] 처음에는 모색상태가 거듭되었지만 40여 년 간의 보존활동과 조사에 의하여 이곳에 전 · 후 시기의 궁전이 있었다는 사실을 알게 되었다.

이 가운데 연대가 빠른 궁전은 645年 대화개신(大化改新)때 아스카(飛鳥)에서 都邑을 난바(難波)로 옮겨 오면서 영조한 '전기난파궁(前期難波宮)' 일 가능성이 높고, 연대가 좀 떨어지는 궁전은 신구(新龜) 3년(726)에 짓기 시작한 궁전으로 '후기난파궁' 이라고 추정하고 있다.

〈삽도 5〉 일본 대판시 대판성 전면의 나니와노미야(難波宮址), 후면 우측 백색 누각이 오사카성 천수각(天守閣)이다. (2000.1. 필자 촬영)

필자가 2000년 1월, 일본 대판시문화재협회 나가시마(永島暉臣愼) 조사부장의 안내로 나니와노미야(難波宮) 유적과 대판시내의 문화유적 보존 현장을 둘러보면서 놀라운 점은 궁전 추정지역은 재개발이 禁止되고 궁전 중심부의 약 4만평이 일본 국가사적으로 지정되어 사적공원으로 조성하여 국제적인 명소로 활용되고 있다는 점이다.〈삽도 5〉 신축 중인 대판역사박물관(구 대판시립박물관) 전시시설과 전시내용을 참관한 다음 박물관 지하에 나니와노미야(難波宮)의 일부 유구(창고시설)의 지하 보존과정을 견학한바 있다.〈삽도 6〉

〈삽도 6〉 일본 대판역사박물관 지하에 나라시대 나니와노미야(難波宮)의 창고시설을 보존 공사하는 현장을 둘러 보고 있는 필자(2000.1.18)

2003년 2월에도 재차 방일하여 대판 관서(關西)외국어대학 세가와(瀨川芳則, 고고학) 교수와 송석범(宋錫範, 고고학) 교수와 함께 다시 나니와노미야와 대판역사박물관을 방문, 보존 작업과 전시 시설을 참관하였다.

38 필자는 고대 일본의 궁성유적을 돌아보기 위한 특별한 목적으로 일본 중부 각지의 궁성들을 조사하였다. 풍납토성 보존문제에 있어 필히 他山之石으로 삼아야 할 점들이 많았기 때문이다. 그 후 일본 고대유적 보존실태 조사를 동행해 주었던 일본의 젊은 고고학자 가메다(龜田 博, 橿原考古學硏究所)선생이 타계했다는 소식을 들었는데, 이 자리를 빌어 삼가 冥福을 빈다.

39 大阪市文化財協會編,『難波宮』,大阪市文化財協會, 1996.
小笠原好彦,『難波京の風景』文英堂, 1995

백제문화를 전수받았다고 하는 일본에서는 1950년대 초에 오사카죠(大阪城) 앞의 도심에서 7, 8세기의 수도였던 나니와노미야(難波宮) 유적이 발견된 후에도 개발과 파괴가 심해지자 대판부(大阪府)의 대학과 인근 대학의 총장 7인과 일본학사원회원 1인 등 8인이 연서명(連署名)하여 대판부지사와 대판시장을 상대로 대판지방재판소(大阪地方裁判所)에 '성명서(聲明書)'를 재출함은 물론,[40] 관계학자 시민단체들이 정부와 대판시 당국에 청원하여 오늘날 서울의 광화문 일대와 같은 도심의 요충지에 무려 4만여 평에 달하는 넓은 면적을 확보하고 지금도 주변의 재개발을 막고 계속 보존해 나가고 있다.〈삽도 7〉

〈삽도 7〉 오사카 7개 대학총장이 연서명(連署名)하여 대판부지사와 대판시장을 상대로 대판지방재판소(大阪地方裁判所)에 재출한 '성명서(聲明書)'가 수록된 ,『難波宮跡の保存と裁判』표지(1980)

우리의 국내 사정은 풍납토성을 백제 왕도라는 주장을 비난하기에 여념이 없었다. 지금이라도 우리가 일본의 문화재 보존운동을 他山之石으로 삼아 풍납토성 백제왕성과 왕궁유적을 보존하는데 더 노력해야만 할 것이다.

3) 한국의 고대도성

1975년, 중국 길림성 고고문물연구소가 고구려 수도 국내성(國內城)의 성벽 일부를 시굴을 통하여 조사된 바에 의하면, 기원전후시기의 초축은 흙으로 쌓았다고 하였다.[41] 국내성은 석축 축성이전에 이미 토축으로 쌓았던 토루(土壘)를 발견하였다고 한다. 유리명왕(琉璃明王) 22년(기원후 3)에 유리명왕이 환인에서 국내성으로 천도할 때 이미 그 이전부터 있었던 토성을 이용할 수도 있었고, 혹은 통구하변(通溝河邊)에 토성을 먼저 쌓고 궁궐을 지었을 것으로도 생각할 수 있을 것이다. 아무튼 고구려의 두 번째 왕도인 국내성은 평지성이라고 하는 점이다.

백제 초기의 문물제도는 고구려의 문물제도에 영향을 받지 않을 수 없었다. 이런 점에서 풍납토성과 그 주변의 백제유적들은 고구려 수도인 국내성과 그 주변유적과 좋은 비교가 된다. 백

40 難波宮跡訴訟記錄保存會編,『難波宮跡の保存と裁判』, 第一法規, 1980, p.902. 이 책은 원래 일본 帝塚山學院大學 나가오(中尾芳則) 교수의 애장도서로, 한국의 '야마네(山根) 교수'(일본에서 이형구 교수를 호칭)가 소장 참고하는 것이 좋다고 하여 2003년 6월 내한 시에 필자에게 기증한 것임.

41 吉林省文物志編委會編,『集安縣文物志』, 吉林省文物志編委會, 1984, p.64.

제왕성〔풍납토성〕을 중심으로 왕릉급에 해당하는 고분군들이 석촌동、가락동、방이동 등지에 몰려 있고, 방어용이자 비상시 대피할 수 있는 산성들이 왕성 주변에 존재하고 있는 상황이 고구려의 경우와 거의 일치하고 있기 때문이다. 국내성 역시 강을 끼고 축조된 평지성이다.

그리고 평양시 동쪽 대성산 아래에 있는 안학궁(安鶴宮)은 이 보다 늦은 시기(427~586)에 세워진 고구려 왕성이다. 안학궁은 바로 한성백제를 파멸로 몰아 간 장수왕이 427년 국내성에서 평양으로 천도하면서 세운 왕성이다. 크기는 동서 622m, 남북 620m, 둘레 2.4km의 방형 판축 토성이였다.[42] 성벽 밖에서 해자도 발굴되었다. 역시 평지성이다. 안학궁도 배후에 대성산성(大城山城)을 쌓아 보조성 내지 피난성으로 삼았다.

이것은 마치 백제왕성인 풍납토성과 보조성인 몽촌산성과의 관계와도 같은 경우이다. 몽촌산성은 자연구릉을 이용하여 일부 구간만 판축법으로 쌓은 산성이다. 몽촌산성은 규모도 작고, 큰 건물지도 별로 확인되지 않은 보조적인 성격을 띤 산성이다.

물론 신라 고도 경주의 왕궁유적도 마찬가지로 평지성이다. 경주 반월성은 보조성의 성격을 띠고 있다. 이러한 점들로 미루어 보아도 초기 백제왕성인 하남위례성은 풍납토성에 비정할 수밖에 없다.

풍납토성이 위치한 지대가 너무 낮고, 강에 바로 인접해 있어서 도성으로서는 부적합한 위치조건을 갖고 있다고 하는 주장이 있지만,[43] 중국의 고대 도성들처럼 모두 강 연안의 평지에 흙으로 축성한 토성이다.

풍납토성은 가까운 주위의 다른 백제 산성들과는 달리 평지에 쌓은 토성이다. 백제시대의 평지성으로는 그리 많지 않은 성이다. 그래서 『增補文獻備考』輿地考 廣州條에서 이를 '坪古城'이라 하였다. 평고성(坪古城)이란 평지 고성을 일컫는다. 이는 곧, 풍납토성이다.

맺는 글

우리는 흔히 백제의 수도를 공주와 부여로만 알고 있었다. 그러나 실제로 피난 수도인 공주는 불과 63년간이었고, 부여도 123년간의 수도였다. 따라서 백제 678년의 역사 가운데 대부분인 493년간은 오늘의 서울인 한성(漢城)을 수도로 했던 것이다. 근 500년간이나 되는 이 기간이 우리나라 역사에서 서울이 수도가 된 최초의 시기였으니 지난 1994年이 바로 '서울 정도(定都) 2000년' 이 되는 해였다. 그래서 필자는 일찍이 서울의 역사를 백제가 시조 온조왕이 13년(기원전

42 사회과학원 고고학 및 민속학연구소 편, 『대성산 일대의 고구려유적에 관한 연구』, 사회과학원출판사, 1964, p.16.

43 최몽룡 · 권오영 ; 「고고학적 자료를 통해 본 백제초기의 영역고찰-도성 및 영역 문제를 중심으로 본 한성시대 백제의 성장과정-」,『천관우선생환역기념한국사학논총』, 1985. p.95~96.

6년)에 "立城闕"이라고 하였는데 이는 성을 쌓고 궁궐을 세운 기록으로, 성궐(城闕 즉, 성과 궁철)을 세운 기원전 6년으로 부터 정도(定都) 2000년을 기념해야 한다고 주장하였다.[44] 필자는 위례성은 바로 풍납토성이라 했다.

서울 송파구 풍납토성〔백제왕성〕은 지금까지 흙으로 만든 토성(土城)이라는 단 한 가지 이유 때문에 우리의 관심에서 등한시된 바가 많았다. 일개 흙으로 만든 토성에 불과한 것으로 간주했기 때문에 가볍게 취급되었고 심지어 무시되기도 하였다.[45] 그 뿐만 아니라, 우리 학계가 『삼국사기』백제본기 초기기록을 일본인들이 그랬던 것처럼 인정하지 않고, 백제의 건국을 3세기 중반 이후로 보는 풍토 속에서 풍납토성을 기원전후 건국시기의 백제의 왕성으로 인식하지 않았다. 그러나 지금까지 발굴조사된 풍납토성의 성벽을 보면 기저 너비 70~40m, 높이 15m, 전체둘레 3.5km나 되는 거대한 규모는 웬만한 石城보다 훨씬 장대한 평지성이다.

풍납토성의 축조방법인 판축기법은 중궁 춘추전국시대에 발해연안(渤海沿岸)에 면한 몇 몇 나라의 제후성(諸侯城)에서 찾아 볼 수 있다. 제(齊) 나라의 수도인 산동성 임치(臨淄)의 제국고성(齊國故城), 노(魯) 나라의 수도인 산동성 곡부(曲阜)의 노국(魯國)고성, 조(趙) 나라의 수도인 하북성 한단(邯鄲)의 조왕성(趙王城), 그리고 연(燕) 나라 수도인 하북성 이현(易縣)의 연하도(燕下都)가 대표적이다. 이들 도성의 발굴 결과, 모두 평지에 강이나 하천을 끼고 판축으로 축조되었음이 밝혀졌다. 그 후 한대의 왕성에서도 흔히 사용되고 있는 축성기법이다.

한편, 일본의 고대 도성들도 모두 평지에 조성되었다. 7~8세기의 오사까의 나니와노미야(難波宮)를 비롯하여 가시하라의 후지하라궁(藤原宮) · 나라의 헤이죠궁(平城宮) · 교토의 헤이안궁(平安宮) 등이 모두 평지성이다.

평지성은 자연지세를 적절히 이용하여 쌓은 구릉성이나 산성과는 달리 엄청난 인위적인 공력을 기울여 쌓아야만 한다. 특히 풍납토성은 판축법으로 기저 폭 70~40m, 높이 15m 이상이나 되는 성을 판축으로 수십 층을 다져가며 둘레가 3.5km나 쌓아올린 성이기 때문에 상상을 초월하는 인력과 물자가 동원되었으리라는 추측은 그리 어렵지 않을 것이다. 이는 한마디로 말해서 왕성이 아니고서는 도저히 상상할 수 없는, 백제의 국력을 총동원하다시피 해야만 가능했던 성이다.

풍납토성 내 현대아파트 부지는 물론 경당연립 부지, 외환은행 직원합숙소 부지, 속칭 '미래마을. 재개발 대상 부지에서 주초석을 비롯해서 기와와 전돌 그리고 타다 남은 기둥, 서까래 등 각종 건축자재들이 출토되고 있다. 이와 같이 풍납동 전역에서 건물유구가 확인되고 있는 현상은 풍납토성 내에 궁궐 건물의 기와집들이 잇대어 지어진 것임을 알 수 있다.

---

44 이형구, 『서울백제수도유적보존회의』, 장소 한글회관, 주최 서울 백제수도유적보존회, 주관 동양고고학연구소, 1994.9.28

45 과거 서울시의 도시개발 시에 흙으로 만든 토성(土城)이라고 폄하돼서 무시되었음이 들어났었다. 그 폐단이 오늘과 같은 처참한 지경으로 만들었다. 최근 서울시가 풍납토성을 '풍납동 토성'이라고 명칭을 바꿔 사용하고 있는데, 이는 바로 풍납동에 있는 하나의 토성으로 보는 것과 같은 의미이다.. '풍납동 토성'은 여러 토성 중에 하나의 토성을 의미하는 보통명사이다. 풍납토성은 이미 고유명사로 널리 사용되고 있다. 서울시의 再考를 바란다.

1999년의 경당연립 재건축부지(경당지구) 발굴조사에서 판석(板石) 배수로로 둘러싸인 전면 폭이 16m의 대형 건물지인 44호유구는 중요한 궁전건물일 가능성이 높다. 대형 건물지의 주변시설의 성격으로 보아 궁궐 건축으로 보인다. 그리고 44호유구 전면의 9호 수혈유구에서 '大夫' 명이 새겨진 항아리가 출토되었다. 대부(大夫)는 궁중의 최고위직 관직명이다. 같은 9호유구에서 12필 분량의 말의 하악골(下顎骨) 뼈가 다량으로 출토되었다. 중국 고대 궁궐건물을 지을 때 말을 희생해서 제사를 올리는 '전전제사갱(殿奠祭祀坑)' 의 사례와 매우 유사하다. 이들 유구와 유물은 궁궐건물의 제도를 많이 갖추고 있다.

풍납토성에서는 기와 편이 많이 출토되고 있다. 와당은 주로 수막새가 출토 되고 있는데 태토는 회색 연질로 그리 높지 않은 온도에서 구웠으며 고운 점토질 태토로 제작하였다. 이는 연질무문토기와 유사하다. 크기는 직경 12~14cm 정도의 소형이 대부분인데, 암막새는 아직 출토되고 있지 않은 점이 특이하다. 수막새의 문양은 주로 幾何紋、素紋、草花紋、樹支紋 그리고 수지문과 원문(圓紋)을 혼용한 것 또는 수지문과 '十' 자형 무늬를 혼용한 것 등 5,6가지 정도이다.[46]〈삽도 8〉 이들 와당은 평양 대동강유역의 낙랑토성에서 출토되고 있는 한식(漢式) 와당과 유사하다.〈삽도 9〉

〈삽도 8〉 풍납토성 내 백제 왕궁지 출토 와당 탁본(지름 19cm)

〈삽도 9〉 평양시 대동강유역 낙랑토성 출토 와당(『樂浪郡治址』, 1964)

백제는 침류왕 원년(384)에 불교가 들어오기 이전 즉, 4세기 이전의 기와(막새와당)이다. 『삼국사기』에 보면 "진골(眞骨)은 집의 길이가 넓이를 24자를 넘지 못하며, 당(唐) 기와를 얹을 수 없다."고 한 것을 보면, 당 기와는 성골(聖骨) 출신인 왕의 거처에만 사용했을 것으로 추정된다. 이로 미루어 보아 백제에서도 왕이 거주하는 왕궁에만 당 기와 즉, 막새기와를 얹었을 것으로 추측된다.

46 東京大學文學部 考古學研究室, 『樂浪郡治址』, 東京大學, 1964.
47 강형태、나경임,「풍납동 유적의 절대연대측정」『한국상고사학보』34, 한국상고사학회, 2001, 91.
국립문화재연구소,『풍납토성Ⅱ』, 2002. p.118.

〈표 3〉 풍납토성 유적의 방사성탄소 연대측정결과와 교정연대표(강형태외, 『한국상고사학보』34, 2001, p.85)

출토지	시료	방법	방사성탄소연대(BP)	중심연대(AD/BC)	보정연대(AD/BC)
풍납 신우 집자리 2호	목탄	C-14	2190±50	BC 199	BC 380 ~ 90 BC
풍납 신우 집자리 3호	목탄	C-14	1980±50	AD 40	BC 70 ~ 140 AD
풍납 신우 집자리 4호	목탄	C-14	1850±50	AD 160	AD 70 ~ 330 AD
풍납 1지구 집자리 1호	목탄	C-14	2030±60	BC 14	BC 180 ~ 90 AD
풍납 1지구 집자리 3호	목탄	C-14	2150±50	BC 184	BC 360 ~ 40 BC
풍납 1지구 집자리 8호	목탄	C-14	2080±60	BC 60	BC 200 ~ 70 AD
풍납토성 B지점 탐색 Tr.1	목탄	C-14	1820±50	AD 231	AD 90 ~ 340 AD
풍납토성 A지점 Ⅳ토루 하단 뻘층	목재	C-14	2050±50	BC 41	BC 170 ~ 70 AD
풍납토성 B지점 Tr.4단 석축하부 뻘층	목재	C-14	1930±50	AD 81	BC 10 ~ 230 AD
풍납토성 북측Tr.내 하부 초석	목탄	C-14	2050±50	BC 38	BC 170 ~ 70 AD

풍납토성의 축조연대를 뒷받침할만한 풍납동 231번지 일대에서 발굴된 시료에 대한 과학적인 分析이 국립문화재연구소에 의하여 보고되었다. 이에 대한 방사성 탄소연대측정은 기원(0) 전후로 측정되었다.[47] 이와 같은 사실은 풍납토성 축조시기를 더욱 과학적으로 증명해 주고 있다.〈표 3 참조〉

한편, 풍납토성의 성벽의 구조는 모두 판축법으로 축조된 전형적인 토성임에도 불구하고, 혹자가 밭 농사로 변조된 토성 외벽을 보고 이를 백제 고유의 '2단토축성(二段土築城)'[48]으로 보고 있으나, 현재 남아 있는 성벽의 구조상으로도 충분히 성벽의 외벽이 무단 경사면(無段傾斜面)을 이루고 있음을 확인할수 있다. 그렇기 때문에 이미 잘못 復元된 풍납토성 동북우의 '2단토축(二段土築)' 부분은 바로 잡아 재복원해야 될 것이다. 〈원색도판 44~47〉

매년 두 세 차례씩 경작 할 때마다 10㎝, 20㎝정도의 성토(城土)가 깎여 나가는 풍납토성 동남부와 남부지역의 성벽 위의 파밭이나 콩밭, 호박밭 등 농작물 경작지를 하루 빨리 정비하여 더 이상 성토의 유출(流出)로 인한 성벽의 유실(遺失)을 막아야 한다. 〈원색도판 13~35〉

지난 1994년 10월 5일, 필자에 의하여 정부요로에 건의한 〈건의사항〉제3항에 "풍납토성 안의 풍납1동, 풍납2동의 주택 재개발 시에 거주면의 미파괴지층(未破壞地層)인 백제시대 유물포함층은 고고학적인 조사를 거친 다음 시공하도록 해야 한다."고 명기한바 있으나,[49] 이를 유의치 아니하고 상당부분의 왕궁유적을 유기시킨 바가 되었다.

1994년에 제기된 문제의 〈건의사항〉에서 우려한 바와 똑같은 사항이 마침내 1997년 1월 3일,

---

48 김원룡,『풍납리포함층조사보고』, 서울대학교 고고인류학과, 1967, p.6
차용걸,「위례성과 한성에 대하여(Ⅰ)-문헌해석과 축성사적 일반이론의 적용문제를 中심으로-」,『향토서울』39, 1983, p.43.

49 이형구,「서울백제 수도유적 보존회의」『서울백제 수도유적 보존회의 논문집』, 동양고고학연구소, 1994.

50 국립문화재연구소,『풍납토성시굴조사지도위원회의자료』, 1997.

풍납동 231-3번지 일대에서 백제 수도유적(王京遺蹟)이 발견되면서 현실로 확인된 바가 되었다. 현대아파트 터파기 공사장에서 지층굴토 현장을 확인, 백제초기 유적가 파괴되고 있는 현장이 발각되었다. 그러나 이 곳을 발굴하였던 국립문화재연구소가 "고고학적으로 뿐만 아니라 古代史的으로도 초기 한성백제의 실체를 밝힐 수 있는 거의 유일한 유적으로 평가된다."[50]고 하면서도 '현대리버빌아파트' 를 신축하기 위하여 서울백제 왕궁유적을 해제하고 인멸시키는 千秋의 限을 저지르고 말았다.

우리 정부는 하루 빨리 풍납동 백제왕성과 왕궁유적을 보존할 수 있는 적극적인 대책을 세워서 우리 역사를 우리 스스로가 말살하는 일이 없도록 해야만 할 것이다.

서울백제 500년 수도인 서울 송파구 풍납토성이 백제의 왕도 위례성(慰禮城)임을 역사적 사실로 정립하여 백제의 역사가 우리만의 역사가 아니라 더 나아가 동아세아의 역사라고 하는 세계사적 인식이 필요하다.

[본문은 「한성백제 왕도 연구의 현황과 과제-겸론 몽촌산성 명칭과 몽촌산성 출토 고구려계 백제토기」라는 제목으로 발표한 내용을 수정 · 보완한 것임(백제학연구총서 『쟁점백제사 3』, 한성백제박물관, 2014)]

【참고 문헌】

국립문화재연구소;『풍납토성 Ⅰ』, 1998.

국립문화재연구소;『풍납토성 XI』, 2009.

국립문화재연구소;『풍납토성 XIV』, 2012.

김원룡;『風納里包含層調査報告書』, 서울대학교 고고인류학과, 1967.

몽촌토성발굴조사단;『정비 · 복원을 위한 몽촌토성 발굴조사보고서』, 1984.

;『몽촌토성 발굴조사보고서』, 1985.

서울대학교 박물관;『몽촌토성 동남지구 발굴조사보고』, 1988.

;『몽촌토성 서남지구 발굴조사보고』, 1989.

성주탁;『백제성지연구(百濟城址研究)』, 서경, 2002.

신형준; 「서울 풍납토성 內 아파트공사 백제 유물이 사라진다」,『조선일보』,1997,1, 6.

신희권;「풍납토성의 판축기법과 성격에 대하여」,『풍납토성의 발굴과 그 성과』, 한밭대학교 향토문화연구소, 2001.

이병도; 「광주 풍납리토성과 백제의 사성」,『진단학보』10, 1939.,『한국고대사연구』, 1981.

이형구; 「한강유역 백제전기 수도유적 보존문제」『정신문화연구)』제21호, 한국정신문화연구원, 1984.

이형구; 「서울백제 수도유적 보존회의」, 서울백제수도유적보존회, 1994.

이형구;『서울풍납토성[백제왕성]실측조사연구』, 백제문화개발연구원, 1997.
이형구;『풍납토성[백제왕성]연구논문집』, 동양고고학연구소, 2000.
이형구; 「서울 풍납동 백제왕성의 역사적 의의」,『풍납토성의 발굴과 그 성과』, 한밭대학교 향토문화연구소, 2001.
이형구;『'한강유역 백제전기 수도유적 보존문제' 제기(提起) 20주년 기념「서울 풍납동 백제왕성 연구 국제학술세미나-서울 풍납동 백제왕성의 발견과 보존」논문집』, 동양고고학연구소, 2003.
이형구;『서울 백제왕성 풍납토성』, 송파문화원, 2003.
이형구;『풍납토성 백제왕성 발견 10주년 국제학술회의논문집』, 동양고고학연구소, 2007.
최몽룡;「한성시대 백제의 도읍지와 영역」,『진단학보』60, 1985.
;「몽촌토성과 하남위례성」,『백제연구』19, 1988.
한신대학교 박물관;『풍납토성 Ⅲ』, 2003.
강형태 · 나경임; 「풍납동 유적의 절대 연대 측정」『한국상고사학보』34, 2001.
이형구; 「풍납토성」『한성백제사 3』, 서울시사편찬위원회, 2008.
사회과학원 고고학 및 민속학연구소편,『대성산일대의 고구려유적에 관한 연구』,사회과학원출판사, 1964.
최몽룡 · 권오영;「고고학적 자료를 통해 본 백제초기의 영역고찰-도성 및 영역 문제를 중심으로 본 한성시대 백제의 성장과정-」,『천관우선생환역기념한국사학논총』, 1985.
강형태 · 나경임,「풍납동 유적의 절대연대측정」『한국상고사학보』34, 한국상고사학회, 2001.
국립문화재연구소,『풍납토성Ⅱ』, 2002.
김원룡,『풍납리포함층조사보고』,서울대학교 고고인류학과, 1967.
차용걸,「위례성과 한성에 대하여(Ⅰ)-문헌해석과 축성사적 일반이론의 적용문제를 중심으로-」,『향토서울』39, 1983.
국립문화재연구소,『풍납토성시굴조사지도위원회의자료』, 1997.

山東省文物考古研究所 等,『曲阜魯國故城』,齊魯書舍, 1982.
吉林省文物志編委會編,『集安縣文物志』, 吉林省文物志編委會, 1984.
河北省文物研究所,『燕下都』, 文物出版社, 1996.
關野 雄,「齊都臨淄の調查」『中國考古學研究』, 東京大學出版部, 1956.
東京大學文學部 考古學研究室,『樂浪郡治址』, 東京大學, 1964.
大阪市文化財協會編,『難波宮』,大阪市文化財協會, 1996.
小笠原好彦,『難波京の風景』文英堂, 1995
難波宮跡訴訟記錄保存會編,『難波宮跡の保存と裁判』, 第一法規, 1980.

中文

1. 汉城百济王宫址(风纳土城)出土的甲骨

2. 漢城風納洞百濟王城之發現與其歷史的認識

1

汉城百济王宫址(风纳土城)出土的甲骨

汉城百济王宫址(风纳土城)出土的甲骨

李亨求：韩国鲜文大学教授(考古学)

序　文

“甲骨”亦称“卜骨”。《说文》曰：“卜”为“灼龟也像兆之纵横也”,意为烧灼龟骨（兽骨），以兆纹（卜纹、裂痕）定吉凶。在古代东洋社会，该法在宗教、政治上起重要作用的一种信仰，称之为“占卜信仰”，[1]“占卜活动”所获得的有形与无形的产物称之为甲骨文化。

常用于记录文字的甲骨文，只流行于中国古代殷王朝。 据至今发现的考古资料，甲骨文主要集中发现于殷墟，但早期的甲骨文化以渤海沿岸为中心，西南部分布于太行山以东与黄河以北；北部分布于大兴安岭以南的辽西与东部的辽东半岛以及松花江、豆满江流域及其韩半岛与日本中西部。

在韩半岛，北端从咸镜北道茂山邑，南端至庆尚南道金海邑，都发现新石器时代至初期国家时代的甲骨。该发现从考古学方面证实古代韩国俨然也存在甲骨文化。

首尔松坡区风纳土城发现于1925年, 是在一次大洪水时出土了百济时代（公元前18 －公园660年）的遗物, 其后因没有注意已变成城市化了。1997年1月建公寓时, 在城市化的风纳土城内由笔者发现大量百济遗址和遗物, 引起了学界的注目。[2]笔者期待将来通过风纳土城的发掘, 发现更多汉城百济时期的文化遗物。百济可分为汉城百济（公元前18 -公元475年）、公州百济(475-538年)、 夫餘百济(538-660年)，风纳土城出土的遗物属于汉城百济时期，从而可推定为汉城百济首都河南慰礼城，而且通过这些遗物可复原百济前期的历史。

首尔市松坡区风纳洞197号一带，即所谓的“未来村”为2～3层单元楼密集的低层住宅区，它位于风纳土城内的西侧，其西壁临汉江边，面积约为1，652.9m²。当时正兴起旧城改建热，此处居民为建高层住宅而成立居民组织，获得了首尔市的改建许可，只等开工。但1997年1月，在风纳洞231号一带的现代公寓新建工地内首次发现百济王宫遗址之后，政府制定了“先发掘后开发”的原则。

2000年5月16日，金大中总统下令保存被推定为‘河南慰礼城’的风纳土城。此后未来村被指定为史迹并向社会公告，并且据此措施，立即先进行了发掘，结果发现了若干碎瓦片。

2004年，国立文化财研究所实施了第二次发掘，就在初次发掘时出现若干碎瓦片

1 李亨求韩译:『甲骨学60年』(董作賓著), 民音社, 首尔, 韩国, 1993, p.239.

2 李亨求:『首尔风纳土城(百济王城)实测调查研究』, 百济文化开发研究院, 1997。
李亨求:「汉城风纳洞百济王宫址发现及其历史的认识」,『石璋如院士百岁祝寿论文集. 考古、历史、文化』, 台北 南天书店, 2002, pp.61-88。

的地方奇迹般地发现了大量的瓦片（约5000片），即积瓦坑。这些应该是百济时期覆盖于王宫建筑物上的瓦。此外，每次发掘大型建筑工地或储藏坑时，都发现了重要的遗迹和遗物。

2006年，发掘未来村时发现从底部逐层夯实，上面铺碎石，其上再铺扁平板石的道路。在工房和仓库储藏坑等集中分布之地，铺设有如此精巧、宽广的道路，是当时宫城内的重要道路设施。

2007年是首次发现百济王宫遗址十周年。为迎接百济王宫遗址发现10周年，6月8日计划在首尔历史博物馆召开国际学术会议，但遭风纳洞居民阻止，会场不得已改在太平路新闻会馆，勉强举办了类似报告会的会议，便草率结束。

2008年重新开始的第二次发掘，提高了未来村的考古成就。2008年6月在未来村西侧的大型建筑物内，发现了7～8个钻灼痕迹的牛肩胛骨。< 照片1，2 >

在韩国多处发现利用鹿或猪肩胛骨做的卜骨，（长34cm）。 < 照片3 >但用牛肩胛骨做的卜骨实属首次。在风纳土城内百济王宫遗址中发掘出用牛肩胛骨做的卜骨，为文献记录中的百济甲骨文化提供了考古学证据。此种用牛肩胛骨和龟背甲占卜吉凶的甲骨为东夷系典型的习俗。

<照片1> 汉城百济王宫遗址内出土牛肩胛骨卜骨的现况

<照片2> 汉城百济王宫遗址内出土牛肩胛骨卜骨之调查的筆者(2008.6)

2・占卜之痕迹，甲骨

公元前3500～3000年的卜骨出土于中国东北部富河满门遗址。[3] 此后殷国流行甲骨，夫馀、百济承袭了其传统。中国的文献中有夫馀和高句丽在国家的祭祀和战争时，用牛蹄骨占卜吉凶的记录。

夫餘位于渤海沿岸北部，是一个较强大而历史长久的古代国家之一，其名最早见于《尚书大传》，曰：“武王克商，海东诸夷夫餘之属，皆通道焉” ，可知在殷末周初时期，扶餘已经存在，而且其势力凌驾诸夷。

《史记》货殖传又云：“夫餘亦勃碣之间，一都会也，北邻乌桓、夫餘，東绾秽貉、朝鲜、真翻之利”，其地理位置在燕之北方，可能在辽西一带，其后，位置有所

3 李亨求:「渤海沿岸早期无字卜骨之研究」,《故宫季刊》第十六卷第一期,1981。

移动。据《三国志》魏志东夷列传扶餘条："夫餘，在长城以北，去玄菟千里，南与高句丽，东与挹娄，西与鲜卑接，北有弱水，方可二千里"，可知东汉晋初时，夫餘之地望可能在松花江流域， 农安、长春、吉林一带为中心。在这一地区发掘出数件用牛的肩胛骨做的无字卜骨，与文献记载相吻合。《三国志》魏书东夷列传夫餘条记载：有军事亦祭天，杀牛㠯蹏占其吉凶。魏略曰牛蹏解者为凶，合者为吉，皆谓杀牛祭天，并观察牛蹄之解合，以定吉凶。夫餘之以牛祭天，并用牛蹄骨占卜的习俗与殷代习俗甚似。高师晓梅先生在「殷墟出土的牛距骨刻辞」中所提的牛距骨，[4] 可能与之有关。又《春秋古经》与《春秋公养传》都云："宣公三年（公元前606年），春王正月，郊牛之口伤，改卜 牛，…养牲养二卜，帝牲不吉，则扳稷牲而卜之"，由此可见祭与卜不分，祭、卜皆用牛，夫餘用牛祭天占卜习俗，是否与中国春秋时代的鲁国之郊牛、卜牛有关，则不得而知。

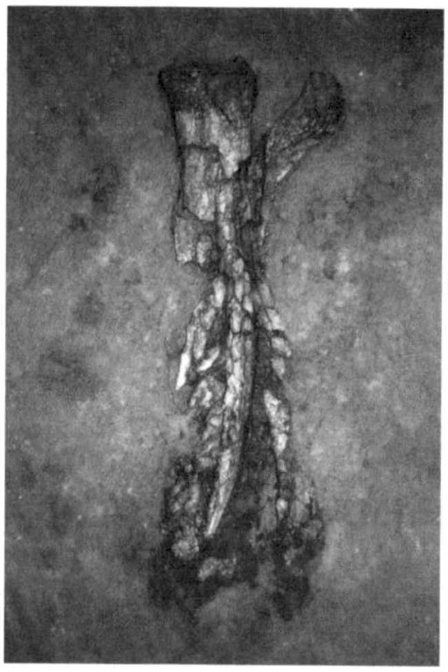

<照片3> 汉城百济王宫遗址出土的牛肩胛骨之卜骨

牛蹄骨占卜为卜骨之一种，其与用钻灼方法之卜骨可能属于不同系统。克鲁伯(kloeber)在他的《人类学》里便把卜骨分为钻灼卜骨和非钻灼卜骨两个系统，[5] 并认为钻灼卜骨起源于东方，非钻灼卜骨是由钻灼卜骨演变而来。在有关夫餘之文献中，虽然未发现钻灼卜骨的记录，但夫餘故地（松花江流域）却出现钻灼的卜骨，故相信古夫餘国极可能有钻灼卜骨的习俗存在。虽然《魏书》所引鱼豢撰的《魏略》（出于公元3世纪末）未提及夫餘有钻灼卜骨之习俗，这可能由于鱼豢只知道夫餘以蹄骨占卜，而不知还有钻灼卜骨。金师祥桓先生也认为当时的夫餘，除了牛蹄骨占卜之外，很可能有用钻灼方法的卜骨，不唯夫餘故地出现钻灼卜骨，近世之松花江下游赫哲族仍保持有用钻灼方法的卜骨习俗，可以说这一地区的民族，由史前时期至近代，一直保持着这种习俗。

除夫餘外，古代韩国的高句丽、百济、新罗以及加罗，在历史文献上可以看到有卜骨的习俗，其中高句丽的存续时间相当于中国西汉末期至唐中期，为公元前一世纪中叶至公元668年。

据魏鱼豢撰张鹏一辑的《魏略辑本》卷二十一传高句丽条引段公路北户录魏略云："高句丽有军事祭天，杀牛观蹄，以占吉凶，蹄解者凶，蹄合者吉，夫餘国亦尔"。又据宋李昉等撰的《太平御览》卷七八三，四夷部四，东夷四，高句丽条云："有军事亦祭天，杀牛观蹄，以占吉凶"。

由二书看，高句丽之卜骨习俗与夫餘国相同，两者的关系亦甚密切。高句丽的这种牛蹄骨卜骨，可能因夫餘之卜骨习俗来的。

有关夫餘与高句丽的关系，《三国志》魏书东夷列传高句丽条云："高句丽……

---

4 高去寻:「殷墟出土的牛蹄骨刻辞」,《中国考古学报》第四册 ,1949。

5 Kroeber., Anthropology, Harcourt, Brace and Company, New York,1948, p.476~478.

以为夫餘别种，言语诸事，多与夫餘同。”

现存于吉林省辑安县通沟的广开土大王陵碑文以及牟头娄冢墨书墓志铭皆说高句丽原出自夫餘（或称北夫餘）。『魏书』列传高句丽条亦云高句丽出于夫餘。从这些记录看，高句丽与夫餘应该属于同一民族。

韩国史书中有关高句丽占卜的记录是《三国史记》，高句丽本纪琉璃明王条云：“（琉璃王）十九年（公元前1年），秋八月，郊豕逸，王使托利、斯卑追之，至长屋泽中得之。以刀断其脚劲，王闻之，怒曰：祭天之牲，恺可伤也，逐投二人坑中，九月，王疾病。巫曰：托利、斯卑为祟。王使谢之，即愈”，

由此可知高句丽有宫中巫士，巫士替国王占卜，问国王之疾，这里的巫士，即占卜之士。《三国遗事》卷一金庾信条亦说高句丽有“占卜之士”。卜筮二字，依「尚书」洪范孔氏传云：“龟曰卜，著曰筮也”。

高句丽的占卜行事，从中国史籍以及韩国的《三国史记》可以看到有祭天、军事、王疾病、田猎（次大王条）以及民间生产（山上王条）等皆行占卜行事，这些占卜行事，在殷代占卜中皆可以看到，这是值得注意的。但是在这些记录中皆未提及巫士（卜士）用什么工具来占卜，是否只用前面所述的牛蹄骨占卜，或者还用在松花江以及豆满江（图们江）流域所发现的用牛等动物肩胛骨钻灼的卜骨，则不得而知。

百济位于韩国南部，其存续时间大体与高句丽同。从历史记录上看，百济亦出于夫餘或出于高句丽。如《魏书》列传百济条云：“百济国，其先出自夫　　餘，……与高句丽源出夫餘”。又《周书》异域传百济条云：“百济者，……夫餘之别种，……王姓夫餘氏”。又《隋书》东夷传百济条云：“百济之先，出自高句丽”。由此可以看出百济与夫餘以及高丽是同种同源的。

百济之风俗，据《魏书》列传百济条云：“其衣服饮食与高句丽同”，而《南史》列传东夷貊下百济条云：“言语服章，略与高句丽同”。由上可知百济与高句丽的关系密切。如此推测高句丽的习俗中，可能亦有与夫餘和高句丽同类的用牛蹄骨占卜的习俗。

有关百济的占卜记事，据《隋书》东夷列传百济条云：“亦知医药、耆龟、占相之术”。又据《周书》异域传百济条和《通典》边防门东夷上百济条云：“百济者……其衣服、男子略同于高句丽，……亦解药、占筮、占相之术”，可知百济有卜龟之风俗。《隋书》东夷列传倭国条亦提及百济有占卜之事。

《三国史记》卷第28百济本纪义慈王条还有这样一段记载：“(义慈王)20年（公元660年）6月，有一鬼入宫中，大呼，百济亡！百济亡！即入地，王怪之，使人掘地，深三尺许，有一龟，其背有文，曰：百济同月输，新罗如月新。王问之，巫者曰：同月输者满也，满则亏。如月新者，未满也未满则渐盈。王怒杀之”。

这段记录中的“有一龟，其背有文”，是否百济当时有用龟背甲占卜的习俗。而《三国史记》作者金富轼（公元1145年撰成此书）在世时这种卜骨习俗已不流行，此段记载是由传闻中得知。但是我们仍可据此推测这段记录可能属于用龟甲占卜之记事。

此外，据《三国遗事》卷一太宗春秋公条记载，在夫馀的王宫内掘地掘出一只乌龟，其龟背上有写着“有一龟其背文”的“龟背文”，义慈王命专门卜士判读卦象。由此可推断，这是一种卜辞。这样从文献记录中也可见到百济也曾存在占卜习俗

的事实。笔者以前通过文献材料推定百济与夫馀同样有甲骨习俗，此次在风纳土城未来村百济王宫遗址中发现甲骨实物，进一步证明百济确实存在甲骨习俗。

3·从考古学上看韩国的甲骨文化

松花江流域和辽东半岛为夫馀与高句丽的故地，在这一带已发现甲骨，其详细内容目前尚不得而知，但由中国社会科学院考古研究所图书馆出版的《中国考古学文献目录》（1949～1966））(P.176)·《黑龙江省新石器时代条》编目中有《黑龙江日报》1961年8月3日刊登的《我省松花江流域等地区发现的卜骨卜甲》一文。由此可见，在吉林、黑龙江省之间的松花江流域，也发现了新石器时代的甲骨。[6]

在吉林市郊外松花江流域分布的青铜器时代“西团山文化”的龙潭山上也发现了卜骨。在高句丽故城地的吉林市龙潭山发现了一个“有钻未灼”（即有钻孔但未行占卜烧灼的状态）的卜骨，但对其资料不详。

在吉林省延边朝鲜自治州的汪清县百草沟遗址发掘中也发现卜骨，是在第1地区第1文化层中1个卜骨和1个铜渣共同出土的。研究百草沟卜骨，可发现卜骨材料使用了羊肩胛骨，是已在渤海沿岸北部地区的富河沟门、蜘蛛山等遗址出土的卜骨材料一致，而且修整了骨面。钻灼方面，只有在自然骨面直接烧灼的痕迹。无钻有灼法是古式卜骨中常见的一种占卜方法，但灼痕排列很整齐。

关于百草沟卜骨的年代，有新石器时代、铁器时代、“铜石并用时代”等各种说法，但笔者根据百草沟出土的遗物，大约推定其为从青铜器时代至初期铁器时代。[7]

另外，关于曾出土过百草沟卜骨的豆满江流域的地理位置，有北沃沮的故地、东夫餘的故地等说，不管如何，这一带属于后来进入高句丽疆域内的地区。

1959年至1961年发掘的咸鏡北道茂山虎谷洞遗址，在韩半岛首次发现甲骨，据说发掘了横跨新石器时代、青铜器时代、铁器时代的居住址50余座。 发掘者（黄基德）将这些居住址分为4期，但据第2次发掘报告书，重新分为6期，将第一期划定为新石器时代，将第2～4期划定为青铜器时代，将第5～6期划定为铁器时代。

甲骨（无字卜骨）在第4期，即在属青铜器时代后期的第8号居住址、第13号居住址、第14号居住址的居住面各出土一件。在第6期，即属铁器时代的第17号居住址和第21号居住址的居住面也各出土一件。据说相当于第1期（新石器时代）的第1号居住址的堆积层中，出土了尚未行占卜的动物肩胛骨，在第1号居住址的搅乱层中出土了在动物的肩胛骨上已行完占卜的卜骨片。

对茂山虎谷洞遗址出土的无字卜骨，[8] 发掘者报告如下:

青铜器时代的卜骨，“在动物肩胛骨上烧灼占卜的卜骨，各在8号居住址和14号居住址出土1件。8号居住址的是小碎片，但14号居住址的是有20个以上灼痕的卜骨。卜骨在搅乱层也出土多件”。关于铁器时代的卜骨，发掘者称：“在动物肩胛骨上烧灼

6 李亨求:同注3。

7 李莲:「百草沟发现无文卜骨」《文物参考资料》,1957年第7期,p. 81.

8 黄基德:「茂山邑虎谷洞原始遗址发掘中间报告」《文化遗产》(平壤),1980年第1号。

占卜的卜骨习俗是从青铜器时代末期（第4期）就有的现象。铁器时代的卜骨是在17号居住址东南边的小灶旁发现的，上有60多个灼痕。卜骨在搅乱层也多有出土”。以上是关于虎谷洞卜骨的全部解说。关于以上5座居住址出土的卜骨材料的说明，只讲第17号居住址出土的卜骨使用了鹿的肩胛骨，其余均不明确。但据第1次报告书上的记述，在这些居住址（1、2、4、8号）确认了猪、鹿、獐子、熊、山羊、兔子等诸多动物骨骼，说“其中绝大多数遗骨为猪骨”，因此推测猪的肩胛骨是否也用于占卜。

以鹿的肩胛骨为卜骨材料之情况，在前述的渤海沿岸北部地区的新石器时代初期卜骨中很常见。猪的肩胛骨亦是在夏家店文化（上、下层共同）中常见的卜骨材料。

在修整方面也未言及，但观其插图，似乎也有经过修整的。关于钻灼方法无明确说明，详细内容无从得知，但观其放大的插图，似采用了先钻孔后烧灼之法，即“先钻后灼法”。据说该60余灼痕排列整齐，与前述百草沟遗址卜骨的灼痕甚似，使人联想到山东城子崖遗址龙山文化卜骨之灼痕。

虎谷洞遗址之卜骨年代大体与前述发掘报告者记录的一致，卜骨出土的文化层被推定为第4期和第6期的文化层。据此可推论，该时期跨越后期青铜器时代至早期铁器时代。关于其绝对年代，报告者将第4期文化层的年代推定为公元前8～7世纪，将第6期文化层推定为公元前3世纪。那么可知公元前8～3世纪，虎谷洞遗址曾存在卜骨文化。

而且同属青铜器时代的第15号居住址（未发现卜骨）的C14测定年代为B.P. 2,430±120，因此前述的上限年代似稍早些。

但据称在虎谷洞遗址第1号居住址(第1期，新石器时代)居住面出土卜骨材料，在居住面的搅乱层也有出现实施占卜的卜骨，因此在新石器时代是否也存在卜骨呢？

1980年初在庆尚南道金海市府院洞遗址出土三韩时代的卜骨，<照片4>后在全罗南道南海郡谷里贝冢出土铁器时代至马韩时代的卜骨，其后在庆尚北道庆山市林堂洞和庆尚南道泗川市勒岛出土鹿肩胛骨卜骨，各地也正在陆续出土卜骨。在锦江流域发现3、4世纪左右的卜骨，[9]最近在全罗北道群山市馀方洞南田贝冢发现了3、4世纪左右的卜骨。卜骨的发现证实马韩社会、百济初期社会亦存在强有力的统治阶层进行了政治。

府院洞遗址为1980年被东亚大学校博物馆(发掘团长丁仲焕博士)在庆尚南道金海市府院洞南山发掘调查的3个贝冢遗址。此时在A区贝冢与C区第2号居住址发现3个卜骨与呈平行线角的鹿角一个及数件卜骨材料。[10]

在A区贝冢遗址发现了2件卜骨，其中有1个将野猪的肩胛骨作为占卜材料。现存部分的大小长11.3cm，宽6.3cm。在攻治方面已经

<照片4> 庆尚南道金海市府院洞出土加罗时代鹿肩胛骨卜骨

9 崔盛洛:《海南郡谷里贝冢》,木浦大学博物館,1987。

10 沈奉谨:《金海府院遗迹》,東亞大學博物館,1981。

过修整，其钻灼方法，据笔者确认(1982.11.6) 为先钻后灼法。目前破损的部分残存直径4mm，深2mm左右的4个钻孔痕迹，分别呈半孔状态（但原报告中记录为无钻），但现存的4个钻孔中，只烧灼3个，有1个是未灼的状态。

另一个将鹿角垂直分半，去除内部的纤维质，目前存留长12.3cm，宽2.5cm，钻灼方法同前，采用了先钻后灼法。因角根附近被截断，无法细辨，但鹿角内部的钻孔为直径4mm，深2mm左右，主要从中央部向角根侧集中分布，现存14个钻孔。在14个钻孔中，只有两处进行了烧灼，其余12个钻孔都是未灼的状态。该鹿角卜骨的钻痕排3列，呈“连钻”形分布。

另外，在府院洞遗址C区第2号居住址也发现了卜骨，卜骨材料为鹿的肩胛骨，现残存长14.0cm，宽7.5cm。攻治方面经过了修整，钻灼方法与前述两者不同，未经钻孔，在自然骨面上只采用了烧灼法。出土当时，肩胛骨面中央部位有10余个灼痕呈3～4列，但目前大部分均已消失，仅存2个（据原报告，中央部以下的骨面是在洗涤时消失的）。现残存的灼痕，直径约6mm，深为1mm左右。

总结上述金海府院洞遗址的卜骨，在卜骨材料中使用猪肩胛骨的现象在前述的渤海沿岸北部的夏家店文化中比较常见。在虎谷洞遗址可能也使用了猪肩胛骨。以鹿的肩胛骨作为卜骨材料的现象，也能在虎谷洞遗址第17号居住址中发现，在渤海沿岸北部地区的新石器时代初期卜骨中也很常见。以鹿的肩胛骨为卜骨材料之例，在日本的弥生时代后期和古坟时代遗址也能见到。但将鹿角分半修整后，在里面进行占卜的情况难觅前例，实属特殊的卜骨材料。攻治方面均属去除臼骨或截断骨脊修平后，磨光骨面等较进步的手法。

关于加罗故地府院洞遗址的年代问题，沈奉谨教授认为：A区相当于公元3～4世纪，C区相当于公元1～2世纪。

甲骨盛行于中国殷代，但有迹象表明周代也时常使用甲骨。还可知儒教文化、老庄思想发达、王道政治已扎根的汉代，也使用了甲骨。据《史记》记载，「高祖本纪」中有“ 於是樊哙从刘季来。沛令後悔，恐其有变，乃闭城城守，欲诛萧、曹。萧、曹恐，踰城保刘季。刘季乃书帛射城上，谓沛父老曰：‘天下苦秦久矣。今父老虽为沛令守，诸侯并起，今屠沛。沛今共诛令，择子弟可立者立之，以应诸侯，则家室完。不然，父子俱屠，无为也。’ 父老乃率子弟共杀沛令，开城门迎刘季，欲以为沛令。刘季曰：‘天下方扰，诸侯并起，今置将不善，壹败涂地。吾非敢自爱，恐能薄，不能完父兄子弟。此大事，愿更相推择可者。’ 萧、曹等皆文吏，自爱，恐事不就，後秦种族其家，尽让刘季。诸父老皆曰：‘平生所闻刘季诸珍怪，当贵，且卜筮之，莫如刘季最吉。’於是刘季数让。众莫敢为，乃立季为沛公。祠黄帝，祭蚩尤於沛庭，而衅鼓旗，帜皆赤。由所杀蛇白帝子，杀者赤帝子，故上赤。於是少年豪吏如萧、曹、樊哙等皆为收沛子弟二三千人，攻胡陵、方与，还守丰”的记录。秦国末期助刘邦的诸元老均认为刘邦是神秘而奇异的人物，日后必成富贵之身。刘季（刘邦）的占卜卦象吉利得无人能比及。大概是刘邦极力推辞元老们的拥戴，后根据占卜结果才接受沛公的拥戴，从此乘风破浪，最终成了汉朝始祖即高祖。

汉高祖的庶子刘恒任代王时，涉政的吕后归天，王宫出现了混乱。当时诸臣拥戴刘恒为皇帝，可刘恒极力推辞。作为最后的手段令卜人占龟卜，出现刘恒将为天子的卦象后，才均拥戴刘恒为皇帝，其就是第3代文帝。由此可知，在王道政治已扎根的中国，拥戴汉代的始祖与打下初期帝国基础的皇帝时，是通过占卜，借神所托而决定的。

新罗第2代王南解次次雄曾是卜人，还有《三国遗事》中记述着将伽倻的金首露拥戴为始祖王时，吟诵占卜过程的“龟旨歌”。两者与前述之例相同。在《三国史记》新罗本纪南解次次雄元年（公元4年）条和《三国遗事》卷一南解王条见到有关王与巫的关系。二书之南解王条皆曰：金大问云：次次雄方言巫也，世人以巫事鬼神，尚祭祀，故畏敬之，遂称尊长者为慈充。新罗早期之王，称为次次雄或曰慈充，慈充与次次雄同音，方言之意即为巫，此知王即巫，占卜之事由王亲自主持。

南解王是新罗第二代王，其在位期间为公元4年至23年，这一时期之占卜、祭祀、国政三者不分，凡国之大事皆需占卜，而后行事，可谓占祭政巫三者合一，由国王恭亲办理，这种情形在中国古代社会亦如此，如殷代帝乙、帝辛时，王便亲自占卜。《三国史记》卷第三新罗本纪炤知王十年（公元488年）条云，

夏六月東陽献六眼亀，腹下有文字。<照片 5>

新罗之占卜后可能契有卜辭，其情形与前所說的《三国史记》卷第28百济本纪义慈王条记载的同样。虽无法詳細考证，不过同一时期之邻国高句丽、百济皆有卜骨或卜甲习俗。

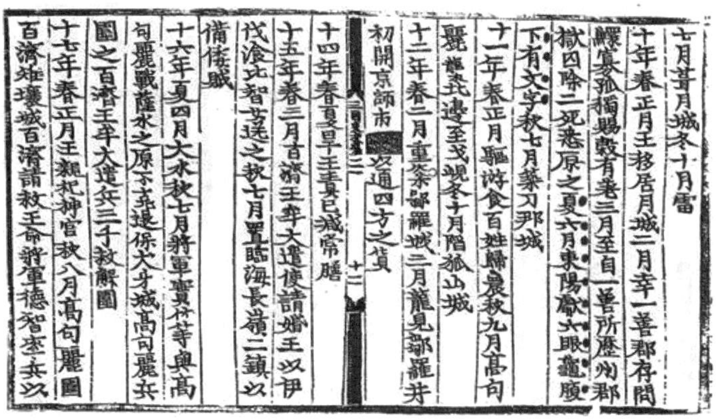
七月葺月城冬十月雷
十年春正月王移居月城二月幸一善郡存問
鰥寡孤獨賜穀有差三月至自一善所歷州郡
獄囚除二死悉原之夏六月東陽獻六眼龜腹
下有文字秋七月葺刀那城
十一年春正月驅遊食百姓歸農秋九月高句
麗襲我北邊至戈峴冬十月陷狐山城
十二年春二月重築鄧羅城三月龍見鄧羅井
初開京師市肆以通四方之貨
十四年春夏旱王責己減常膳
十五年春三月百濟王牟大遣使請婚王以伊
伐飡比智女送之秋七月置臨海長嶺二鎮以
備倭賊
十六年夏四月大水秋七月將軍實竹等與高
句麗戰薩水之原不克退保犬牙城高句麗兵
圍之百濟王牟大遣兵三千救解圍
十七年春正月王親祀神宮秋八月高句麗圍
百濟雉壤城百濟請救王命將軍德智率兵以

<照片 5>《三国史记》卷第三新罗本纪炤知王十年(公元488年)条云，“夏六月東陽献六眼亀，腹下有文字”(從右第4~5行)

关于加罗（加耶）之卜龟传说，《三国遗事》卷第二驾洛国记云：建武18年壬寅3月禊浴之日。所居北龟旨，有殊常声气呼唤。众庶二三百人，集会于此。有如人音。隐其形而发其音曰：此有人否！九干等云。吾徒在。又曰：吾所在为何？对云：龟旨也。又曰：皇天所以命我者，御是處，惟新家邦，为君后，为兹故降矣。尔等须掘峰顶撮土歌之曰：龟何！龟何！首其现也，若不现也，燔灼而喫也。燔灼而喫之喫，疑是契也。契为灼龟卜而契之意也。拥戴君后之，以之蹈舞，则是迎大王，欢喜踊跃之也。[11]

加罗有卜骨之风俗，亦可从考古学上来证实，即前所谈过的金海府院洞遗址所发现的卜骨。金海位于韩国南端，即古加罗国境内，附院洞遗址之时代亦与加罗国开国

11 李亨求:「文獻資料上看韩国之甲骨文化」,《道原柳承国博士回甲論叢》, 1983, p.1121.

的年代相同。

4·证实百济王宫的又一个物证—牛肩胛骨占卜习俗—

此次在风纳土城(百济王宫址)‘未来村’建筑公寓时发现的甲骨(牛肩胛骨)，是否也是用于决定此种国家大事时进行占卜的遗物。殷代王宫统治阶层主要以政治目的，在牛肩胛骨和龟背甲进行占卜，而牛肩胛骨主要出土于殷代首都殷墟。古代卜骨出土于王宫或者重要政治活动的中心地。风纳土城出土牛肩胛骨之卜骨的事实，证明风纳土城就是百济王宫的又一物证。

此前论述的是甲骨文化的起源和韩国的甲骨文化。其结果归纳如下：

第一，新石器时代初期甲骨文化主要密集分布于中原太行山以东、淮河以北、大兴安岭东南、黑龙江以南，殷代之后周代的甲骨在各地发现了几例，但实属罕见。在中国东北地区仍相继出土。

第二，关于甲骨文化的起源，至今普遍认为起源于山东龙山文化。但根据考古学资料，笔者相信应起源于渤海沿岸北部。

第三，甲骨文化起源的渤海沿岸北部地区是与殷的起源有密切关系的地方；因此殷亡后，不抵周族的殷遗民的退路亦是太行山以东、黄河以北；殷遗民“从先王居”的地方就是渤海沿岸北部大凌河流域。

第四，渤海沿岸北部地区起源的甲骨文化，与使用该文化的民族一同逐渐向西南方中原地区转移，盛行于龙山文化、初期商代文化至殷代文化时期。

第五，据文献资料记录，该甲骨文化向东传播，流行于辽东半岛、所谓南满洲、韩半岛等地的新石器时代至青铜器时代和铁器时代，并在夫馀、高句丽、百济、新罗、加罗等韩国历史时代继续使用。

第六，流行于韩半岛的甲骨文化重新经过对马岛、壹岐岛、出云国等古代韩倭交通通路传到了倭(古代日本)。

第七，渤海沿岸北部和西南部及东南部(辽东半岛、吉林　、韩半岛)　、日本等诸地区及民族拥有的甲骨文化，包括卜骨材料、修整方法、钻灼技术及其占卜目的，均与殷代的甲骨文化很相似。

第八，王至民族的首领依托神，为祭天、祭祀、征伐、年岁、福祸、田猎、疾病、生育等进行占卜活动，其甲骨文化的重要意义与殷代、韩国古代占卜习俗相同。

第九，韩国古代政治社会常称之为“祭政一致”的时代。按殷代的传统，国王将占卜视为至高无上的暗示，按占卜结果主持祭祀和政治。

第十，渤海沿岸地区的诸民族为古代文献中所述的东夷，其地理分布、民族领域相一致，上述的诸特征亦是东夷文化的特征。

第十一，若上述拙见成立，百济甲骨文化不仅有助于究明百济历史，也有助于究明韩国的古代社会，即政治、社会、文化、思想、宗教（民俗）历史等。

[本文以「汉城百济王宫址(風納土城)出土之甲骨」为于2009年8月在山東烟台纪念王懿荣发现甲骨文110周年国际学术研讨会发表的。以后登载于中国殷商文化学会编《甲骨學110年:回顾与展望》，中国社会科学出版社，2009年11月]

【參考文獻】

《春秋古经》
《春秋公养传》
《尚书大传》
《史记》
《说文》
《三国志》
《魏书》
《魏略》
《周书》
《隋书》
《太平御览》
《三国史记》
《三国遗事》
《魏略辑本》

李亨求：《首尔风纳土城（百济王城）实测调查研究》，百济文化开发研究院，1997。
李亨求：「汉城风纳洞百济王城之发现及其历史的认识」《石璋如院士百岁祝寿论文集-考古、历史、文化》，台北南天书店，2002。
李亨求：「渤海沿岸早期无字卜骨之研究」《故宫季刊》第十六卷第一期，1981。
李亨求：「文獻資料上看韩国之甲骨文化」《道原柳承国博士回甲論叢》，1983.
高去寻：「殷墟出土的牛蹄骨刻辞」《中国考古学报》第四册，1949。
李莲：「百草沟发现无文卜骨」《文物参考资料》1957年第7期.
黄基德：「茂山邑虎谷洞原始遗址发掘中间报告」《文化遗产》（平壤）1980年第1号。
崔盛洛：《海南郡谷里贝冢》，木浦大学博物館，1987。
沈奉谨：《金海府院遗迹》，東亞大学博物館，1981。

《京乡新闻》，2008年6月19日字.

Kroeber., Anthropology, Harcourt, Brace and Company, New York,1948.

李亨求韩译：『甲骨学60年』(董作賓著)，民音社，首尔，韩国，1993.

2

漢城風納洞百濟王城之發現及其歷史的認識

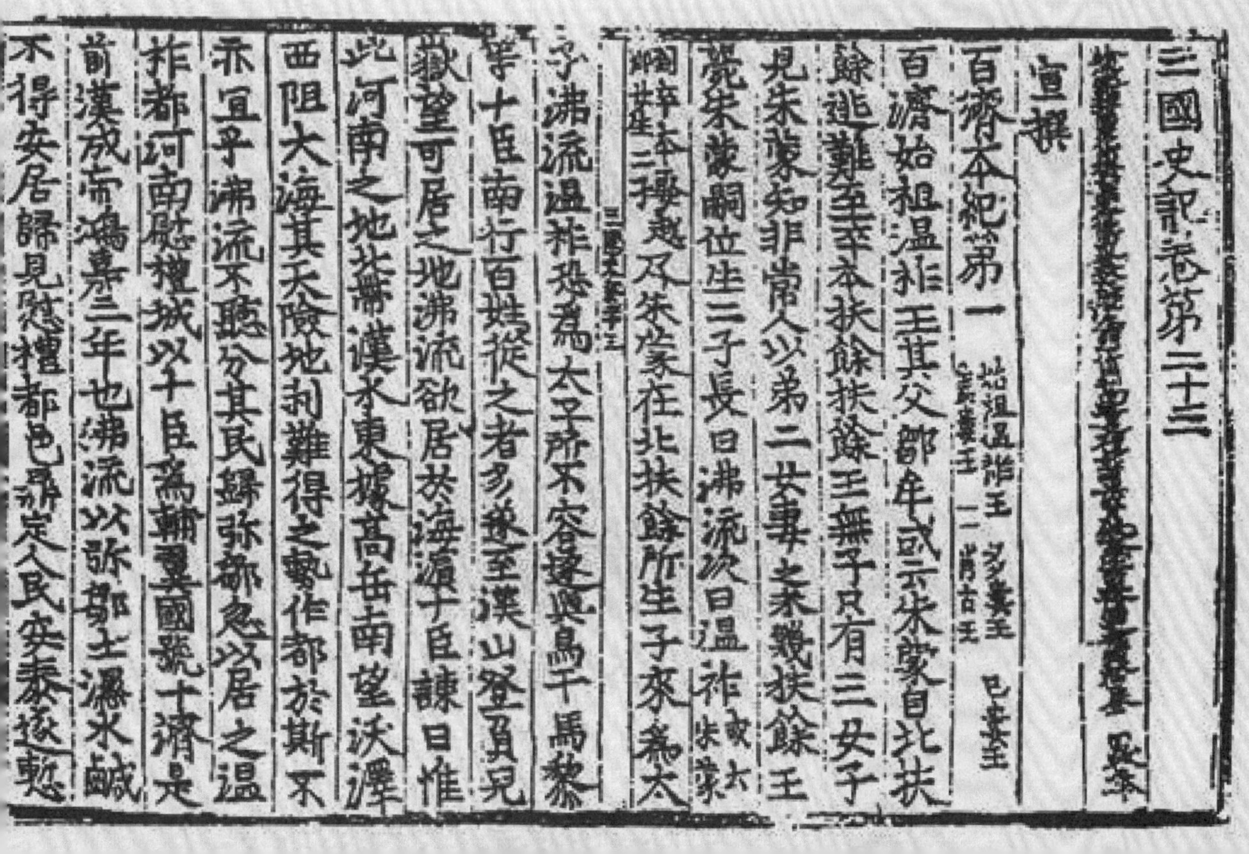
三國史記卷第二十三

宣撰

百濟本紀第一 始祖溫祚王 多婁王 己婁王 蓋婁王 肖古王

百濟始祖溫祚王其父鄒牟或云朱蒙自北扶餘逃難至卒本扶餘扶餘王無子只有三女子見朱蒙知非常人以弟二女妻之未幾扶餘王薨朱蒙嗣位生二子長曰沸流次曰溫祚 或云朱蒙到卒本娶越郡女生二子 及朱蒙在北扶餘所生子來為太子沸流溫祚恐為太子所不容遂與烏干馬黎等十臣南行百姓從之者多遂至漢山登負兒嶽望可居之地沸流欲居於海濱十臣諫曰惟此河南之地北帶漢水東據高岳南望沃澤西阻大海其天險地利難得之勢作都於斯不亦宜乎沸流不聽分其民歸彌鄒忽以居之溫祚都河南慰禮城以十臣為輔翼國號十濟是前漢成帝鴻嘉三年也沸流以彌鄒土濕水鹹不得安居歸見慰禮都邑鼎定人民安泰遂慙

漢城風納洞百濟王城之發現及其歷史的認識

李亨求：韩国鲜文大学教授(考古学)

目 次

序
一. 江南地區百濟前期古墳
　1. 石村洞積石塚
　2. 可樂洞古墳群
　3. 芳荑洞石室墓
二. 風納洞百濟王城調査經過建議事項
三. 記載『三國史記』的關于百濟王城的記事
四. 中國和日本的都城制度
　1. 中國古代都城
　2. 日本古代都城
　3. 韓國古代都城
五. 風納土城百濟王城之發現及其意義
六. 結論

序

筆者初次到風納里土城是1963年夏天的。該年風納里土城被指定爲國家史蹟第11號，筆者與先師前館長崔淳雨先生(當時國立中央博物館美術科長)和漢城特別市史編纂委員金永上先生(當時東亞日報審議室長)一起第一次踏查了風納土城。剛到這兒的時侯，城外只有一座磚瓦工廠，城裏有幾棟農家和空曠的野地，像名字那樣納著風的風納城高聳地站著。地名是京畿道廣州郡中垈面風納里。當年編入漢城市(今松坡區風納洞)，雖然現在的規模很大，但筆者年輕那時才19歲也覺得風納里土城是雄壯得不能形容的。第二年1964年6月20日筆者獨自開始62天的全國古蹟踏查旅行長途，是以風納土城爲起點出發的。

後來，筆者在臺灣大學留學了7年，一直沒有機會到風納土城，等到1981年從臺灣大學留學回來後，才正式開始研究漢江流域百濟前期首都遺蹟。當時筆者準備在延世大學國學研究院研討會上要發表的「高句麗享堂制度之研究」論文資料，爲了比較高句麗的墓制和百濟的墓制，再次到石村洞百濟積石塚之。[1]當時看著因開設道路而半破的百濟積石塚(史蹟第243號)，是淒慘的狀態。雖然，那時的風納土城已經變成到都市化， 難以再進入的地步，爲了保存漢城百濟前期首都遺蹟，筆者開始盡力而爲。一直到今天(當時2002年)已整整20年了。以下綜合歷年來對風納土城調查之考察。

一. 江南地區百濟前期古墳調查和保存

1. 石村洞積石塚

漢城松坡區石村洞一帶，只看收錄在1917年所發刊的『朝鮮古蹟圖譜』卷3，足有66座積石塚和23座土塚共89座百濟時代古墳。『1916年度朝鮮古蹟調查報告』上敘述到4座百濟時代積石塚。這遺蹟因有受到高句麗影響的基壇式積石塚而引人注目，不過，1970年代后半開始起開發江南地區新都市，因此大部分被破壞。湮滅，甚至連一部百濟古墳也因挖掘[2]後從文化保護區域除外而處在消去的地步了。

筆者從1981年起几年間，包括現場調查，開了多次學術研討會幷且通過論文或論說，繼續地對學界和有關部門呼喚。結果.[3]1985年7月1日當時終于照著全斗煥總統的特別指示，由文化公報部和漢城市頒發了用當時天文數字巨額519億(韓貨)，進行包裹石村洞古墳群的'百濟古都文化遺蹟綜合復元計劃'。從把橫斷百濟前期首都遺蹟址而破壞百濟王陵(第3號積石塚)的35m道路，1986年5月到1989年投入了83億7千萬元改成地下車道，同時把被分開的古墳領域連接成一座。 1千5百坪(1坪爲3.3m^2)的史蹟面積擴大到1萬7千坪，把民家再買入下而修建成公園化的工程，1990年12月就達成了。

1987年由漢城大學博物館主辦，慶熙大學和崇實大學合同挖掘結果，確認到了不同時期的多樣的墓制[4]，這些古墳是和筆者早已1983年7月6日在學術研討會上預示的百濟前期古墳分布[5]一致的。

漢城大學博物館主辦下挖掘的1987年度報告書第1號墳和破壞積石塚就是1983年7月6日學術研討會上筆者已所預示「第5號積石塚」的壓在木工場築臺下的積石遺構。

第2號墳(1987年度挖掘編號)和其南端的積石遺構也是同破壞積石塚.筆者推定爲「第5號積石塚」一樣，在1983年7月6日學術研討會上筆者已預示「第3號積石塚」的古墳。這座積石塚通過1987年漢城大博物館挖掘過程，和筆者推定一樣，是確認到爲

---

1 李亨求, 1982,『高句麗享堂制度之研究』,『東方學誌』32, 延世大學國學研究院.

2 漢城大學校文化人類學科, 1975,『石村洞積石塚挖掘報告書』, 漢城大學博物館.
石村洞遺蹟挖掘調查團(金元龍·裵基同), 1983,『石村洞3號墳(積石塚)挖掘調查報告書』, 漢城大學博物館.

3 李亨求, 1983,「保存漢江流域百濟前期首都遺蹟的問題」, '83 第3回學術硏鑽, 韓國精神文化研究院.
李亨求, 1984,「保存漢江流域百濟前期首都遺蹟的問題」,『精神文化研究』第21号, PP.121～148. 漢城特別市石村洞挖

4 掘調查團(挖掘團長 : 任孝宰), 1987,『石村洞古墳挖掘調查報告』
金元龍。 任孝宰·林永珍, 1984,『石村洞 1·2號墳』, 漢城大學博物館.

5 同注 3).

基壇式方形積石塚。這座積石塚位于離第4號積石塚南邊45m處，挖掘前這兒有幾棟民家(石村洞61番地)，民家東牆裏邊有小丘陵。這座小丘陵就是第2號積石塚，現在留下的基底部長約25m，寬約20m，丘陵高4m的規模。還有1987年度所挖掘的A號積石塚，是1983年7月6日在學術研討會上筆者所推定「第4號積石塚」，1987年由慶熙大學博物館在第1號積石塚和第2號積石塚中間東邊民家區域內挖掘的，也就是和筆者已經預示過的「第4號積石塚」一致。

2. 可樂洞古墳群

位於松坡區可樂洞2號墳內封土下發現土壙墓3座和甕棺合葬的形態。[6]盜挖到地表下50cm，露出了石室底部。3號墳構造爲東西長3.65m，南北長3.7m，形成方形玄室，玄室東方南邊設置了長2.5m寬1.3m的羨道，玄室周邊埋沒在當成蓋石的板石。玄室北端收拾頭蓋骨和多數陶器破片，陶器都是暗灰色硬質陶器。

此外，挖掘了3座石室墓，古墳構造和古墳內部副葬品大體上相同3號墳一致。1983年筆者調查此地的時候，只剩下1座，[7]可是過幾天連僅有的這一座也被湮滅了。

3. 芳荑洞石室墓

位於可樂洞古墳部近，芳荑洞的古墳爲石室墳都築造在丘陵上。1976～1977年，挖掘調查蠶室地區遺蹟時，挖掘了6座古墳中的3座。[8]所挖掘的3座古墳成爲有羨道的石室墳和帶着小形石槨的橫穴式石室墳。其中5號墳大概4～5世紀築造的,4·6號墳推定爲其后築造的。當時，筆者1983年7月6日發表的「保存漢江流域百濟前期首都遺蹟的問題」中，有所建議過把因道路和宅地造成而切斷的墓域連結而擴大造成史蹟公園。[9]雖然芳荑洞石室古墳中4。5號2座已經削平湮滅，但是按著1985年頒發的文化公報部和漢城特別市的「綜合復原百濟古都文化遺蹟計劃」，和1990年筆者主張一樣，擴大了墓域而再新整備了史蹟公園，連接離南邊的2座古墳的過程中又發現了2座，現在保存的共有8座。

一方面，1985年4月政府發表了爲了紀念'88奧林匹克大會'把連接漢江以北城東區九宜洞和漢江以南松坡區風納洞的奧林匹克大橋1985年10月着工而1988年完工的計劃。風納土城江邊設置坡道，寬50m的道路橫過風納土城內，百濟王城處于兩分的境地了。當時緊急狀況下，首先通過展開各級言論, 中止上述的工程，終於改變了原計劃, 採取了如今迂廻風納土城而彎曲道路的形態。[參看本書表紙照片]

---

6 蠶室地區遺蹟挖掘調査團, 1977,「蠶室地區遺蹟挖掘調査報告』『韓國考古學報』第3集.

7 同注 3).

8 金秉模, 1977,「芳荑洞 古墳群』『考古學』4, 韓國考古學會.

9 李亨求, 1984,「保存漢江流域百濟前期首都遺蹟的問題』『精神文化研究』通卷 第21號, P.138.

二. 風納土城百濟王宮遺蹟調查經過

筆者早已認識到漢江流域百濟前期首都遺蹟之一的風納土城的重要性，因此從1980年代初把風納土城現場實地踏查和調查，多角度波瀾壯闊地提議保存和對策問題了。

1983年7月6日由筆者主管開了「保存漢江流域百濟前期首都遺蹟問題」爲主題的學術研討會。[10]當時直視了江南地區百濟古墳和風納土城的事態而向學界和有關部門建議的建議事項中指定成史蹟第11號的風納里土城，現在復原保存着大路邊約500m的北邊和東北邊，洞內約1.5km的東邊仍放置處于湮滅的危機，要講究對此的保存和復元策。

建議書(1983年7月6日)

3。指定爲史蹟第11號的風納里土城，現在只復原保存着大路邊約500m北邊牆，洞內1.5km的東邊仍放置而處于湮滅的境地，要講究對此的保存復元策略才行。

1990年代開始起的爲紀念 漢城定都(朝鮮王朝)600年 的漢城市的汎國民的行事，使漢城百濟歷史處于抹殺的危機了。漢城市從1993年開始準備此行事，1994年8月到12月由傘下全區廳單位開了紀念行事。筆者1994年9月28日由東洋考古學研究所(代表：李亨求)主管組織了‘漢城百濟首都遺蹟保存會’，在漢城市韓文會館開了『保存漢城百濟首都遺蹟會議』，討論了保存風納土城的對策，這是關於保存漢城百濟前期首都遺蹟的問題筆者所主辦開的第二次學術研討會。[11] 竝立刻向學界和有關部門提出了促求改正和保存對策的建議書。

建議事項

1。漢城市松坡區風納洞所在史蹟第11号風納土城推定爲百濟王城的重要史蹟，因此最小爲保持現狀態而需要盡力保存。

2。風納土城周圍的未開發狀態的遊休址需要擴大設定成保護區域而保存。

3。風納土城內的風納1洞和2洞的住宅再開發時居住民的未破壞地層(百濟時代遺物包含層)需要通過考古學的調查而施工。

4。至今以法律(文化財保護法)設定爲保護區域而規定從風納土城城郭下部基石內外各20m～50m以內不能設置任何設置物，但沒遵守到，按照法律將要確保史蹟保護區域而造成名實相符的史蹟公園。

5。史蹟第234号城東區 洞所在阿且山城的保護區域大部分編入了民間企業所有地，向該當企業促求徹底回復成原狀態，將次由政府買入。

6。漢城市「漢城定都600年」之際，投入莫大的預算整備而復原漢城周邊城郭和漢城城郭,希望同時得到保存漢城百濟首都遺蹟的劃期的配慮。

7。建設部用1兆5千億元豫算推進錦江流域百濟文化開發，對湮滅危機的漢江流域百濟前期文化遺蹟開發和保存，促求政府當局的積極的對策。

---

10 同注 3).

11 李亨求, 1994,『有關保存漢城百濟首都遺蹟的會議』, 韓語會館大講堂.

8。爲了實現以上項目，需要爲全面調査的行政當局的關心和支援。

漢城市接受少數的意見究竟取消了 漢城定都600年 的事業。

關於保存風納土城的問題在「建議事項」3。上淸楚建議到了風納土城内將能發生的住宅再開發時，事前一定要通過考古學的調査後施工，但是，依照建設部長官(文書番號住開58507-1022，1994，10，15)給東洋考古學研究所(代表 : 李亨求)的回信内容是“貴研究所的要求是風納土城内風納1 2洞進行住宅再開發事業時必需得考古學的調査的，現在同地域内沒有指定到爲改良住宅的再開發區域。表明了風納土城内沒有再開發計劃。

附加 “同時，關於同建議事項通告改良住宅再開發區域指定人案權者漢城市長，隨行業務時必要參考。” ，這樣把通報漢城市長的内容也添加送來了。

對此，漢城市長給東洋考古學研究所的回信(文件號：文財86700-065，1994. 10. 19)内容是 給管轄區廳指示了掘出土城内建築關聯地下堆積，有關人立會發現遺構時，必要按照文化財保護法領處理 ，這樣徹底表達了遵法意志。

但是，至今數年間土城内有很多高層建物的新築，其中沒有一件照此指示事項實施的。現有爲時已晩之歎。

筆者1996年赴任到鮮文大學歷史學系後，著手了從來沒實施過的查明風納土城之諸元的測量調査。早已認爲風納土城爲百濟前期王城的筆者，以實測調査爲契機，重新强調風納土城的是王城的歷史的。文化的意義，同時想要盡快促求把百濟王城保存好，因此開始實測調査了。

趁著1996年暑假，并行了能把握風納土城全體現場狀況的地表調査和能確認全體規模的實測調査(水平測量)。到了1996年度寒假，爲了風納土城城壁的最小限的現存高度，實施了等高線測量(平板測量)。

通過測量調査查明了風納土城全體規模爲3,470m，已經復原的北邊城壁頂高是離現地表11.1m的。未復原的地域南邊城壁頂高地域是地表高6.5m的，東邊城壁頂高地域是地表高6.2m的。最寬的南邊城壁底部寬度達到70m。城壁幅度一般在40～30m上築城到的，原來的體城高度大概15m，也許寬敞的垓子(護城河)圍在其周圍。

一邊測量風納土城壁等高線，一邊確認城壁周圍一般住居現況和遊休地，更注意調査了風納土城城壁外廓垓子(護城河)的遺存可能的地域。幸好有幾個地域還留着相當部分能夠確認可能爲垓子(護城河)的地域。

1997年1月1日元旦，在風納土城現場過年，不斷刻苦調査活動的結果，終於獲得了歷史性的發現。1月3日星期五，本來想要確認風納2洞231-3番地一帶内爲公寓打地基工事場，但現代建設方搭上高擋子禁止一般人的接近，因此好不容易地調査了内部。

第二天1月4日，再次試圖進入工事現場，仔細調査地層掘土現場。

但，現代建設施工的風納洞‘現代公寓’建設工事(施行者‘信友聯立再‘建築組合外5個住宅組合)的打地基作業開始了，從預定地150m×70m面積中已挖到60×30m的4.5m。在爲打地基掘土的壁面地表下2.5m到地下4.5m中，確認了埋在有多量的陶器片，趕快檢拾了幾件陶器片和瓦片，都是百濟初期的。

如此就是顯示爲此處確爲風納土城遺址，是筆者一直關心的問題獲得了證實。[12]而把當時調查的心得，記錄在1997年8月30日『漢城風納土城〔百濟王城〕實測調查研究』的研究報告書上。[13]

儘管這樣的努力，1997年到2000年初，因風納土城内的再開發事業而起的各種建築繼續地破壞。湮滅百濟王城。筆者2000年5月8日在韓文會館開了第三次「保存漢城百濟首都遺蹟的會議」。依照從各界參加的學界元老的意見作成建議書，送金大中大統領。其後出版了發表論文和討論會内容的單行本。[14]

2000年5月16日金大中大統領發表了爲保存風納土城的談話文。至今，經過多角度的過程，城内的遺蹟一部被指定史蹟，政府約定向後制限風納土城内外的開發而具備永久保存地下遺蹟的對策。

三. 記載『三國史記』的關于百濟王城的記事

關於百濟前期(漢城時期)都城及有關的文獻記錄，從『三國史記』百濟本紀記錄來考證，在溫祚王元年條中，

> 遂至漢山 登負兒嶽 望可居之地 沸流欲居於海濱 十臣諫曰 惟此河南之地 北帶漢水 東據高岳 南望沃澤 西阻大海 其天險地利 難得之勢 作都於斯 不亦宜乎 沸流不聽 分其民 歸彌鄒忽以居之 溫祚都河南慰禮城 以十臣爲輔翼 國號十濟 是前漢成帝鴻嘉三年也。
>
> 夏五月王謂臣下曰 國家東有樂浪 北有靺鞨 侵軼疆境 少有寧日 况今妖祥屢見 國母棄養 勢不自安 必將遷國 予昨出巡 觀漢水之南 土壤膏腴 宜都於彼 以圖久安之計 秋七月就漢山下立柵 移慰禮城 民戶 八月遣使馬韓 告遷都 遂畫定疆埸 北至浿河 南限熊川 西窮大海 東極走壤 九月立城闕

溫祚王13年(紀元前6)9月建立了城和宮闕，溫祚王14年(紀元前5)春正月遷都后的王宮描寫在『三國史記』百濟本紀溫祚王15年(紀元前4)條。

> 十五年春正月作新宮室儉而不陋華而不侈.

上記事中，最受注目的就是溫祚王即位元年條和13年條。依據考證溫祚王元年和13年的兩記事是由許多學者把同年事分成寫的，溫祚遷都處是河南慰禮城。那么優先問題就是河南慰禮城建設在怎樣的地形上的。

如風納土城爲上述的地理形勢，漢水(今漢江)以南的肥沃土地就爲廣州平野，跟今日的江南地區一致。

還有辰斯王條上

---

12 在風納土城内的現代公寓工事場，百濟時代遺物由鮮文大學李亨求教授發見，而登在了1997年1月6日字『朝鮮日報』社會面上.

13 李亨求，1997，『漢城風納土城(百濟王城)之實測調查研究』，百濟文化開發研究院.

14 東洋考古學研究所(代表:李亨求)，2000，『研究風納土城(百濟王城)論文集』，東洋考古學研究t所.

七年春正月重修宮室穿池造山以養奇禽異卉。

所說的辰斯王7年爲公元391年，按照廣開土大王陵碑文， 391年是阿莘王元年。該年百濟重修王宮而穿池造山以養奇禽異卉。爲了穿蓮池挖出了土，用所挖出的土造山。從記事來看我們能夠估計的是如果像夢村山城的山上應該用山谷不必穿池的。再說，山谷上又造山也根本就是有矛盾的。因此，記事裏說的就是在平地挖土而造人工的山的意思。那樣的話，記事裏的王城只能爲平地城。

依照『三國史記』百濟毗有王21年(447)條，

夏五月宮南池中有火焰如車輪終夜而滅。

宮城南邊曾經有宮南池，可能此池是辰斯王(391)時所穿的池。

依照蓋鹵王21年(475)條，

二十一年秋九月麗王巨璉帥兵三萬來圍王都漢城王閉城門不能出戰 麗人分兵爲四道夾攻又乘風縱火焚燒城門人心危懼或有欲出降者王窘不知所圖領數十騎出門西走麗人追而害之。

在此，麗人(高句麗人)派軍分到四條一邊夾攻一邊利用風放火燒城門。那時能夠利用風燒城門和宮闕的城， 就是像城名那樣接納風的風納土城最有力的。所以說，河南慰禮城只能是在平野築造的平地城，即是風納土城。

四. 中國和日本的都城制度

1. 中國古代都城

風納土城的築造技法版築法， 常用到中國春秋戰國時代各國王城的諸侯城和漢代王城。挖掘了戰國時代齊國首都山東省臨淄的齊國故城、魯國首都山東省曲阜魯國故城、趙國首都河北省邯鄲市趙王城、燕國首都河北省易縣燕下都的結果，查明到了這些都城都是在平地沿着江和河川而利用版築法來築造的。

1) 臨淄齊國故城

春秋戰國時代齊國首都山東省臨淄齊國故城位于山東半島中北部地方，南邊背着山岳，北邊有廣闊的平野。把此平野橫穿過的淄河流到渤海。都城就築城在淄河江岸西邊。

齊城爲春秋五霸、戰國七雄之一，城址規模達到南北約4km，東西約3km。但是，至今只有江岸1.5km左右的土城痕跡，此外還斷續地留著。[15]

實存的土城內側高2m，外側高約3m，寬約13～14m。此外3壁上還有土城的痕跡。

15 關野雄, 1956,「齊都臨淄の調査『中國考古學研究』, 東京大學出版部.

都是以約5cm的版築層築造的以淄河爲自然垓子。濟國故城西南邊一部分，被到了後代築造的縣城截取了。

2）曲阜魯國故城

魯國故城從西周初期到戰國末期約800年間爲魯國首都。魯城以孔子之故鄉更有名而是還現存孔廟和孔林的儒家聖地。曲阜是山東半島中西部泗水邊的平野地帶的古都。

魯國故城築成在泗水支流洙水邊。依據1977。78年挖掘的記錄故城位于東西方向，其周圍爲11.7km的大城。[16]城壁都用版築築城的，城高大概10m左右，城基底部分寬約50m。4面都有垓子(護城河)，尤其是城西北邊流洙水而成了自然垓子(護城河)，但洙水和城壁之間有垓子(護城河)而帶着二重垓子(護城河)的性格。現在破壞得厲害，跟我們差不多的情況。

3）邯鄲趙王城

河北省邯鄲趙王城位于縣城西南向約4km地點的戰國時代趙國都城。邯鄲是位在連接河北省最南端河南省的地域的，是戰國時代有名的都市。流入渤海的滏陽河橫過河北平原流到邯鄲東邊。城的規模約1.4km的方形，把東邊半分成另一個小城郭的特異的形態。城壁高7～8m，城壁用版築築城。[17]

4）易縣燕下都

易縣燕下都，河北平原上東西方向有大清河支流，易縣縣城位于易水邊，縣城東南5里(2.5km)處中易河和北易河中間有南北向的燕下都故城。

現存約10分之3、4的面積。1957～58，1961～62年兩次的挖掘調查結果，故城規模爲南北長4～6km，東西長8km。[18]土城用10～20cm厚度的版築築造得很高。城壁基底部厚約40m，最高的城壁高約6.8m。東壁周圍挖掘了寬20m，長4.76km的垓字。西壁周圍挖掘了寬40～50m，深4.5～5m，長4.9km的垓子。

平壤近郊的紀元前後時期樂浪土城也位于大同江邊的平地上的平地城。[19]所得這些古代中國都城制度和風納土城關系給我們改發的也不少。

2. 日本古代都城

日本古代都城都築造在平地上。以7、8世紀大阪難波宮爲始，橿原藤原宮、奈良平城宮、京都平安宮都是平地都城[20]。

---

16 山東省文物考古研究所等，1982，『曲阜魯國故城』，齊魯書舍.
筆者 1993年6月和1994年5月，曾調查踏查過兩次中國故城現地.

17 同注 15)「邯鄲遺蹟發見記」.

18 河北省文物研究所，1996，『燕下都』上下，文物出版社

19 東京大學文學部考古學研究室，1964，『樂浪郡治址』，東京大學.

20 筆者(李亨求)由查明古代日本宮城遺蹟的特別目的，調查了日本中部各地宮城．在保存風納土城問題上有很多作爲他山之石的 後來聽到曾同行過的龜田博(橿原考古學研究所)先生他界的消息，謹祝冥福。

尤其是稱爲難波宮的古代宮殿7、8世紀文獻記錄上常出現，但不知其位置很久了。可是1953年上町北端，由大阪市立大學山根德太郎教授(1885~1973)發現的一件奈良時代鬼面瓦爲契機，開始挖掘調查難波宮。[21]剛開始反復了摸索狀態，經過40多年間的調查，查明了此地曾有前。後兩期的宮殿。

其中年代早的宮殿(前期難波宮)是645年大化改新時期從飛鳥遷移都邑而營造的前期難波宮的可能性爲高，年代比較晚的宮殿

是新龜3年(726)開始築造的後期難波宮。

2000年1月環顧現地的時侯，宮殿推定地域内禁止了再開發，宮殿中心部4萬多坪(1坪爲3.3㎡)指定爲日本國家史蹟而造成史蹟公園，活用國際的名所，有'他山之石'可參考。

3. 韓國古代都城

依據1975年中國吉林省考古文物研究所調查高句麗首都國内城城壁一部的結果，紀元前後時期初築爲用土的。從國内城内發現了石築築城以前已有用土築的土壘。[22]琉璃明王22年(紀元後3)琉璃明王從桓因遷都到國内城時，能利用已存在的土城，或可能通溝河邊先造成土城然後築造宮闕。無論如何，要點就是高句麗第二王都國内城是平地城的。

百濟初期文物制度不得不受高句麗文物制度。這一點，風納土城及周邊百濟遺蹟可以比較到。高句麗首都國内城及周邊遺蹟。以百濟王城〔風納土城〕爲中心，王陵級相當的古墳群集中在漢城市松坡區石村洞、可樂洞、芳荑洞等地，當成防禦用和非常時待避的山城存在周邊的情況，與高句麗的情況一致。國内城也沿著江的平地城。

平壤市東邊大城山下的安鶴宮是比較晚期(427～586)築造的高句麗王城。安鶴宮就是把漢城百濟趕到破滅的長壽王427年從中國吉林省集安國内城遷都到平壤建立的王城。規模爲東西622m，南北620m，圈2.4km的方形版築土城。[23]城壁外挖掘了垓子(護城河)遺蹟。也是座平地城。大城山城築造于安鶴宮背後，當作補助城乃至戰亂時避難用。

這好像是百濟王城風納土城和補助城夢村山城的關係一樣。離風納土城700m的夢村山城利用自然丘陵，一部區間用版築法的山城，應該稱爲夢村山城。夢村山城規模比較小，沒有巨大建物址，只帶着補助的性格的山城。勿論，新羅古都慶州王京遺蹟也是平地城。從這點不得不推定初期百濟王城河南慰禮城爲風納土城。

風納土城地帶很低又連接在江邊，因此也有主張此位置條件上不合適當都城的主張，[24] 但是中國古代都城制度，都是平地江沿岸上用版築築城的土城。

---

21 大阪市文化財協會編, 1996,『難波宮』, 大阪市文化財協會
小笠原好彦, 1995,『難波京の風景』, 文英堂

22 吉林省文物志編委會編, 1984,『集安縣文物志』, 吉林省文物志編委會, P.64.

23 社會科學院考古學及民俗學研究所編, 1964,『關于大城山 一帶高句麗遺蹟的研究』, 社會科學院出版社, P.16.

24 崔夢龍 權五榮, 1985,「以從考古學的資料來看的百濟初期領域考察 - 以都城及領域問題爲中心所看的漢城時代百濟成長過程 一」,『千寬宇先生還曆紀念韓國史學論叢』, P.95, 96.

風納土城跟周圍附近的百濟城不同而是平地城。而且所謂百濟時代平地城，不那么多的城。所以『增補文獻備考』輿地考廣州條，稱爲‘坪古城’。所謂坪古城是坪地古城，指平地城的。

五. 風納土城百濟王城之發現及其意義

風納土城內發現掘宮殿遺蹟出土的遺物，有紀元前3 2世紀頃的黑陶、磨研陶器、赤色素面陶器，紀元前後時期的粗質有紋陶器、灰青色硬質陶器，紀元2 3世紀的三足陶器、圓筒形器臺等器物類和漁網錘、玉器類、琉璃類、鐵器片等很多遺物。[25] 還有風納土城內高層公寓打地基工事中‘京堂聯立’再建築敷地上除這些遺物外，還發現了硬質陶器，瓦片類，幾何紋瓦當(直徑12㎝)。風納土城的己瓦當是樂浪土城出土的初期瓦當一樣，自中國漢式瓦當而來的。

最近，由韓神大學博物館組主管的挖掘京堂聯立住宅敷地時，發現了宮殿遺蹟，看來爲打宮闕基址的殿奠祭祀坑裏發現了馬骨頭，發現了‘大夫’銘的陶器。[26]大夫從中國古代官制來看，是宮中最高位官職名。[27] 可見，風納土城爲百濟前期王城的主張是非常可靠的。

國立文化財研究所挖掘結果，確認了紀元3世紀前的19座百濟初期建物址。很多量的百濟前期遺蹟(建物址。灰坑等)和遺物發現在地表下4m地點，證明了歷史記載在『三國史記』百濟本紀初期記錄的溫祚王定都在今日風納土城的河南慰禮城是歷史的事實。

已分析報告。支持風納土城築造年代的科學的根據。由國立文化財研究所，對1997年1月～11月風納洞231番地現代公寓敷地內挖掘的基地和1999年6月～9月風納土城東壁內挖掘的木炭及木材等9點試料，實施放射性炭素(C^{14})年代測定的結果，風納土城築造年代爲紀元(0)前後時期。[28] 十分科學地證明了歷史的事實。

六. 結論

一般認爲，百濟首都爲忠淸南道公州 夫餘。但是實際上避難首都的公州只不過是63年間，夫餘也不過123年間。因此百濟678年歷史中三分之二的493年間，是以今日的漢城風納土城爲首都。近500年間的期間，就是韓國歷史上的漢城作爲一個國家的首都的最初時期，1994年就是「漢城定都2000年」的年度。筆者早已主張了，應該紀念從百濟河南慰禮城的築城時期，紀元前6年開始定都2000年的漢城曆史。

漢城松坡區風納土城〔百濟王城〕是土城，因此至今被我們等閒着之。而且國內學界也像日本人那樣把『三國史記』百濟本紀初期記錄否認了，百濟建國看成3世紀

---

25 國立文化財研究所編, 1997,『風納土城內試掘調查諮問委員會議資料』

26 韓神大學博物館, 1999,『漢城風納洞京堂聯立敷地遺蹟挖掘調查中間報告』

27 柏錚,『中國古代官制』, 北京大學出版社, 1989, p.33.

28 姜炯太外「風納洞遺蹟的絶對年代測定」『韓國上古史學報』34, 2001, p.91.p.51.

中半以後的風土中，沒有認識風納土城爲百濟紀元前後建國時期的王城，看做不過一座土城，甚至被輕視了。可是，看迄今挖掘調査的風納土城的城壁，基底寬40m，高15m，全體範圍3.5km的巨大的規模，跟一般的石城不同比的壯大的平地城。

平地城和利用自然地勢的丘陵城及山城不同，需要極大的人爲的功力的。尤其是風納土城利用所謂版築法的，基底幅40m高15m以上的城，用土築造到數十層的3.5km，因此，不那么難推測到是動員了超越想象的人力和物資的。再三强調的是，如不是王城絶不能想象的，是總動員了百濟國力才能築造完的。

最近風納土城内進行的一連考古學挖掘中，所發見的各種柱礎石爲始，瓦磚、燒到的柱子和椽木等，遺物上看出的建築資材從風納洞‘現代公寓’敷地，‘京堂聯立’敷地，外換銀行住宅組合敷地，未來村再開發敷地等風納洞全域内出土了。就證明到了宮城内連接蓋的瓦房就是王宮。

所以說，風納土城爲王城。

還有對支持風納土城築造年代的風納洞231番地一帶所挖掘的資料的科學的分析結果，由國立文化財硏究所報告了。對此的放射性炭素年代測定是紀元(0)前後的。這樣的事實更科學地證明風納土城築造時期。

另一面，風納土城的城壁構造分明是版築法的典型的土城，或者卻看了農事變造的土城外壁而看做是百濟固有的‘二段土築城’[29]，現存的城壁構造上充分確認城外壁爲垂直傾斜面。所以說，需要將已復元錯了的風納土城東北隅‘二段土築’要部分改正重新復元。

每年兩三次耕作時被切掉的10cm20cm的版築城土，風納土城東南部地域城壁上的蔥田和農作物耕作地，都要早日整備，不能再有因土沙流失使城壁受破壞。

1994年10月5日由筆者向政府要路建議的「建議事項」第3項“風納土城內的風納1 2洞住宅再開發時居住面未破壞地層(百濟時代遺物包含層)，一定要經過考古學的調查才能施工。”的記明，但是由於這點未被執行，使相當部分王京遺蹟被破壞。

1997年1月3日，1994年提起的問題的「建議事項」上的憂慮，終於發現於風納洞231-3番地一帶百濟王宮遺蹟上。在‘現代公寓’打地基工事場確認地層掘土現場時，被發現了百濟初期遺蹟的破壞的現場。反而，挖掘的國立文化財研究所評价“不但考古學的而且古代史上查明初期漢城百濟的實體的唯一遺蹟”，[30] 但是，爲了新築‘現代公寓’弄出解除百濟王京遺蹟，而湮滅王宮遺蹟的千秋之限了。

1950年代初大阪城都心中發現了7。8世紀的首都難波宮遺蹟，由有關學者、7個大學總長、市民團體向政府和市當局請願聲明，[31] 今日確保了達到4萬坪的廣闊面積，至今禁止周邊再開發而繼續保存。雖晚點了，也要把日本文物保存運動當作‘他山之石’的榜樣，需要更加努力保存風納洞百濟王城和王宮遺蹟。

政府要早日採取保存風納洞百濟王城和王宮遺蹟的積極的對策，不能再由我們自

---

29 金元龍 ;『風納里包含層調査報告』,漢城大學考古人類學科, 1967, p.6

車勇杰 ;「關于慰禮城及漢城(I)- 以文獻解釋及築城史的一般理論適用問題爲中心-」,『鄉土漢城』39, 1983. p.43.

30 同注 25).

31 難波宮跡訴訟記錄保存會 ;『難波宮跡の保存と裁判』,第一法規, 1980, p.902.

己抹殺我們的歷史。

將漢城百濟前期500年首都漢城風納洞百濟王城，認定爲歷史的事實，不只百濟歷史爲我們的歷史而進一步爲東亞細亞的歷史的世界史的認識大有裨益。

[本文所載爲於恩師石璋如先生(臺灣中央研究院院士)的『石璋如院士百歲祝壽論文集-考古 歷史 文化』(宋文薰 李亦園 張光直主編, 臺北 南天書局, 2002). 部分修改]

【參考文獻】

李亨求 ;『高句麗享堂制度硏究』,『東方學誌』32, 延世大學國學硏究院, 1982.

李亨求 ;『保存漢江流域百濟前期首都遺蹟的問題』, ‘83第3回學術硏鑽, 韓國精神文化硏究院, 1983. 7. 6.

李亨求 ;『漢江流域百濟前期首都遺蹟的保存問題』,『精神文化硏究』通卷第21號, 1984.

李亨求 ;『保存漢城百濟首都遺蹟的會議』1994. 9. 28, 韓文會館.

李亨求 ;『漢城風納土城〔百濟王城〕之實測調查硏究』百濟文化開發硏究院, 1997.

金秉模 ;「芳荑洞 古墳群」, 『考古學』4, 韓國考古學會, 1977.

金元龍 ;『風納里包含層調查報告』,漢城大學考古人類學科, 1967.

車勇杰 ;「關于慰禮城及漢城(Ⅰ)-以文獻解釋及築城史的一般理論適用問題爲中心-」,『鄕土首尔』39, 1983.

崔夢龍。權五榮 ;「從考古學的資料來看的百濟初期領域考察-以都城及領域問題爲中心所看的漢城時代百濟成長過程一」,『千寬宇先生還曆紀念韓國史學論叢』,1985. 1.

金元龍。任孝宰。林永珍 ; 『石村洞 1。2號墳』, 漢城大學博物館, 1989

蠶室地區遺蹟挖掘調查團 ;「蠶室地區遺蹟挖掘調查報告」『韓國考古學報』第3集, 1977

漢城大學考古人類學科 ; 『石村洞積石塚挖掘報告書』, 漢城大學博物館, 1975

石村洞遺蹟挖掘調查團 ; 『石村洞3號墳(積石塚)挖掘調查報告書』, 漢城大學博物館, 1983. 6

漢城特別市石村洞挖掘調查團 ;『石村洞古墳挖掘調查報告』, 1987

東洋考古學硏究所(代表 李亨求);『風納土城〔百濟王城〕硏究論文集』,東洋考古學 硏究所, 2000.

韓神大學博物館編;『漢城風納洞京堂聯立敷地遺蹟發掘調查中間報告』,韓神大學博物館, 1999. 12.

國立文化財硏究所編 ;『風納土城內試掘調查諮問委員會議資料』1997. 3. 12.

姜炯太外「風納洞遺蹟的絶對年代測定」『韓國上古史學報』34, 2001.
社會科學院考古學及民俗學研究所;『關於大城山一帶高句麗遺蹟的研究』,社會科學院出版社, 1964.

柏錚,『中國古代官制』, 北京大學出版社, 1989, p.33.
吉林省文物志編委會編 ;『集安縣文物志』, 吉林省文物志編委會, 1984.
山東省文物考古研究所等 ;『曲阜魯國故城』,齊魯書社, 1982.
河北省文物研究所 ;『燕下都』, 文物出版社, 1996.

關野雄 ;「齊都臨淄の調査」『中國考古學研究』, 東京大學出版部, 1956.
東京大學文學部考古學研究室 ;『樂浪郡治址』, 東京大學, 1964.
難波宮跡訴訟記錄保存會 ;『難波宮跡の保存と裁判』, 第一法規, 1980.
中尾芳治 ;『難波京の研究』吉川弘文館, 1995.
大阪市文化財協會編 ;『難波宮』, 大阪市文化財協會, 1996.
山根德太郎 ;『難波の京』, 學生社, 2002.

이형구李亨求 교수 〈한성백제〉 관련 조사연구 성과물 목록

저 서 (15책)

1.『한국고대문화의 기원』, 까치, 1991
2.『서울백제 수도유적 보존회의 논문집』, 동양고고학연구소, 1994
3.『한국고대문화적기원』(중국어), 북경대(중국), 1994
4.『한국고대문화의 기원』(일본어), 웅산각(일본 동경), 1995
5.『강화도삼랑성실측조사연구』, 백제문화개발연구원, 1996
6.『서울 풍납토성〔백제왕성〕실측조사연구』, 백제문화개발연구원, 1997
7.『풍납토성〔백제왕성〕연구논문집』, 동양고고학연구소, 2000
8.『서울 백제왕성 풍납토성』, 송파문화원, 2003
9.『백제의 도성』, 주류성, 2004
10.『발해연안에서 찾은 한국고대문화의 비밀』, 김영사, 2004
11.『백제문화사대계(15)-백제의 건축과 토목-』, 충청남도역사문화연구원, 2007
12.『한성백제사(3)-왕도와 방어체계-』, 서울특별시사편찬위원회, 2008
13.『한성백제시기의 문화와 생활』, 송파문화원, 2008
14.『한성백제왕궁은 어디에 있었나』(공저), 한성백제박물관, 2014
15.『서울 강남의 옛 문화 역삼동 주거지의 원위치 탐구-해수면(海水面) 상승(上昇)과 청동기시대 문화와의 관계-』, 태양출판사, 2017

논 문 (34편)

1.「갑골문화의 기원과 한국의 갑골문화」『정신문화』15, 한국정신문화연구원, 1982.
2.「고구려 향당(享堂)제도연구」『東方學志』32, 연세대 국학연구원, 1982.
3.「문헌자료상으로 본 한국의 갑골문화」『道原柳承国博士回甲論叢』, 1983.
4.「한강유역 백제전기 수도유적 보존문제」『한강유역 백제수도 유적보존 학술회의 논문집』, 한국정신문화연구원, 1983.
5.「한강유역 백제전기 수도유적 보존문제」『정신문화연구』가을호, 정신문화연구원, 1984.
6.「한강유역 서울 원지동 지석묘 조사연구」『한국사학』8, 한국정신문화연구원, 1986.
7.「고구려와 백제와의 문화적 관계」『백제연구총서』3, 충남대학교백제연구소, 1993.

8.「서울 백제유적 보존현황」『서울백제수도유적보존회의』,서울 백제수도유적보존회,1994.

9.「서울백제 수도유적 보존현황」『서울 백제수도유적보존회의 논문집』, 동양고고학연구회, 1994.

10.「풍납토성의 역사적 의미」『풍납토성 인접지역 시굴조사 보고서』, 한양대학교 박물관, 1996.

11. 「한국의 폼페이 풍납토성, 잃어버린 초기 백제 역사 복원 가능」『예향』Vol.190, 광주일보, 2000, 7.

12.「서울 풍납동 백제왕성과 궁궐유적」, 문화재담당기자 연수, 한국언론재단, 2000.

13.「서울 풍납동 백제왕성 발굴의 역사적 의의」『풍납토성〔백제왕성〕연구논문집』, 동양고고학연구소, 2000.

14.「서울 풍납동 백제왕성의 역사적 인식」『풍납토성의 발굴과 그 성과』, 한밭대학교, 2001.

15.「漢城風納洞百濟王城之發現及其歷史的認識」『石璋如先生百歲祝壽論文集』,臺灣 中央研究院, 2002

16.「풍납토성의 어제와 오늘」『풍납토성-잃어버린「왕도」를 찾아서』, 서울역사박물관, 2002

17.「서울 풍납동 백제왕성에 관한 연구」『백제논총』제7집, 백제문화개발연구원, 2003.

18.「강남의 선사시대 문화유적」『문화강남』통권 제 5호, 강남문화원, 2003.

19.「풍납토성의 어제와 오늘」『송파문화』2003년 상반기호, 송파문화원, 2003.

20.「한성백제시기의 주거문화」『향토서울』제63호, 서울특별시사편찬위원회, 2003.

21.「풍납동 백제왕성의 발견과 보존」『한강유역 백제전기 수도유적 보존문제 재기 20주년기념 서울 풍납동 백제왕성 연구 국제학술 세미나논문집』, 동양고고학연구소, 2003.

22.「풍납토성과 한성백제」『향토서울』제64호, 서울특별시사편찬위원회, 2004.

23.「발굴을 통해서 본 풍납토성」『2004하반기 서울역사강좌』, 서울특별시사편찬위원회, 2004.

24.「강남의 역사시대 문화유적」『문화강남』제6호, 2004.

25.「풍납토성과 한성백제」『우리 역사로의 초대』, 목포대학교박물관 · 목포MBC, 2006.

26.「풍납토성 백제왕경 유적발견과 역사적 의의」『풍납토성 내 백제왕경 유적 발견 10주년 기념 학술 세미나 논문집』, 동양고고학연구소, 2007.

27.「『삼국사기』 기록으로 본 한성백제의 도성」『한국의 고고학』제9호, 가을호, 주류성출판사, 2008.

28.「풍납토성-풍납토성 미래마을과 백제왕국 유적 출토 갑골(甲骨)」『문화재사랑』 09-1 Vol.50, 문화재청, 2009.

29.「漢城百濟王宮址(風納土城)出土甲骨」『甲骨學110年回顧與展望』, 中國社會科學出版社, 2009.

30.「풍납토성 한성백제 왕궁유적의 보존과 대책」『풍납토성 사적지정 50주년 기념 국제학술세미나 논문집』, 선문대학교 고고연구소、동양고고학연구소, 2013

31.「몽촌산성에서 발굴된 백제유적과 통일신라유적의 역사적 의의」『신라사학보』34, 신라사학회, 2015.

32.「서울 백제고분의 발굴과 보존-석촌동고분군을 중심으로-」『한국고대사탐구』23, 한국고대사탐구학회, 2016

33.「풍납토성 백제 왕궁유적 발견 20년을 맞으면서」『백제왕도 풍납토성 박굴성과와 과제』〈기조 강연〉, 국립문화재연구소, 2017

34.「풍납토성 백제 왕궁유적 발견과 왕도유적 보존-歷史의 眞理가 그곳에 있기에」『2017년 백제왕성 풍납토성 발굴조사 20주년 기념 국제학술회의 논문집-백제왕성 풍납토성의 현재와 미래』, 서울특별시, 2017

논문 연재(7편)

국외(日本, 7회)

1.「ソウル百済王宮址発見と保存30年史」Ⅰ(전편)『季刊考古學』제133호, 雄山閣, 日本, 2015.11.1

2.「ソウル百済王宮址発見と保存30年史」Ⅱ(후편)『季刊考古學』제134호, 雄山閣, 日本, 2016.2.1

3.「ソウル百済王宮址発見と保存30年史」Ⅲ(전편)『季刊考古學』제135호, 雄山閣, 日本, 2016.5.1

4.「ソウル百済王宮址発見と保存30年史」Ⅳ(후편)『季刊考古學』제136호, 雄山閣, 日本, 2016.8.1

5.「ソウル百済王宮址発見と保存30年史」Ⅴ(전편)『季刊考古學』제137호, 雄山閣, 日本, 2016.11.1

6.「ソウル百済王宮址発見と保存30年史」Ⅵ(후편)『季刊考古學』제138호, 雄山閣, 日本, 2017.2.1

7.「ソウル百済王宮址発見と保存30年史」Ⅶ『季刊考古學』제139호, 雄山閣, 日本, 2017.5.1

연구 발표 및 Proceedings (27편)

1.「갑골문화의 기원과 한국의 갑골문화」학술연찬, 한국정신문화연구원, 1982.

2.「한강유역 백제수도 유적보존 학술회의」, 학술연찬, 한국정신문화연구원, 1983.

3.「서울 백제 수도유적 보전현황」, 학술회의, 서울 백제수도유적보존회, 1994.

4.「서울백제수도유적보존회의」, 동양고고학연구회, 1994.

5.「풍납토성〔백제왕성〕보존을 위한 학술회의」, 서울 백제수도유적 보존회, 2000.

6.「서울 풍납동 백제왕성과 궁궐유적」, 문화재담당기자연수 강연, 한국 언론재단, 2000.

7.「풍납토성〔백제왕성〕에 관한 조사연구 및 그 보존문제」, 학술회의, 동양고고학연구소. 2000.

8.「서울 풍납동 백제왕성의 역사적 인식」, 풍납토성의 발굴과 그 성과 학술회의, 한밭대학교, 2001.

9.「풍납동 백제왕성의 발견과 보존」, 학술회의, 동양고고학연구소, 2003.

10.「발굴을 통해본 풍납토성」, 2004하반기 서울역사강좌, 서울특별시사편찬위원회, 2004

11.「풍납토성과 한성백제」, 서울역사학술대회, 서울특별시사편찬위원회, 2004.

12.「강남의 역사시대 문화유적」, 강남문화원, 2004.
13.「漢城風納洞百濟王城之發現及其歷史的意義」, 中國 北京大學 考古文物博物館, 2005.
14.「풍납토성 백제왕경 유적발견과 역사적 의의」, 경기도박물관, 2006.
15.「풍납토성 〔백제왕경 유적〕의 발견과 역사적 의의」, 한성백제학술강연회-고고학으로 풀어본 한성백제, 동양고고학연구소, 2007.
16.「풍납토성 내 백제왕경 유적 발견 10주년 기념 학술 세미나」, 동양고고학연구소, 2007.
17.「漢城百濟王宮址(風納土城)出土之甲骨」, 纪念王懿荣发现甲骨文110周年国际学术研讨会, 中國殷商文化學會, 中國 安陽, 2009.
18.「풍납토성과 백제왕경유적-보존과 대책」『한국문화의 이해와 사상』,창원문화원, 2009.12
19.「은(殷)나라의 갑골(甲骨)문화와 한국의 갑골문화」『중국의 역사와 문화학술포럼』, 목포대학교 박물관, 2009.3
20.「서울 송파구 풍납동 한성백제 왕성(하남위례성)」, 2010년도 박물관대학 심화과정 교재, 송파문화원, 2010.
21.「광주군 풍납리토성과 한성백제왕성」『한성백제시기 남한산성 문화권의 위상』, 성남문화원, 2011.7
22.「한성백제의 도성(都城)」『서울과 백제-2천년 고도 여행』,한성백제박물관, 2011.9
23.「풍납토성과 한성백제왕성」, 박물관대학 강의, 송파문화원, 2012.8.9
24. 「한성백제왕도 연구의 현황과 과제-겸론 몽촌산성 명칭과 몽촌산성 출토 고구려계 백제토기」, '쟁점백제사' 집중토론 학술회의Ⅲ, 백제학연구소, 2013.
25.「백제 왕도(王都) 연구의 현황과 과제」, 백제문화특별전 초청강연, 한성백제박물관, 2014.3.25
26.「풍납토성 백제왕궁유적의 보존문제」, 서울시민대학 강의, 2015.6.11.
27. 「한성백제(풍납토성)의 역사적 의의」, 2016한성백제시민강좌, 서울시민연대, 2016.

TV뉴스、탐방 (6편)

1.『풍납토성 보존문제』(뉴스 1분 TV방영), SBS, 2015.1.26
2.『풍납토성 백제왕궁유적의 보존문제 대담』(10분 TV방영), JTBC, 2015.2.13
3.『풍납토성 백제왕궁유적의 보존문제 대담』(20분 대담 TV방영), TBC, 2015.4.24
4.『문화재 보존과 개발과 문제 대담』(20분 TV방영), NATV 국회방송, 2016.1.15
5.『SBS 영재발굴단-황찬우 군 편』 출연, SBS PM. 8:559:50, 2017.11.8
6.『찬란한 문화, 한성백제로의 초대』, 연합뉴스 TV, Y스페셜, 2017.11.13

한성백제 왕궁유적 학술세미나 개최 (자비부담 5회)

1.『서울백제수도유적보존회의』, 장소 한글회관, 주최 서울 백제수도유적보존회, 주관 동양고고학연구소, 1994.9.28

2.『풍납토성 〔백제왕성〕 보존을 위한 학술회의』, 장소 한글회관, 주최 서울 백제수도유적보존회, 주관 동양고고학연구소, 2000.5.8

3.『한강유역 백제전기 수도유적 보존문제 제기 20주년 기념 서울 풍납동 백제왕성 연구 국제학술세미나』, 장소 서울역사박물관, 주최 서울 백제수도유적보존회, 주관 동양고고학연구소, 2003.6.20

4.『풍납토성 내 백제왕성 유적 발견 10주년 기념 국제학술세미나』, 장소 프레스센터 외국기자회견장, 주최 서울 백제수도유적보존회, 주관 동양고고학연구소, 2007.6.8

5.『풍납토성 사적지정 50주년 기념 학술세미나-겸 한강유역 백제시기 수도유적 보존문제 제기 30주년 기념 학술세미나』, 장소 한성백제박물관, 주관 동양고고학연구소, 2013.10.25.

이형구 교수 근영(한성백제박물관 풍납토성 성벽 전사물 앞에서, 2016년 1월 22일 유재력 원로작가 촬영)

이형구(李亨求) 교수 약력

현 임

선문대학교 석좌교수(전 선문대학교 대학원장)

동양고고학연구소 소장

한성백제왕도 세계문화유산 등재 추진위원회 위원(서울특별시)

서울 풍납토성 복원 정비 자문위원(서울 송파구)

학 력

중동고등학교 졸업 (1962)

홍익대학교 졸업 (1966)

국립대만대학교 대학원 고고인류학과 졸업 문학석사 (1978)

국립대만대학교 대학원 역사학과 졸업 문학박사 (1987)

경력

臺灣 故宮博物院 客座研究員 (1975 ~ 1981)
臺灣 中央研究院 歷史語言研究所 訪問學人 (1986 ~ 1987)
中國 北京大學 考古學科 客座敎授 (1994)
문화체육관광부 문화재전문위원 (사적분과,1977 ~ 2007, 30년 비상근)
문화재청 문화재위원 (사적분과,2007 ~ 2009)
경기도 문화재위원 (1990 ~ 2000)
인천광역시 문화재위원 (1995 ~ 2012) 및 문화재위원회 위원장
한국정신문화연구원 (현 한국학중앙연구원) 역사연구실 교수 (1979 ~ 1995)
한국정신문화연구원 자료조사실장 (1984 ~ 1995)
한국학대학원 교수 (1982 ~ 1995)
선문대학교 역사학과 교수 . 고고연구소장 . 중앙도서관장(1996 ~ 2009)
선문대학교 대학원장 (2004 ~ 2006)
개성 영통사 복원 위원회 남측 대표 (2000)
특별기획전 고구려! 남측 추진위원장 (2000 ~ 2003)
서울문화사학회 부회장(2005 ~ 2017)
한성백제박물관 건립추진위원 (2010 ~ 2012)
단군학회장 (2008 ~ 2010)
고조선단군학회장 (2010 ~ 2012)

훈포상

대한민국 문화훈장 (대통령 김대중. 2000.10.20)

주요 저서

『 中國東北新石器時代及青銅器時代之文化 』, 國立臺灣大學 碩士論文, 1978.
『 渤海沿岸古代文化之研究 』, 國立臺灣大學 博士論文, 1987.
『 광개토대왕릉비 신연구 』 (박노희 공저) , 동화출판사, 1986. (문화부 우수도서)
『 한국고대문화의 기원 』, 까치, 1991. (비소설부분 베스트셀러)

『 강화도 고인돌무덤 [지석묘] 조사연구 』, 한국정신문화연구원, 1992. 춘추각 중판, 2005

『 강화도 』, 대원사, 1994.

『 단군을 찾아서 』(편저) , 살림터, 1994.

『 단군과 단군조선 』(편저) , 살림터, 1995.

『 한국의 암각화 』(공저) , 한길사, 1996.

『 서울 풍납토성[백제왕성] 실측조사연구 』, 백제문화개발연구원, 1997.

『 단군과 고조선』(편저) , 살림터, 1999.

『진주 대평리 옥방5지구 선사유적』, 선문대학교, 2001.

『 강화도 오상리 고인돌무덤 발굴조사 』, 선문대학교 고고연구소, 2002.

『 백제의 도성 』, 주류성, 2004.

『 한국고대문화의 비밀 』, 김영사, 2004.

『 계양산성 』, 선문대학교 고고연구소, 2008.

『 코리안 루트를 찾아서 』(이기환 공저) , 성안당, 2009. (문화재청장 추천도서)

『 고려왕조의 꿈 강화 눈 뜨다 』(김진국 공저) , 이너스, 2011.

『 한국고대문화의 비밀 』, 새녘출판사 중판, 2012.

『 광개토대왕릉비 』(박노희 공저) , 새녘출판사 중판, 2014.

『 발해연안문명 』, 상생출판사, 2015.

『 미국 서부의 암각화와 만나다 』, 민속원, 2015. (문화체육관광부 세종도서 교양부문)

『 춘천 중도 유적 보존을 위한 백서 』, 동양고고학연구소, 2015.

『 춘천 중도 유적 보존을 위한 백서 』, ebook, 새녘출판사, 2015.

『 강화도의 역사와 문화 』, 새녘출판사, 2017.

『서울 강남의 옛 문화 역삼동 주거지의 원위치 탐구-해수면(海水面) 상승(上昇)과 청동기시대문화와의 관계-』, 태양출판사, 2017

『 韓國古代文化的起源 』, 北京大學, 中國, 1994.

『 中韓古代文化之關係 』, 北京大學, 中國, 1994.

『 朝鮮古代文化の起源 』(申鉉東 · 亀田 博訳) , 雄山閣, 日本, 1995.

『 갑골학 60년 』 번역 (董作賓 저) , 민음사, 1993. (한국일보 주관 출판문화상 번역부분 후보)

TV강연 및 다큐

『한국고대문화의 뿌리』1~6(60분 강좌), STB 상생방송, 2009.3~2009.8
『만주대탐사-제5의 문명 요하를 가다』(60분 방영), KBS 역사스페셜, 2009.8.29
『고구려성 만리장성으로 둔갑하다』(60분 방영), KBS 역사스페셜, 2010.5.15

논문 연재(일본)

「ソウル百済王宮址発見と保存30年史」Ⅰ~Ⅶ(木村光一・岡泉水訳) ,『季刊考古學』第133~139号, 雄山閣, 日本, 2015.11 ~2017.5.

외 논문 200여 편 및 보고서 근 100권

풍납토성 서울백제 왕궁유적 발견 20주년 기념

서울백제 수도유적 조사연구
漢城百濟 首都遺蹟 調査研究

저 자 이형구 李亨求

발행처 동양고고학연구소

서울시 서초구 서초동 1483-1

인쇄일 2018.06.12

발행일 2018.06.12

출판처 태양출판사

전 화 (02)462-5311 | 팩 스 (02)462-5312